Tea for 2

Theerituelen van over de hele wereld

Dit werk werd uitgegeven naar aanleiding van de tentoonstelling *Tea for Two,* georganiseerd in de Galerie van het Gemeentekrediet, Passage 44 te 1000 Brussel van 7 oktober 1999 tot 30 januari 2000.

© Gemeentekrediet 1999

Alle rechten voor reproductie, vertaling en bewerking, zelfs gedeeltelijk, op om het even welke manier, voor alle landen voorbehouden.

All rights, including translation or adaption, even partial, in any form or by any means, reserved in all countries.

Brussel, 1999

D/1999/0348/7

ISBN 90-5066-185-8

Tea for 2

Theerituelen van over de hele wereld

Algemene coördinatie

Greet Barrie, hoofd van de Culturele activiteiten
van het Gemeentekrediet
Jean-Pierre Smyers, verantwoordelijke
van de tentoonstellingen van het Gemeentekrediet

De tentoonstelling

Concept, coördinatie, selectie
Diane Hennebert, afgevaardigd-beheerder
van La Médiane, Brussel
Herman Vandeven, coördinatie bij het Gemeentekrediet

Ruimtelijke vormgeving en inrichting
Winston Spriet, Brussel

Technische realisatie
ALD, Brussel

Het boek

Algemene leiding en iconografisch onderzoek
Diane Hennebert, afgevaardigd-beheerder
van La Médiane, Brussel

Coördinatie
Renaud Gahide, attaché bij het Gemeentekrediet

Technische coördinatie
Dienst Publicaties van het Gemeentekrediet,
onder leiding van Lieve Viaene-Awouters

Redactie (in volgorde van publicatie)
Cees Nooteboom
Jorge Tavares da Silva
Tony Wild
Diane Hennebert
Sam. H.G. Twining
Kitti Cha Sangmanee
Dominique T. Pasqualini
Gretchen Mittwer
Abdelahad Sebti
Virginie de Borchgrave
Carlo R. Chapelle
Patrice Valfré
Christopher Garibaldi
Bernard de Leye

*De niet-ondertekende teksten werden
opgesteld door Diane Hennebert*

Fotografie
Jumonji Bishin, Japan
Eric Claerhout, Gent
Mark De Fraye, Rumst
Jacques Evrard, Brussel
Roberto Frankenberg, Parijs
Yves Fonck, Brussel
Ganchon Museum van Inchon, Korea
Didier Leroy, Luik
Frank Michta, Dendermonde
Rakumuseum, Kioto
Suzuki Naoto, Japan
Xavier Pierre, Parijs
Luc Schrobiltgen, Brussel
Bruno Suet, Parijs
Inoue Takao, Japan
Kobayashi Tsunehiro, Japan
Pascal Young, BVBA, Brussel

Maquette
Anne Quévy, Plume Production, Brussel

Vertalingen
Dienst Vertaling van het Gemeentekrediet,
onder leiding van Guy Bonneels

Druk
Drukkerij Vanmelle, Gent

Woord vooraf

In een wereld waarin gezondheid en levenskwaliteit alsmaar belangrijker worden, lijkt thee te zijn uitgegroeid tot een onmisbare drank, die zowel voor het plezier als om zijn geneeskrachtige eigenschappen wordt gedronken. Denken wij aan de herontdekking van de groene thee en de toename van het aantal geparfumeerde theesoorten, de groeiende diversiteit aan theeaccessoires en het succes van de vele, gezellig ingerichte theesalons, waar het theeuurtje een bevoorrecht moment vormt, ver weg van dagelijkse beslommeringen en het vaak jachtige leven.

Dat betekent echter nog niet dat thee drinken een nieuw verschijnsel is!

Wel integendeel, het maakt, soms al eeuwenlang, deel uit van de geschiedenis, de traditie en de culturele gewoonten van tal van beschavingen.

In de loop van zijn vijfduizendjarig bestaan heeft thee zich ontwikkeld tot de tweede drank ter wereld na water; zijn jaarlijkse consumptie wordt geraamd op meer dan duizend miljard kopjes. Of thee nu groen is, half gefermenteerd, zwart, gerookt, gearomatiseerd met munt of bloemen, ijskoud of in zakjes, gesuikerd of verrijkt met boter, overal ter wereld wordt hij gedronken.

Het spreekt dan ook vanzelf dat thee steeds een eersterangsrol heeft gespeeld in de economie en de handel van heel wat landen.

Het succes van thee, dat ook blijkt uit de litteratuur, de kunst, de ambachten en de gastronomie, kan oorspronkelijk worden verklaard door zijn geneeskrachtige kenmerken. In het oosten schrijft men hem sedert duizenden jaren weldoende eigenschappen toe en alle legenden steken de loftrompet over zijn weldaden voor de gezondheid van goden en mensen. In het westen werd hij aanvankelijk beschouwd als een brouwsel met giftige eigenschappen of een doeltreffend geneesmiddel en pas tegen het einde van de 17de eeuw volgt de erkenning als een uiterst geraffineerde drank.

De theïne die hij bevat, is opwekkend en zorgt voor alertheid en waakzaamheid; hij levert vele mineralen en vitamines ter bestrijding van cholesterol en kanker; het hoge fluorgehalte is doeltreffend tegen tandcariës. Thee is ook goed voor de lijn aangezien hij geen calorieën bevat, en zijn waterafdrijvende eigenschappen worden versterkt door de aanwezigheid van theofylline en theobromine.

Maar naast al deze eigenschappen is thee ook doodgewoon een godendrank, die net als wijn een rijke verscheidenheid aan nuances bezit.

Doorheen het boek en de tentoonstelling die het Gemeentekrediet aan de theerituelen van over de hele wereld wijdt, ontdekken we traditities, stijlen en smaken die ons een beeld geven van verschillende soorten levenskunst. Thee illustreert niet alleen culturele verschillen, maar schept ook banden, en de grote evenementen uit zijn veelbewogen geschiedenis bevestigen doorheen de eeuwenoude betrekkingen tussen oost en west de cruciale rol die hij in de ontwikkeling van de mensheid heeft gespeeld.

Talrijke personen hebben met hun kennis en kunde bijgedragen tot het succes van al dit onderzoekswerk, dat gecoördineerd werd door Diane Hennebert. Zonder hun enthousiasme en knowhow was het onmogelijk geweest om al deze benaderingen van de thee en zijn rituelen uit te werken. Wij wensen hen hiervoor van harte te danken.

François Narmon
Voorzitter van het directiecomité
van het Gemeentekrediet

Pl. XXX

DETAILS BOTANIQUES DU THÉ.

Thee wordt bereid met de blaadjes van de theestruik, de *Thea chinensis* of *Thea sinensis*, uit de familie van de *Camellia*.

De in Europa vroegst gekende beschrijving van de theeplant werd ons geleverd door een zekere Kaempfer, die er in 1712 de naam *Thea japonesis* aan gaf.

Later werd er door de botanici een onderscheid gemaakt tussen de *Thea* en de *Camellia*. Een ander onderscheid was dat tussen groene thee en rode (of zwarte) thee, die van twee verschillende planten afkomstig zouden zijn, namelijk van de *Thea* of *Camellia viridis* voor de groene thee en van de *Thea* of *Camellia bohea* wat de zwarte thee betreft.

In 1843 bewees Robert Fortune dat deze theesoorten van eenzelfde plant konden worden bekomen. Het resultaat hing af van de bewerkingen die de blaadjes na het plukken ondergingen.

Thans zijn de botanici het erover eens dat er slechts één gekweekte soort bestaat, maar dat daarin twee belangrijke variëteiten kunnen worden onderscheiden, die van China en die van Assam.

De in het wild groeiende theeplant is een struik met groen blijvende bladeren die 10 tot 15 meter hoog kan worden. Soms worden de bladeren 15 cm of langer. Ze zijn elliptisch van vorm en gekarteld. De bovenzijde is glanzend, terwijl de onderzijde mat is en lichter van kleur. De jonge scheuten en de knoppen zijn bedekt met een fijn, witachtig dons, dat aan de oorsprong ligt van de naam *Pekoe*, die aan de knoppen wordt gegeven.

Door achtereenvolgens en met veel precisie te snoeien, krijgen de theestruiken een trechtervorm en wordt de hoogte beperkt om het plukken te vergemakkelijken. De jonge scheuten bevinden zich dan ongeveer op handhoogte en vormen aldus een soort van 'pluktafel'.

Daar de theeplant een struik met groen blijvende bladeren is, kan er in principe het hele jaar door worden geplukt, maar in de praktijk beperken de bodemgesteldheid en het klimaat de pluk tot slechts enkele maanden. Plukken veronderstelt een grote handigheid en moet met veel zorg gebeuren; vandaar dat deze taak doorgaans aan vrouwen wordt toevertrouwd. Naargelang van de plaats waar de plukster de twijg, al dan niet voorzien van een knop, voorzichtig doorsnijdt, spreekt men van 'keizerlijke', 'fijne' of 'grove' pluk.

Details van de theeplant, *Nouveau traité physique et économique de toutes les plantes qui croissent sur la surface du globe*, Pierre-Joseph Buchoz, 2de uitgave door de auteur, 1787-94. Kostbare Werken van de Koninklijke Bibliotheek Albert I, Brussel

Cees Nooteboom

Inleiding

Ik drink mijn thee zonder suiker. Dat is op zichzelf geen verbijsterende mededeling, maar geeft wel aan dat mijn verhouding met thee geen enkele vorm van inmenging verdraagt. Ik ben oud genoeg om de oorlog (en daarmee bedoel je op mijn leeftijd dan nog altijd de tweede wereldoorlog) te hebben meegemaakt, een tijd waarin tabak, thee, koffie, suiker steeds schaarser werden, tot het ogenblik kwam dat ze er gewoon niet meer waren, en er de meest erbarmelijke surrogaten op de markt kwamen, waardoor je eens te meer wist dat het echte nooit en nimmer te vervangen was. Thee was alleen maar met thee te vergelijken, daardoor alleen al kreeg dat woord de allure van een platonisch idee: ergens in de wereld moest dat nog bestaan, thee, onbereikbaar, een abstractie waar de volwassenen uren over konden praten, iets dat er ooit geweest was, en dat ooit, ooit als die rampzalige oorlog eindelijk voorbij zou zijn, misschien terug zou komen uit sprookjesachtige streken met namen als Assam, Darjeeling of Ceylon, het ondenkbare.

Het volk had voor dit gemis zijn eigen verhalen bedacht. Zo werd er verteld dat Hitler een bezoek bracht aan een Amsterdamse volkswijk, de Jordaan, waar de mensen hardnekkig in plaats van Hitler Hiller tegen hem bleven zeggen.

Toen hij vroeg waarom dat was, zeiden ze: "Wij geen thee jij geen t", flauw zoals bijna alle oorlogsmoppen, maar toch, het pijnlijke gebrek kon kennelijk alleen maar gewroken worden door de naam van de dader te verminken.

Hoe dan ook, ik behoor dus tot een generatie waarvoor het niet vanzelfsprekend is dat dingen er eenvoudigweg zijn. Ooit waren ze er ineens niet, en dat blijft onvergetelijk. Als ze er dan wel weer zijn, meng je ze in ieder geval niet met dingen zoals suiker die er toen ook niet waren, zo werkt dat in ieder geval bij mij. Misschien is het gewoon zo dat je beter op de dingen let, dat je ze onversneden wilt, zonder toevoeging, dat je zo dicht mogelijk in de buurt van het echte wilt zijn, dat absolute idee van wat ooit op zo'n raadselachtige wijze was verdwenen.

Nu is er, zoals dit boek zal bewijzen, thee en thee en thee. Ik geef het toe, ik houd ervan dat woord uit te spreken, het heeft een eigenaardige bekoring waaraan ik me moeilijk kan onttrekken, ook al weet ik dat *infusion* misschien het betere woord zou zijn omdat het merkwaardige plantenextract, dat honderden gedaantes heeft aangenomen, die we allemaal met die drie of vier letters – cha, tea, thee, thé, tee – willen benoemen, zich hardnekkig aan al die benoemingen onttrekt, omdat iedereen die dat korte woord uitspreekt er nu eenmaal bijna altijd iets anders mee bedoelt. Ik heb in mijn leven thee gezegd tegen dranken die in het geheel niet op elkaar leken, en die maar één ding gemeen hadden, namelijk dat er kokend water aan te pas gekomen was en dat dat kokende water de essentie aan de bladeren, de vers geplukte, of gedroogde, of licht gebrande bladeren van steeds verschillende planten onttrokken had, en dat die ervaring elke keer een onvergetelijke herinnering heeft opgeleverd.

De eerste keer was in Engeland, waar de koningin zich, zoals iedereen weet, elke dag baadt in thee uit de verste gewesten van het vroegere imperium, aangelengd met wat ezelinnenmelk. Zo zag de eerste thee die ik in het Verenigd Koninkrijk gedronken heb er niet uit. Ik was met de boot uit Hoek van Holland gekomen op een sombere winternacht van mist en kilte. Ruim veertig jaar is het nu geleden. Eilanden moet men per schip naderen, zeker de eerste keer, en die mist was een verplichting, dat had ik in alle boeken gelezen. Ik was jong, misschien nog

Bron in de berg Namsan, Kyongju (Korea)

Charles Mertens, *De tuin van Claverley*, pastel op papier, ca. 1916. Koninklijke Musea voor Schone Kunsten van Antwerpen

geen twintig, en Engeland was een avontuur, al lang voor we aankwamen, stond ik aan dek. Misthoorns, oranje lichten, nevelflarden, dat maakte alles geheimzinniger. Harwich, de trein in de buurt van het schip, zes uur 's ochtends, een perron met verkleumde mensen, een hok, een luik, een stand waar je een kop thee kon krijgen. In mijn herinnering was het een grote witte aardewerken kom met daarin iets dat nog het meeste leek op dodenwater uit de Lethe. Met de thee die ik tot dan toe in mijn leven gedronken had, kon dit niets te maken hebben. Ik zag dat anderen er melk in deden maar dat wilde ik niet. Dit was een kelk die tot de bodem toe diende te worden leeggedronken, anders had je net zo goed thuis kunnen blijven. Bitter was het, iets waarvan ik nu weet dat het tannic acid is, bleef aan mijn tanden hangen, mijn smaakpapillen sloegen de ervaring op en zouden die voor altijd vergelijken met wat er in andere landen als 'Engelse' thee gepresenteerd wordt, en nooit zou het er op lijken. Nooit zal thee meer smaken als op dat kille mistige perron, nooit zal hij meer zo zwart zijn, nooit meer zal ik zo gesterkt en gewapend tussen de geuren van kippers en bacon een mistige half verborgen stad van achter de ruiten van een stoomtrein zien opdoemen. Soms, een enkele keer, in een Bed & breakfast, lijkt het er heel even op, maar die ene, geijkte ervaring, blijft het verdwenen bittere geluksgevoel waar ik de rest van mijn leven naar moet zoeken.

De ene ervaring, maar niet de enige. Er zou er nog zo een komen, een paar jaar later, in het Atlas gebergte. Misschien is het nu al wel 1960, in ieder geval is het weer ochtend. De bus is uren geleden in een onbetamelijk donker uit Ouarzazate vertrokken, naast mij zat een man met een karabijn en een kalfskop met gesloten ogen op schoot, laat niemand beweren dat het niet waar is. De wereld zag er vroeger anders uit. Ook nu nevels, kou, dan de eerste vegen van de dageraad, dorpen, lemen huizen met rode muren, mannen in djellabas, de namen die ik me van die reis herinner klinken als Tinerhir, Zagora, wegen met haarspeldbochten, halfslaap, de geur van die kop en het kalf dat rustig doorsliep en daar de rest van zijn lichaam niet bij scheen te missen. Dan plotseling een hapering in de motor, horten en stoten, geroep, stoppen aan de kant van de weg, kringen die zich vormden rond een vuurtje, een blikken theepot, de geur van verse munt, de mannen die zich in hun mantels opborgen, het gehuiver, en toen het ogenblik dat je in die kring getrokken werd, dat er een emaillen kopje in je hand gedrukt werd, het heldere groen van de thee die nu wel met suiker gedronken moest worden. Wat ik me herinner is het geluksgevoel, maar wat ik ook probeer, een geblutste blikken theepot, verse munt van de Marokkaan in de Haarlemmerstraat, de rode bergen worden er niet bijgeleverd, de zachte stemmen met de onverstaanbare Arabische woorden, nooit meer, alwer niet, zal thee smaken zoals toen.

Sindsdien is er thee geweest in Bandung en in Hongkong, thee in het Ritz in Londen en thee in Pension de Nette Armoe, thee van de verse pluk en thee van de Sloot naar Nergens, maar één thee was voor me uitgeweken, thee waar ik over gelezen had in de boeken van Kawabata Yanusori en in het beroemde theeboek van Okakura-Kakuzo, de thee die de grote theemeester Rikiu zou drinken bij zijn laatste theeceremonie. Nog nooit had ik een theeceremonie meegemaakt. Ik kende de namen van het religieuze instrumentarium dat daarbij nodig is, ik kende de handelingen, ik wist de namen van de beroemde theekommen, ik wilde erover schrijven in mijn roman *Rituelen*, maar zelf, nee, zelf had ik het nog nooit meegemaakt. Twee Japanse meisjes in Amsterdam brachten de uitkomst. Ze zeiden dat ze het nooit zo zouden kunnen doen als een echte theemeester, maar ze wilden hun best doen, en dat deden ze dan ook, zoals alleen Japanners dat kunnen, met de volste overtuiging. We zaten geknield met zijn drieën in een Amsterdamse bovenkamer, en zonder de minste ironie werden alle vereiste handelingen verricht. Nu was het thee van een ander groen die me werd aangereikt, de kom moest geheven worden, ik had alle meticuleuze handelingen gevolgd, ik voelde mezelf veranderen in iemand van wie de gebaren langzaam waren geworden, de ceremonie had ons getransformeerd in andere, bedachtzamere wezens, er was niets belachelijks aan ons, even zaten we daar met zijn drieën te zweven die middag, iets zonderde ons af van de rest van de wereld, iets dat te maken moest hebben met die ijle, geurige vloeistof in die kom die misschien niet eens een echte theekom was, iets dat niet benoemd kon worden, en juist daarom onvergetelijk gebleven is.

"De filosofie van de thee is geen eenvoudige esthetiek in de gewone betekenis van het woord, omdat ze ons, samen met de ethica en de godsdienst, onze integrale opvatting over mens en natuur tot uitdrukking helpt brengen. Ze heeft te maken met hygiëne, omdat ze tot netheid aanzet, met economie, omdat ze aantoont dat het welzijn veeleer in de eenvoud ligt dan wel in de complexiteit en het uitgeven van geld, met een morele geometrie, omdat ze de zin van onze verhouding tot het universum bepaalt. Ze vertegenwoordigt ten slotte de ware democratische geest van het Verre Oosten doordat ze al deze aanhangers tot aristocraten van de smaak maakt".

Okakura Kakuzo, *Le livre du thé*

1

Thee en zijn geschiedenis

Catharina van Bragança, de 'tea drinking queen'?

Jorge Tavares da Silva

In 1638, het geboortejaar van de infante, was de politieke situatie in Europa bijzonder onstabiel. Er stonden heel wat belangen op het spel. Portugal ging gebukt onder het juk van de machtige buur Spanje en was de inzet van het politieke steekspel tussen Frankrijk en Engeland. Het streefde naar de onafhankelijkheid die het sinds 1580 was verloren.

In 1557, na de dood van João III, kwam Sebastião, zijn kleinzoon en enige afstammeling, op driejarige leeftijd op de troon. In werkelijkheid regeerde hij pas echt vanaf zijn veertiende. Hij was een uiterst zwak figuur – zowel fysiek als mentaal – bijzonder mystiek en verafschuwde de idee van een huwelijk. Hij sloeg alle goede raad in de wind en leefde maar voor één ding: de heilige oorlog en de verdere ontplooiing van het christendom. Hij verwaarloosde de belangen van het rijk en van zijn volk[1]. In het licht van een dergelijke beschrijving van de feiten krijgt het kernachtige beeld van de Portugese historicus Oliveira Marques zijn volle waarde: *het twintigjarige bewind van Sebastião betekende niets meer dan een voorbereiding op de troonswisseling*[2]. De naweeën van zijn desastreuze regeerperiode en de verwoede, maar steeds mislukkende toenaderingspogingen tussen de twee landen, maakten de weg vrij voor een machtsovername door Filips II. Langs moederszijde was deze de kleinzoon van Manuel I en dus kon hij rechtmatig de Portugese troon opeisen. Dankzij een sluw beleid inzake politieke huwelijken had hij de afstammelingen van Manuel I, die beter geplaatst waren om de troon van het huis van Aviz op te volgen, de wind uit de zeilen gehaald[3].

Hij was een fervent bepleiter van een nauwe band tussen de Portugese en de Castiliaanse dynastie en verstevigde de banden tussen beide koninklijke families. In 1565 organiseerde hij onder meer het huwelijk van zijn neef Alexander Farnese met de infante Maria van Portugal. In 1580 maakte Filips II gebruik van het zwakke politieke beleid in Lissabon om zich tot koning van Spanje en van Portugal te laten kronen. Een oude droom werd werkelijkheid: het samensmelten van de koninkrijken van het Iberische schiereiland tot één grote staat waarover zijn zoon Filips III en zijn kleinzoon Filips IV zouden heersen[4].

Deze politieke entiteit gaf beide landen een zekere vorm van zelfbestuur. Een opzet dat vooral tijdens het bewind van Filips II geslaagd kan worden genoemd. Bij zijn dood in 1595 waren de Spanjaarden de ontegensprekelijke heersers in Portugal. Het niet naleven van de artikelen uit het verdrag dat door Filips II in 1581 in Tomar werd ondertekend en waarbij Portugal zelfbestuur verkreeg, wakkerde langzaam de negatieve gevoelens ten opzichte het verenigde schiereiland aan en vormde de aanzet tot een anti-Castiliaanse, ja zelfs nationalistische beweging.

Stilaan, maar met groeiende vastberadenheid, begonnen de Portugezen zich tegen het buitenlandse juk te verzetten en gingen er steeds meer stemmen op om hertog João van Bragança aan de macht te brengen, die een wettelijk erfgenaam was van de regerende Portugese familie[5].

Dat was de politieke situatie waarin infante Catharina in Vila Viçosa (Alentejo, een van de zuidelijke provincies van Portugal) het levenslicht zag. Als achterachterkleindochter van de machtigste van alle Portugese koningen – Manuel I (1495-1525) – stamde zij langs moederszijde af van een van de grootste families van Spanje, de Medina-Sidónia. Heel haar leven droeg de jonge infante de sporen van haar uiterst conservatieve en wereldvreemde religieuze opvoeding. Die strenge opvoeding bleek een loodzware handicap aan het hof van Engeland waar ze, ingevolge haar huwelijk met Charles II Stuart, gedurende dertig jaar zou verblijven.

Portret van Catharina van Bragança, School van Peter Lely, olie op doek, 17de eeuw. Privé-verzameling

Twee jaar na haar geboorte kwam er een eind aan zestig jaar dualistische monarchie en onderwerping aan de koningen van Spanje. De hertog van Bragança werd door de gebeurtenissen gedreven en gaf toe aan de steeds groter wordende druk uit verschillende lagen uit de Portugese bevolking, die zich bewust was geworden van haar bestaan als natie gedurende vijf eeuwen vóór de Spaanse overheersing. Uiteindelijk nam hij de rol op waarvoor hij was voorbestemd en besteeg hij in 1640 onder de naam João IV de Portugese troon[6].

Toen deze stap was gezet, diende de onafhankelijkheid nog te worden bevestigd en in stand gehouden. Er moest al snel worden aangeklopt bij grootmachten die bereid waren deze teruggewonnen vrijheid te steunen. Spanje was immers helemaal niet opgezet met de afscheiding van zijn kleine buur en al evenmin met het verlies van het koloniaal imperium waarvan het commerciële en politieke belang geenszins te verwaarlozen was. In de praktijk werd de onafhankelijkheid pas in 1668, na een uitputtingsoorlog en 12 jaar na de dood van João IV, officieel door de internationale gemeenschap, met inbegrip van Rome, erkend.

Dit gegeven drukte voor altijd een stempel op de infante Catharina, die een speelbal werd van het alliantiebeleid van het huis van Bragança en het hof van Lissabon. Toen de infante naar een van de meest liederlijke hoven van Europa werd geroepen om aan de zijde van de koning te staan, was zij slechts een kindvrouwtje wiens wereld totdantoe beperkt was gebleven tot haar biechtvader en enkele fanatieke en simpele nonnen, haar gebedenboek en enkele heiligenlevens[7]. Het staatsbelang primeerde echter op alles.

De politieke situatie van het koninkrijk Portugal en van João IV was bijzonder onstabiel. Alleen een handig diplomatiek optreden kon de vrede met de Nederlanden herstellen, waarbij de vijanden van Spanje de belangen van Portugal dienden. Met dit doel voor ogen werden rijen ambassadeurs en bemiddelaars naar de verschillende Europese hoven gestuurd die misschien in een alliantie met Portugal geïnteresseerd waren. Er kwamen heel wat huwelijkskandidaten in aanmerking voor Catharina: Johan van Oostenrijk, bastaardzoon van Filips IV, de hertog van Beaufort, kleinzoon van Hendrik IV en, waarschijnlijk de meest voor de hand liggende, Lodewijk XIV, die toen zeventien was[8].

Kardinaal Mazarin, die in de eerste plaats bekommerd was om de 'grandeur' van Frankrijk, maakte van het voorwendsel van deze huwelijksvereniging gebruik om zich ervan te vergewissen dat Portugal geen vrede met Spanje zou sluiten zonder hierbij noodzakelijkerwijze Frankrijk te betrekken. Handig politicus als hij was, zag Mazarin meteen de voordelen in van een overeenkomst in die zin met het hof van Lissabon, waarbij de tegenprestatie precies bestond uit dit huwelijk en de steun van Frankrijk. De afgevaardigde van kardinaal Mazarin werd in september 1655 naar Lissabon gestuurd om het verdrag met de Portugese partij op papier te zetten en te ondertekenen. De ratificatie door Frankrijk werd echter eerst uitgesteld, vervolgens op de lange baan geschoven en uiteindelijk op de helling gezet, zodat het verdrag nooit door Frankrijk werd ondertekend. Kardinaal Mazarin had zich ondertussen andere zaken tot doel gesteld: hij bewerkstelligde, in overleg met Filips IV, het huwelijk van Lodewijk XIV met zijn nichtje Maria Theresia en de ondertekening van de Vrede van de Pyreneeën in 1659, waardoor Portugal uit het huwelijksbootje viel.

De hoop op een huwelijksalliantie met Frankrijk was nu vervlogen en op basis van het door de Portugese regering ingenomen standpunt tegen Cromwell en voor de koningsgezinden, werden de diplomatieke betrekkingen met Groot-Brittannië nieuw leven ingeblazen.

Door de Engelse restauratie in 1660 en de troonsbestijging van Charles II Stuart, die eveneens steun zocht om zijn herwonnen troon te verstevigen, heerste er over het kanaal een politieke bedrijvigheid van jewelste waarvan de eerste resultaten reeds in 1641 merkbaar waren. João IV had in 1642, aan de vooravond van de burgeroorlog in dit land, een vredesverdrag en een handelsovereenkomst ondertekend.

Met de komst van Charles II aan de macht kon Luísa de Gusmão, moeder van Catharina en regente van Portugal, haar zoektocht naar een geschikte koninklijke echtgenoot voor de infante hervatten. Zo gelastte ze Francisco de Melo, graaf van Ponte en tevens ambassadeur in Londen, aan Monk[9] een geheim huwelijksvoorstel voor de jonge koning voor te leggen.

G. Faithorn, *Portret van Catharina van Bragança*, gravure. Privé-verzameling

Portret van Charles II van Engeland, gravure, 17de eeuw. Privé-verzameling

Binnen de Europese politieke context kwam het aanzoek als een geschenk uit de hemel, althans voor sommigen.

Groot-Brittannië streefde via de godsdienstvrijheid naar een politiek evenwicht. Het Frankrijk van Lodewijk XIV, in volle territoriale expansie, was bijzonder gelukkig met de komst van een katholieke prinses aan het hof van Engeland en de Engelsen zagen in deze huwelijksverbintenis een opening naar de Portugese koloniale markt en extra mogelijkheden voor een verdere maritieme expansie. Als tegenprestatie werd verwacht dat Engeland Portugal zou verdedigen tegen externe agressie.

Een niet te verwaarlozen voordeel van het verdrag had betrekking op de bruidsschat van Catharina. Hij omvatte onder meer de markt van Tanger in Noord-Afrika en de markt van Bombay op het Indiase subcontinent, de absolute vrijheid om handel te voeren in India en Brazilië en daar bovenop vijfhonderdduizend pond in contanten; een bedrag dat blijkbaar nooit volledig werd gestort[10].

Slechts één schaduwzijde aan de overeenkomst: de katholieke overtuiging van de infante in een land en een tijdperk waar de religieuze problematiek een bijzonder teer politiek punt vormde.

Voor de invloedrijke koopliedenklasse van Engeland en in het bijzonder voor de East India Company wogen de handelsvoorwaarden van de overeenkomst ruimschoots door en hun erg pragmatische bewindslieden gingen er waarschijnlijk *in petto* vanuit dat "iedere concessie goed is, mits het doel wordt bereikt".

Voor Spanje betekende dit eventuele huwelijk daarentegen een gevaarlijke stap naar de erkenning van de teruggewonnen Portugese onafhankelijkheid. Van een klein kwetsbaar land, dat echter 'houder' was van een uitgestrekt koloniaal imperium, werd Portugal onder bescherming van de Engelsen een hinderlijke buur die de deuren van zijn fabelachtige verre markten opende voor de machtige Britse handelskoopvaardij. Dat was vast ook niet naar de zin van de Hollanders en hun 'Vereenigde Oost-Indische

Compagnie', die bij de oprichting in 1602 in alle openheid stelde dat men zich te allen prijze moest verzetten tegen het Portugese monopolie in de handel van Indiase kruiden.

Spanje schrok er dan ook niet voor terug om bij Charles II rond de infante een venijnige lastercampagne op touw te zetten. Er werd informatie verspreid over haar lelijkheid en zelfs misvormingen, haar aanstootgevende gedrag en haar verwerpelijke persoonlijkheid en, nog steeds luidens de Spaanse ambassadeur, baron de Batteville, over het alombekende feit dat de prinses nooit voor een troonopvolger zou kunnen zorgen[11]. In werkelijkheid was de infante, zoals we haar zien op de ons bekende portretten, misschien geen oogverblindende schoonheid, maar zeker ook niet lelijk of afstotelijk.

Met de politieke belangen in het achterhoofd nam Charles II, ondanks alle intriges, de op hem uitgeoefende druk en zelfs een zekere aarzeling, Catharina toch tot bruid. Als hij dan al met een katholieke vrouw moest trouwen, kon geen enkele prinses in Europa hem een betere bruidsschat schenken dan Catharina.

Voegen we hier aan toe dat dit kleurrijke personage, een groot liefhebber van het vrouwelijk schoon, met een uitgesproken voorkeur voor brunettes, formeel elke Duitse prinses van de hand wees omdat hij ze allen 'te lelijk en te dwaas'[12] vond... Het spreekt voor zich dat zijn zwak voor vrouwen voor heel wat politieke strubbelingen zorgde en tot een zekere misnoegdheid vanwege de koningin en haar gevolg leidde.

Over de infante was Charles II vol lof, wat blijkt uit een brief die hij aan de vooravond van zijn huwelijk aan Lord Clarendon richtte. Hij beschrijft zijn toekomstige vrouw als *zeer aangenaam, met prachtige ogen en een zachte stem. Hij acht zich gelukkig en oordeelt dat hun beider karakters uitstekend bij elkaar zullen passen. Zelfs al is ze niet echt een schoonheid, toch is er niets dat voor om het even wie aanstootgevend zou kunnen zijn*[13]. Een Frans historicus schreef in de 18de eeuw hierover het volgende: "*Haar ziel was, naar men zegt, mooier dan haar lichaam en ze genoot het respect van de koning, haar echtgenoot, maar wist niet zijn hart te veroveren*"[14].

Objectief gezien lijkt het weinig waarschijnlijk dat de fysieke aspecten of het gedrag van de koningin aanleiding konden geven tot conflicten en aantijgingen tegen haar persoon. Heel wat erger in de ogen van haar tegenstanders, waren haar godsdienstige overtuiging, haar strenge zeden, haar manier van kleden, haar haartooi en ongetwijfeld haar eetgewoonten[15]. In het licht van dit gegeven is de cultuurschok tussen beide sterk uiteenlopende persoonlijkheden makkelijk te begrijpen. De infante en Charles II waren immers meer om staatsredenen dan uit eigen vrije wil met elkaar verbonden.

Catharina was een ingetogen vrouw die was opgevoed in een uithoek van Europa, toen in Portugal *tijdens de Iberische unie de Inquisitie hoogtij vierde (…), die haar eigen belang nastreefde als een staat in de Staat*[16], met alle gevolgen die daar uit voortvloeiden. Voegen we daaraan toe dat de koningin-moeder persoonlijk het gevolg voor de infante had samengesteld zodat Catharina uiteindelijk omringd werd door uiterst behoudsgezinde en kwezelachtige raadgeefsters. Het gevolg bestond, aldus de graaf van Gramont, uit *de gravin van Panetra*[17], *met Catharina meegekomen als kamenier; zes monsters die zichzelf uitriepen tot hofdames, en een duegna*[18], *nog een monster, die voor het hele gezelschap vreemde schoonheden als gouvernante optrad*[19]. Volgens een wijdverspreide roddel van toen, opgetekend door Virgínia Rau, weigerden deze dames zelfs te slapen in een bed waar ooit een man in had geslapen[20]. Tot hun verdediging kan worden verondersteld dat, gelet op de toen heersende dubieuze hygiëne, hun bekommernis misschien niet louter door morele overwegingen was ingegeven.

Het hele gezelschap kreeg vanwege zijn strenge opvattingen en de naar Engelse normen verouderde wijze van kleden, van bij zijn aankomst op het eiland heel wat commentaar te slikken.

Een gevolg van meer dan 100 personen, (…) dat meer weg had van een grotesk operagezelschap dan van een ideale entourage om deel te nemen aan het frivole leven aan het Engelse hof[21].

De infante deed er volgens haar tijdgenoten nochtans alles aan om de koning te plezieren en om zich aan haar nieuwe leven en de heersende mode en zeden van het hof aan te passen. De cultuurschok was echter enorm. Om alles nog ingewikkelder te maken, sprak Catharina nagenoeg geen woord Engels en was haar kennis van het Frans onvoldoende. Het Spaans was de enige taal waarin beide echtgenoten konden communiceren, wat de zaak er uiteraard niet makkelijker op maakte… Inzake eetgewoonten heeft Catharina van Bragança wellicht in grote mate bijgedragen tot het verspreiden in Groot-Brittannië van praktijken en producten die door de Portugezen werden meegebracht uit verre overzeese gebieden. In dat verband geeft Antonia Fraser in een biografie van Charles II heel wat waardevolle informatie over het gedrag van Catharina. Zij stelde dat Catharina in de *cuisine*[22] bijzonder behoudsgezind was en streepte in de koninklijke rekeningen de recurrente rubrieken aan in verband met de betaling van het Portugese keukenpersoneel. Hamilton heeft het in zijn beschrijving van het gevolg van de infante[23] overigens over vier bakkers. Heel waarschijnlijk gaat het hier in beide gevallen om een globale verwijzing naar het keukenpersoneel van de koningin[24]. De aanwezigheid van een keukenbrigade in het gevolg van een prinses, die in het buitenland ging huwen, was helemaal niet uitzonderlijk voor die tijd. Het hoeft dan ook niet te verbazen dat er soms schriftelijke documenten over kookkunst, bedoeld voor dat keukenpersoneel, worden teruggevonden. Het oudste Portugese gastronomische register dat wij kennen, is het receptenboek van de infante Maria van Portugal (1538-1577)[25], die in 1565 naar Brussel trok om er te huwen met Alexander Farnese, toekomstig hertog van Parma.

Het is trouwens niet uitgesloten, hoewel dit door niets wordt bevestigd, dat het keukenpersoneel van de infante een of ander receptenboek heeft samengesteld of een van de in de 16de of 17de eeuw in Vlaanderen, Italië, Spanje, Frankrijk, Portugal of Luik gepubliceerde keukenboeken naar Engeland heeft meegenomen.

Een door verschillende auteurs erkende bijdrage van de infante Catharina op het vlak van de gastronomische geneugten, was het invoeren van het dagelijks kopje thee.

Antonia Fraser gaat zelfs een stapje verder en verwijst naar een verzoek van Catharina van Bragança bij haar aankomst in Portsmouth op 13 mei 1662: *One of her first actions was to ask a cup of tea*[26]. Het gezelschap dat was belast met de officiële ontvangst van de toekomstige koningin van Engeland, was totaal verrast en bood haar de toenmalige nationale drank aan, nl. een glas bier (*ale*). Een anonieme kroniekschrijver die de koningin van Lissabon tot Londen vergezelde en een zeer nauwkeurige beschrijving geeft van het hele doen en laten van de koningin, maakt op dit voorval vreemd genoeg geen enkele allusie.[27] Hoewel thee in Engeland volgens de officiële geschiedschrijving voor het eerst zijn intrede deed in 1645[28], toen de Hollanders op wettelijke wijze het eerste kistje thee invoerden, kan worden gesteld dat hij in Engeland reeds bekend was van bij het begin van de 17de eeuw. Als bewijs hiervan zegt Philippe Sylvestre Dufour in zijn onderhoudend werk *Traitez nouveaux & curieux du café du thé et du chocolate* uit 1685, na heel wat beschouwingen over de oorsprong en de verspreiding van thee in de wereld: *Wat Europa betreft, is het gebruik van thee inzonderheid in Engeland erg in de mode. Dat is overigens makkelijk af te leiden uit het aantal openbare plaatsen waar thee wordt verkocht en waarvan er in Londen alleen al meer dan drieduizend zijn. Men is soms verplicht geweest enkele theehuizen te sluiten om dezelfde reden als toen men enkele jaren geleden cabarets verbood*[29][30]. Thee was dus alomtegenwoordig, maar het verbruik bleef hoofdzakelijk beperkt tot openbare plaatsen[31], die naar alle waarschijnlijkheid weinig betaamden voor dames van de hogere klasse.

Het courante verbruik van deze drank in het westen werd door tal van reizigers beschreven. In zijn relaas "Traktaat waarin in detail over China wordt verteld" (1556) schrijft de Portugees Gaspar da Cruz: *Aan wie door een man van aanzien wordt ontvangen, wordt zoals gebruikelijk op een mooi dienblad een porseleinen kop aangeboden, gevuld met lauw water dat ze "chá" noemen… en ik heb wel vaker die eer genoten*[32]. Ook Giovanni Ramusio uit Venetië heeft het er in 1559 over en nog anderen schrijven er in de loop van de volgende eeuw over. De eerste verwijzing naar de handel in thee in Engeland dateert van 27 juni 1615 wanneer de Engelse koopman R. Wickman in een postscriptum van een brief aan zijn agent Eaton in Macao schrijft: *Mr. Eaton, I pray you buy me a pot of the best sort of chaw in Macao…*[33]. Precies deze kleine Chinese haven, waar in 1535 de Portugezen voor de eerste keer voet aan wal zetten en die ze sinds 1557 als bruggenhoofd gebruikten, was naar alle waarschijnlijkheid de haven bij uitstek voor de uitvoer van de *Camellia sinensis* (thee)

Dirck Stoop, *Catharina van Bragança vertrekt uit Lissabon naar Engeland*, gravure, 1662. Privé-verzameling

naar het westen. Reeds in 1560 werd de camelia (*Camellia japonica*) als sierplant in Portugal geteeld. Misschien wel een uitgekiende zet van de Chinezen om de Portugezen te misleiden door ze zaad of plantgoed te geven van de siercamelia en niet van de theestruik, om zo te vermijden dat deze cultuur in handen van de Europeanen zou vallen[34]. Waarschijnlijk maakten de Portugezen voor het eerst kennis met de drank in de streek van Kanton en gaven ze er vervolgens ook de daar gebruikte naam 'Ch'a' aan. Die benaming – 'Chá' – wordt overigens in Portugal nog steeds gebruikt.

Hoewel heel wat auteurs sinds het begin van de 19de eeuw beklemtonen dat de Portugese prinses een belangrijke rol heeft gespeeld in de introductie van deze drank in Engeland, moet toch worden vastgesteld dat de bekendste van haar tijdgenoten die in contact kwamen met het hof van Charles II en waarvan nog heel wat geschriften zijn bewaard gebleven, hierover met geen woord reppen.

In dit verband is het ook interessant om even stil te staan bij een passage uit het dagboek van Samuel Pepys van september 1660. Hij verwijst naar een vergadering – waarschijnlijk van de admiraliteit (*Navy Board*), waar hij sinds juni van datzelfde jaar een ambt bekleedde – met sir W. Batten, kolonel Slignsby en sir R. Ford. Ze hebben het over staatszaken en inzonderheid over de politieke situatie in Europa. Op een bepaald ogenblik wordt een kop thee besteld: *… a Cupp of Tee (a China drink) of wich I never drank before)…* De teksthaakjes, de spelling en de hoofdletters zijn van Pepys. Nog tweemaal vermeldt hij thee in zijn dagboek, maar dan als geneeskrachtig kruidenaftreksel: *my wife made me drink some Tea* (december 1665) en *…my wife making of Tea, a drink wich Mr. Pelling the pothecary tells her is good for her cold and defluxions* (juni 1667)[35]. Nooit brengt hij echter thee in verband met de koningin.

In datzelfde decennium vermelden de registers van de *East India Company* op datum van 30 september 1664 "zes porseleinen flacons met zilveren stop en twee pond en 2 ons thee geschonken aan Zijne Majesteit"[36]. Nog steeds volgens Ukers bevestigen diverse bronnen dat Charles II de koningin, *who was an ardent devotee of tea*[37], thee cadeau heeft gedaan.

Heel wat later schrijft Henri Hyde, Lord Clarendon (de zoon van de kanselier): *Vrijdag 10 februari 1688 – pater Couplet heeft het avondeten met mij genuttigd; het is een man waarmee het aangenaam praten is. Na het eten hebben we thee gedronken. Hij vond hem waarlijk even lekker als de beste thee die hij in Rusland had gehad*[38]. Dit is ook de eerste keer dat hij deze drank vermeldt en ook hij brengt hem niet in verband met Catharina van Bragança.

Een uitzondering echter – en dan nog een van formaat – is de poëet Edmond Waller, officieel geschiedschrijver van het hof (1605-1687), die ons een direct bewijs nalaat van de interesse van Catharina voor thee en van haar rol in de verspreiding van deze nieuwe drank. Bij een verjaardag van de koningin (naar alle waarschijnlijkheid in 1663 of 1664)[39], schreef Waller namelijk een apologetisch gedicht over Hare Majesteit en haar liefde voor thee[40].

Het is dan ook meer dan verantwoord om de rol van koningin Catharina in deze voor waar aan te nemen. Temeer omdat het perfect mogelijk was dat thee zijn intrede deed aan het Engelse hof in het kader van Catharina's activiteiten, waaronder het organiseren van bals, het spelen van kaart – overigens een van de favoriete bezigheden van de koningin – het organiseren van gekostumeerde avonden en tal van andere binnenactiviteiten waar heel wat tijdgenoten[41] naar verwijzen.

Het zou echter niet correct zijn om de rol van Catharina van Bragança tot dit gegeven te beperken. De koningin was helemaal niet zo volgzaam als eerst gedacht en vóór hun huwelijk aan de koning verteld werd. Rond de beslissing van Charles II om Lady Palmer (de Castlemaine) – zijn vaste minnares en moeder van een van zijn bastaardzonen – aan te stellen als hofdame van de koningin, ontstond een rechtstreekse confrontatie tussen beide echtgenoten. Catharina weigerde categoriek de aanwezigheid van de Castlemaine en deelde Lord Clarendon, die als bemiddelaar optrad, mee dat ze nog liever terugkeerde naar Lissabon dan toe te geven. De koning slaagde er echter in zijn slag thuis te halen. Henri Hyde verhaalt de scène: hij (de koning) antwoordde dat zij (de koningin) … *er beter aan zou doen zich eerst te informeren of haar moeder haar wel zou willen ontvangen en dat ze overigens weldra een goede gelegenheid zou krijgen om dit te doen. Hij was immers vastbesloten om al haar Portugees huispersoneel terug te sturen en zou meteen het bevel geven om ze op de boot te zetten omdat zij zich helemaal niet gedroegen zoals het betaamde. Het was immers voornamelijk vanwege hun dwaze adviezen dat hij al die halsstarrigheid moest dulden*. Nadat het Portugese gevolg de laan was uitgestuurd, werd op basis van heel wat andere criteria een nieuw gevolg samengesteld, waarbij toch rekening werd gehouden met bepaalde wensen van de koningin[42].

De keuzes van Charles II zouden overigens tot nog meer crisismomenten aanleiding geven. De koningin, die zeer beminnelijk doch ook gedreven en driftig kon zijn, moest zich tegen wil en dank schikken naar de wensen van de koning en de beledigingen met betrekking tot de intriges en achtereenvolgende maîtresses van haar koninklijke echtgenoot zonder meer slikken. Ze deed vaak uit de hoogte en duldde geen tegenspraak, een houding die menig geschiedschrijver en getuige van diverse scènes meteen opviel.

Op een dag, bij de verzorging van haar haartooi – wat een intensieve en langdurige bezigheid kon zijn – maakte de Castlemaine een schampere opmerking over haar engelengeduld. De koningin antwoordde bitsig: *er zijn zoveel redenen waarom ik mijn geduld zou kunnen verliezen; ik zie niet in waarom ik dat voor zo'n futiliteit zou doen*[43], waarbij ze alludeerde op het feit dat ze de aanwezigheid van de minnares van haar man zonder meer moest dulden.

Feit is dat de koningin gedurende heel haar huwelijksleven het hoofd moest bieden aan diverse officiële minnaressen: de reeds genoemde lady Castlemaine, Frances Stuart, Nell Gwynne, Moll Davies en Louise van Kéroüalle. Charles II liet ze stuk voor stuk opnemen in het gevolg van de koningin, zodat ze dicht bij zijn appartementen de nacht doorbrachten. Uit zijn liederlijk liefdesleven liet Charles II meer dan twaalf bastaardkinderen na. De bekendste was zonder twijfel James, die later als lord Monmouth door het leven zou gaan (*the young Crofts*, vaak door Pepys aangehaald). James was de vrucht van een jeugdige relatie met Lucy Walter en een ernstig kroonpretendent ten overstaan van de hertog van York.

De moeilijke en nooit voldragen zwangerschappen van de koningin, de toenemende vrees dat zij nooit voor een wettige troonopvolger zou kunnen zorgen en de devotie van de koningin voor de kerk van Rome hadden tragische gevolgen die voelbaar bleven tot haar terugkeer naar Lissabon in 1692, dertig jaar na haar aankomst in Groot-Brittannië.

De koningin werd er zelfs van beschuldigd te spioneren voor de Paus en haar man te willen vermoorden; zij was het middelpunt van een web van intriges dat door Titus Oates en William Bedloe rond haar persoon werd geweven.

Tijdens een van de handig in elkaar gezette complotten was er zelfs sprake van om de koningin op te sluiten in de toren van Londen. Het moet worden gezegd dat Charles II steeds partij heeft gekozen voor zijn wettige echtgenote, ook bij de zware offensieven van de Anglicaanse kerk, die de invloed van de katholieke koningin op de vorst helemaal niet zag zitten.

De Anglicanen hadden het trouwens niet helemaal bij het verkeerde eind. Van bij het begin van hun huwelijk tot het bittere einde bleef Catharina onwrikbaar wat haar geloof betrof. In een brief aan de paus, aangehaald door Virgínia Rau[44], schreef de koningin: *het enige verlangen dat ik koester en dat mij – meer dan de scepter en de kroon – heeft overtuigd om het koninginschap van Engeland te aanvaarden, is de belangen van de rooms-katholieke godsdienst te dienen.*

Nog voor ze in het huwelijk trad volgens de protestantse kerkgebruiken, eiste ze dat het huwelijk zou worden ingezegend volgens de rooms-katholieke liturgie. Dat gebeurde dan ook bij haar aankomst in Engeland (Portsmouth). Het was Lord Aubigny, aalmoezenier van de koningin en broer van hertog Richmond, die in het allergrootste geheim, in aanwezigheid van de ambassadeur van Portugal en een selecte keuze uit de gezelschapsdames, de mis opdroeg. Het protestantse huwelijk werd later door Sheldon, aartsbisschop van Londen, ingezegend. Mrs Jameson noteert in dit verband: *Catherine, as simple-minded as bigoted, refused to repeat the words of the ritual…*[45] Op het gepaste moment verwezen de vijanden van Charles II en van de koningin naar dit 'wankele' huwelijk om een hele rist samenzweringen op touw te zetten, een paleisrevolutie te laten ontbranden en op een echtscheiding aan te sturen… pogingen die één voor één door de koning en zijn entourage werden verijdeld.

Koningin Catharina had ook met ernstige gezondheidsproblemen te kampen. In oktober 1663[46] kreeg zij een aanval waarbij ze ternauwernood aan de dood ontsnapte. Catharina kreeg het heilig oliesel en kwam pas weer bij bewustzijn na verscheidene dagen te hebben geijld. Hierover schrijft Hamilton[47] het volgende: *De dokters hadden Catharina opgegeven. Het kleine aantal Portugezen dat niet naar Portugal was teruggestuurd, verzamelde zich op de binnenkoer en slaakte akelige doodskreten…* Wat verder wijst hij op een onstuitbare huilbui van de koningin waarvan de koning dacht dat het de laatste snikken waren: *Hij (de koning) huilde samen met haar en smeekte haar – zonder te kunnen weten dat zij hem op zijn woord zou nemen – om uit liefde voor hem te blijven leven.*

Het cynisme van deze bedekte toespeling geeft duidelijk aan hoezeer de omgeving van het hof haar vijandig was gezind. In een zo onvriendelijke sfeer en aan een hof waar de zeden nagenoeg tegengesteld waren aan de hare, moest Catharina voortdurend schipperen en haar ware gevoelens verhullen. Zij die zich toch nooit met politiek had ingelaten, beperkte er zich op een bepaald ogenblik toe om alle ontlui-

Portret van Catharina van Bragança, gravure. Privé-verzameling

kende vriendschappen in de kiem te smoren, de hovelingen waar zij niet mee kon opschieten bij de koning uit de gunst te doen vallen en een totale onverschilligheid aan de dag te leggen voor alles wat ze afkeurde[48]. En toch, om het de koning naar de zin te maken, organiseerde ze tal van activiteiten; van een eenvoudige wandeling tot een bezoek aan scheepswerven, van een kamermuziekconcert tot boogschieten. De koningin was volgens tal van tijdgenoten bijzonder handig in deze sport, wat meteen verklaart dat de Londense boogschuttersgilde in haar schild nog steeds de zinspreuk *Reginae Catharinae Sagittarii* draagt.

Om haar gezondheidsproblemen te verzachten – en misschien ook wel om afstand te nemen van de intriges aan het hof – trok de koningin vaak naar kuuroorden, met name naar Tunbridge Wells en in 1663 naar Bath. Bath, ongeveer 200 km ten westen van Londen en niet ver van Bristol, is een oude stad (*Aqua Sulis*) waar de Romeinen aan de godin Minerva gewijde thermen hadden aangelegd. Het beschikte over warmwaterbronnen met een constante temperatuur van 46,5° en is ook vandaag nog een vermaard kuuroord. Tunbridge Wells ligt op 50 km ten zuidoosten van de hoofdstad. Het kuuroord werd in het begin van de 17de eeuw gesticht en heeft sindsdien heel wat gekroonde hoofden op bezoek gehad. Zij vonden er de zo gewaardeerde ontspanning en rust. Koningin Catharina verbleef er vaak. In de zomer van 1665 had ze er zelfs een toneelgroep uitgenodigd om het hof te vermaken en de koning te onttrekken aan de invloed van Frances Stuart. Dat brak haar echter zuur op, daar twee mooie dames van het gezelschap, Moll Davies en Nell Gwyn, de aandacht van de koning trokken en later de meest intieme attenties van Charles II genoten.

Het zou al te omslachtig zijn om hier alle geliefden van de koning op te sommen en de invloed van 's konings losbandigheid op het leven van Catharina te beschrijven. Blijft echter het feit dat, tot aan zijn dood in februari 1685, de koning meerdere malen de verdediging van de koningin op zich heeft genomen. Een eerste maal, toen Lord Buckingham de koning adviseerde om de koningin naar de koloniën te zenden, waardoor een echtscheiding en vervolgens een huwelijk met Frances Stuart mogelijk zou worden. De koning verklaarde dat *hij niet inzag waarom hij een vrouw in haar ongeluk moest storten om redenen die men haar niet kon aanwrijven: zorgen voor een troonopvolger.*

Een laatste maal, toen Charles II op zijn sterfbed een bericht naar de koningin stuurde om haar ervan te verzekeren dat hij haar niets had te vergeven. Integendeel, hij vroeg haar vergiffenis voor het leed dat hij haar had aangedaan[49].

Charles II kwam aan zijn eind zoals hij had geleefd. Hij stierf aan een hartaanval bij zijn minnares, Louise van Kéroüalle, gravin van Portsmouth, waar hij de nacht doorbracht. Zijn gezondheidstoestand (nierstenen en jicht), nog verergerd door de inname eerder die avond van gedroogde cantharide[50], bewerkstelligde de fatale afloop.

Het is wellicht nuttig om erop te wijzen dat de moeder (Marie-Henriëtte van Frankrijk), de broer (hertog van York en toekomstige James II) en uiteraard de echtgenote van de koning katholiek waren. Charles II bleef protestant en maakte, ondanks allerlei geruchten, nooit enige allusie op een eventuele bekering.

Hij ondertekende de declaratie van Breda en stemde ook in met een dubbele huwelijksceremonie maar, in tegenstelling tot alle mogelijke beweringen, zweerde hij nooit het protestantisme af.

Tijdens de uren voorafgaand aan zijn dood werd zijn onmiddellijke omgeving – de koningin, de hertog en de hertogin van York en Louise van Kéroüale, allen katholiek – geconfronteerd met de cruciale vraag: zou hij sterven als katholiek of als protestant? Men moest, zonder argwaan te wekken, de wens van de stervende koning proberen te achterhalen. Zijn broer James, de enige die met de stervende over dit onderwerp kon praten, verkreeg van de koning toestemming voor een bekering.

Daartoe diende een beroep te worden gedaan op een Engelssprekend katholiek celebrant die aan het hof niet bekend was, daar de aanwezige protestanten een oogje in het zeil hielden.

Stéfania Brandinelli, *Catharina van Bragança*, beeldhouwwerk in uitvoering. Privé-verzameling

De graaf van Castelo Melhor, uit het huis van de koningin, vond uiteindelijk Huddleston, een katholiek priester. Als protestant verkleed werd deze via een geheime deur in het paleis binnengesmokkeld. William Chiffinch, kamerheer en vertrouweling van de vorst[51], bracht hem tot bij de stervende, waar hij diens laatste wilsbeschikking aanhoorde, achter de schermen bijgestaan door de Portugese pater Bento de Lemos, die voor de hostie zorgde. Huddleston nam de biecht af en diende de koning het heilig oliesel en de laatste sacramenten toe. De koning stierf als katholiek. Als deze late bekering een overwinning betekende voor de bekeringsijver van zijn entourage en de katholieke stroming, leverde ze meteen ook het bewijs dat de koning zich nooit tevoren had bekeerd. Ter staving van deze thesis een van de laatste verklaringen van de koning die door Huddleston werden opgetekend: de koning betreurde het dat hij deze reconciliatie zolang had uitgesteld[52].

Op 6 februari 1685 blies de koning op vijfenvijftigjarige leeftijd zijn laatste adem uit. Bij ontstentenis van een wettige erfgenaam besteeg zijn broer James de troon. Het weduwschap van de koningin zorgde voor een grote ommekeer in haar leven in Engeland. Tijdens het bewind van James II (1685-1688), die de gelijkheid van de godsdiensten herstelde, genoot Catharina het respect en de eerbied van haar schoonzus, van haar koninklijke schoonbroer en van het hof. Ze nam haar intrek in Somerset House en tijdens de zomermaanden in haar villa in Hammersmith, waar ze zich hoofdzakelijk onledig hield met haar meest geliefkoosde ontspanning: de muziek. In het openbare leven bleef ze uiterst discreet, hoewel ze in volle protestantse samenzwering tussenbeide kwam ten voordele van Lord Monmouth toen die door haar schoonbroer James II op de korrel werd genomen. Ze wilde dat James Monmouth gratie zou verlenen. Haar lovenswaardige poging kon echter het hoofd van de oudste bastaardzoon van Charles II niet redden.

Allerlei conflicten, het protestants offensief dat door James II foutief werd ingeschat en de machtsdrang van Willem III leidden tot de afzetting van James en zijn vertrek naar Frankrijk. Met Willem van Oranje op de troon nam het leven van Catharina een nieuwe wending. Zij was nu nog de enige katholiek van de koninklijke familie aan het hof van Londen. Er was niets meer dat haar aan Engeland bond en zij dacht maar aan één ding: terugkeren naar Portugal. Dat was echter niet zo eenvoudig. Noch Willem III, noch haar broer Pedro II in Lissabon, bleken wat dat betrof gehaast te zijn. De beslissing werd steeds maar uitgesteld en Catharina moest tot 1692 wachten voor ze de lange reis van bijna een jaar kon aanvatten. De tocht verliep eerst over land tot Dover, dan over zee tot Dieppe. Ze liet Versailles links liggen en reisde meteen door naar het zuiden. Onderweg hield ze verscheidene malen halt, onder meer bij James II die in Frankrijk in ballingschap leefde, en in Bayonne bij de hertog van Gramont, die haar naar Irún bracht. Via Madrid belandde ze eind 1692 uiteindelijk in Portugal. Begin januari van het jaar 1693 doorkruiste de koninklijke karavaan bij noodweer de provincie Beira, en daar verbleef Catharina bij de graaf van Santa Comba Dão. De koningin wilde een bezoek brengen aan het nabijgelegen Bussaco, waar de vrouwen op straffe van excommunicatie niet binnenmochten. Zij diende haar bezoek echter af te gelasten vanwege de slechte weersomstandigheden[53] en vervolgde haar weg naar Coimbra, waar ze op 8 januari aankwam en drie dagen verbleef. Aan het eind van diezelfde maand zag ze haar broer Pedro, koning van Portugal (1683-1706). Tien maanden waren er verstreken sinds de lange karavaan van de koningin en haar honderdkoppig gevolg zich in Londen in beweging had gezet. Dertig jaar waren er verlopen sinds de infante de Taag had verlaten om neer te strijken aan de Theems.

Catharina werd van bij haar terugkomst nauw bij de staatszaken betrokken en was tot tweemaal toe regente: een eerste keer in 1704, tijdens de Spaanse Successieoorlog, en een tweede keer het daaropvolgende jaar, tijdens de ziekte van haar broer Pedro. Het leven van de infante, die gedurende 23 jaar onder bijzonder moeilijke politieke omstandigheden koningin van Engeland was, was gekenmerkt geweest door de cultuurschok, de kuiperijen in het paleis en de religieuze spanningen.

De aanpassing was, ondanks de aanwezigheid van haar keukenpersoneel, haar parfumeur en haar geestelijken, uiterst moeizaam verlopen. En toch, eenmaal in haar geboorteland terug, miste ze Engeland. Inzake kleding bleef ze de Londense mode volgen en wanneer ze ook maar kon, zocht ze naar berichten over haar 'andere' koninkrijk. Catharina, infante van Bragança en koningin van Engeland, stierf op 31 december 1705[54]. Ze leeft in de herinnering voort als de koningin die de thee aan het Londense hof introduceerde, ondanks de weinige beschikbare documenten om dit te staven. De inventaris van haar goederen, die een week na haar dood werd opgesteld, levert het onweerlegbare bewijs dat ze de eerste *tea drinking queen* was:

Een zilveren theepot uit China met bloemenmotief op het deksel, met een gewicht van twee mark, vier ons en vier achtste, geschat tegen de overeenkomstige prijs.

Vier gegraveerde, witte en lage theepotjes met deksel van het vernoemde vaatwerk (uit India) en een theepot van rode Chinese terracotta met gouden rankversiering.

Dat zijn in totaal zes theepotten die de koningin uit Londen meebracht en die werden teruggevonden tussen haar inboedel in het paleis van Bemposta in Lissabon[55].

Een ander feit getuigt van de gehechtheid van Charles II aan zijn echtgenote: hij gaf de naam *Queens* aan een van de wijken van de stad die hij New York had gedoopt als eerbetuiging aan zijn broer, omdat die in 1664 Nieuw Amsterdam op de Hollanders had veroverd. De herinnering aan de koningin blijft op die manier verder leven in de grote Amerikaanse stad. Een vereniging onder de naam *Friends of Queen Catherine* zet diverse acties op het getouw om de rol van koningin Catharina te laten erkennen. Een van die acties omvat de oprichting van een bronzen standbeeld van meer dan tien meter hoog op de zuidelijke oever van de East River op Long Island, recht tegenover het gebouw van de Verenigde Naties. Een ander reeds verwezenlijkt initiatief bestond in het op de markt brengen van een melange van thee, *The Queen Catherine Blended*, door Harney & Sons en de *Royal Breakfast* door de *East India Company*.

Een van de grote bezielers van de vereniging 'De vrienden van koningin Catharina' is Manuel de Andrade e Sousa, voorzitter van de vereniging en auteur van een monografie over de in deze tekst geciteerde infante. Hij is een van de grootste verzamelaars van prenten en souvenirs van hare majesteit.

---

1. Wij willen hier even stilstaan bij de zienswijze van Jorge Borges de Macedo, directeur van het Nationaal Archief van Portugal van 1990 tot 1996. In een artikel, gepubliceerd in de catalogus voor de Portugal – Vlaanderen tentoonstelling (Europalia Portugal), schetst Borges de Macedo een totaal tegengesteld portret van de vorst. Volgens hem was de jonge koning een bedachtzaam en voorzichtig man, die perfect op de hoogte was van het reilen en zeilen van de internationale politiek, maar voortdurend in conflict leefde met zijn grootmoeder, die tot zijn meerderjarigheid in zijn plaats regeerde. Het negatieve beeld dat vaak van hem wordt opgehangen, zou een gevolg zijn van de door Filips II georkestreerde bemoeienissen om de Portugese monarchie in diskrediet te brengen. Hoewel deze visie in eerste instantie aanlokkelijk lijkt, was het artikel niet voldoende gestoffeerd met referentiemateriaal en documentatie om deze beweringen werkelijk hard te kunnen maken.
2. Oliveira Marques, A.H., *História de Portugal*, 7a edição, deel I, p. 417.
3. De tweede dynastie van Portugal neemt een aanvang bij João I (1385-1433) – grootmeester van de *Aviz-orde* – en eindigt bij het regentschap van Hendrik de Kardinaal (1578-1580), de oom van Sebastião die in 1578 in Marokko sneuvelde. Dit tijdperk wordt gekenmerkt door de grote ontdekkingen waarvan de infant Hendrik de Zeevaarder (1394-1460), hertog van Viseu en derde zoon van João I, de grote roerganger was.
4. Er moet op worden gewezen dat de drie koningen in Portugal regeerden onder de naam Filips: Filips I, Filips II en Filips III. Vandaar dat ook wel van de Filips-dynastie wordt gesproken.
5. Er dient te worden aangestipt dat deze rechtmatige aanspraak in de eerste helft van de 17de eeuw steunt op een ongefundeerde redenering waarvoor de cisterziënzerabdij van Alcobaça verantwoordelijk is en die bij een in 1632 gepubliceerde wet officieel werd gemaakt. Het protocol van de "Cortes de Lamego" van 1143 bepaalt dat vrouwen de kroon niet kunnen erven noch doorgeven, behalve wanneer ze huwen met een Portugees edelman. En dat was precies wat er gebeurde met de moeder van de hertog van Bragança. (Oliveira Marques, A.H. , *op. cit.*, deel I, p. 441).
6. Hij werd aldus de eerste koning van het huis van Bragança, tevens de vierde en laatste dynastie van Portugal. Portugal bleef immers een koninkrijk tot 1910, toen Manuel II door de republikeinen van de troon werd gestoten.
7. Mrs Jameson, *Memoirs of the beauties of the court of Charles the second*, p. 38.
8. Rau, Virgínia, *D. Catarina de Bragança Rainha de Inglaterra*.
9. George Monk (of Monck), eerste hertog van Albemarle, graaf van Torrington, baron Monck van Potheridge, Beauchamp en Teyes (1608-1670). Engels generaal, een van de bezielers van de restauratie van de Stuarts en inspirerende kracht achter de declaratie van Breda door Charles II.
10. Antonia Fraser (cf. King Charles II, p. 204) heeft het over twee miljoen kroon (of 360.000 pond), waarvan een gedeelte diende te worden betaald in de vorm van suiker en hout uit Brazilië en het andere gedeelte in contanten. Een eerste betaling diende te gebeuren bij het inschepen van de infante en het saldo zou in verschillende aflossingen gebeuren. Mrs Jameson, *op. cit.*, p. 44, heeft het ook over 500.000 pond. Zij beweert dat de koningin-moeder de helft van deze bruidsschat meegaf met de vloot die de infante naar Engeland bracht, in de vorm van juwelen, suiker, katoen, zijde en andere producten, terwijl de andere helft – de contanten – pas een jaar later diende te worden gestort.

Samuel Pepys verwijst op zijn beurt meerdere malen naar de strubbelingen om het geld van de bruidsschat binnen te halen en om het Portugese geld om te wisselen in Engelse ponden. (cf. The Diary of Samuel Pepys 1660-1669, deel 3, p. 90, 91, 99 en 100). Henri Hyde, "Mémoires de Lord Clarendon" (deel II, p. 153 en volgende) heeft het ook over 500.000 pond in baar geld.

11. De ironie van het lot wil dat de hersenspinsels van Batteville uiteindelijk toch bewaarheid werden: de zwangerschappen van de koningin leidden jammer genoeg nooit tot een blijde gebeurtenis.
12. Andrade e Sousa, M., *Dona Catarina, Infanta de Portugal, Rainha de Inglaterra*, p. 21.
13. Gedateerde brief van de koning: *Portsmouth, 21 May, in the Morning*, cf: Mrs Jameson, *op. cit.*, p. 47.
14. *Nouveau dictionnaire historique, ou histoire abrégée (…)* door een vereniging van letterkundigen, deel twee, 4de uitgave, Caen, M DCC LXXIX.
15. In verband met dit laatste punt moet er worden op gewezen dat de koningin steeds Portugees personeel in de keuken heeft gehad. Hierover zijn door diverse kroniekschrijvers – bijvoorbeeld Henri Hyde *op. cit.* – heel wat gegevens verzameld.
16. Oliveira Marques, A. H., *op. cit.*, deel I, p. 442.
17. Het betreft een misvorming van de titel van de gravin van Penalva, zuster van de ambassadeur van Portugal in Londen, Francisco de Melo, die door de koningin-moeder van Portugal, Luísa de Gusmão, was aangesteld om deel uit te maken van het gevolg van de infante. Zij bleef tot haar dood in 1681 bij Catharina van Bragança in Engeland.
18. Waarschijnlijk de gravin van Pontével, Maria Elvira de Vilhena, die eveneens was aangesteld om de infante naar Engeland te vergezellen.
19. Hamilton, Antoine, *Les Mémoires du Comte de Gramont*, uitgave van 1849 (?), p. 113.
20. Rau, Virgínia, *op. cit.*, p. 77.
21. Fraser, Antonia, *op. cit.*, p. 207.
22. In het Frans in de tekst.
23. Hamilton, Antoine, *op. cit.*, p. 113 en 114.
24. In de lijst met te betalen personen die de koningin op haar reis vergezelden, opgesteld in Lissabon op 27 maart 1662 en door de koning van Portugal ondertekend, staan specifiek voor de keuken slechts één aangestelde voor de verduurzaamde levensmiddelen, waarvan de naam onbekend is, en één kok, Manuel Francisco. Virgínia Rau, "No tricentenário do casamento real anglo-português de 1662", p. 11 en 13.
25. Códice I. E. 33 Nationale bibliotheek Vittorio Emmanuele II van Napels, genoemd *Livro de Cozinha da Infanta D. Maria*. Cf. bibliografie.
26. Fraser, Antonia, *op. cit.*, p. 505.
27. *Relaçam diaria, da Jornada, que a Serenissima Rainha da Gram Bretanha D Catherina fez de Lisboa a Londres, indo já desposada com Carlos II, Rey daquelle reyno. E das festas, que nelle se fizerão até entrar em seu Palacio. Anno de 1662.*
28. Sciaffino, Mariarosa, *L'Heure du Thé*, Gentleman Editeur, Parijs, 1987, vertaling van Gisèle Donnard, p. 14.
29. Dufour, Philippe Sylvestre, *Traitez nouveaux & curieux du café du thé et du chocolate, ouvrage également necessaire aux medecins, & à tous ceux qui aiment leur santé*, tweede uitgave, MDCXXXVIII, p. 246 en 247.
30. In een brief van 2 januari 1676, die Manuel Diaz uit het gevolg van de koningin vanuit Londen aan de hertog van Cadaval stuurde, berichtte hij over het decreet van de koning houdende de sluiting van alle huizen "waar een drank wordt verkocht die *Cofi, e chocolate, e te* wordt genoemd…" Virgínia Rau, *op. cit.*, p. 25 tot 27.
31. Het Engelse parlement keurde in 1660 een *bill* goed betreffende de belasting op in "coffee houses" verkochte thee. Cf. Cristovam Moniz, "A cultura do chá na ilha de S. Miguel", p. 12.
32. Vermeld door Cristovam Moniz in: *A cultura do chá na ilha de S. Miguel*, p. 20 en 21.
33. Ukers, Williams H., *All about tea*, deel I, p. 72.
34. de Vilmorin, Jean-Baptiste, *Le jardin des hommes*, Le Pré aux Clercs - Belfond, Parijs, 1991, p. 81 en 82.
35. Pepys, Samuel, *Diary*, respectievelijk deel 1, p. 253, deel 6, p. 328 en deel 8, p. 302. Er dient te worden opgemerkt dat Pepys in 1665 in 1667 de schrijfwijze van het woord kende.
36. Ukers, William H., *op. cit.*, deel I, p. 44. In *Everibody's Pepys, Diary abridged*, wordt de gebeurtenis eveneens aangehaald, noot p. 52.
37. *Op. cit.*, deel I, p. 72.
38. Hyde, Henri, *Journal de Lord Henri Clarendon, fils du comte Clarendon, Grand-Chancellier d'Angleterre, sur les années 1687, 1688, 1689 et 1690*, p. 37.
39. Antonia Fraser geeft als datum 1680 zonder dit verder te staven, cf. *op. cit.* p. 205.
40. Waller, Edmond, Esq., *Poems, &c. Written upon several occasions, and to several persons*, p. 387, uitgave van 1705.
    Of Tea, commended by her majesty;
    Venus her Myrtle, Phoebus has his Bays;
    Tea both excels, which she vouchases to praise
    The best of Queens, and best of Herbs we owe,
    To that bold Nation, which the Way did show
    To the fair Region, where the Sun does rise;
    Whose rich Productions we so justly prise.
    the Muses Friend, Tea, does our Fancy aid;
    Repress those Vapours, which the Head invade:
    And keeps that Palace of the Soul serene,
    Fit on her Birth-day, to salute the Queen.
41. Met name Samuel Pepys en A. Hamilton, *op. cit.*
42. Henri Hyde, *op. cit.*, deel II, p. 452 en 453 "De koningin verzocht de koning om de gravin van Penalva, die haar sinds haar kinderjaren had opgevoed, slechtziende was en om gezondheidsredenen haar kamer niet kon verlaten, niet weg te sturen." (…) "… de koningin kon beschikken over de personen nodig om haar geloof te kunnen belijden en over een beperkt aantal huisbedienden van lagere rang voor het werk in haar keukens en appartementen. Het overige dienstpersoneel werd op de boot naar Portugal gezet."
43. *Diary of Samuel Pepys 1660-1669*, augustus 1662, deel 3, p. 147.
44. Rau, Virgínia, *op. cit.*, p. 137.
45. Mrs Jameson, *op. cit.*, p. 46.
46. Diverse auteurs veronderstellen dat het hier om een blindedarmontsteking ging, maar kunnen dit niet met documenten staven.
47. Hamilton, Antoine, *op. cit.*, p. 169.
48. "After having suffered in the first years of her marriage from every passion that could distract a female mind, she appears to have been at length wearied into perfect indifference", Mrs Jameson, *op. cit.*, p. 58.
49. Fraser, Antonia, *op. cit.*, p. 455 en 456.
50. Dit wordt verondersteld een zinnenprikkelend middel te zijn.
51. Hij die langs deze geheime deur zo vaak nachtelijke bezoeksters bij zijn koning had gebracht, moest voor deze laatste keer de geheime toegang tot de kamer van de koning aan een klerikaal tonen.
52. De laatste levensuren van Charles II werden duidelijk en gedocumenteerd beschreven door Antonia Fraser, *op. cit.*, p. 450 tot 457.
53. Cf. Bussaco Palace Hotel, Tavares da Silva, Jorge & anderen, p. 14 tot 18.
54. Over de datum van overlijden bestaat geen volstrekte zekerheid. Enkele kroniekschrijvers van die tijd vermelden als datum 1 januari 1706.
55. *Inventário dos bens da Rainha da Grã-Bretanha D. Catarina de Bragança*. Gepubliceerd en van commentaar voorzien door Virgínia Rau.

Het is duidelijk dat de thee uit India, ondanks zijn kwaliteiten, niet kan bogen op een even oude herkomst als de Chinese of Japanse thee. Het was Engeland dat begin 19de eeuw de aanzet gaf voor het kweken van Indiase thee. Er bestonden reeds contacten tussen beide landen, vermits de Portugese infante Catharina van Bragança bij haar huwelijk met Charles II niet alleen haar smaak voor thee naar Engeland had meegebracht, maar bovendien ook Bombay als bruidsschat had ingebracht voor de Engelse kroon (1662). Op dat ogenblik ging de belangstelling van de in 1600 door koningin Elisabeth opgerichte *East India Company* echter vooral naar de handel met China. De Chinese tussenpersonen gingen evenwel met een groot deel van de winst lopen en daardoor ging de compagnie na verloop van tijd inzien dat het voordelig zou zijn als ze haar eigen plantages zou hebben. Daarom vroeg ze in 1788 een rapport over de mogelijkheden voor het kweken van thee in India.

Theeoogst in Ceylon, 1905.
Pascal Young, Brussel

Joseph Banks, die het rapport opstelde, gaf een positief antwoord en stelde voor om in India met Chinese arbeiders te werken. Pas in 1826 kreeg het project echt vorm, en in 1834 richtte Lord Bentinck een theecomité op. Er werd een botanisch-geologische zending naar Opper-Assam gestuurd om de beste plaatsen voor het kweken van thee uit te zoeken. De eerste stalen werden in 1838 in Engeland geanalyseerd. Hoewel de Assamthee een meer uitgesproken smaak had dan de Chinese, werden de monsters door de Engelse experts geapprecieerd. Voor de commercialisering van de Indiase thee werd in 1839 de Assamcompagnie gecreëerd. Zij moest de theesoorten uit deze provincie exploiteren en enkele jaren later werd de volledige productie in Londen verkocht. De provincie Assam ligt in het noordoosten van India, tussen Bangladesh, Birma en China, ten oosten van de provincie Darjeeling. Het is een van de vruchtbaarste streken van India, wat verklaart dat zij op dit ogenblik meer dan de helft van de Indiase thee levert.

Darjeeling werd bij de Europeanen bekend dankzij een Hongaar, Sandor Csoma de Körös, die een groot reiziger was. Hij stierf in 1842 op een van de mooiste plekjes ter wereld, een plaats die tot dan toe nagenoeg onbekend was en waar wilde theeplanten groeiden, Darjeeling dus.

Sommige kenners beweren dat de Darjeelingthee, die afkomstig is uit tuinen op de uitlopers van het Himalajagebergte, de beste ter wereld is. De eerste pogingen om in dit gebied theestruiken te kweken, dateren van circa 1850. De thee-industrie kende er een bliksemsnelle ontwikkeling en thans zijn er een zestigtal tuinen, die net als de grote Franse wijnen in classificaties zijn ondergebracht.

India is thans de grootste theeproducent ter wereld, maar een groot deel van deze theesoorten dient voor melanges en dat maakt dat zij dus niet onder de naam van herkomst worden gebruikt.

Koffertje in natuurlijk rundleer met theeservies, verwezenlijkt voor de Maharadja van Baroda, 1926. Musée du Voyage Louis Vuitton, Parijs

East Indiaman York en andere Engelse schepen, olieverf op doek, 1788. Maritime Museum, Londen

De Engelse Oost-Indische Compagnie en thee

Antony Wild

De Engelse Oost-Indische Compagnie ontstond in 1600 door het Koninklijk Charter van koningin Elizabeth I en groeide uit tot de sterkste economische macht ter wereld. Vanuit Londen reikte haar invloed tot alle continenten, en haar activiteiten hebben het verloop van de geschiedenis getekend. Niet alleen stond de Compagnie aan de bakermat van Brits-Indië, was ze mede verantwoordelijk voor de *Boston Tea Party*, stichtte ze Hongkong en Singapore, wierf ze Kapitein Kidd aan om piraten te lijf te gaan, introduceerde ze thee in India, en hield ze Napoleon gevangen, zij droeg ook bij tot het fortuin van Elihu Yale, de stichter van de beroemde universiteit. Haar vlag inspireerde de Amerikaanse *Stars and Stripes*, haar scheepswerven stonden model voor Sint-Petersburg, de kerken van New England werden gekopieerd naar haar *Londense kapel*, haar administratie vormde de basis voor de Indische bureaucratie, en haar structuur was een van de eerste voorbeelden van een naamloze vennootschap. Zij introduceerde thee en koffie bij de Britten, bracht wol naar Japan, katoenen stoffen naar Amerika, kruiden naar West-Indië, bont naar China, porselein naar Rusland, en leerde Europa polo spelen. De Compagnie beschikte over een eigen leger en vloot, over eigen valuta en over territoria zo divers als het kleine Spice Island, Pulo Run – het latere Manhattan – en het Juweel aan de Kroon, India zelf. Toen de Engelse regering in 1874 de Compagnie onder haar controle kreeg, schreef de Times: "Men kan stellen dat de Compagnie een taak volbracht heeft die in de geschiedenis door geen enkel ander ooit betracht werd, en waarschijnlijk ook nooit geëvenaard zal worden".

Hoewel de Engelse Oost-Indische Compagnie aanvankelijk vooral gericht was op de import, in tegenstelling tot andere, meer exportgerichte Compagnies zoals die van de Levant en Rusland, waren de Bestuurders zich ervan bewust dat de uit hun handelsactiviteiten resulterende constante afvoer van goud- en zilverreserves politiek niet erg populair was. Het ideale scenario bestond erin om Engels laken aan een derde partij te verkopen in ruil voor zilver en goud, en dit zilver en goud te benutten voor de aankoop van kruiden, het oorspronkelijke hoofddoel van hun handel. Zij beseften echter ten volle dat de inwoners van het tropische Oost-Indië waarschijnlijk niet veel belangstelling zouden koesteren voor hun wollen weefsels, en verruimden hun blik naar het noorden, naar de zo goed als onbekende landen China en Japan. In China veroorzaakte hun aanwezigheid hevig verzet; in Japan, daarentegen, maakten ze kennis met de theecultuur en -riten.

John Saris, een 32-jarige Compagniecommissionair van de factorij van Bantam (Java), rapporteerde in 1608 als eerste aan de Bestuurders dat Japan uitstekende commerciële perspectieven bood. Deze stelling werd spoedig daarna bijgetreden in de brieven van William Adams, een Engelsman die de leiding had gehad over een Hollandse vloot en die zich in 1600 in Japan gevestigd had. Daar had hij een opmerkelijke carrière uitgebouwd als hoofdarchitect van de vloot van de Shogun. Hij leefde er met een Japanse vrouw – wat hem niet belette om te gepasten tijde naar zijn Engelse echtgenote en familie in Rochester te schrijven – en hij verklaarde zich bereid om zijn landgenoten te steunen bij de uitbouw van de handel. Japan is, zo schreef hij, "een India van geld" en "het zilver en het goud liggen hier voor het rapen". Hij was ervan overtuigd dat Japan bovendien een uitstekend afzetgebied zou kunnen worden voor laken.

Onnodig te zeggen dat dit precies de woorden waren die het College van Bestuurders wenste te horen. Gewapend met kopieën van kaarten van van Linschoten – gestolen van de aartsbisschop van Goa –, kreeg Saris de opdracht om met het schip *The Clove*, dat aan de Achtste Reis had deelgenomen, op expeditie te trekken naar Japan, om de mogelijkheden te verkennen voor de vestiging van een factorij. Toen hij uiteindelijk in 1613 in Hirado (een klein eilandje vóór de westkust van Kyushu) aanmeerde, werd hij warm onthaald – té warm misschien, want hij had alle moeite om zijn bemanning uit de bordelen te houden. Hij organiseerde bovendien voor de dames privé-tentoonstellingen van zijn collectie pornografische schilderijen. Onthutst stelde hij vast dat zijn publiek een knieval deed voor één welbepaalde afbeelding, die ze voor de Maagd Maria hielden (veel autochtonen waren bekeerd door de jezuïeten). Plezier alom, maar het zakendoen verliep niet van een leien dakje. Toen William Adams uiteindelijk ten tonele verscheen, bleek hij niet te beantwoorden aan de gestelde verwachtingen: hij was niet erg opgezet met de aanwezigheid van zijn landgenoten en gaf een sombere prognose van de handelsvooruitzichten voor de Compagnie.

Eerst diende de Shogun zijn toestemming te verlenen om een factorij te vestigen. Adams vergezelde Saris naar Yedo (Tokio). Getuige hiervan is een opmerkelijk relaas van hun reis, met een getrouwe beschrijving van de grootte en luister van steden zoals Fukuoke, Osaka, Shizuoka (Sampu) en Yedo. Saris was erg onder de indruk van de goed aangelegde wegen, het raffinement van de bevolking, de steden en de tempels. Zijn brieven werden in Engeland echter op groot scepticisme onthaald. "De grootste leugens ooit gezien", verklaarde koning James met in zijn stem meer dan een zweem van chauvinisme.

Kort nadien, in 1615, noteerde men voor het eerst het gebruik van een woord voor 'thee' in de Engelse taal, toen een Compagniecommissionair, een zekere Mr. Wickham, zijn vriend Mr. Eaton in Hirado schriftelijk verzocht om een "pot van de beste soort chaw in Meaco" te kopen; Meaco was de plaats waar thee werd geteeld voor de Shogun. Uit briefwisseling tussen andere Engelsen blijkt verder dat het drinken van thee voor hen in Japan een gevestigde gewoonte was – toen reeds, zo'n zestig jaar vóór het huwelijk van Catharina van Bragança met Charles II, een mijlpaal in de doorbraak van de thee in Engeland.

Saris verliet Japan in 1613 aan boord van *The Clove*. Hij nam afscheid van Adams en de 'rechtschapen Mr. Cocks', die de vestiging verder onder hun hoede zouden nemen. Zijn terugkeer naar Engeland in september was zeker geen triomf. Hij legde eerst aan in Plymouth, waar hij zijn eigen privé-lading loste, tot grote ergernis van de Bestuurders, die in Londen ongeduldig op het schip zaten te wachten. Zij hadden een brief van Saris aan zijn broer onderschept, waarin hij vroeg om met een schuit naar Gravesend te varen, wat hun achterdochtige vermoedens bevestigde. Toen hij uiteindelijk in Londen aankwam, werd hij op staande voet ontslagen en zijn pornografische boeken en schilderijen werden op de binnenplaats van het hoofdkwartier van de Compagnie verbrand.

Gekneld tussen de intense rivaliteit met de Nederlanders, de onverschilligheid van de zwijgzame Adams en de argwanende brieven van zijn meerderen in Bantam, offerde de rechtschapen Mr. Cocks een deel van zijn tuiniertijd op – hij introduceerde de aardappel in Japan – om uiting te geven aan zijn niet erg benijdenswaardige positie in Hirado. Er waren nog maar weinig schepen, van handel was nagenoeg geen sprake meer en hij zag zich verplicht om zijn commissionairs uit Yedo en Osaka terug te trekken. Begin 1620 hadden de Nederlanders een prijs op zijn hoofd gezet en de buurt van de Engelse factorij werd vaak het toneel van hoogoplopende ruzies. Een schip bracht de tijding van een voorlopige vrede in de vorm van een Engels-Nederlandse overeenkomst eind 1620. Tot grote verbazing van hun Japanse gastheren werden de rivalen gedurende enige tijd goede vrienden en begonnen ze een bloeiende handel in Chinese zijde, die ze buit gemaakt hadden bij plunderingen van Portugese schepen uit Macao. Voor de eerste maal had de Engelse factorij de wind in de zeilen, maar dit zou slechts van korte duur zijn. Toen Adams stierf, viel het verbond uiteen en werden in Bantam bezuinigingsmaatregelen doorgevoerd. Er werd een schip uitgestuurd om wat van de Hirado-factorij restte, op te doeken: Mr. Cocks werd gedwongen afscheid te nemen van zijn bijzondere collectie goudvissen en enkele van zijn ambtgenoten dienden hun met stomheid geslagen vrouw en familie vaarwel te zeggen toen de Compagnie er in 1623 uittrok. Hoewel het theedrinken in Japan bij de ambtenaren van de Compagnie steeds meer in zwang begon te komen, lijkt deze gewoonte te zijn teloorgegaan met de sluiting van de Hirado-factorij, en het zou nog vijftig jaar duren vooraleer de traditie van het theedrinken bij de Engelsen een heropbloei zou kennen.

Na 1623 had de Oost-Indische Compagnie nog weinig direct contact met Japan en ondanks de succesvolle nieuwe handelsbetrekkingen met Siam, Cochin en Birma, bood China nog steeds weerstand aan mogelijke handelsactiviteiten. Van oudsher werd China beschouwd als een bron van exotische en luxueuze goederen, in het bijzonder zijde en porselein, en de Oost-Indische Compagnie was er begrijpelijkerwijze erg op gebrand om met hen zaken te doen. Het eerste schip dat China aandeed, was de *London*, in 1635. Vervolgens probeerde commandant John Weddell commerciële contacten te leggen, maar zijn pogingen brachten niet veel aarde aan de dijk. De Compagnie bleef vele jaren gefrustreerd wegens het gebrek aan vooruitgang op dat vlak, tot de gebeurtenissen in Londen nieuwe, dwingende redenen schiepen om met China handelsrelaties aan te knopen.

Thee drinken is een heel oud gebruik in China, het heeft een traditie van vele duizenden jaren en het was meer dan waarschijnlijk ook goed ingeburgerd in Birma en Siam. Aanvankelijk werd thee vooral gebruikt vanuit medisch oogpunt, later evolueerde het tot gewone drank. De Japanners leerden de kunst van het telen en drinken van thee in de 12de eeuw van hun buurland, terwijl Rusland het eerste Europese land was dat thee importeerde via karavanen die door de Gobiwoestijn trokken. De thee werd voor het transport samengeperst in blokken en de reis vanuit China nam drie jaar in beslag. Een deel van de thee bereikte Engeland via de privé-handel van de ambtenaren van de Compagnie – de *China Drink* werd in 1658 vermeld in een aankondiging ter promotie van het *Sultaness Head Cophee-house* in de City. Voor een echte doorbraak van de thee zou men echter moeten wachten op het huwelijk van een koning.

Toen de Portugezen in de 16de eeuw een factorij vestigden in Macao, aan de monding van de Zhujiang (Parelrivier), namen zij prompt de lokale gewoonte van het theedrinken over. Charles II van Engeland trad in 1662 in het huwelijk met de Portugese prinses Catharina van Bragança en wellicht was zij het die de esoterische geneugten van het theedrinken aan het Engelse hof zou introduceren. De Oost-Indische Compagnie wenste vriendschappelijke banden met de Kroon te onderhouden en, net als een moderne onderneming van vandaag, wendde zij geschenken en giften aan om belangrijke personen te beïnvloeden. Haar Charter moest regelmatig vernieuwd worden en daarom kreeg de koninklijke familie bijzondere aandacht, vooral Charles II, die in St. James's Park een menagerie ingericht had met zeldzame en exotische dieren en vogels. Telkens wanneer een schip terugkeerde uit het Oosten, verwachtte hij van de Oost-Indische Compagnie dat ze hem nieuwe diersoorten zou aanbieden. In 1664 rapporteerde een terugkerende kapitein aan de Raad van Bestuurders van de Oost-Indische Compagnie dat hun vertegenwoordigers in Oost-Indië hadden verzuimd om op de wensen van de koning in te gaan. Het schip werd grondig doorzocht om alsnog een passend geschenk te vinden, en het notulenboek vermeldt: "De Gouverneur meldt aan de Raad dat de Commissionairs de Compagnie hebben beschaamd en niet hebben gezorgd voor de goederen die aan Zijne Majesteit moesten worden aangeboden, en om te vermijden dat Zijne Majesteit zich door de Compagnie totaal veronachtzaamd voelt, vraagt de Gouverneur aan de Raad of hiervoor een zilveren foedraal met kaneelolie en wat goede thee in aanmerking kan komen."

Dit was de allereerste keer dat de Koning van de Compagnie thee ontving, hoewel zijn echtgenote hem zeker met deze exotische drank vertrouwd had gemaakt. Blijkbaar viel dit geschenk in goede aarde, want enkele weken later bestelde de Compagnie bij haar Bantam-factorij honderd pond van de "*beste thee die men kon vinden*". Eenmaal onder koninklijke bescherming, verwierf thee in zeer korte tijd grote faam.

Aanvankelijk bleken de Bestuurders zelf de voornaamste afnemers van de thee: kort vóór het geschenk aan de Koning werd bezorgd, hadden zij een theeproeverij georganiseerd in het *East India House*. Sir George Smith was de initiatiefnemer van dit evenement en het resulteerde in de beslissing dat voortaan uitgelezen thee moest worden geschonken op de speciale samenkomsten van de Compagnie. Een zekere Mr. en Mrs. Harris werden in 1661 aangesteld als bode en huishoudster. Mrs. Harris werd belast met de delicate taak van het bereiden en serveren van de thee tijdens bestuursvergaderingen. Geschriften uit die tijd staven dat Mrs. Harris in 1666 vergoed werd voor het verlies van vier zilveren lepeltjes en dat zij de eerste was die thee zette in de zilveren theepot die in 1670 door Lord Berkeley aan de andere bestuursleden aangeboden werd. De verheven Engelse tradities van *tea-lady* en *tea-break* hebben aldus hun ontstaan aan de Compagnie te danken.

Gelukkig voor de Engelsen die naar hun land teruggekeerd waren en tot de nieuwe theeliefhebbers behoorden, zette de keizer van Mantsjoerije in 1685 de havens open voor de buitenlandse handel. Zoals vermeld was de Compagnie, via haar eigen ambtenaren, reeds een tijdje vertrouwd met het bestaan van thee. Zij waren uitstekend geplaatst om munt te slaan uit de nieuwe trend. Tegen 1687 was het omzetcijfer zó gestegen dat ze met een gerust hart via Bombay een bestelling van 20.000 pond thee van "uitzonderlijke kwaliteit, want voor Engeland" konden plaatsen in Amoy, de eerste handelspost van de Compagnie in China. Hoewel thee niet het eerste doel was van de handel van de Oost-Indische Compagnie met China, kreeg hij een steeds grotere betekenis en vanaf het midden van de 18de eeuw werd thee veruit het belangrijkste handelsproduct. Op langere termijn bleek Kanton uiteindelijk beter geschikt om aan de gestelde verwachtingen tegemoet te komen. Als haven aan de Parelrivier, stroomopwaarts van Hongkong en Macao, was Kanton lang vóór de komst van de Europeanen een vanzelfsprekende opslagplaats voor China en andere Oosterse naties, vermits Arabische koopmannen er zich al tijdens de Tang-dynastie (618-906) gevestigd hadden. De fabrikanten van keramiek en zijde waren honderden mijlen ver verwijderd en de Chinese keizers wensten niets liever dan hun natie af te zonderen van vreemdelingen (terwijl ze toch graag profijt trokken uit hun handel). Dit leidde tot de ontwikkeling van een uitzonderlijk geperfectioneerd seizoengebonden distributiesysteem, wat het kritisch onderzoek van de handel en wandel van Kantonese handelaars en andere Chinese havens belette. De Portugezen en later ook andere Europese naties boorden gretig dit goed georganiseerd handelsnetwerk aan, maar na 1729 werd alle handel beperkt tot Kanton.

De keizer handhaafde een strenge directe controle op de handel in Kanton via een keizerlijke vertegenwoordiger en het *Co-Hong*-systeem van erkende Chinese kooplui. Hij verleende Westerse handelsstaten toestemming om factorijen te vestigen in het Kantonese havenkwartier. De Oost-Indische Compagnies van Nederland, Engeland, Zweden, Frankrijk, Denemarken en het Heilig Roomse Rijk vestigden er zich eerst, later gevolgd door de Verenigde Staten. Hoewel de handel aanvankelijk overheerst werd door de Nederlandse en de Engelse Compagnie, hadden de Engelsen tegen 1730 de overhand. Hun paleisachtige factorij aan de waterkant had een weelderige en prachtig aangelegde tuin, wat bij de andere landen heel wat afgunst wekte. Vanop het balkon had je een adembenemend uitzicht. Deze factorij had twaalf supercarga's, acht klerken, twee thee-inspecteurs, twee scheepsdokters en één aalmoezenier.

Ondanks hun schijnbare regelmaat was de werking van deze factorijen seizoengebonden en afhankelijk van de winden die over de Zuid-Chinese Zee bliezen. Tijdens de winter werd er niet gewerkt. De kooplui verhuisden dan naar Macao en wachtten daar rustig het volgende seizoen af. Om de tijd te doden organiseerden ze bals, cricketwedstrijden en allerlei mondaine bijeenkomsten.

De loopbaan van een ambtenaar van de Compagnie kon heel lucratief zijn. Een betrekking als bescheiden klerk kon men bemachtigen door voordracht – een van de meest zorgvuldig beschermde privileges van de Bestuurders van de Compagnie was hun bevoegdheid om het selectieproces te beïnvloeden en zo familieleden en vrienden aan een positie te helpen die hen rijk kon maken. Een klerk verdiende ongeveer 100 Britse pond per jaar, maar na vijf jaar kon dit bedrag oplopen tot 1.000 pond, met vergoeding van alle kosten van levensonderhoud. De supercarga's verdienden, inclusief provisie, gemakkelijk 9.000 pond per jaar, wat ruimschoots voldoende was voor een zeer comfortabel pensioen na een paar jaren dienst. Het werk was ook niet te veeleisend en de Chinezen waren, niettegenstaande hun reputatie, aangename handelspartners – zij namen zonder tegenstribbelen thee van mindere kwaliteit terug en ze lieten zelfs toe dat handelaars dergelijke thee in de Londense Theems dumpten om te vermijden dat zij er helemaal mee terug naar Kanton moesten om gecrediteerd te worden.

Thee was aanvankelijk niet het meest waardevolle handelsproduct. Het isolement van het Chinese keizerrijk leidde tot een eigenaardige economische

Gezicht op Kanton, anoniem, gouache op papier, 1780-1785. Maritiem Museum Prins Hendrik, Rotterdam

situatie waaruit privé-handelaars spoedig hun voordeel haalden. Goud had in China minder waarde dan onbewerkt zilver, een eenvoudige uitwisseling kon dus aanzienlijke bedragen opleveren. Het resultaat hiervan was dat de hoogste cijfers van de handel tussen de Compagnie en China tussen 1720 en 1750 geen betrekking hadden op thee, zijde, porselein of andere voorwerpen die vandaag wereldwijd in musea prijken, maar op ongemunt goud. Na 1750 kwam er een onvermijdelijk nieuw evenwicht in de handel. De goudexport daalde drastisch en de thee kon weer zijn rechtmatige plaats innemen.

Tegen 1750 verscheepte de Compagnie jaarlijks meer dan 2,5 miljoen pond thee. Dit product kon op de Londense veiling makkelijk vijf shilling per pond halen, zowat tweemaal de kostprijs in Kanton.

Uit de pan rijzende accijnzen, extreem hoge prijzen, smokkelpraktijken en vervalsingen konden de stijgende populariteit van de thee niet indijken. De jaaromzet bereikte in 1800 meer dan twintig miljoen pond, en de handel leverde meer op dan de jaarlijkse staatsinkomsten van heel India. Het nederige theeplantje *Camellia sinensis* werd voor de Compagnie van groter commercieel belang dan al de pracht en praal van het Compagniebestuur.

De theesoorten die in de 17de en het begin van de 18de eeuw uit China naar Europa en Amerika geëxporteerd werden, waren vooral groene (ongefermenteerde) theesoorten. Ze droegen vreemde namen – de meeste zijn inmiddels verdwenen – zoals Hyson Skin, Bing, Caper en Twankay (waarnaar Gilbert en Sullivan's weduwe Twankey genoemd werd).

De populariteit van Black Souchong- en Congou-thee ging in Engeland in stijgende lijn, net als de duurdere Pekoe-soorten. Niet alle thee kon echter geëxporteerd worden. Zo was er één soort, afkomstig van wilde theestruiken in de Yunnan-provincie, die exclusief voorbehouden was aan de keizer en zijn hofhouding. Deze soort groeide zo hoog, dat de toppen enkel geplukt konden worden door speciaal daartoe afgerichte apen. De productie van deze exclusieve Imperial *Monkey-Picked Tea* liep ieder seizoen op tot ongeveer tweehonderd pond.

De theehandel leverde ook een onverwacht winstgevende nevenhandel op. In de 18de eeuw vond de Oost-Indische Compagnie dat de Chinese Yi-Hsing-theepotten in rood aardewerk uitstekend geschikt waren om dienst te doen als ballast in hun vrachtboten. Dit werden dan de voorlopers van de bij de Britten nog steeds geliefde *Brown Betty*-theepotten. Tot het jaar 1760 en de bliksemsnelle opgang van Josiah Wedgwood werden in Europa enkel zilveren theepotten vervaardigd en waren de Chinese theepotten erg in trek. Maar spoedig werd de vraag naar thee en de nodige accessoires zo groot, dat er zich een nieuwe bedrijfstak ontwikkelde – theepotten, thee-eieren, suikerkommetjes en lepeltjes, zeefjes, stuk voor stuk noodzakelijke attributen van het theeritueel. Wedgwood lanceerde eerst potten van een bijna wit aardewerk, beter bekend als *queen's ware*, zo genoemd omdat ze erg geliefd waren bij koningin Charlotte. Later werd het *jasper-ware* met de cameeachtige effecten het meest bekend. Steevast vroeg hij aan zijn echtgenote om nieuwe theepotvormen te testen en hij was nooit meer in zijn nopjes dan wanneer hij kon zeggen: "Mevr. Wedgwood heeft de nieuwe theepotten geprobeerd en ze bestempeld als de beste en aangenaamste theepotten die ze ooit heeft gebruikt". Na verloop van tijd werd de theepot het excuus bij uitstek voor extravagante ontwerpen om bepaalde gebeurtenissen te herdenken, om politici te karikaturiseren en vorsten te eren.

Aangezien de hoofdmotivatie van de Compagnie commerciële winst was, die veelal bereikt werd door het gebruik van wapens, was het onvermijdelijk dat de successen van de Compagnie na Plassey de aandacht trokken van de opkomende Historische School voor Schilders. Dit viel samen met de verwoede pogingen van rivaliserende eigenaars van vermaarde

De inwoners van Boston gooien de thee in het water, Engelse gravure geïnspireerd op de *Boston Tea Party*, Barlow. Maritime Museum, Londen

Londense theetuinen als Vauxhall, Ranelagh en Marylebone om klanten van de Compagnie aan te trekken en te behouden. Theetuinen waren in die tijd de restaurants en de nightclubs van vandaag, plaatsen waar de *beau monde* wilde zijn en gezien wilde worden. Begin 1760 werden bezoekers van de Vauxhall Gardens vergast op grote schilderijen van Francis Hayman, die de overwinningen voorstelden van Wolfe in Canada, van de Engelse marine tegen Frankrijk en van Clive te Plassey, en nog een ander fraai schilderij van zegevierende generaals, zoals Eyre Coote van de Oost-Indische Compagnie. Historische schilderijen waren luisterrijk en vol allusies op de klassieke tijd. Schijnbaar besteedden ze veel aandacht aan eigentijdse details en waren ze de grootste attractie van Vauxhall.

Ondertussen zorgde de Compagnie er in de City voor dat ze kon voorzien in de buitensporige behoeften van de Londense *beau monde*. De belangrijkste dagelijkse functies werden uitgevoerd door het *Correspondentiecomité*, dat vijf of zes Bestuurders telde. Hun activiteiten waren opgesplitst in een aankoopafdeling en een afdeling voor algemene administratie. Zij waren verantwoordelijk voor het plaatsen van bestellingen bij de kapiteins of supercarga's van de Oost-Indiëvaarders. Voor beslissingen hieromtrent baseerden zij zich op het archief – resultaten van veilingen en vorige aankooporders – en noteerden dan de orders in het *Despatch Book*. Daarin werden ook bijzondere aanbevelingen genoteerd, in het geval van thee b.v. "... zorg ervoor dat het hout van de koffers goed droog is en geen geur afgeeft". Theehandelaars zijn nog steeds bezorgd om de *taint*, d.w.z. als de thee een krachtige vreemde geur absorbeert, en op die manier al zijn aroma verliest. Het Correspondentiecomité hield ook archieven bij van alle briefwisseling en instructies aan de vestigingen en *Presidencies* (provincies van Brits-Indië).

Kopieën van de bestellingen werden verstuurd naar de Oost-Indiëvaarders en toen deze schepen ter bestemming aankwamen, werden de koopaanbevelingen nauwkeurig opgevolgd door een raad aangesteld door de Compagnie. Zijn beslissingen werden bijgehouden in een journaal. De raadsleden konden net als de supercarga's en de bemanning van de schepen, afhankelijk van hun anciënniteit, over een privé-handelsruimte beschikken in de schepen. Een van de redenen waarom de Compagnie meer successen boekte dan haar Europese tegenhangers – vooral de Nederlandse – lag in het feit dat de Bestuurders de corruptie en de privé-handel van hun ambtenaren effectief institutionaliseerden en regulariseerden. Dit vertegenwoordigde een niet onbelangrijke financiële stimulans, wat de bescheiden salarissen en gevaarlijke werkomstandigheden ruimschoots compenseerde. Een supercarga kon zo door privé-handel makkelijk zijn jaarlijks salaris van 120 Britse pond vertienvoudigen.

Na de terugkeer in Londen werden de goederen gestockeerd, waarna een veilingcatalogus opgesteld werd. Privé-handelaars dienden hun goederen te laten veilen via de Compagnie en betaalden hiervoor 15% extra. Als een privé-handelaar een speciale order had uitgevoerd, zoals de aankoop van porselein, werd de waarde door de Compagnie geschat en de premie hierop berekend. De veilingen gebeurden steeds onder leiding van een Bestuurder in de Verkoopzaal van het *East India House* – het geroep in de zaal was soms zo hard dat het door de muren drong en hoorbaar was tot in Leadenhall Street. Krachtens haar Charter mocht de Compagnie enkel als koopman optreden. De thee werd via het veilingsysteem verkocht aan individuele handelaars, zoals Richard Knight, die de thee dan weer verder verkocht aan onafhankelijke kleinhandelaars.

Door het bekijken van de veilingresultaten kregen de Bestuurders en het Correspondentiecomité een goed inzicht in de totale omzet en in de winstpercentages en het proces kon weer helemaal van voor af aan beginnen.

De *London Tea Auction* (Londense Theeveiling), die tijdens haar hoogdagen meer dan 75% van de wereldthee verhandelde, werd de directe opvolger van het veilingsysteem dat oorspronkelijk opgezet werd door de Oost-Indische Compagnie. Zij ging van start toen de Compagnie in 1834 haar monopolie inzake de handel met China verloor en bleef actief tot in 1998. De meeste thee wordt tegenwoordig verkocht op veilingen in het land van oorsprong, wat het internationale karakter van de theeconsumptie reflecteert.

In de beginjaren werden de Compagnieschepen gelost in de *Pool of London* (tussen de huidige Tower Bridge en London Bridge), waar ook alle andere haventrafiek van de City plaatsvond. De goederen werden dan gestockeerd in het *East India House* of er werden opslagplaatsen gehuurd in de buurt. Later, toen de schepen groter werden, diende de thee stroomafwaarts in Blackwall, waar het water dieper was, overgeladen te worden in lichters. De Compagnieschepen (Oost-Indiëvaarders) evolueerden in de loop van de 18de eeuw tot een combinatie van handels- en oorlogsschip. Aanvankelijk konden ze 500 ton vervoeren en telden ze 90 bemanningsleden en 30 kanonnen; dit liep geleidelijk op tot 1.400 ton en 48 kanonnen. Ze zagen eruit als oorlogsschepen en waren ook als dusdanig ingericht. De officieren waren gewoonlijk afkomstig uit dezelfde families als die van de Royal Navy. Het waren schepen met een diepe romp en plat dek, waardoor de vracht efficiënt in het scheepsruim kon worden opgeslagen. Het laden en lossen van deze schepen vereiste een speciale vaardigheid. De Compagnie had daarvoor een exclusief dok van de speciaal opgerichte East India Dock Company ter beschikking, dat in 1806 officieel in gebruik werd genomen en een toonbeeld van vooruitstrevendheid was. Dankzij het goed uitgeruste *masthouse* was een Indiavaarder in een paar dagen (i.p.v. weken) tijd volledig vaarklaar. Ook de ontschepingsfaciliteiten waren grondig verbeterd. Rond de dokken ontstonden opslagplaatsen voor peper en installaties voor het malen van de kruiden. Men realiseerde zich immers dat voor de binnenlandse markt het vervoer van gemalen kruiden makkelijker en goedkoper was.

De grote hoeveelheden thee die in het land geïmporteerd werden en gestockeerd moesten worden, zorgden voor heel wat drukte in de opslagplaatsen van Cutler's Wharf in de City. Ze namen meer dan 2 hectare in beslag en hadden 4.000 pakhuisknechten en 400 klerken in dienst. Toen het theemonopolie van de Compagnie ten slotte ineenstortte en ze haar belangstelling voor de handel verloor, werden meer dan 12 hectare opslagplaatsen openbaar verkocht voor 370.000 Britse pond, een aanzienlijk lagere prijs dan de aankoopprijs.

Het belangrijkste gebouw van de Compagnie was uiteraard het *East India House*. Tijdens de eerste 50 jaar had de Compagnie voor haar hoofdkwartier onderdak gevonden bij verscheidene handelaars in de City. Daarna slaagde zij erin Craven House, een Elizabethaans herenhuis, in Leadenhall Street aan te kopen. De inrichting en decoratie weerspiegelden uitstekend hun doelstellingen: er hing een schilderij van een vloot koopvaardijschepen en daarboven stond een houten standbeeld van een zeevaarder tussen twee dolfijnen. Tijdens de daaropvolgende 200 jaar zou dit befaamde *East India House*, zoals het inmiddels werd genoemd, heel wat veranderingen ondergaan. De achterzijde werd uitgebreid met verscheidene zalen zoals de groeiende status van de Compagnie vereiste en er werd ook een veelgebruikte veiling- of verkoopzaal aan toegevoegd.

De door de Compagnie geïmporteerde goederen werden vaak opnieuw geëxporteerd naar de Noord-Amerikaanse koloniës, die gelijktijdig met het moederland de smaak voor oosterse luxeartikelen te pakken hadden gekregen. De Compagnie mocht krachtens haar Charter geen geïmporteerde artikelen opnieuw exporteren, maar er waren handelaars genoeg die dit voor hun rekening wilden nemen, en textiel en thee werden samen met ijzerwaren spoedig de belangrijkste Britse exportproducten naar Amerika.

Thee was sedert 1650 heel populair aan de noordoostkust van Amerika – waarschijnlijk was het een gevestigde drank onder de Hollandse burgers van Nieuw Amsterdam vóór het echt doordrong in Engeland. Nadat de naam van de stad in 1674 veranderd werd in New York, kwamen er in Manhattan heel wat bloeiende *Tea Gardens* naar Londens model.

Tegen 1760 importeerde Amerika meer dan één miljoen pond thee per jaar – het grootste gedeelte hiervan werd gesmokkeld om de hoge belastingen die door de Kroon werden opgelegd, te ontwijken. Na 1767 konden de handelaars de betaalde belastingen volledig terugkrijgen, waardoor de smokkelpraktijken zo goed als totaal werden uitgeroeid.

De belastingkwestie bleef echter een heet hangijzer in de relaties tussen de regering en de Amerikaanse koloniën, en toen een nieuwe belasting op thee geheven werd – om de salarissen van Britse ambtenaren mee te betalen – brak hevig protest uit. De New Englanders werden aangespoord om hun thee op te geven voor een wortel uit Labrador, met een 'erg natuurlijke smaak':

"Throw aside your Bohea and your Green Hyson Tea
And all things with a new-fangled duty.
Procure a good store of the choice Labradore.
For there'll soon be enough here to suit ye".

(Geef uw Bohea en groene Hyson thee op.
En alles waarop nieuwe belastingen worden geheven.
Sla een goede voorraad Labradore op.
Want er zal hier spoedig meer dan genoeg van zijn.)

Er kwam helemaal geen forse stijging in de vraag naar Labradore, maar de legale theeverkoop zakte ineens naar amper duizend pond in 1770, wat een opleving van de smokkelpraktijken tot gevolg had. In die tijd had de Oost-Indische Compagnie niet alleen heel wat schulden, ze had in London ondertussen ook een substantiële voorraad thee opgebouwd, nl. 21 miljoen pond. De Compagnie kon de Britse regering overhalen de *Tea Act* (1773) goed te keuren. Door deze wet kon zij thee naar Amerika exporteren en daar verkopen tegen een prijs waarvan de belastingen later door de Compagnie – niet door de kolonisten – konden worden gerecupereerd. Ten gevolge van politieke onderhandelingen, met het mes op tafel, werd de wet zonder veel discussie goedgekeurd. "Geen enkele wet met zo'n verreikende gevolgen kreeg in het Parlement zo weinig aandacht".

East Indiaman Triton, olieverf op doek, 18de eeuw. Maritime Museum, Londen

Toen de Compagnie haar grote overschotten tegen heel lage prijzen op de Amerikaanse markt bracht, werden zowel legale handelaars als smokkelaars in hun bestaan bedreigd.

De Compagnie had moeite om exporteurs te vinden die bereid waren om zich in deze dubieuze onderneming te engageren en ten slotte werd de thee verscheept op kosten van de Compagnie, maar niet met Oost-Indiëvaarders. De schepen met de eerste zending legden aan in *Griffin's Wharf* (Boston), waar de theekisten op 16 december 1773 door patriotten, die waarschijnlijk als indianen vermomd waren, overboord werden gegooid. Aangezien een volle theekist zo'n 450 pond woog, mag dit als een heldendaad in elke betekenis van het woord worden beschouwd. In deze operatie waren een aantal leden van een dissidente vrijmetselaarsloge verwikkeld, die hun vergaderingen hielden in een bovenkamer van het *Green Dragon coffee house*. Twee onder hen, Warren en Paul Revere, waren lid van het *Correspondentiecomité* van de Loge, die revolutionaire patriottische acties in Amerikaanse steden coördineerde. Het *correspondentiecomité* van de Compagnie was vanaf het prille begin van cruciaal belang geweest in haar beheersstructuur en men is geneigd te denken dat de kolonisten die naam aangenomen hebben uit geringschatting voor de gehate Britten en de thee van de Compagnie.

De daaropvolgende zendingen naar Charleston, Philadelphia, New York, Annapolis, en een tweede zending naar Boston, ondergingen hetzelfde lot. Alleen de *Boston Tea Party* zou in de Amerikaanse

De Engelse Oost-Indische Compagnie en thee

folklore blijven voortbestaan. Tegen alle verwachtingen in verkocht de Oost-Indische Compagnie begin 1800 opnieuw thee aan Amerika. Dit was een hele tijd na de nederlaag van Generaal Cornwallis in Yorktown (1781), die resulteerde in de Amerikaanse onafhankelijkheid. Cornwallis zelf zou later zelfs in dienst treden bij de Compagnie in India, en er werd over hem gezegd dat hij een kolonie verloor in het Westen, maar er een bijwon in het Oosten.

Een van de best verkochte theesoorten op dit ogenblik is Earl Grey, gearomatiseerd met bergamotolie. Hoewel het omzetcijfer van Earl Grey naar schatting zowat 200 miljoen euro per jaar bedraagt, is zijn oorsprong nogal duister. Diverse Europese theebedrijven beweren over het originele recept te beschikken. De huidige graaf Grey onderschrijft de stelling dat Jacksons of Picadilly het originele recept gekocht zou hebben van zijn illustere voorvader. De werkelijke origine van het mengsel kan niet met absolute zekerheid worden achterhaald, maar het lijkt heel waarschijnlijk dat de Oost-Indische Compagnie en haar raadgevers er een rol in hebben gespeeld. Het begon met een gezantschap dat uit Engeland naar China gestuurd werd om de positie van de nu cruciale theehandel vanuit Kanton veilig te stellen.

Lord MacCartney leidde in 1793 de missie naar Peking en naar het zomerpaleis van de Keizer te Jehol, dat door de Compagnie gesubsidieerd werd voor maar liefst 80.000 Britse pond. De Bestuurders waren terecht sceptisch omtrent het bereiken van een duurzaam resultaat. De doelstellingen waren nochtans prijzenswaardig – het opheffen van de handelsbelemmeringen in Kanton, de regularisatie van het handelskartel dat bekend stond als de *Hongs* en meestal zijn betalingsverplichtingen inzake ongedekte leningen niet nakwam, en de toepassing van de Chinese rechtspraak –, maar het was weinig waarschijnlijk dat er enige echte vooruitgang zou worden geboekt. MacCartney was een beroepsdiplomaat met connecties in de hoogste rangen. Hij was echter eerder in conflict gekomen met Warren Hastings, ten gevolge van zijn autoritair optreden toen hij in 1781 tot Gouverneur van Madras benoemd werd. Hij weigerde Hastings' gezag te erkennen, bemoeide zich met de oorlog van Sir Eyre Coote tegen Hyder Ali – hij bood hem zelfs een vredesakkoord aan zonder dat Hastings hier weet van had – en beging nog andere blunders, die een uitgesproken gebrek aan diplomatiek inzicht verrieden, maar in die wispelturige tijden was dit eigenlijk niets buitengewoons. Hij leidde zijn zending met een zekere stijl – zijn entourage was 95 man sterk, waaronder vijf Duitse musici – maar zijn weigering om onderdanige buigingen te maken en de geschenken die hij meebracht, maakten geen goede indruk, waardoor hij een beetje behandeld werd als de gezant van een leenman.

Hoewel de MacCartneyzending in haar voornaamste doelstellingen faalde, creëerde ze toch een mogelijkheid om China van wat dichterbij te bestuderen, dichter dan een westerling tot dan toe ooit was geraakt. Ze had ook een schilder in haar rangen, William Alexander, en een eminente plantkundige, Sir George Staunton, die secretaris van MacCartney was. Het is zeer waarschijnlijk dat Staunton een rol speelde in de ontwikkeling van de Earl Grey-thee. Het toeval wilde dat Sir Joseph Banks – de grondlegger van de moderne economische plantkunde en tevens raadgever van de Compagnie – zeer geïnteresseerd was in de potentiële mogelijkheden van de theecultuur in India. Vóór de MacCartneyzending naar Peking vertrok, vroeg hij zijn vriend en collega Staunton om de Chinese methoden van theeteelt en aromatisering zo nauwkeurig mogelijk te observeren. Aan de hand van een illustratie van een bergamotsinaasappel toonde hij Staunton hoe hij de botanische tekeningen uitgevoerd wilde zien. De bergamotplant groeit in Zuid-Italië en is een ondersoort van de *Citrus aurantium*, de Chinese bittere sinaasappel, die reeds in de 11de eeuw vanuit China in Europa geïntroduceerd werd. De *Citrus aurantium* levert de Neroli-olie, die zeer in trek is in de parfumindustrie. De plant gedijde oorspronkelijk in Portugal, Spanje (Sevilla) en Sicilië, maar toen ze ingevoerd werd op het Italiaanse vasteland in de omgeving van Bergamo (de naam is echter niet afkomstig van de stad, maar van het Turkse *bir gamum*, d.w.z. 'peer van de heer') in Calabrië, muteerde ze of veranderde ze geleidelijk in *Citrus aurantium Bergamo*, met een heel apart aroma. Het olie-extract van de bergamot werd populair in de 18de en 19de eeuw als geurstof voor snuif en gin.

Stauntons rapport met zijn bevindingen omtrent China werd in 1796 door Banks uitgegeven. Het bevatte enkele algemene vaststellingen over aromatiseringsprocessen en maakte ook gewag van theeteelt temidden van sinaasappelstruiken. Banks was sinds zijn dagen met Captain Cook een verstokt experimenteerder met exotische voedingsmiddelen en beschikte over een theehuis in de kelder van zijn huis aan het Londense *Soho Square*. Daar had hij ene Dr. Solander in dienst, zijn bibliothecaris en factotum, die later beroemd zou worden om zijn 'gezondheidsthee'. Samen experimenteerden zij volgens de aanwijzingen van Staunton met diverse theearomaten. Het staat zo goed als vast dat bergamot, een gemakkelijk beschikbaar aroma, ook uitgeprobeerd werd, aangezien het de Chinese bittere sinaasappel in smaak benaderde. Het recept voor Earl Grey was hier waarschijnlijk het resultaat van.

Er bestaat geen echte link tussen graaf Grey en zijn eponieme thee, hoewel de toekomstige eerste minister korte tijd samen met Banks dienst deed in de Geheime Raad. De mythe dat hij het recept in China ontdekte, is nog steeds wijd verbreid, ofschoon het niet bewezen is dat hij daar ooit geweest is en bergamot eigenlijk een strikt Europese ondersoort is. Het recept werd vermoedelijk naar hem genoemd omdat hij een populaire, hervormende eerste minister was, die veel steun genoot van de rijke stedelijke bourgeoisie, aan wie hij stemrecht had verleend – het publiek bij uitstek om een nieuw theemengsel op prijs te stellen.

Met uitzondering van de theeliefhebbers was Lord MacCartney de voornaamste begunstigde van zijn zending, vermits hij bij zijn terugkeer naar Engeland de titel van graaf kreeg. Hij had merkelijk meer succes dan William, de eerste Earl Amherst. Deze trok in 1816 met 75 man naar China als 'Buitengewoon Ambassadeur van de Keizer'. Toen hij in Peking aankwam, werd hij onmiddellijk bij de keizer ontboden. William Amherst wees deze uitnodiging af, onder voorwendsel dat hij de uitputting nabij was. De keizer was woedend om deze aanmatigende houding en beval hem Peking te verlaten zonder audiëntie. Amherst doorstond deze klap wonderwel en werd gouverneur-generaal in India. Hij viel Birma binnen en stichtte Simla, in de heuvels van de Himalaya, net boven Delhi. Simla ontwikkelde zich door zijn fraaie ligging en aangenaam klimaat tot een geliefde zomerverblijfplaats. Het werd later de officiële residentie van de regering van India wanneer de zomerhitte in de vlakten ondraaglijk werd.

Het commerciële succes van het monopolie van de Compagnie op de markt van de Chinese thee lokte begrijpelijkerwijze afgunst uit en stimuleerde de vrijhandelsbeweging in Westminster. Toen de Compagnie in 1813 het monopolie op de handel met India verloor, verhoogde dat de druk om de exclusieve handelsbetrekkingen met China open te trekken. De Compagnie voerde echter aan dat vrijhandel de relaties met de Chinezen nog zou bemoeilijken en dat de theehandel wel eens ineen zou kunnen storten. Daar de regering even verslaafd was aan de inkomsten uit de theebelastingen als de bevolking aan de drank zelf, was een ontwrichting van de theehandel voor beiden ondenkbaar. Het fiasco van de zending van Amherst in 1816 versterkte ironisch genoeg de positie van de Compagnie in dit verband, net als de Chinese gewoonte om de meeste diplomatieke mededelingen te besluiten met *Tremble fearfully hereat. Instantly obey* (Beef angstig. Gehoorzaam onmiddellijk.)

De Compagnie zette de moeilijkheden misschien toch wat te extra in de verf. Gezien het aantal nationaliteiten en maatschappijen die vanuit Kanton handel dreven, bleek het perfect mogelijk om met China zaken te doen zonder een monopolie te hebben. In de jaren 1820 werd er binnen en buiten het Parlement een hevig debat gevoerd over de voortzetting van het monopolie van de Compagnie in China en daar het Charter in 1834 aangepast moest worden, werd besloten de toekomstige rol van de Compagnie in een bijzondere parlementaire commissie te bespreken. Het rapport van die commissie behandelde het theeprobleem met de nodige ernst. Men erkende dat het nettoverlies in de Indische activiteitstak van de Compagnie werd gecompenseerd door de winst die in China werd geboekt. Men was van oordeel dat de Compagnie de neiging had om de veilingprijzen te manipuleren en dat de prijs en de kwaliteit van de thee die naar Engeland werd verscheept, niet echt competitief waren. En men twijfelde er niet aan dat het monopolie van de Compagnie inzake thee de verdere ontwikkeling van de handel in het Oosten belemmerde. De Compagnie was dus als handelseenheid ten dode opgeschreven, net als het monopolie inzake theehandel, dat in 150 jaar was uitgegroeid van niets tot 30 miljoen pond per jaar.

Nadat het monopolie van de Compagnie was ineengestort, kon thee op een legale manier worden

Gezicht op Hongkong, anoniem, gouache op papier, 1800-1850. Maritiem Museum Prins Hendrik, Rotterdam

geïmporteerd vanuit om het even welke havenstad ten oosten van Kaap de Goede Hoop. Een ondernemende koopman verscheepte direct duizend kisten thee vanuit Gdansk naar Liverpool, want hij had berekend dat de Poolse haven vijftien mijl ten oosten van de officiële meridiaan lag. De Compagnie mocht dan wel haar handel in thee hebben stopgezet, dat betekende niet dat ze helemaal geen interesse meer had in de plant. In haar nieuwe belangrijke rol als administrateur in India, oordeelde de Compagnie dat ze privé-ondernemingen moest aanmoedigen om datgene te doen wat zij vroeger wellicht zelf zou hebben gedaan.

Al in 1788 adviseerde Sir Joseph Banks, voorzitter van *Royal Society* en vooraanstaand economisch botanist die voor de Compagnie als adviseur optrad, dat er in India theeplantages moesten worden aangelegd om het Chinese monopolie voor deze belangrijke handel te doorbreken. Er werden planten overgebracht naar de Botanische Tuinen van Calcutta en er ging een missie naar China om het verbouwen en het verwerken van thee te bestuderen. Volgens niet-bevestigde waarnemingen groeiden er in Assam inheemse theestruiken, maar pas in 1834 nam de toenmalige gouverneur-generaal, William Bentinck, het initiatief om een Theecommissie op te richten. Die ontdekte uiteindelijk dat "de theestruik zonder enige twijfel inheems is in Opper-Assam ... binnen het gebied van de Eerbare Compagnie" en dat het "veruit de belangrijkste en de meest waardevolle ontdekking is die ooit werd gedaan wat de landbouwkundige of commerciële rijkdommen van dit imperium betreft". Door die theestruiken zorgvuldig met de Chinese theeplanten te kruisen en door ervaren Chinese koelies in te schakelen voor de supervisie van de theecultuur en -verwerking, kon men in 1838 twaalf kisten verschepen naar de Raad van Bestuur in Engeland. Vervolgens werden er door de Oost-Indische Compagnie op 10 januari 1839 in Mincing Lane in Londen onder heel veel belangstelling acht kisten geveild.

In hetzelfde jaar ondernam Dr. Campbell, de hoofdopzichter van de Compagnie, in het pas verworven Darjeelingdistrict de eerste amateuristische pogingen om thee te verbouwen. Hij experimenteerde in zijn tuin met theeplanten en aangezien het resultaat voldoende bevredigend was, werden er commerciële plantages aangelegd. Die werden dan verder uitgebouwd toen in 1850 nog meer grond werd verworven. Darjeeling in het algemeen en vooral de gronden die op meer dan 5.000 voet hoogte liggen, produceren ook vandaag nog steeds voortreffelijke thee.

De Compagnie startte ook de eerste theeplantages in Ceylon, een eiland dat veeleer aan de Kroon toebehoorde dan aan de Compagnie. Omdat het vroeger onder Nederlandse heerschappij had gestaan, was het grotendeels afgestemd op het verbouwen van koffie. De eerste theeplanten werden in 1839 in de Botanische Tuinen in Peradeniya, Kandy, geïntroduceerd en waren afkomstig van planten uit de Botanische Tuinen van Calcutta. Queens Cottage, eigendom van opperrechter Sir Anthony Oliphant, was het eerste landgoed waar in 1840 thee werd verbouwd. De streek van Nuwara Eliya produceert trouwens nog steeds enkele van de beste theesoorten uit Ceylon. Pas toen de koffieplantages op het eiland in 1869 door ziekte werden aangetast, begon Ceylon op grote schaal thee te verbouwen, waarbij opnieuw werd vertrouwd op de bekwaamheid van de directeur van de Botanische Tuinen om succes te oogsten.

In India richtten privé-bedrijven, zoals de Oost-Indische Theecompagnie en de Assamcompagnie, in de jaren 1840 plantages op en legden ze de grondslagen voor de fenomenale groei van de Indische thee-industrie. Dat verliep niet altijd zonder kopzorgen en soms kon een ramp ternauwernood worden vermeden. Deze pioniers werden bijgestaan door een missie naar Bohea, China, die door de Compagnie gesponsord werd. Robert Fortune keerde in 1851 terug met zaden en nauwkeurige observaties over de theeteelt in dat gebied. Ten tijde van de opstand van de Bengaalse troepen in 1857 kwam de thee-uitvoer nauwelijks in de statistieken voor, maar amper twintig jaar later had hij de Chinese thee-export ingehaald.

Voordat het 'zaad' van een inheemse thee-industrie in India werd 'uitgestrooid', financierde de Compagnie nog de aankoop van enorme hoeveelheden thee in Kanton. Dit stelde een welbepaald probleem. De Chinezen drongen erop aan om in onbewerkt zilver te worden betaald en aangezien er geen belangrijke exporthandel naar China was, verdween het onbewerkt zilver na betaling uit de omloop. In een poging om een deel van het zilver terug te krijgen en zo de aankoop van thee te financieren, was de Compagnie gedurende enige tijd in de opiumhandel verwikkeld.

Als er in de handel van de Compagnie één aspect is dat hopeloos corrupt kan worden genoemd, is het wel de handel in opium. Vandaag wekt dit dezelfde afkeer op als bij het refereren aan het Medellinkartel of de heroïnetrafikanten in Pakistan. Zoals we het in de meeste schoolboeken kunnen lezen, kwam de Compagnie, wanhopig op zoek naar zilver om Chinese thee te kunnen inkopen, tot het besluit dat opium, die ze in India verbouwden, het enige product was dat ze in China konden verkopen in ruil voor zilver. Door van de hebzucht van privé-handelaars en de corruptie van enkele kleine Chinese ambtenaren te profiteren, slaagde de Compagnie erin om in het geheim opium naar China te smokkelen. Ze omzeilde daarbij het door de Chinese Keizer uitgevaardigde verbod en kon zich toch officieel distantiëren van de gevolgen, namelijk de hopeloze verslaving van miljoenen Chinezen aan die drug. De Chinese Keizer dreigde ermee het verbod met geweld te doen naleven en de Compagnie, die met een rampzalig verlies aan inkomsten werd geconfronteerd, schakelde de marine in om de 'vrije handel' te verdedigen. De Compagnie kan dus schuldig worden bevonden aan grove morele nalatigheid en hieruit kunnen lessen worden getrokken over de wandaden van het ongebreidelde kapitalisme, de hypocrisie van de westerse kolonialisten en de uitbuiting van de Derde Wereld.

Het hoeft niet gezegd dat de kwestie niet zo eenvoudig lag. Opium werd al van oudsher gebruikt, vooral als slaapmiddel, en stond bij de Soemeriërs bekend als de 'plant van de vreugde'. Laudanum, een opiumtinctuur, werd wijd en zijd tegen koorts gebruikt en, zij het minder frequent, als poëtische inspiratie. Zonder deze drug zou het 'statige lustoord' van Kubla Khan misschien nooit hebben kunnen bestaan. Het verbouwen van opium werd in Engeland aangemoedigd en de Royal Society of Arts kende aan de Schotse chirurg Young een Gouden Medaille toe voor zijn opmerkelijke inspanningen, die een winst opleverden van 117 pond en 6 shilling per acre. Het feit dat hij ook beweerde opium te hebben gewonnen uit slasoorten, wekte geen wantrouwen op. In die context was het volkomen normaal dat de Compagnie in India met opiumcultuur experimenteerde. Dat land verkreeg trouwens een betere kwaliteit dan Turkije of Perzië, de twee belangrijkste producenten in die tijd.

Opium was in China al sinds de vroege 17de eeuw in gebruik en werd in een mengeling met tabak gerookt. Het was echter deze laatste substantie waaraan men het meest aanstoot nam en de verkoop ervan werd als een halsmisdaad beschouwd. Toen echter in 1729 opium in een keizerlijke verordening werd verboden, vaardigde de Compagnie voor de scheepskapiteins het strikte bevel uit om in China geen opium binnen te brengen, "aangezien u aan de Eerbare Compagnie op eigen risico verantwoording zult moeten afleggen". In China zelf werd de verordening echter algemeen genegeerd en in de jaren 1770 rapporteerde een Frans reiziger dat de Chinezen "een ongelooflijke passie voor dit narcoticum" hadden ontwikkeld.

Vanaf 1781 nam de Compagnie de organisatie van de opiumproductie in India op zich en verkocht de drug op de veiling in Calcutta aan privé-handelaars. De hoeveelheid opium die op die manier naar China werd geëxporteerd, steeg van duizend tot vierduizend kisten per jaar, van elk ongeveer 150 pond. Officieel wist de Compagnie niets over de bestemming, maar in werkelijkheid was ze volledig op de hoogte. Nieuwe verordeningen legden een totaal verbod op opium op, maar in China "deed men geen moeite om ze te doen naleven" en er werden "illegale contributies" gevorderd om zich van de stilzwijgende toestemming van "de Onderkoning, de Gouverneur, de Schatbewaarder enzovoort" te verzekeren.

Ter gelegenheid van zijn zending in 1793 kreeg Lord MacCartney instructies om het probleem van de opiumhandel aan te pakken. De Compagnie gaf wijselijk toe dat er niets mocht worden ondernomen dat haar vitale theehandel in gevaar kon brengen en dat "hoewel de inkomsten uit de opiumhandel voor India goed van pas kwamen, die toch van minder belang waren dan het Chinese handelsmonopolie". Door het falen van die zending bleef de kwestie onopgelost en de omvang van de handel bleef tot in de jaren 1830 onveranderd, met name minder dan 5% van de jaarlijkse inkomsten van de Compagnie in India. Dit was een belangrijk percentage, maar het kon nauwelijks vitaal worden genoemd.

Na 1830 steeg de consumptie aanzienlijk en de Compagnie werd er zich plots van bewust hoe sterk ze stilaan afhankelijk was geworden van de opiuminkomsten. Ondertussen was in de Chinese regering een debat aan de gang omtrent de telkens weer opduikende kwestie van verbod versus legalisatie en gedurende enige tijd hadden de privé-handelaars het droevige voorgevoel dat de voorstanders van legalisatie het zouden halen. In 1837 nam de Keizer de moeilijkste beslissing, nl. een totale beperking op de handel. Kantonese opiumdealers werden vóór de buitenlandse fabrieken gewurgd en belangrijke Hongs werden gearresteerd. De voorraden moesten worden ingeleverd en toen er slechts symbolische hoeveelheden werden ingezameld, werden bedreigingen geuit tegen Lancelot Dent, een leidende privé-handelaar die (terecht) van opiumsmokkel werd beschuldigd. Kapitein Elliot, de vertegenwoordiger van de Kroon in Kanton, die een groot voorstander was van het verbod op de handel, gaf het bevel dat alle opium die in handen van privé-handelaars was, moest worden ingeleverd. Meer dan duizend ton, met een geraamde waarde van 2.000.000 pond, werd toen op de oevers van de Parelrivier verbrand.

Het had allemaal kunnen eindigen met een ruzie over wie nu voor de opium moest betalen. De handelaars waren van mening dat ze door de Kroon moesten worden vergoed, aangezien ze Elliots bevelen uitvoerden, en de Kroon koesterde de hoop dat de Chinese regering ertoe kon worden gebracht te betalen. Inmiddels was de Kantonese Gouverneur Lin zeer opgetogen over het gemak waarmee hij op de buitenlandse barbaren de overwinning had behaald en begon hij zijn eisen zodanig op te drijven dat Elliot er niet op kon ingaan. Hoewel de Britse regering kon aanvaarden dat de Chinezen het soevereine recht hadden om opium op hun grondgebied te verbieden, wilde ze niet gedwongen worden om aan de onderhandelingstafel te gaan zitten. Bijgevolg werden er in 1839 3.000 man uitgestuurd om "oorlog te voeren tegen de meester van wie één derde van het menselijk ras afhing".

De term 'Opiumoorlogen', uitgevonden door de Times, was een goed klinkende naam voor een oorlog die zeker met de opiumhandel in verband stond, maar die veel meer met de handel in het algemeen te maken had dan met opium.

Chinese theekist in gedecoreerd hout, 1870. Musée Mariage Frères, Parijs

Niets bewijst immers dat de Engelsen vochten voor het recht om opium te importeren in een daarom smekend Chinees Keizerrijk.

Het resultaat was dat een klein leger en een kleine marinevloot, aangevuld met enkele stoomschepen van de Compagnie, het won van een Chinees Keizerrijk dat vol was van een anachronistisch gevoel van eigenwaarde. Tientallen jaren – zoniet eeuwen – lang was het Keizerrijk versplinterd en verzwakt door interne twisten en wanbestuur. Het kon zich dus niet verzetten tegen de bepalingen van het vernederende *Verdrag van Nanking* van 1842, waardoor het gedwongen werd bepaalde havens (*Treaty Ports*), waaronder Shanghai, voor buitenlandse handel open te stellen en, belangrijker nog, Hongkong aan de Britten af te staan. De nederlaag van de Chinezen stelde de Britten in de gelegenheid om de overdracht van dit Chinese grondgebied af te dwingen, niet zozeer voor koloniale uitbreiding zoals in India, maar voor handelsdoeleinden. De ervaring van de Opiumoorlogen had de Britse Kroon en de privéhandelaars eraan herinnerd dat Kanton zeker geen veilige plaats was. De zoektocht naar een veilige thuishaven, die bij tussenpozen plaatsvond zolang de Compagnie met China handel dreef, werd dan ook hervat. Tijdens de oorlog zocht Kapitein Elliot naar aanleiding van een Chinese aanval beschutting in de haven van Hongkong en hij was ervan overtuigd dat het een geschikte plaats was, hoewel Formosa, Amoy en Chusan ook in overweging werden genomen. Uiteindelijk werd voor Hongkong gekozen en hoewel het grondgebied nooit eigendom van de Compagnie werd, was het gedurende vele jaren een logische uitbreiding van de betrokkenheid van de Compagnie in China.

Toen de Compagnie in de nasleep van de Indische Opstand in 1857-58 was ontbonden en de theeteelt in India en in Ceylon succes kreeg, ging de superioriteit van de Chinese theehandel snel achteruit. De Compagnie had vanaf het begin de oprichting en ontwikkeling van die handel gedomineerd, maar door het verbouwen van thee in haar eigen gebieden aan te moedigen, had ze er eigenlijk ook de ondergang van bewerkstelligd. Gedurende de tijd dat de Compagnie een monopolie had voor de handel met China, had deze handel haar strategie en haar activiteiten echter zodanig gedomineerd, dat een historicus in een opsomming van de verwezenlijkingen van de Compagnie schreef: "En wat exporteerde de Compagnie? Moed! En wat importeerde ze? Thee!"

De Engelse Oost-Indische Compagnie en thee

"Het is een drank voor iedereen, arm of rijk, een drank die de dorst verslaat, die de tong streelt met subtiele aroma's en dank zij zijn lichtjes bedwelmende eigenschappen zorgt voor dat goede humeur, die lichte slaap, die fijnzinnige gevoelens en die eeuwige, stimulerende opwinding die weerspiegeld liggen in de zwarte ogen, de spotternijen en de gulle lach van deze mensen. Mijn diepste wens voor dit land waaraan ik mijn hart heb verpand, is dat Japan nooit ophoudt thee te drinken! Thee, met zijn eindeloze reeks accessoires, zoals de tinnen doos, het draagbare verwarmstel, het gietijzeren waterketeltje, de minuscule theepot, de vijf porseleinen kopjes en de vijf schoteltjes in afgebraamd metaal; thee, die men aan de gasten aanbiedt bij de begroeting, als teken van welkom, gastvrijheid en huiselijkheid; thee is de onafscheidelijke gezel van de arbeider en de kunstenaar bij hun werk, van het grillige meisje, van het gezellig samenzijn; men kan van thee zeggen dat hij het symbool van het gezin is, van de tedere geborgenheid van het nest."

Wenceslau de Moraes, *Dai Nippon, O Grande Japão*, 1897

Theeceremonie voor de vrouwen, Toshikata, prent, 1890. Koninklijke Musea voor Kunst en Geschiedenis, Brussel

James Watt en de waterketel, anoniem, prent, 1870-80. Koninklijke Musea voor Kunst en Geschiedenis, Brussel

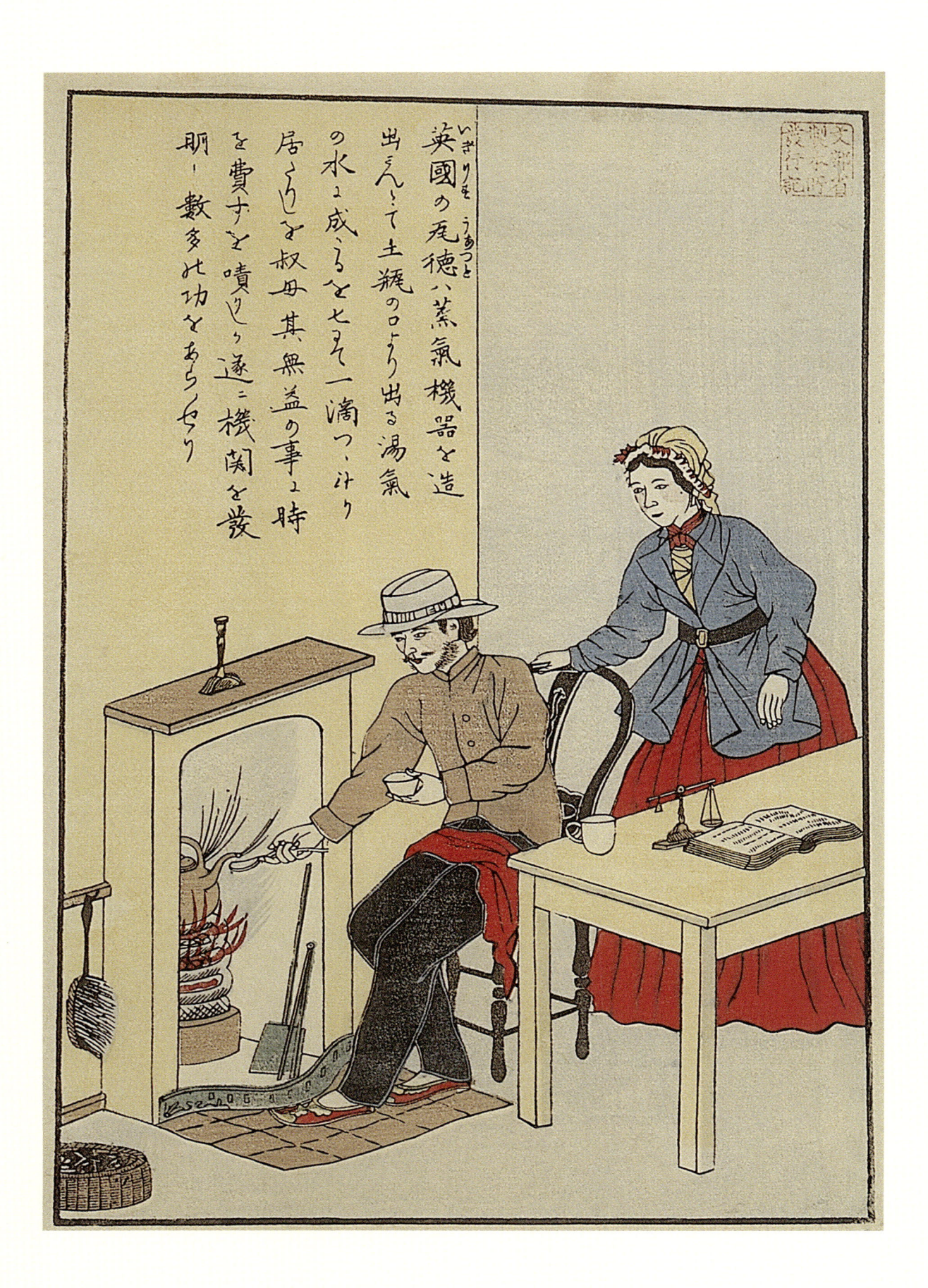

英國のゐゝつとうあつと
蒸氣機器を造
出さんとて土瓶の口より出る湯氣
の水に成るをもて一滴つゝ計り
居らし叔母其無益の事に時
を費すを叱り遂に機関を發
明し數多れ功をあらハせり

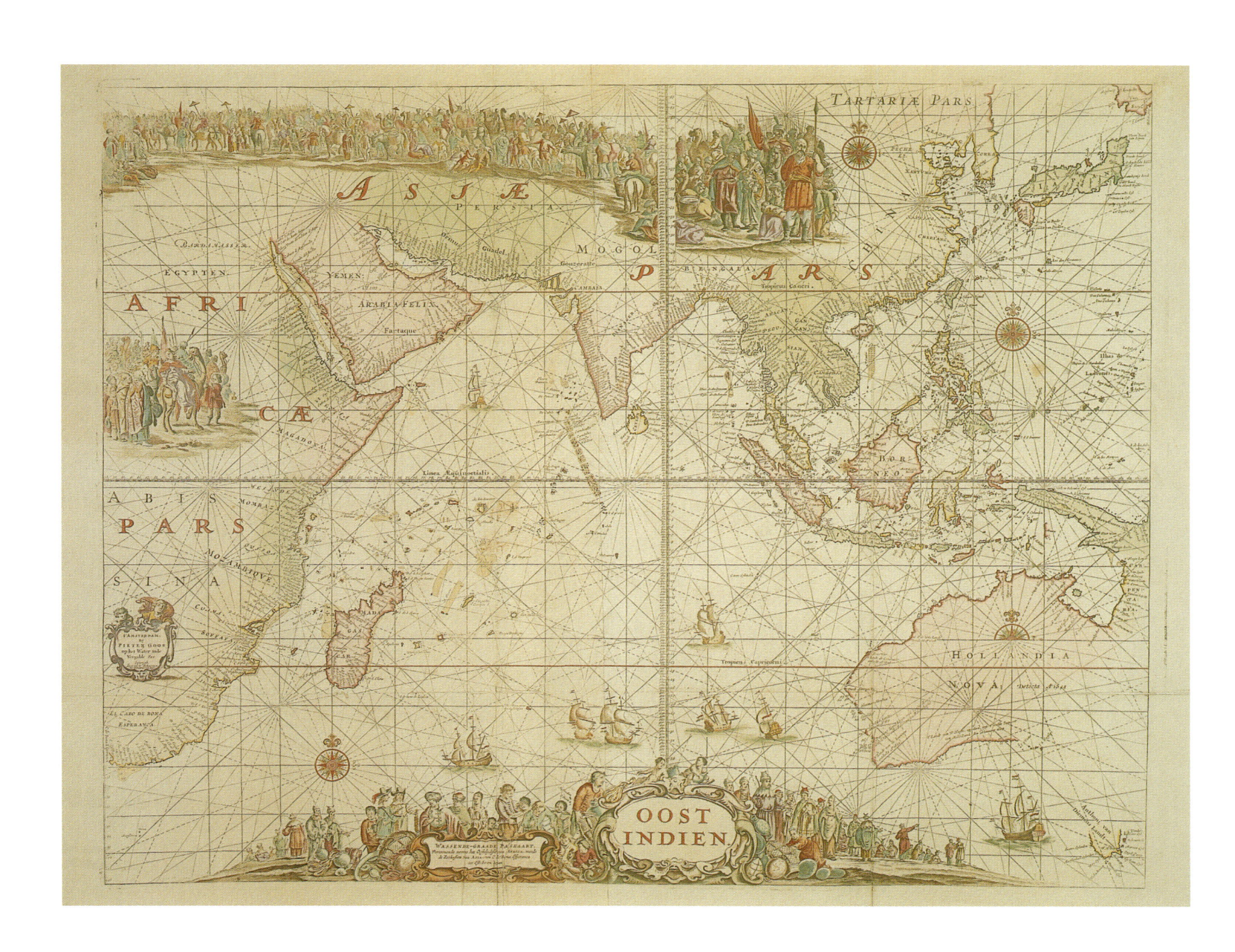

Johannes van Keulen en Pieter Goos, *Kaart van Oost-Indië*, gravure, 1686. Maritiem Museum Prins Hendrik, Rotterdam

De korte geschiedenis van de Oostendse Compagnie

Diane Hennebert

Omstreeks 1720 wilde markies de Prié, gouverneur van de Oostenrijkse Nederlanden, het scheepvaartverkeer vanuit Oostende stimuleren om de rampzalige gevolgen van de sluiting van de Schelde, waartoe bij het Verdrag van Münster in 1648 was besloten, te bezweren. Deze wens beantwoordde aan een realiteit, omdat reeds vanaf 1714 heel wat schepen geregeld rijke ladingen uit Brits-Indië naar Oostende meebrachten. Deze expedities hadden een individueel karakter en het initiatief daartoe ging meestal uit van Belgische reders. Markies de Prié overwoog om, naar het voorbeeld van Engeland, Frankrijk en Holland, langs de Aziatische kusten factorijen op te richten. In 1721 ontscheepten op zijn verzoek in Bengalen twee zeer ervaren Engelsen, Alexander Hume en Jean Harrisson, die toestemming kregen om er Belgische factorijen op te richten. Gezien de goede resultaten benoemde het Hof van Wenen in 1722 Jacques-André Cobbé tot gouverneur van deze nieuwe kolonie. Cobbé was geboren in Antwerpen op 21 maart 1682 en op 28 oktober 1706 gehuwd met Marie-Anne van Pruyssen, wier moeder, Marie-Anne de Pret, tot een van de Vlaamse families behoorde die in de latere Oostendse Compagnie een zeer actieve rol zouden spelen. Cobbé was eerst griffier van de Munt in Antwerpen en nadien artillerie-officier. Hij had een kanon uitgevonden en snel fortuin gemaakt. De keizer van Oostenrijk benoemde hem achtereenvolgens tot baron van Burlack in Moldavië, ridder in de Orde van Konstantijn de Grote en van Sint-Joris en edel Romeins senator.

Op 19 december 1722 bevestigde keizer Karel VI in een privilegebrief zijn beslissing om in onze provincies een grote compagnie voor koloniale handel op te richten. Ondanks het verzet van de grote mogendheden wilde hij concurrentie bieden tegen de handel, die door de Indische Compagnieën in Holland, Engeland, Frankrijk en Denemarken georganiseerd werd en waarvan het monopolie angstvallig werd beschermd.

Op last van de keizer werd door de Ier Patrice Mac Neny, bijgestaan door een van zijn landgenoten, Jean Tobin, in 1723 de oprichtingsakte opgesteld van de nieuwe Keizerlijke en Koninklijke Indische Compagnie, met een kapitaal van zes miljoen florijnen. In juni van dat jaar werd de Keizerlijke en Koninklijke Indische Compagnie in de Oostenrijkse Nederlanden opgericht, gewoon de Oostendse Compagnie genoemd. Deze datum staat in gouden letters geboekstaafd in de annalen van de stad Oostende. De Compagnie kreeg een handelsprivilege en een monopolie van dertig jaar toegekend. Vreemdelingen, alsook alle ambtenaren van de Staat of de provincie, mochten niet aan het beheer van de Compagnie deelnemen. De Compagnie mocht haar schepen bewapenen, vestingen bouwen en over een echt leger beschikken. In naam van de keizer mocht ze ook onderhandelen met de inheemse overheid, voor zover die geen vijand was van Oostenrijk. Een pertinente clausule zorgde in die periode voor een echte innovatie: er werd namelijk besloten dat slechts een gedeelte van de winst aan de aandeelhouders zou worden uitgekeerd, terwijl het andere gedeelte diende om eventuele verliezen te compenseren en in het Oosten investeringen te doen. De keizer en zijn ministers eisten geen enkele vergoeding voor de toekenning van het betrokken privilege, maar op de uit Indië meegebrachte producten moest een heffing worden betaald ten belope van 6% van de prijs van de openbare verkoop, hetgeen toen een zeer lage belasting was. De Oostendse Compagnie kreeg als bewijs voor haar soeverein statuut een specifiek wapen: twee brandende knoestige stokken, het wapenschild op twee zuilen van Hercules als verzinnebeelding voor

Gezicht op Macao, anoniem, olie op doek, 18de eeuw. Maritiem Museum Prins Hendrik, Rotterdam

de reizen, twee banieren met leeuwenmuilen van zilver en de wapenelementen van het schild, dit alles overtopt met de keizerlijke adelaar.

Cobbé kwam op 23 juni 1724 in Denemarnagor om het leven bij een aanval van inboorlingen die vermoedelijk door Hollandse kooplui waren omgekocht. Kort daarop vertrouwde de Oostendse Compagnie de leiding van de Indiase factorijen toe aan Alexander Hume. De hoofdopdracht van de tweede gouverneur van de Oostendse Compagnie bestond erin om de factorij van Bankebasar langs de Ganges uit te breiden. Hij moest ook toezien op de wederopbouw van een handelsvestiging langs de kust van Coromandel, die door inboorlingen was verwoest, en ook de concessie van Coblon, gelegen tussen de steden Madras en Sadraspatnam, exploiteren. Deze factorij lag op een strook grond die aan de ene kant door de zee en aan de andere kant door een rivier werd begrensd. Ze bezat verscheidene waterbronnen en steengroeven en men exploiteerde er een beroemd wit zout. De schepen konden aan de oevers goed voor anker gaan en de toestand zou ideaal zijn geweest indien de intriges van de naburige Hollandse kooplui niet snel de handel en het vervoer over zee hadden verstoord.

Ondanks deze intriges bleek de onderneming te floreren en de activiteiten van de Oostendse Compagnie bleven niet beperkt tot Indië, vermits ze ook factorijen in China en langs de kust van Guinea en Madagascar oprichtte.

Op 16 februari 1724 vertrokken drie zeilschepen voor het eerst onder de vlag van deze nieuwe Compagnie. Een van deze schepen, de *Keizer Karel*, had Bengalen als bestemming, doch leed helaas schipbreuk toen het de Ganges wilde opvaren. Kapitein Michiel Cayphas verdronk met een deel van de bemanning. Zij die zich al zwemmend wisten te redden, zochten onderdak in een Franse factorij, waar ze echter geen toegang kregen.

In augustus 1724 werd in Oostende de lading verkocht die de twee andere schepen uit China hadden meegebracht. Deze verkoop werd zo'n succes dat hij de prijs van de exotische producten op de voornaamste Europese markten beïnvloedde, waardoor de misnoegdheid van de andere Europese compagnieën nog toenam. De Oostendse Compagnie maakte de daaropvolgende maanden nog fikse winsten, hetgeen de welvaart van onze provincies ten goede kwam. Op koloniaal vlak hadden de Belgen zich dus snel ontpopt als te duchten concurrenten van de andere compagnieën. In zijn openingsrede voor het parlement in 1727 liet de koning zich zelfs ontvallen dat "de handel en de Natie in West-Indië ten onder dreigen te gaan door de oprichting van de Oostendse Compagnie".

Gelet op dit gevaar gingen de grote mogendheden sterke diplomatieke druk uitoefenen op de keizer van Oostenrijk. In 1727 zwichtte hij voor een ultimatum van Frankrijk en andere zeemogendheden en schorste de activiteiten van de Oostendse Compagnie voor een periode van zeven jaar. Het jaar daarop kwamen de voornaamste tegenstanders van de Oostendse Compagnie in Soissons tot het besluit dat deze laatste haar route naar Indië definitief moest opgeven. Op hetzelfde ogenblik hielden de officieren van de Hollandse factorijen in Bengalen de Belgische schepen tegen, mishandelden de bemanningsleden, molesteerden de door de Oostendse Compagnie aangeworven inboorlingen en verboden de bevoorrading van haar factorijen.

Ondanks alles bleef de Oostendse Compagnie, die heimelijk door de keizer van Oostenrijk werd aangemoedigd, kostbare goederen uit Azië invoeren, waardoor ze nog sterker werd bedreigd. Om een oorlog met de andere Europese mogendheden te vermijden, werd Karel VI, die zijn dochter Maria Theresia de Oostenrijkse troon wilde laten bestijgen, ertoe gedwongen om een nieuw verdrag te aanvaarden waarbij de Oostendse Compagnie het formeel verbod kreeg opgelegd om nog koloniale handel te

Eerste bladzijde van het logboek van de 'St.-Carolus' van de Oostendse Compagnie, opgesteld door kapitein Michiel Cayphas, op 10 februari 1724 uit Oostende naar Bengalen vertrokken. Stadsarchief Antwerpen

Schip van de Oostendse Compagnie

De korte geschiedenis van de Oostendse Compagnie

Porseleinen theekopje met het wapen van de Oostendse Compagnie, 1722. Scheepvaartmuseum, Antwerpen

Theedoos met het wapen van de Oostendse Compagnie, 18de eeuw. Scheepvaartmuseum, Antwerpen

Thee en zijn geschiedenis

drijven. Dit doodvonnis werd op 16 maart 1731 in Wenen ondertekend. Op 6 maart 1732 verliet de Concorde de haven van Oostende met als opdracht naar Bengalen te varen om er in de factorijen langs de kust de beambten en goederen van de Compagnie te gaan ophalen. De Concorde keerde op 4 augustus 1733 terug met een mooie lading, wat de aandeelhouders een extra dividend van 10% opleverde.

Hoewel de keizer beloofd had om aan de handel met de Oostendse Compagnie een einde te maken, koesterde hij nog de hoop om bepaalde activiteiten onder een andere identiteit en vanuit havens buiten de Oostenrijkse Nederlanden voort te zetten. Aldus werden enkele concessies onder Oostenrijkse vlag toegekend en de belangrijke factorij van Bankebasar werd in naam van de keizer in stand gehouden. Deze slecht verdedigde factorij werd in 1745 door talrijke inboorlingen aangevallen en de directeur van de factorij, de Oostendenaar François de Schonamille, kwam hierbij om in Syriam, waar hij zich met de hem resterende manschappen had teruggetrokken.

Ondanks deze opeenvolgende mislukkingen bleef de Oostendse Compagnie clandestien voortwerken onder geleende namen of vlaggen. Zo reisden sommige schepen rond 1775 voor de Compagnie van Triëste en Fiume, die door dezelfde Antwerpse aandeelhouders was opgericht.

Antwerpen en Oostende werden dan de zetel van Italiaanse dochtermaatschappijen die ermee belast werden om uit Oostenrijk, Hongarije en Italië ingevoerde ladingen te verkopen.

De gouden eeuw van de Oostendse Compagnie duurde dus in werkelijkheid slechts vier jaar. Tijdens deze periode doorkruisten achttien schepen de zeeën onder haar vlag.

Om dit verhaal over de avonturen van onze zeehandel te besluiten, kunnen wij stellen dat de Engelse handelaren tot de beste klanten van de Oostendse Compagnie behoorden. Zelfs wanneer deze laatste verboden werd, bleef Engeland zich in Oostende bevoorraden in exotische producten die door smokkelschepen werden afgeladen.

Plaat uit het album *Blitz*, Floc'h et Rivière (tekeningen van Floc'h), 1983, Uitg. Le Matin - Albin Michel

" 'S Morgens zetten ze hun hoed op en trekken ze hun kleren aan onder de deugddoende zonnestralen. Ze weten dat juffrouw Smith hen verwacht voor de thee. Ze beginnen de dag dus vol vertrouwen en met veel goede moed. Als ze de kamer binnenkomen, zeggen ze: "Ik voel me beter dan de meeste mensen hier aanwezig". Daarom spreken ze met een zelfvertrouwen en een zelfverzekerdheid die het openbare leven sterk beïnvloeden en resulteren in merkwaardige kanttekeningen los van de individuele geest".

Virginia Woolf, *A room of one's own*

Theehuis Twining in
Londen, aquarel op papier,
1909. Verzameling
Twining, Londen

Thee en zijn geschiedenis

Het erfgoed van een familie

Sam. H.G. Twining

Toen Thomas Twining in 1675 te Painswick in Gloucestershire geboren werd, was thee in Groot-Brittannië alleen nog maar bekend aan St. James's Court. De nieuwe koningin, Catharina van Bragança, had in 1662 immers thee meegebracht als bruidsschat en had er in haar omgeving een echte modedrank van gemaakt.

In het bewuste geboortejaar van Thomas Twining kende de wolindustrie, waarin de familie Twining sedert meer dan driehonderd jaar werkzaam was, een belangrijke regressie.

De vader van Thomas, Daniel, zag voor zijn kinderen geen toekomst meer in de Cotswolds en verhuisde in 1684 naar Londen, waar zijn twee zonen als wevers in de leer gingen. De jongste, Thomas, beëindigde zijn opleiding in 1694 op 19-jarige leeftijd, wat in die tijd niet meer zo jong was. Wellicht heeft hij nooit de bedoeling gehad om een loopbaan als wever uit te bouwen, maar wie in die tijd in de Londense City handel wilde drijven, moest een vrij burger van de City worden. Op 7 augustus 1701 werd Thomas tot het burgerschap van de City toegelaten. Daarna trad hij in dienst bij Thomas D'aeth, een rijk handelaar in Oost-Indische koopwaar, bij wie hij de producten leerde kennen. In 1706 kocht hij een koffiehuis, dat toevallig Tom's Coffee House heette, en van daaruit begon hij thee te verkopen (enkel thee van de beste kwaliteit). Het eerste koffiehuis in Engeland werd in 1650 geopend. Tegen 1700 waren er alleen al in Londen 2.000 à 2.500. Om te kunnen overleven moesten deze koffiehuizen zich specialiseren en de eigenaars vonden allerlei manieren uit om een bijzondere cliënteel aan te trekken, zoals politici, Whigs en Tories, Schotten, beursagenten, juristen, dichters, betaalmeesters, makelaars en oplichters.

Het is dus niet zo verwonderlijk dat Thomas Twining voor thee koos, alhoewel er 119% taks op moest worden betaald en hij wist dat dames volgens de geplogenheden van die tijd zijn koffiehuis niet binnen mochten. In het begin kwamen de dames met een wagen of in een draagstoel en zij bleven buiten wachten terwijl hun lakeien de koopwaar gingen halen. De thee kostte minstens 16 shilling per pond of, in de huidige munt, 1.600 pond per kilo (ongeveer 90.000 BEF). Het hoeft dus niet te verwonderen dat de dames zich naar huis haastten om de thee achter slot en grendel op te bergen.

Thomas Twining had zijn koffiehuis goed uitgekozen, want het was gelegen in een wijk waar de aristocratie na de grote brand van Londen nieuwe huizen bouwde, langs de Strand en in de richting van Covent Garden.

Tijdens de eerste tien jaar kocht Thomas drie aan elkaar grenzende huisjes die op de Strand uitgaven. In 1716-1717 liet hij ze verbouwen tot een lange

George Beare, *Portret van Mary Little* (1726-1804), olie op doek. Verzameling Twining, Londen

smalle winkel, met een ingang aan de Strand. Belangrijk was dat de dames op die manier in alle fatsoen een bezoek konden brengen aan zijn winkel, waar er droge thee en koffie werd verkocht. Het huis had in die tijd geen huisnummer, maar kreeg de naam The Golden Lion. Het koffiehuis werd verhuurd en uiteindelijk gesloten, net zoals alle andere, op een paar na, die uitgegroeid zijn tot bekende Londense clubs. Het waren de dames uit die tijd die de ondergang van de koffiehuizen en het daaropvolgende succes van de theetuinen bewerkstelligden.

De handel van Thomas Twining bloeide: hij verkocht thee aan de grote Londense huizen en hun tegenhangers op het platteland en leverde in het groot aan apothekers en herbergen. Slechts weinig kruideniers zouden echter thee en koffie hebben verkocht.

Door de zware taksen nam de verkoop slechts traag toe. Tussen 1700 en 1721 steeg hij nationaal gezien van zowat 10.000 kilo naar 500.000 kilo.

In 1720 kon Thomas Twining twee huisjes – die de naam Dial House kregen – kopen in Twickenham, thans een voorstad van Londen en een belangrijk rugbycentrum. In die tijd was het een stijlvolle woonwijk langs de oever van de rivier. Thomas was in 1708 gehuwd met Margaretta Route. Zij hadden vier kinderen waarvan er één, Daniel, in 1713 geboren werd. In 1734 werd deze zoon de vennoot van zijn vader en bij diens overlijden in 1741 nam hij de zaak over. In die periode begon hij met de eerste uitvoer naar de Noord-Amerikaanse koloniën. De eerste vrouw van Daniel stierf jong en in 1745 hertrouwde hij met Mary Little, de heldin van ons verhaal, die na het vroegtijdig overlijden van haar echtgenoot in 1762 gedurende 21 jaar helemaal alleen aan het hoofd van de zaak zou staan. Hoewel het in de 18de eeuw voor een vrouw moeilijk was om een zaak te leiden, slaagde zij daar wonderwel in, ondanks de nog steeds hoge belastingen op thee en de steeds grotere hoeveelheden thee die uit Frankrijk, de Verenigde Provinciën en Denemarken werden binnengesmokkeld. Mary Little ging er prat op dat zij nooit gesmokkelde thee had gekocht.

Hoewel wij een mooi portret van haar hebben, weten wij niet veel over haar, behalve dat ze een goede handelsvrouw en een uitstekende mentor was. Zij nam haar zonen Richard en John in de zaak op en leerde hen alles wat zij over thee wist. Op het ogenblik dat zij de leiding van het huis had, deed zich in Boston een incident voor dat haar veel kopzorgen moet hebben bezorgd (de thee die door de opstandelingen in Boston in zee werd gegooid was trouwens geen Twinings, daarvoor was hij veel te goed).

Toen haar oudste zoon Richard in 1783 de zaak overnam, wist hij maar al te goed dat de zware taksen

The Teapot Row at Harrow or the Battle of Hog Lane, tekening en gravure van Cruikshank, 1825. Verzameling Twining, Londen

Thee en zijn geschiedenis

Monster Tea Garden, niet gedateerd, niet gesigneerd.
Verzameling Twining, Londen

Tekst op de theeverpakking van het huis Twining, 1737.
Verzameling Twining, Londen

Thomas & Daniel Twining,

AT the Golden Lyon in Devereux-Court, near the Temple, fell all Sorts of fine Teas, Coffee, Chocolate, Cocoa-Nuts, Sago, and Snuff: Alfo true German Spaw, Pyrmont, Bath and Briftol Waters, Arrack, Brandy, &c.

de theehandel veel schade berokkenden. In 1784 werd hij verkozen tot voorzitter van de Londense theehandelaars. Hij was er zich terdege van bewust dat de thee, die door de Oost-Indische Compagnie tussen 1750 en 1783 werd verkocht, gemiddeld vier shilling en zes stuivers het pond kostte, maar dat de te betalen rechten de gemiddelde groothandelsprijzen deden oplopen tot meer dan zeven shilling en zes stuivers. Door zijn dynamisme en grondige kennis van de politieke en fiscale problemen met betrekking tot de theehandel, slaagde Richard Twining er niet alleen in de Golden Lion zonder averij door de storm te loodsen, maar droeg hij ook in ruime mate bij tot de oplossing van dit delicate probleem.

William Pitt, die in de City evenveel respect en vertrouwen genoot als zijn vader, richtte in 1783

Het erfgoed van een familie

Taste in High Life, gravure, 18de eeuw. Verzameling Twining, Londen

zijn eerste ministerie op en besloot het probleem van de belastingen – ook wat thee betrof – nader te onderzoeken. Met Richard Twining, voorzitter van de theehandelaars, had hij verschillende gesprekken waarbij de voorwaarden en vooruitzichten van de theehandel grondig werden besproken. Richard Twining was van oordeel dat de thee taksvrij moest worden ingevoerd en dat de handelaars aan de schatkist een forfaitair bedrag moesten betalen om gedurende vier jaar het verlies aan inkomsten te compenseren.

In 1784 werd de *Commutation Act* goedgekeurd. Daarbij werden de hoge taksen op thee omgezet in een *ad valorem* – taks van twee shilling en zes stuivers tot zes shilling en zes stuivers het pond. Voor de aldus ontbeerde belastingopbrengst werd een compensatietaks ingevoerd. De opbrengsten daalden echter niet, integendeel, zij namen aanzienlijk toe, want het theeverbruik steeg van 5.892.074 pond in 1768 tot 10.856.578 pond in 1785.

De prijs voor de verbruiker daalde met nagenoeg drie shilling per pond en de handelaars compenseerden deze daling ruimschoots door de groeiende verkoop. Smokkelaars waren verplicht hun activiteiten definitief stop te zetten.

Zo werden de Britten, dankzij Richard Twining en de Chinese thee, de grote theedrinkers die zij heden ten dage zijn.

Richard Twining liet aan de winkel van zijn grootvader de inmiddels beroemde toegangsdeur bouwen waarin de Gouden Leeuw en twee Chinese figuren (alle thee kwam in die tijd uit China) waren verwerkt. Hij gebruikte daarbij ook voor het eerst het logo dat Twinings sindsdien altijd heeft gebruikt. De toegangsdeur werd op 10 april 1787 onthuld.

Richard Twining was in 1769 getrouwd met Mary Aldred, de dochter van een handelaar uit Norwich. Zij hadden vier zonen, waarvan er drie, Richard Twining II, George Twining en John Aldred Twining, in de familiezaak werkten. Richard Twining I was van 1810 tot 1817 directeur van de Oost-Indische Compagnie. In 1818 trok hij zich uit de zaak terug en de laatste tien jaar van zijn leven bracht hij door in het oude familiehuis in Twickenham. Hij stierf in Dial House in 1824, op 74-jarige leeftijd. Richard Twining II en zijn broers, de vierde generatie, volgden hun vader en oom aan het hoofd van de zaak op en in 1825 stapten zij ook in het bankwezen.

Het eerste deel van de 19de eeuw was op het gebied van thee zeer boeiend. Tussen 1810 en 1837 kwam de zevende hertogin van Bedford uit Woburn Abbey op de proppen met de beroemde *afternoon tea*, die als overbrugging moest dienen tussen de lunch, die in die tijd veel vroeger werd genomen dan nu, en het avondmaal, dat veel later werd gebruikt. Het is in die periode dat de pottenbakkers handvatten aan de theekommetjes zetten en op die manier ontstonden de eerste mooie serviezen voor de *afternoon tea*.

In 1832 werd graaf Grey II eerste minister en hij gaf zijn naam aan een speciale mengeling die Twining voor hem en zijn familie had samengesteld. In die tijd vroegen velen aan Twinings speciale mengelingen voor eigen gebruik, want dat was werkelijk je van het. Aangezien echter noch de familie Grey, noch de familie Twining eraan dachten om er een gedeponeerd merk van te maken, werd deze mélange een generische naam.

Bovendien vond men in 1830 wilde theestruiken in de provincie Assam in India, en de eerste productie werd in 1839 in Londen bij opbod verkocht. Richard Twining was een van de directeurs van de *Assam Tea Company*.

De zevende hertogin van Bedford werd in 1837, bij de troonsbestijging van koningin Victoria, kamervrouw. Moedigde zij de jonge koningin aan om het gebruik van de namiddagthee in te voeren? We weten dat de jonge koningin aan Richard Twining II op 19 augustus 1837 het eerste koninklijke brevet van hofleverancier voor thee toekende.

Omstreeks 1826 werd thee bij wijze van experiment verpakt in loodvelletjes, die enkel door apothekers werden gebruikt, vandaar dat op de pakjes thee tot zeer recent vaak een bijna medische beschrijving stond (raadgevingen voor de spijsvertering).

In 1837 openden de Twinings hun nieuwe bank vlak naast hun intussen beroemd geworden winkel. De cliënten konden via de voordeur de bank binnengaan, hun financiële transacties afhandelen en zich dan via een zijdeur naar de winkel begeven, waar ze hun kleingeld konden gebruiken voor de aankoop van thee, koffie of cacao!

Het bezoek van een arme nicht, naar een schilderij van Stephanoff, gravure van S.W. Reynolds, Londen, 1825. Verzameling Twining, Londen

Het erfgoed van een familie

Leven en werk van een theehandelaar in China, illustratie uit de *London News* van 13 oktober 1888. Verzameling Twining, Londen

bemanningen aan door een premie uit te loven voor het eerste schip dat opnieuw Engeland zou bereiken. In 1866 vond de grote snelheidswedstrijd van Fou Tchéou naar Londen plaats; drie schepen deden er negenennegentig dagen over van China naar Engeland. Jammer genoeg kwam aan deze mediastunt – want dat was het – in 1869 een eind met de opening van het Suezkanaal, waardoor stoomschepen de reis sneller konden afleggen.

In Ceylon werd met succes koffie gekweekt, maar de oogsten werden verwoest door een verschrikkelijke ziekte. Om de economie te redden, begon men thee te kweken. De eerste productie werd in 1879 in Londen geveild. Net als India was Ceylon een Britse kolonie en daarom kon de thee taksvrij worden ingevoerd.

David Mossman, *Nilgiris tea and coffee estates*, aquarel op papier, 1889. Verzameling Twining, Londen

Richard Twining II huwde in 1802 met Elisabeth Smythies. Hun zoon Richard Twining III kwam bij hen in de zaak en nam bij de dood van zijn vader in 1857 de leiding over. De vijfde generatie was Richard Twining III, en zijn partner was zijn neef Samuel H. Twining, zoon van John Aldred Twining (zie hierboven).

De thee maakte heel wat veranderingen door. Een eerste mijlpaal in Groot-Brittannië was de Commutation Act van 1784, waardoor de zware taksen daalden en het verbruik toenam. De tweede was de afschaffing van het monopolie van de Oost-Indische Compagnie in 1834 en het snelle transport. Vanaf 1843 ontwierpen de Amerikanen klippers, die algauw de reputatie hadden snelle schepen te zijn. Tien jaar later bleken de Britse klippers even goed of zelfs beter en het duurde niet lang of ook zij vervoerden thee uit China. De Tea Trade moedigde officiers en

Thee en zijn geschiedenis

Richard Twining III en zijn partner Samuel H. Twining trokken zich na 40 jaar samenwerking uit de zaak terug. Richard had drie kleinzonen die het bedrijf voortzetten en vervolgens partners werden.

In 1892 verkocht Richard de Twining Bank aan Lloyds Bank en zijn neef Harvey Twining, de zoon van Samuel H. Twining, die aan astma leed, ging op aanraden van zijn arts in Parijs wonen. Daar richtte hij in 1904 een theehandel op die mettertijd steeds meer werd uitgebreid. De kleinzonen van Samuel H. Twining gingen pas enkele jaren geleden met pensioen.

Daar Richard Twining III slechts op 99-jarige leeftijd overleed, was het de zevende generatie die in 1897 de zaak overnam, onder leiding van Arthur J. Tweed, de oudste kleinzoon van Richard Twining III (tot in1945).

In 1903 werd in Liverpool een scheepvaartkantoor opgericht voor de pakketbootverbindingen vanuit deze haven. In 1912 trad de achtste generatie van de familie aan: Steven II Twining (*Member of the British Empire*) nam de leiding. Hij zou later de geschiedenis van de onderneming schrijven ter gelegenheid van haar 250ste verjaardag.

Tijdens de Eerste Wereldoorlog had de theehandel met moeilijkheden af te rekenen. In de groothandel werd hij verkocht tegen twee shilling en vier stuivers het pond en in de kleinhandel tegen twee shilling en acht stuivers. Hij werd echter niet gerantsoeneerd.

Gedurende de Tweede Wereldoorlog werden de gebouwen achter de winkel aan de Strand door bombardementen vernield. De helft van de winkel bleef echter overeind en de handel ging door. Er werd strikt gerantsoeneerd: 2 ons per persoon en per week. Theebuiltjes bestonden toen nog niet.

De gebouwen achter de winkel werden heropgetrokken en in 1953 heropend, maar door de uitbreiding van het bedrijf volstond de kantoorruimte niet meer. De winkel en het museum zijn echter nog steeds toegankelijk voor bezoekers van over de hele wereld, van maandag tot vrijdag, van 9.30 uur tot 16.30 uur. Vader en zoon Twining zijn vaak aanwezig om de bezoekers te ontvangen, net zoals Thomas Twining dat jaren geleden deed.

De heer en mevrouw Sam. H.G. Twining, 1993.

Hoewel Daniel Twining (1741-1762) reeds met de uitvoer van start ging, zou het tot de jaren 1930 duren vooraleer de uitvoer naar de Verenigde Staten en Canada echt op gang kwam. De thans beroemde Twiningdozen dateren uit die tijd. De uitvoer kende een opleving in 1947 en is sindsdien blijven groeien.

Twinings verkocht zijn eerste theebuiltjes in 1956. Thans worden er jaarlijks 3 miljard verkocht, en de vraag neemt nog steeds toe.

Het bedrijf verliet in 1967 zijn fabrieken in het oosten van Londen en zijn kantoren in het stadscentrum. Thans is het gevestigd in Andover (Hampshire) en het heeft sindsdien ook fabrieken gebouwd in Newcastle en Greensborough (Verenigde Staten).

Gebruikmakend van zijn jarenlange ervaring inzake smaak en verpakking, voerde Twinings in 1972 kruidenthee in. Thans is het op dit vlak marktleider in het Verenigd Koninkrijk en exporteert het zijn producten naar vele overzeese markten.

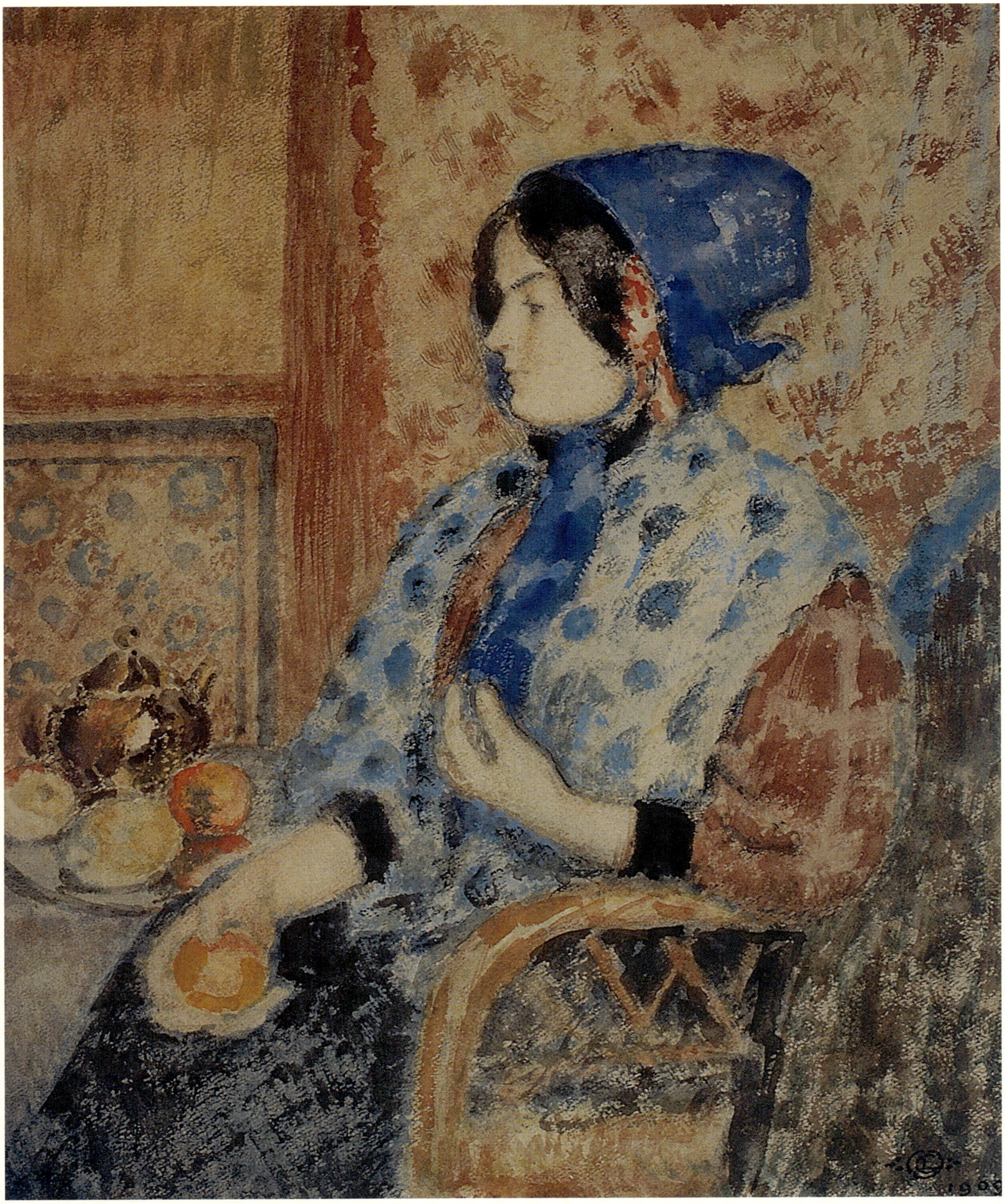

"Valérie zelf bracht Steinbock een kopje thee. Het was meer dan een gebaar van hoffelijkheid, het was een gunst. In de manier waarop een vrouw zich van die taak kwijt, zit een hele taal, maar de vrouwen weten dat wel. Het is dan ook interessant om hun bewegingen, hun gebaren, hun blikken, hun stijl en hun accent te analyseren wanneer zij dit ogenschijnlijk zo eenvoudig beleefdheidsritueel vervullen. Van de koel geformuleerde vraag: Drinkt u thee? – Wilt u thee? – Een kopje thee? en het aan de nimf met de urn gegeven bevel om thee te brengen, tot de fantastische Odaliske die met een kopje in de hand van de theetafel komt, en tot de sentimentele pasja aan wie ze, met een fluwelen stem en een wulpse blik, onderdanig een kopje thee aanbiedt, kan een fysioloog immers alle vrouwelijke gevoelens observeren, van afkeer tot onverschilligheid en tot de verklaring van Faidra aan Hippolytos. Vrouwen kunnen op dat vlak erg misprijzend tot zelfs beledigend uit de hoek komen, en ook nederig tot oosters onderworpen zijn. Valérie was meer dan een vrouw, ze was een serpent van een vrouw, ze volbracht haar duivels werk door op Steinbock toe te stappen met een kopje thee in de hand".

Honoré de Balzac, *La Cousine Bette*

Georges Lemmen,
Vrouw met blauwe muts, 1909,
aquarel en gouache op papier.
Privé-verzameling, België

Chinese theepot, 18de eeuw.
Koninklijke Musea voor Kunst
en Geschiedenis, Brussel

Thee en zijn geschiedenis

Kitti Cha Sangmanee

De Franse theekunst

Een vloeiende lijn, gelijkmatige en krachtige strepen, grote hoofdletters, krullen en tierelantijntjes kenmerken het goed leesbare handschrift waarmee Henri Mariage, die in 1854 samen met zijn jongere broer Edouard het huis Mariage Frères oprichtte, zijn handelsboeken invulde. Boeken die hij netjes in vakjes verdeelde en waarin hij met zijn fijne, scherpe pen zorgvuldig de overzeese aanvoer van fijne Souchongs en Orange Pekoes noteerde, met vermelding van hun juiste gewicht, aankomstdatum en prijs. Van tijd tot tijd onderbrak hij zijn noeste arbeid om een inval, een gedachte te noteren, geestigheidjes met de vervlogen charme van zwarte inkt: "Een parfum van avontuur en poëzie ontsnapt uit elke kop thee", of "Thee spreekt tot het hart van de dichters en nodigt hen uit tot een zoete dromerij"…

De ruimte die in alle omstandigheden aan de verbeelding wordt gelaten, is kenmerkend voor heel de Franse theekunst, die gevoed wordt door vindingrijkheid en vakmanschap. Als schakel tussen de rede en het hart, heen en weer geslingerd tussen het traditionele en het nieuwe, die zowel de kunst van het ontvangen als van het tafelen beïnvloedt, streeft de wereld van de thee er reeds drie eeuwen lang naar twee op het eerste gezicht tegenstrijdige voorwaarden te vervullen: strikte kwaliteitsnormen naleven en naar smaak en vernieuwing zoeken. Als het op hun voeding aankomt, getuigen de Fransen immers van een zekere beredeneerde trouweloosheid.

Deze voorliefde voor afwisseling werd trouwens reeds lang geleden onderstreept: "*Je vous diray pour vostre instruction, qu'il n'y a rien qui plaise plus à l'Homme que la diversité, et sur tout le François y a une inclination toute particulière: c'est pourquoy effrayez-vous le plus que vous pourrez à faire diversifier et distinguer par le goust et par la forme ce que vous ferez apprester*", schreef Bonnefons, eerste kamerdienaar van Lodewijk XIV, in 1679.

De stelligheid waarmee de rol van de Franse smaak in de wereld van de thee wordt verdedigd, kan evenwel verwondering scheppen.

Hoe kan men immers op enig gezag aanspraak maken wanneer men slechts 100 kopjes thee per jaar en per persoon drinkt, terwijl er in de hele wereld 30.000 kopjes per seconde worden gezet en er in Groot-Brittannië alleen al zo'n 2.000 kopjes worden gedronken? Hoe kan men tegelijkertijd beweren een wijnland en een theeland te zijn, als men weet dat waar wijn domineert, er weinig thee gedronken wordt?

Hoe kan men ook spreken van Franse thee, terwijl de theestruik nauwelijks in onze contreien groeit en de term 'Franse thee', die overigens vrij verouderd is, slechts op een soort van salie slaat?

Hoe kan men geschiedenis schrijven als men zich niet kan beroemen op een gelukkige kruising tussen het lot van Anna, 7de hertogin van Bedford, die aan het begin van de 19de eeuw de afternoon tea zou hebben uitgevonden, en dat van de graaf van Sandwich, die enige tijd eerder zijn naam gaf aan een culinaire wetenschap tussen twee sneden brood?

Hoe kan men ook beweren bijgedragen te hebben tot de ontplooiing van een van de bekendste producten van de mensheid, terwijl in China de thee reeds verscheidene duizenden jaren oud is, de theepot er het eerste stuk vaatwerk is dat op tafel wordt gezet – om de dorst te lessen – en het laatste dat wordt afgeruimd – om de spijsvertering te bevorderen –, terwijl Lu Yu, estheet en schrijver, reeds acht eeuwen voordat de Fransen thee en eetbare plant met elkaar verwarden, teksten schreef over het beste theewater, of terwijl in Rusland de samowar in elk huis het belangrijkste voorwerp is?

Traditionele theeweegschaal, Musée Mariage Frères, Parijs

Modeplaat, N. Heideloff, Uitg. Gallery of Fashion, Londen, 1794-1799. Kostbare Werken van de Koninklijke Bibliotheek Albert I, Brussel

Toch zijn er twee belangrijke redenen die de kracht, de frisheid en de vitaliteit van de Franse theekunst kunnen verklaren: de krachtige impuls die de Franse gastronomie haar gaf en nog steeds geeft door haar originaliteit, universaliteit en wereldfaam, en het geluk steeds in handen geweest te zijn van meesters, erfgenamen van een ancestrale kennis.

Sinds de 17de eeuw en de revolutie van de *nouvelle cuisine* hebben de Franse gastronomen steeds naar een grote verscheidenheid aan smaken gestreefd. Deze algemene tendens heeft aldus bijgedragen tot de ontwikkeling van een groot vakmanschap op het gebied van melanges en het samenstellen van nieuwe soorten thee met een origineel, klassiek of gearomatiseerd karakter, die getuigen van een eigen smaak.

Het theemoment heeft daarenboven steeds de versmelting van de geneugten in de hand gewerkt: die van het oog en van de mond, die van de rede en die van het hart. Ook de theevoorwerpen zelf (van de kisten waarin thee wordt vervoerd tot de dozen waarin hij thuis wordt bewaard), de verfijnde serviezen en het zilverwerk, herinneren eraan dat hij aan de grondslag ligt van een aantal van de mooiste kunstwerken van de edelsmeden en pottenbakkers uit de manufacturen van Vincennes of van Sèvres en nog steeds aanleiding geeft tot het kunstig dekken van de tafel.

"Het aanzien van een huis" verkondigde daarenboven La Reynière, "heeft te maken met trouw: het is absoluut noodzakelijk dat er dynastieën worden gevormd, dat opvolgers het talent van hun voorgangers erven, dat zonen volgens de principes van hun vaders worden opgevoed". Dan "is er alle reden om te geloven dat de goede geest, de creatieve inspiratie die de oven, de haard, de fornuizen (...) tot leven brengt, aangeboren talenten zal verrijken met de vruchten van een overgeërfde ervaring".

In de 17de eeuw behoort de familie Mariage, die gespecialiseerd is in de uitheemse handel, tot een van de zes prestigieuze koopmansgilden die door de koning worden erkend, naast onder andere de goudsmeden en de lakenwevers. Het zijn om die reden *des honorables hommes*, een uitdrukking die lang gebruikt werd om bevoorrechte burgers aan te duiden.

Vanaf 1660 onderneemt Nicolas verscheidene reizen naar Oost-Indië en vervolgens naar het India van de grote mogols en maakt hij deel uit van een afvaardiging die door Lodewijk XIV wordt gekozen om een handelsverdrag met de Perzische sjah te sluiten. In dezelfde periode doorkruist zijn broer Pierre de zeeën op weg naar Madagaskar, als speciale gezant van de Oost-Indische Compagnie.

Een eeuw later drijft Jean-François Mariage, geboren in 1766, nog steeds handel in thee, specerijen en koloniale waren te Rijsel, en leidt er zijn vier zonen, Louis, Aimé, Charles en Auguste, op. Rond 1820, zo leert ons een zorgvuldig bijgehouden familiekroniek, richten de eerste drie broers samen de vennootschap Auguste Mariage en Co op, en op 1 juni 1854 stichten Edouard en Henri in Parijs het huis dat hun naam draagt en naar hun familieband verwijst.

Sinds de thee in Frankrijk werd geïntroduceerd, is dit geslacht dus steeds van dichtbij bij de theehandel betrokken geweest en is het er daarom ook een bevoorrechte getuige van. Een actieve getuige ook, die zich niet beperkt tot het volgen van uitgestippelde wegen, maar plannen maakt, voorstellen doet, nieuwigheden bedenkt en hierbij een uitzonderlijke zin voor inventiviteit aan de dag legt. Brillat-Savarin heeft ooit gezegd dat het beter is een nieuw recept uit te vinden dan een nieuwe ster in de melkweg te ontdekken; hij zou dus tevreden zijn.

Vanaf het begin onderscheidt Frankrijk zich door zijn originaliteit. De markiezin de la Sablière drinkt als eerste haar thee met melk. De Engelsen zijn weg van deze *French touch* en nemen de gewoonte over.

In 1860 stelt Henri de net gecreëerde Chocolade van de Mandarijnen, de eerste combinatie van chocolade en thee, op de volgende manier voor: "De combinatie van de eigenschappen van thee en van chocolade moet ertoe leiden dat iedereen chocolade kan drinken, een voorrecht dat tot hiertoe slechts aan bepaalde naturen was voorbehouden. Chocolade wordt immers moeilijk verteerd door wie een gevoelige maag heeft. Thee is uiteraard de enige stof die aan chocolade de stimulans kan geven die hij mist en hem daarbij ook een nieuwe smaak geeft.

Dit op zich vrij eenvoudige idee is echter grondig bestudeerd geweest: men moest erin slagen de twee producten te verenigen en de juiste verhoudingen van het mengsel te bepalen om zowel het voedzame karakter van chocolade als het al even belangrijke karakter van thee, het aperitief en digestief bij uitstek, te behouden.

Het resultaat van onze inspanningen is zo bevredigend dat wij niet geaarzeld hebben een patent van 15 jaar te nemen om van ons nieuw product een van de belangrijkste voedingsmiddelen te kunnen maken, waarbij wij voor de fabricage enkel de beste chocolade en de fijnste theesoorten gebruiken".

Thee is in Frankrijk een lekkernij geworden.

Daarna volgen ontelbare producten elkaar op: theezandkoekjes, theebonbons, theekaarsen, die men als een ongeëvenaard palet van originele melanges in de loop der jaren kan ontdekken in de rue du Bourg-Tibourg, in het hart van de Marais, van waaruit Aimé en Auguste Mariage reeds handel dreven. Theegelei, een Franse uitvinding, vindt haar weg naar de kraampjes van Kioto tot New York.

Het Franse theehuis getuigt van deze wil om de universaliteit van de thee te omvatten. Het lijkt noch op de *tea houses*, noch op de Chinese of Japanse theehuizen. Het heeft immers geen zin het model van de grote theebeschavingen na te bootsen. Hoe kan men immers de 'cha no yu' aanpassen, als men weet dat de boeddhistische inspiratie ervan een kunst van het ontvangen schept die ver van ons afstaat en men in dat land geboren moet zijn om er de rituelen van te kunnen beheersen, zoals men in Europa geboren moet zijn om perfect te kunnen dansen, een révérence te maken enz.

In het Franse theehuis ligt de nadruk in de eerste plaats op verscheidenheid.

In tegenstelling tot Japan, waar men onder 'drinken' het drinken van groene thee verstaat, en Engeland, waar de zwarte thee sinds lang domineert, bestaan er in Frankrijk geen beperkingen op dit gebied. De geschiedenis laat hier in zekere zin haar gewicht niet gelden, enkel haar diepgang, en de Franse liefhebber voelt zich door geen enkel gebruik gebonden.

En zo kunnen de kenners kiezen uit een theekaart die zich uitstrekt van Argentinië tot Zimbabwe. Theesoorten uit de hele wereld, in allerlei vormen (van geperste theeblokken van volledige bladeren tot poederthee) en bereidingen (van witte thee tot gefermenteerde thee). Een keuze die door geen enkel vooroordeel wordt beperkt, tenzij dat van de kwaliteit.

Theekistje in Kantonees lakwerk met twee compartimenten in versierd tin, circa 1860. Musée Mariage Frères, Parijs

De Franse theekunst

Vanaf 1880 zal de thee van Amoy, Formosa, Shanghai, Hankow en van de net geopende markt van Foochow – voor de 'fijnste en zeldzaamste theesoorten' – in Frankrijk toekomen aan boord van de Stamboul, de Trinacria, de Amérique, de Yang-Tsée, de Golconde. Hun ruim is voornamelijk gevuld met Gonkoes, Souchongs en Oolongs. De fijnste theesoorten, de Flowery Pekoe of witte thee, kosten tussen de 35 en 90 taëls (in die tijd 7,30 Franse frank) per pikol (ongeveer 60 kg)…

Het is het tijdperk waarin de beste huizen van Calcutta de rechtstreekse invoer beloven van de Indiase thee, die stilaan populair wordt in Frankrijk.

Reeds op dat moment worden slechts de mooiste 'chops' en de beste kwaliteit gekozen en worden de 'minderwaardige', de 'korte' of 'doorgeschoten' waren vermeden. De Fransman mag dan wel geen groot verbruiker zijn, hij is des te veeleisender. Het gaat hier echter om een nuttige veeleisendheid, die de invoerders stimuleert hun selectie te verfijnen, de beste tuinen te inventariseren en er de fijnste producten van te leren kennen.

De Franse theekaart is bijgevolg samengesteld uit grands crus enerzijds, en uit een indrukwekkend aantal melanges anderzijds: honderden nieuwe, originele samenstellingen die, net als de uitgesproken tekenen van luxe, erkend worden als zijnde van Franse, en zelfs van Parijse signatuur.

In het Ritz in Parijs, in Ginza, de chicste laan van Tokio, in het Claridge's of het Savoy in Londen, in talrijke andere luxehotels en restaurants tot in Sydney, of ook nog in de eersteklassalons van de luchtvaartmaatschappijen, overal openen de Franse appellations deuren.

De Franse thee, los of in zakjes van neteldoek, die puur wordt gedronken (zonder melk – op z'n Engels, zonder citroen – op z'n Amerikaans), maakt hier deel uit van de dagelijkse realiteit. Tsaar Alexander, '1854', Marco Polo, Jadeberg, Thee op de Nijl zijn eminente vertegenwoordigers van de gastronomie. De *French Tea* wordt in de wereld van de thee erkend als een kwaliteitsproduct.

Want al komt de thee uit alle hoeken van de wereld, en voornamelijk uit Azië, hij wordt hier opnieuw bewerkt, getransformeerd en nadien, voorzien van het Franse stempel, teruggestuurd naar zijn land van herkomst. Als kunst de uitdrukking is van 'een vrijheid die afhangt van de smaak', dan is deze culturele versmelting onbetwistbaar kunst.

Thee kan ook op elk ogenblik van de dag worden gedronken, van het ontbijt thuis tot de after dinner buitenshuis. Thee is een zeer gevarieerd product: sterk en opwekkend in de ochtend, zachter in de namiddag, fantasievol in de avond.

Thee past zich ook uitstekend aan de nieuwe tijdsgeest en de nieuwe eisen aan. Zo maken we aan de vooravond van het derde millennium de geboorte mee van de gekoelde thee in builtjes van neteldoek, een subtiel compromis tussen de gejaagdheid van de moderne mens en het behoud van het boeket en van de geuren.

Want zoals een oenoloog op zijn wijnkelder past, zo ook zal de smaak van thee pas volledig tot zijn recht komen als men de nodige bewaar-, bereidings- en serveerinstructies in acht neemt.

Het meest opvallende kenmerk van de Franse theekunst die door Mariage Frères werd ontwikkeld, is dat zij systematisch, met geduld en fijnzinnigheid de absolute stelregels voor een geslaagde kop thee hebben uitgewerkt, waarvan de belangrijkste en vandaag algemeen aanvaarde zonder twijfel is dat de

Theedoos, 19de eeuw.
Musée Mariage Frères, Parijs

theeblaadjes onmiddellijk na het trekken uit de theepot moeten worden verwijderd.

In het theehuis worden ook voorwerpen, serviezen en gerei, dat speciaal voor het drinken van thee werd ontworpen, tentoongesteld. Geglazuurde kommetjes, lakdozen, bamboekloppers staan zij aan zij met voorwerpen in verschillende stijlen en van allerlei herkomst.

Zo wordt bijvoorbeeld onder de naam Engelse kruising, de Engelse traditie – door de vorm van de theepotten, die oorspronkelijk van verzilverd metaal waren – verweven met een volledige herschepping van de materie, nl. het biscuit van gekleurd porselein, waardoor het vakmanschap van de porseleinfabrikanten uit de vorige eeuw nieuw leven wordt ingeblazen.

Dezelfde zorg zet sommige internationale kunstenaars en ontwerpers aan tot samenwerking met de Franse createurs. Reeds sinds de Edoperiode (1700) wordt er in Japan tin gebruikt en sedert zeer lang worden talrijke gebruiksvoorwerpen uit dit materiaal vervaardigd. Is het dan niet verbazingwekkend dat het Franse theehuis vandaag het enige is waar theepotten en theeflacons aangeboden worden van ambachtslieden uit een dorp in de omgeving van Osaka, wier voortbestaan op die manier verzekerd is.

Het evenwicht tussen het eeuwenoude vakmanschap en het gedurfde hedendaagse design, tussen de nostalgie en het moderne, is er een soort van credo.

Onvermijdelijk doet de thee ook zijn intrede in de gastronomie. In dit geval doet het theesalon in het theehuis dienst als antichambre voor allerlei lekkernijen. Natuurlijk kan men thee drinken, en dan nog op zoveel verschillende manieren, maar thee kan ook in de keuken worden gebruikt.

Verse zalm met groene Matchathee en oesters van eendenlever gebakken in 'Hemelse Zoon'-thee (groene thee verrijkt met het parfum van rode vruchten en kostbare specerijen) vormen een smakelijke harmonie met Earl Grey-madeleines of crème brulée met gekruide thee.

Elk theehuis herbergt ten slotte ook nog een theemuseum, dat niet alleen getuigt van de tijd die voorbijgaat maar ook van de grote inspirerende kracht van thee. Zeldzame, maar ook typische, originele of persoonlijke voorwerpen, geven een beeld van de zorgen waarmee de thee sinds zijn ontstaan werd omringd en van het traject dat leidde van de eerste schepen tot het jaar 2000.

Een kort historisch overzicht

Het Westen zal pas halverwege de 17de eeuw met de thee kennismaken. In die periode wordt de Kaap de Goede Hoop steeds vaker aangedaan, waardoor de Indische route, die sinds de opkomst van de Islam gesloten was, weer opengesteld wordt tot voordeel van de grote zeemogendheden.

De eerste lading thee zou rond 1610 in Amsterdam aangekomen zijn. De Nederlanders verzenden hem naar Italië, Frankrijk, Duitsland en Portugal. Een aantal leden van de Britse koninklijke familie hebben er zeker reeds over horen spreken vóór hij officieel zijn intrede doet in Londen en hij er bij opbod wordt verkocht als een "uitstekende Chinese drank, die door alle dokters wordt aanbevolen, en door de Chinezen Tcha en in andere landen Tay wordt genoemd".

In Frankrijk wordt thee meer dan waarschijnlijk door jezuïtische missionarissen geïntroduceerd. Pater Alexandre de Rhodes, die van 1618 tot 1653 in China heeft gewoond, is er een fervente verspreider van (vóór hij de idee ontwikkelt dat de theehandel een economische factor is die beter verdient dan *messieurs les Hollandais* te verrijken en dat Oost-Indië al bij al toch recht heeft op een meer actieve aanpak). Zijn aandringen heeft wellicht bijgedragen tot de verspreiding van de thee in de Parijse salons.

De nieuwe drank wordt voor het eerst in Parijs gesignaleerd in 1636, maar er zal nog heel wat moeten gebeuren voor hij ingeburgerd geraakt.

De theeblaadjes, maar ook de bijbehorende accessoires zoals theepotten en porseleinen kopjes, moeten nog een lange weg afleggen voor ze de Franse tafels bereiken.

Het gebruik van thee vormt het voorwerp van een heftig en langdurig debat. Boom, heester, plant, drank, kruid, medicijn, zalf, zoveel vragen die beantwoord moeten worden.

"Men kan thee roken zoals tabak, nadat men wat brandewijn over de blaadjes heeft gesprenkeld; en het bezinksel of de as die op de bodem van de pijp achterblijft, is een uitstekend middel om de tanden wit te maken", verklaart Massialot in 1692.

Dr. Tencke, professor aan de faculteit geneeskunde van Montpellier, somt aan het einde van de 17de eeuw zes verschillende manieren op waarop thee kan worden gebruikt: als gewoon aftreksel, als tonicum of in een fijne wijn, als parfum die net als tabak in kokers of pijpen kan worden gerookt, en ook nog als middel om hoofdpijn, borstaandoeningen of neusverkoudheden te bestrijden.

In zijn traktaat over het overmatig gebruik van tabak en thee, beweert Simon Paulli dat thee in heel Europa bekend is – in Frankrijk onder de naam 'koninklijk piment' – en dat de Hollandse boeren hem toevoegen aan bier om de bedwelmende eigenschap ervan te vergroten, terwijl Bahinus beweert dat het hier om venkel gaat…

Het is een feit dat zeldzame of kostbare waren (dit geldt ook voor chocolade, koffie en suiker, die tot de 19de eeuw in de apotheek werden verkocht) vaak als medicijn worden geïntroduceerd voor zij als een onderdeel van de voeding worden beschouwd en vervolgens een luxeartikel worden.

Het lot van thee zal echter in aanzienlijke mate beïnvloed worden door de aandacht die vanaf de 16de eeuw aan een goede gezondheid wordt besteed en die in die tijd stilaan de zonde van gulzigheid begint te verdringen. Heeft Chen Nung, de ontdekker van dit levenselixir, volgens de Chinese legende trouwens ook niet de geneeskunde en de landbouw aan de mensen gegeven? En kan de oude geneeskunde niet gezien worden als een soort van voedingsleer? De Griekse kookboeken gingen door voor geneeskundeboeken en zelfs de hedendaagse handleidingen over de tafelkunst gaan nog steeds op diezelfde inspiratiebron terug.

Het ideaal dat Marin in 1740 in zijn boek l'*Apologie des modernes* voorstelt, voorspelt trouwens dat er boeken zullen verschijnen met lijsten waarin de ziekten van A tot Z en alle gerechten om ze te genezen, van Z tot A zullen zijn gerangschikt.

Ook moeten we de impact vermelden van de toenmalige reclame rond de heilzame eigenschappen van thee, waarvan het duizendjarig bestaan in de verf werd gezet. De plaats die thee bekleedt, wordt gerechtvaardigd door zijn verdiensten op het gebied van zowel de voeding, de hygiëne als de gezondheid. Enkele geleerden, die zelf bepaalde opvattingen verspreiden welke ze ontlenen aan zeelieden die de Chinese zeeën hebben bevaren of aan reizigers die verslag uitbrachten over de gewoonten van de Perzen, de Tartaren en andere volkeren, zullen al gauw fervente verdedigers van de thee worden.

In 1648 geeft de geneesheer Moriset een apologie van de thee uit. In 1657 eert Jonquet de plant in zijn traktaat als 'hemels kruid'.

In zijn *Traité du thé* van 1685, herinnert Philippe Sylvestre Dufour eraan dat deze uitstekende drank bijzonder geschikt is om hoofdpijn te genezen. Hij stelt: "Men kan thee op een nuchtere maag drinken, onmiddellijk na de maaltijd en op alle uren van de dag, al naargelang het doel dat men wil bereiken. Als het de bedoeling is de opvliegers te bestrijden die hoofdpijn veroorzaken, dan kan men hem nuchter drinken. Als het de bedoeling is de maag te versterken en de spijsvertering te bevorderen, dan moet men hem onmiddellijk na de maaltijd drinken, en op welk uur men hem ook drinkt, nooit is hij ongezond, tenzij men wil slapen".

Thee heeft de reputatie nieuwe energie te geven aan mensen die worden getroffen door deprimerende zaken zoals een dieet, de koude of ongelukkige passies, en ook nog om hoofdpijn, verkoudheden, kortademigheid, maagoprispingen, vermoeidheid en slaperigheid te genezen.

Natuurlijk schrijft men aan thee ook de eigenschappen toe van … bij te dragen tot zwaarlijvigheid – hij zou de Chinezen, Engelsen en Nederlanders doen verdikken –, de 'voortplantingsdaad' te stimuleren en 'pijnen op het traject van de trigeminus' (anders gezegd, migraine) uit te lokken …

Linnaeus zelf, die een traktaat schreef met als titel *Dissertatio potus theae*, zal heel zijn gewicht in de schaal leggen om de publieke opinie te overtuigen van de weldadige werking van thee. Het gekibbel heeft een eeuw geduurd!

Al snel doet het bericht de ronde dat Lodewijk XIV, toen hij in 1665 vernam dat noch de Chinezen, noch de Japanners aan jicht of hartkwalen leden, zich voor zijn gezondheid en om zijn spijsvertering te stimuleren enkele kopjes thee liet voorschrijven. Hij kan dan ook terecht worden beschouwd als de eerste Franse theeliefhebber. De trend is gezet.

Het gebruik van thee zal in Frankrijk echter lang beperkt blijven tot de tafels van enkele invloedrijke huizen, het voorrecht van de edellieden en de aristocratie. Kanselier Séguier, Racine, kardinaal Mazarin en ook nog Madame de Genlis, wier salon zowel de gastronomie als de politiek zal dienen, zijn enkele van zijn bekende aanhangers. Terwijl de Engelsen en Nederlanders van alle rangen en standen zich zonder voorbehoud op deze nieuwe drank storten, blijft Frankrijk achterop hinken.

Door zijn zeldzaamheid en verfijning is de Franse thee nooit geschikt geweest voor massaconsumptie. "In Parijs, zo vat Grimod de la Reynière in 1804 samen, werd het goûter vervangen door de thee. Maar wat een verschil! Men geeft de naam thee aan een maaltijd die wordt genomen tussen twee en drie uur in de ochtend, waar nauwelijks thee in voorkomt, terwijl grote oven-, vlees- of wildschotels, naar het hoofd stijgende wijnen (…) in overvloed aanwezig zijn. Een dergelijke maaltijd is enkel voorbehouden aan de croesussen van het nieuwe Frankrijk. Een gewone rentenier kan er slechts over spreken van horen zeggen".

De grote omwenteling die de Franse Revolutie met zich meebrengt, zal leiden tot de verspreide emigratie van de keukenmeesters en de gastronomie doen afdalen tot de burgerij. Deze blijft vasthouden aan haar vroegere begeerten, vervuld van verlangen naar de luxe en de genoegens die de adel zich had toegeëigend als erfgenaam van deze oude pracht en praal. Hoewel de burgerij afstand neemt van de opgeblazenheid van het Ancien Régime, blijven er normen en conventies gelden en blijft tafelen een gecodificeerd ritueel dat zijn beoefenaars identificeert als voorname personen. De sporen van deze aristocratische hartstocht zijn ook nu nog niet uitgewist; elk pakje thee draagt in zekere zin nog steeds de geneugten van dit privilege in zich.

In 1766 bedraagt de Franse invoer uit Kanton ongeveer 1.000 ton. Er vormen zich stilaan theevloten en almaar grotere hoeveelheden bereiken de havens die, zoals bijvoorbeeld de haven van Lorient, een *quai des Indes* hebben.

Tussen 1693 en 1785 stijgt het volume toch in een verhouding van 1 tot 400.

De thee zal pas rond 1830 zijn intrede doen in de salons van de burgerij, die een voorliefde ontwikkelt voor alles wat Engels is. Hij wordt 's avonds na de maaltijd gesnoven en wordt vaak vergezeld van lichte gebakjes.

In tegenstelling tot de Britse Kroon is het Franse Keizerrijk niet van plan te profiteren van de natuurlijke rijkdommen van zijn koloniën om er de theeteelt te ontwikkelen.

In 1763 wordt in Frankrijk wel een theestruik geïntroduceerd door toedoen van Linnaeus. Er gebeuren proeven in Parijs, Lyon, Marseille, Montpellier en Corsica. Hoewel de teelt het eerste jaar vrij geslaagd is, mislukt ze de daaropvolgende jaren. Vijftig jaar later zal men, met al even weinig succes, proberen de plant in het zuidwesten en in de omgeving van Angers te acclimatiseren.

De krant *La Science pour tous* bericht in een editie van 16 december 1882 het volgende: "Men is bezig de thee in de Beneden-Loire te acclimatiseren; enkele stekken van de camelia's zouden in volle grond temperaturen tot min 18 graden hebben doorstaan. Weldra zal thee even gemakkelijk geoogst kunnen worden als linde; valt nog te bezien of het aroma niet geschaad zal worden door deze klimaatsverandering"… Uiteindelijk sterft het project een stille dood.

In 1825 zien de eerste plantages het daglicht in Indo-China, dat door zijn ligging bijzonder geschikt is voor deze teelt. Aimé Mariage wordt uitgenodigd om deze plantage te leiden, maar hij kan zijn zaak in volle ontwikkeling niet verlaten. De productie blijft ontoereikend om aan de vraag te voldoen. De Indo-Chinese uitvoer zal in 1926 zo'n 1.000 ton per jaar bedragen (in 1910 wordt er in Frankrijk ongeveer 1.800 ton thee per jaar verbruikt, terwijl dit in de Franse Noord-Afrikaanse koloniën oploopt tot zo'n 3.500 ton). De planters mogen dan al de kwaliteit van de thee van de hoge Moïsplateaus roemen en zich tot de liefhebbers richten met de slogan "Drink Franse thee", de productie zal weldra haar hoogtepunt bereiken, en dat terwijl de streek bestemd was om het grootste bevoorradingscentrum van de Franse markt te worden en – doordat zij vrijgesteld was van douanerechten – een belangrijke bevoorradingsbron had kunnen zijn.

De andere koloniën komen niet in aanmerking, hetzij omdat het klimaat er te droog is, hetzij omdat er onvoldoende geschoolde werkkrachten beschikbaar zijn. Enkel het eiland Réunion zou een zekere toekomst kunnen hebben; het project is gestart.

Terwijl de pogingen om in Europa en later in de koloniën (onder andere in Martinique) koffie te telen met succes worden bekroond, blijft thee dus een ingevoerde waar. Hoe kan men onder deze omstandigheden een buitenlands product zo omvormen dat het een echte Franse kunst vertegenwoordigt? Door het een bijzondere toets te verlenen, dat zekere *je ne sais quoi* waardoor het, naar het evenbeeld van wijn en parfums, de rang verkrijgt van ambassadeur van een savoir-faire en een savoir-vivre, die onmiskenbaar Frans zijn.

DE SMAAK VAN THEE

Drieduizend jaar geleden reeds legden dichters en schrijvers in China culinaire recepten en beschouwingen op zijde en bamboe vast.

Vandaag is er nog maar weinig veranderd aan deze duizend jaar oude regels, rituelen en recepten, aan de sensuele en literaire aandacht voor het behoud van smaken, combinaties en contrasterende samenstellingen (beetgare en smeltende groenten, gezouten en gesuikerd…). Hoewel Frankrijk niet kan bogen op een even oud verleden, geeft het toch blijk van genialiteit: de vindingrijkheid, de verfijnde smaak, het gebruik van de bodemrijkdommen, de combinaties van gerechten en dranken maken dat we hier terecht kunnen spreken van een grote keuken.

Vanaf 1590 wordt Frankrijk het land waar men goed eet en waar recepten uit de hele wereld worden verzameld, kostbare recepten die tot hun recht komen door een presentatie waarin de goede smaak en de liefde voor lekker eten een grote rol spelen.

Halverwege de 17de eeuw duiken de eerste gerechten op die een beroep doen op rationeel bepaalde technieken en waarvan de ingrediënten nauwkeurig worden omschreven. Het is de eeuw van Descartes, de eeuw ook waarin architecten bij het bouwen rekening houden met verhoudings- en versieringsvoorschriften. Vanaf dan zal deze zin voor organisatie het kenteken worden van de klassieke Franse keuken, die onder andere zal bepalen hoe de schotels tot een kunstzinnig geheel op de tafel moeten worden geschikt. La Varenne, en vervolgens Pierre de Lune, een hofmeester die door zijn meester omschreven werd als iemand die "in staat was zijn tafel een ziel te geven", liggen in de jaren 1660 aan de basis van deze nieuwe keuken, die geïnspireerd wordt door nieuwe combinaties, afzonderlijke bereidingen en sauzenfonds, waardoor een subtiele smaak ontstaat, in tegenstelling tot de oude gastronomie, die gebaseerd was op een openstapeling van smaken en het gebruik van sterke specerijen.

De Franse gastronomie zal door deze grote vernieuwingsbeweging dus tot meer eenvoud worden gebracht en tot het zoeken van het beste product, waarbij gezegd moet worden dat de ingrediënten vaak luxueuzer, de basismelanges duurder en de combinaties verfijnder zijn dan ooit tevoren. De idee ontstaat dat het de natuurlijke smaak is die telt. Raffinement kan bereikt worden met de eenvoudigste recepten en de meest courante producten, op voorwaarde dat de meester er zijn persoonlijke toets aan toevoegt.

Het is in deze revolutionaire omgeving dat de thee zijn intrede doet. Lodewijk XIV, die in tegenstelling tot de Britse monarchie de adel rond zijn troon verenigt, stelt zich niet tevreden met de eenvoudige, ongeraffineerde landelijke keuken en is een groot liefhebber van nieuwigheden. Parijs wordt – en blijft gedurende lange tijd – het hart van een uitgebreid en ingewikkeld bevoorradingsnetwerk dat grondstoffen en afgewerkte producten uit de hele wereld aanvoert.

Vanaf het einde van de 18de eeuw doen de uitheemse specialiteiten hun intrede in de keuken. De catalogussen worden aardrijkskundeboeken.

Op hun beurt zullen talrijke keukenspecialisten die de stijl van de grote instellingen van de Franse adel beoefenen, de meest prestigieuze keukens van die tijd innemen en er de trend van de dag onthullen (de Engelsen zullen hiervoor het adjectief *alamode* uitvinden).

De algemene erkenning van de bediening op z'n Russisch, waarbij de schotels elkaar opvolgen in plaats van allemaal tegelijk te worden opgediend, wat de Franse manier was, maakt dat de maaltijd eindelijk rond de opeenvolging van de smaken kan worden opgebouwd.

Uiteraard opperen sommigen dat er geen Parijse keuken bestaat. "Er groeit daar geen graantje tarwe, noch wordt er ook maar één lam geboren, maar het is een centrum waar alles uit de hele wereld naartoe stroomt omdat het de plek is waar men het meest de kwaliteit van alles wat de mens tot voedsel dient, weet te appreciëren", vat Grimod de la Reynière samen.

Dit verklaart waarom de Parijse keuken erkend wordt als een levendige, vrolijke en sensuele interna-

Theedoos voor drogisterij in met de hand beschilderd plaatstaal, 1860. Musée Mariage Frères, Parijs

hij geen vocht opneemt en zijn smaak niet verliest". In haar *Mémoire gourmande* geeft Madame de Sévigné op haar beurt enkele nuttige bereidingstips: "Neem een pint water en laat het koken. Voeg er daarna een achtste ons of twee snufjes thee aan toe, en verwijder de pot van het vuur, want de thee mag niet koken. Laat hem rusten en trekken gedurende de tijd van twee tot drie onzevaders en presenteer hem vervolgens met poedersuiker op het porselein", een term die in die tijd werd gebruikt om schotels van om het even welk materiaal aan te duiden, zelfs al waren ze van tin of van zilver.

Het water en de temperatuur ervan, de theepot en de infusietijd zijn factoren die erg belangrijk zijn voor het slagen of het mislukken van de thee.

Lu Yu raadde aan water van een bergbron te gebruiken. Het uitzicht, de smaak en het aroma van de thee worden inderdaad in grote mate door het gebruikte water bepaald. Neutraal water, dat noch hard is noch kalk bevat, is het beste. Wanneer zuiver bronwater moeilijk te verkrijgen is, kan goed gefilterd leidingwater een aanvaardbaar compromis zijn.

Daarenboven vereist elke thee bijzondere materialen: de zachte, delicate en gearomatiseerde theesoorten, zoals de Oolongs uit Formosa, de Darjeelings of de Chinese thee vragen om theepotten met gladde wanden (geglazuurd aardewerk, glas, porselein of geëmailleerd gietijzer), terwijl sterkere en tanninerijke thee zoals die van Ceylon, Assam, Indonesië en Afrika, het best tot zijn recht komt in theepotten die van een poreuze materie, zoals aardewerk (de Yixing-theepot is de meest geschikte), of van metaal zijn gemaakt. Het beste is natuurlijk om verscheidene theepotten te bezitten: één voor niet-gerookte zwarte thee en voor halfgefermenteerde thee, één voor gerookte thee, één voor gearomatiseerde thee en één voor groene of witte thee. Het drinken van thee verschaft daarenboven een esthetisch genot dat in grote mate voortvloeit uit de gebruikte voorwerpen. De keuze van een theepot is bijgevolg een persoonlijke handeling die de gemoedstoestand of de instelling van de bereider weerspiegelt.

tionale keuken en waarom ook de Franse theekunst er een expressie van wordt. Door producten uit alle hoeken van de wereld aan te bieden, ze aan een culinair vakmanschap te koppelen dat de smaak tot zijn recht laat komen en dat daarvoor toch grotendeels eigen methoden en principes gebruikt, sluit thee perfect aan bij de nieuwe gastronomie.

De methode is volledig vastgelegd in gulden regels, die de basis vormen van het savoir-faire: voorzorgsmaatregelen, bereidingswijzen, gebruikswenken – de thee wordt met eerbied behandeld.

Philippe Sylvestre Dufour wijst er reeds op dat "wie thee wenst te bewaren erop moet letten dat hij niet vervliegt. Daarom dient men hem in zo goed mogelijk gesloten tinnen potten te bewaren, opdat

De keuken in haar geheel, een meesterkunst, heeft er alle baat bij de verschillende stappen tussen de bereiding en het verbruik zoveel mogelijk te beperken en streeft ernaar de structuur, de smaak en de temperatuur van de spijzen zo goed mogelijk te bewaren.

De Franse theekunst

De gastronomie is, zoals alle andere wetenschappen, een kind van haar tijd.

De temperatuur van het water en de controle van het aftreksel vormen hierdoor de pijlers van de Franse theebereiding.

Langdurig koken doodt het water en tast de theebladeren aan. Voor zwarte, halfgefermenteerde en gearomatiseerde thee moet men water gebruiken dat zich net onder het kookpunt bevindt (95 tot 98°). Bij de groene en witte thee is het zo dat hoe beter de kwaliteit is, hoe lager de temperatuur moet zijn: 50° voor een Gyokuro, 70° voor een Yin Zhen.

Met een goed gecontroleerde infusie kan men de kwintessens uit de smaak halen. Als men de thee te lang laat trekken, komt de tannine volledig vrij en vermindert de theïne, zodat de vloeistof bitter wordt. De Chinese en Russische kenners, die gewoon zijn om van dezelfde theeblaadjes verscheidene aftreksels te maken, zullen in hun opeenvolgende kopjes een verschillende smaak verkrijgen. De Fransen daarentegen geven de voorkeur aan een smaak die steeds dezelfde blijft; dit zowel vanuit een culturele reflex als omdat thee vaak gezouten of gesuikerde spijzen vergezelt.

Er bestaat dus een Franse bereidingswijze waarbij zoals reeds gezegd de bladeren uit de theepot verwijderd worden zodra de infusie beëindigd is: dit kan gaan van 1 minuut voor een aantal Japanse groene theesoorten (Yanagicha, Genmaïcha), tot 7 minuten voor de halfgefermenteerde theesoorten of voor de Paï Mu Tan en zelfs tot 15 minuten in het geval van de Yin Zhen. Het thee-ei of de katoenen theefilter zijn absolute vereisten voor een geslaagde bereiding. Het gebruik van een isotherme theekan is de beste garantie voor een uniforme smaak wanneer de thee een maaltijd vergezelt. Deze beproefde methode geldt als universele regel en maakt dat men zich aan de zeldzaamste, delicaatste en kostbaarste theesoorten kan wagen zonder dat men bang moet zijn ze te bederven. De verfijning van deze soorten is eveneens kenmerkend voor het Franse culinaire streven.

Vóór de Ming-dynastie werd er in China uitsluitend groene thee geproduceerd: de son-lo, die een scherpe smaak heeft, de hyson (of thee van de bloeiende lente), die een helder, amberachtig aftreksel geeft met een lichtjes bittere smaak, of ook nog de zeldzame en kostbare keizerlijke thee, samengesteld uit de eerste blaadjes, die eerst in de schaduw te drogen worden gelegd voor ze gesorteerd worden. De groene thee zal de eerste thee zijn die onze contreien bereikt. Het zal ook de thee zijn waar Lodewijk XIV verzot op geraakt en die de edelen aan het hof zullen drinken om te bekomen van hun zware festijnen.

De bittere, aromatische kruiden zijn tot de 17de eeuw zeer populair in Frankrijk. Philippe Sylvestre Dufour schrijft over thee het volgende: "Hij moet een bittere smaak en een zachte, aangename geur hebben die sterk lijkt op die van het viooltje". Voorts schrijft hij nog: "Een van de meest elementaire voorwaarden om een goede thee te verkrijgen is dat men hem zo vers mogelijk kiest. Verse thee heeft een donkergroene kleur. Als we wat thee zouden krijgen van degene die door de Chinezen als uitstekend wordt beschouwd, dan zou het water waarin men hem laat trekken groenig gekleurd zijn". Furetière bevestigt het: "Een goede thee is groen, bitter & droog".

Stilaan geraken de smaakpapillen echter gewend aan andere samenstellingen en verdwijnt de voorliefde voor de bittere smaak.

Houssaye, een tijdgenoot en bekende klant van Henri Mariage, raadt voor de groene theesoorten aan ze niet te gebruiken voor ze een jaar oud zijn, zodat ze intussen niet alleen een deel van hun grassmaak hebben verloren maar ook een deel van hun narcotische en styptische eigenschappen.

Aangezien de groene thee gemakkelijker nagebootst kan worden dan de zwarte, schakelen meer en meer liefhebbers over naar de voorbehandelde zwarte theesoorten, die door de producenten van de Ming-dynastie op de buitenlandse markten worden geïntroduceerd, zoals de Orange Pekoes en de Souchongs.

Deze gefermenteerde thee verschijnt in de winkelrekken en zal tot aan de opkomst van de gearomatiseerde thee in de jaren 1970 de favoriete drank van de liefhebbers zijn. De Franse thee bevrijdt zich definitief van de dominerende Engelse smaak.

Aan het einde van de 20ste eeuw stellen we weer een omgekeerde tendens vast: de vraag naar origine en nieuwe smaken en ook de groeiende interesse voor een gezonde levensstijl, maken dat de groene thee weer in de mode geraakt. Groene thee wordt steeds vaker verrijkt met een vleugje fruit, bloemen of kruiden, waardoor de oorspronkelijke smaak vervaagt.

Thee, die nog niet zo lang geleden aan een elite was voorbehouden, wordt vandaag zowel door mannen als vrouwen van alle leeftijden geapprecieerd.

Het smakenpalet van de Franse liefhebber is ten volle ontplooid en het meest uitgebreide, het meest originele en waarschijnlijk ook het meest exclusieve ter wereld. Ochtendthee, maaltijdthee, relaxatiethee, namiddag- of avondthee, kostbare of fantasiethee, de Franse liefhebber kent ze allemaal. De hellingen van de Kameroenberg, de hoogten van Sikkim, de terrasvlakten van Ceylon, de schaduwrijke tuinen van Japan, de eeuwige nevel van de Chinese bergen, de uitgestrektheid van de Himalaya, het zijn stuk voor stuk bronnen waaraan hij zijn dorst kan lessen.

Hier moet de theeproever zijn kennis aanwenden: zijn ervaring helpt hem bij het kiezen van de theesoorten, zijn intuïtie bij het samenstellen van melanges. De ene keer treedt hij op als oenoloog, de andere keer als parfumeur, maar elke theesoort – hetzij puur, hetzij samengesteld – vereist een specifiek vakmanschap.

Voor wie de aristocratie van de grands crus wil benaderen, zijn de grote wijnen niet alleen een goede leerschool maar ook een sprekend voorbeeld.

Zowel thee als wijn zijn afkomstig van planten van een hoogstaande beschaving waarvan de teelt zorgvuldig werd opgebouwd, aangepast, geperfectioneerd; zij vereisen bijzondere zorgen, hebben hun eigen rituelen, worden geassocieerd met de liefde, liggen aan de grondslag van de vriendschap, vergezellen gevoelens, succes of mislukking. Thee en wijn zijn in talrijke soorten beschikbaar, hun nuances maken van het proeven een spel van oneindige combinaties.

Zowel de oenologie als de kennis van de thee hebben een wetenschappelijke grondslag, die steunt op de kennis van technieken, aardrijkskunde en zelfs scheikunde; daarnaast doen zij ook een beroep op het zicht, de reuk en de smaak en zodoende op de subjectiviteit van de proever. Het is zijn taak de kleur, de helderheid, de levendigheid, de vloeibaarheid, de geuren, de aroma's, de percepties (aciditeit, molligheid, tannine), kortom de kwaliteiten van zijn product, te beschrijven. De Fransen, die vertrouwd zijn met de nuances van de bodem, de wijnstokvariëteiten, de jaartallen en het bijzondere karakter van elke wijn, verwachten dat men hen de vloeistof beschrijft, de smaak preciseert. En zo wordt de Franse thee, net zoals de wijn, beschreven aan de hand van zijn kleur: groenig, amberachtig, goudachtig; zijn smaak: gebloemd, vol, aromatisch, gesuikerd; zijn kop: helder, kristalachtig, glanzend…

Grand cru, premier cru, villages, streekwijnen, het is gebruikelijk om voor wijnen een onderscheid te maken tussen de verschillende kwaliteiten. Dit geldt ook voor thee, waarvoor een Engels classificatiesysteem wordt gebruikt – zo spreekt men van een Bloomfield SFTGFOP1 – dat rekening houdt met het ogenblik van de oogst en de nuances van de verschillende loten.

De theekaart, samengesteld uit de fijnste theesoorten van de grootste tuinen, is uniek door haar uitgestrektheid, haar nuances, haar originaliteit.

Enkele van de zeldzaamste en fijnste theesoorten, die vroeger uitsluitend toegankelijk waren voor een klein aantal ingewijden en nooit werden uitgevoerd, hebben nu hun weg naar de Franse tafels gevonden.

De Yin Zhen, een mysterieuze Chinese witte thee, vrucht van een keizerlijke pluk die slechts twee dagen per jaar plaatsvindt; de Gele Thee van de Vijf Dynastieën, de meest wonderbaarlijke thee ter wereld, met gouden bladknoppen; de Pi Lo Chun, 'groeneslakkenthee', een groene thee met een helder aftreksel, de Gyokuro (dierbare dauw), de meest geraffineerde Japanse groene thee; en Oriental Beauty, de beste Oolong van Formosa, vormen samen met talrijke andere de meest uitgebreide collectie zeldzame theesoorten die ooit werd bijeengebracht.

En zo zijn er ook nog – geklasseerd naargelang de oogst plaatsvindt tijdens de lente, de moesson, de zomer of de herfst – 50 Darjeelingtuinen, 20 Japanse groene theesoorten, uiterst zeldzame gefatsoeneerde Chinese thee (in boeketten, knoppen, sterren), een plejade halfgefermenteerde thee enz.

Sommige soorten worden slechts uitzonderlijk geproduceerd: de beroemde Darjeelingtuin Arya produceert in kleine hoeveelheden een grootse en sublieme thee, de Himalayaroos, waarvan de elegante blaadjes en het donkerrode aftreksel de verrukkelijke geur van rozen oproepen; de Ambootiatuin produceert de Himalayapioen, een witte thee met de gemengde smaak van amandelen en wilde bloemen. Deze theesoorten zijn bijna uitsluitend voor de Franse markt bestemd. Elk jaar worden de eerste Darjeelingoogsten, waarop – naar het voorbeeld van de beaujolais nouveau – met ongeduld wordt gewacht, speciaal per vliegtuig verzonden binnen twee weken nadat ze verwerkt werden en vormen zij het voorwerp van speciale proeverijen.

Soms leidt de combinatie van de beste theesoorten uit verschillende tuinen of van verschillende oogsten, tot een unieke smaak. Soms ook leidt de melangekunst tot het ontstaan van volledig nieuwe smaken. Denken we maar aan thee van de Indiase en van de Chinese hoogvlakten, gouden Yunnanthee met bladpuntjes van groene thee, associaties van de beste Indiase, Chinese en Ceylonese Flowery Orange Pekoes, een verbroedering van Chinese met Taiwanese of met Russische thee, een koninklijk huwelijk tussen de beste Darjeeling en de beste Yunnan, een harmonie van thee van de nevel en thee van de wolken, een mengeling van Chinese witte, groene, Oolong-, zwarte en gearomatiseerde thee. De mogelijkheden zijn talrijk, gevarieerd, verrassend, en steeds het resultaat van een originele creatie die de Franse theekunst haar internationale reputatie bezorgt.

De melanges zijn in de eerste plaats het resultaat van een grote ervaring. De natuur mag dan al gul zijn, zij kan ook wispelturig zijn, en vaak is er maar een atoompje verschil tussen de meest subtiele combinaties en het kaf. De overlevering van oude kennis, die proef na proef werd vergaard en neergeschreven, maakt daarom deel uit van de zorgvuldig bewaarde fabricagegeheimen.

Het is een kunstenaarswerk dat ruimte laat aan de verbeelding, de improvisatie, de gevoeligheid. Zoals de parfumeur met geuren speelt en er honderden kent, zo ook slaat de theeproever in zijn geheugen het karakter op van de thee – elke tuin, elke oogst wordt geïndividualiseerd – en van de essentiële natuurlijke oliën van bladeren, schillen, bloemblaadjes, specerijen, kruiden, granen, wortels of vruchten van talrijke planten. Het statuut van parfumeur, dat in 1656 door Lodewijk XIV werd vastgelegd, legt hun niet alleen jaren van scholing op maar ook de verplichting een kunstwerk te creëren. De zonen van de kooplieden worden slechts tot de gilde toegelaten als ze het verdienen; de Mariages maken hier met succes aanspraak op.

Deze wetenschap wordt van oudsher beoefend door de Chinezen, dichters van de levensvreugde, die geleerd hebben uit de natuur te putten om de thee te harmoniëren met bloemen of vruchten (roos, jasmijn, magnolia, zwarte lychee, chrysant), of ingrediënten aan het aftreksel toe te voegen.

Een aantal klassieke melanges bevatten nog steeds dezelfde soorten thee. Zo is de Earl Grey traditioneel een melange van Chinese thee of van Chinese en Indiase thee, gearomatiseerd met bergamotolie. De Franse liefhebber verlangt evenwel naar meer: een Earl Grey Oolong, een Zwarte draak van Formosa, een Ceylonese Earl Grey, een groene Earl Grey, een Darjeeling Earl Grey of ook nog een gerookte Earl Grey, stuk voor stuk unieke thee.

Elk huis wordt geacht zijn eigen melanges te ontwikkelen. Omdat deze een gelegenheidsnaam krijgen, zullen zij een bijzondere vertegenwoordiger van het huis worden. Mariage Frères is evenzeer bekend om zijn naam als om zijn Gouden Bergen (Chinese thee en vruchten uit de bergen van de Gouden Driehoek), Eros (met hibiscusbloemen en kaasjeskruid) en Thee op de Nijl (groene thee en citrusvruchten uit de Nijldelta). Dit zijn er slechts enkele van de tweehonderd…

Voor een meerderheid van de Fransen vormden de melanges de eerste kennismaking met thee. Rode vruchten, kaneel, sinaasappel, mandarijn, vanille, specerijen, lavendel, honing, noten, citrusvruchten van de Middellandse Zee, zelfs tropisch fruit, hebben hen geholpen bepaalde aroma's, bepaalde smaken te leren appreciëren – onder andere de wrange, verse grassmaak van de Japanse groene thee – en hen gestimuleerd de eerste meters af te leggen van een lange, culinaire ontdekkingsreis die hen van de ene kant van de theekaart naar de andere zal voeren.

Thee wordt echter niet alleen gedronken. Dit rijkelijk brouwsel, dat bij de meest delicate gerechten past, kan op talrijke manieren klaargemaakt worden en doet aldus zijn intrede in de gastronomie: zo ontstaat op basis van thee een schitterende Franse keuken en patisserie. Terwijl talrijke mensen thee drinken om hun dorst te lessen, wordt hij door de meeste Fransen als een delicatesse beschouwd. Vermoedelijk de invloed van de geschiedenis…

Thee, waaraan vanaf het begin heilzame eigenschappen werden toegeschreven – hij zou de lichamelijke krachten en de alertheid onderhouden en de gevolgen van het overdadig tafelen elimineren –, kan in overvloed worden geconsumeerd en maakt de grootste uitspattingen mogelijk, waartoe iedere burger zich volgens meester Brillat-Savarin trouwens mocht laten gaan. Zo beweerde hij: "Overvloedig theegebruik misstaat vrouwen niet: het is geschikt voor hun delicate organen en dient als compensatie voor enkele geneugten die zij zich noodgedwongen moeten ontzeggen".

Het gebruik van thee – na de avondmaaltijd – werd gekenmerkt door overvloed. Grimod de la Reynière herinnert ons eraan: "Thee zou niet af zijn als hij niet vergezeld ging van de fijnste, lichtste en schitterendste patisserie… Het is in Parijs tegenwoordig zo dat men geen thee meer kan opdienen zonder een twaalftal borden met lichte gebakjes. Dames, jongelui en kinderen storten zich gretig op deze lekkernijen, die iedere leeftijd weten te bekoren, zich aan iedere smaak aanpassen en de maag verblijden".

Sindsdien vergezelt thee elke maaltijd. De grote verscheidenheid aan gerechten wordt beantwoord met een even grote verscheidenheid aan thee. Het ontbijt op z'n Frans wordt vergezeld van een Yunnan, een Darjeeling, een Ceylonese BOP, zelfs van thee uit Afrika of Oceanië of van niet-gerookte melanges; het Engelse ontbijt wordt vergezeld van Lapsang Souchong, groene thee, Assam. Bij de vismaaltijd hoort groene of halfgefermenteerde thee, Earl Grey of gerookte thee, bij gevogelte Darjeeling of jasmijnthee. Bij gekruide gerechten drinkt men Keemun of Arunachal Pradesh. Tijdens het theeuurtje worden huismelanges geserveerd die verschillen al naargelang de thee overdag of 's avonds wordt gedronken. Kortom, de mogelijkheden zijn eindeloos.

Thee kan ook met echte luxe geassocieerd worden en bijvoorbeeld geschonken worden bij kaviaar. Wodka, champagne of wijn zijn niet langer een must.

De volgende combinaties zijn uitzonderlijk door hun grote kwaliteit en exclusiviteit: een droge en appetijtelijke goudbruine oscietre, die naar noten smaakt, en een Yin Zhen, met zijn mandarijnkleurig aftreksel en het frisse aroma van bladknoppen; een tongstrelende Beluga en een smaragdgroene Gyokuro, met zijn zacht aftreksel en subtiele smaak of een keizerlijke Namring Oolong, met de geur van wilde orchideeën en de smaak van muskaat en kastanjes; een subtiele Sevruga en een First Flush Bloomfield, met de fleurige, lichte en fijne smaak van groene amandelen; of ook een Beluga en een Mirabeau, een groene thee gearomatiseerd met zoethout en kaasjeskruid….

Thee is niet alleen een delicatesse die genot verschaft, maar heeft ook het voordeel een veelzijdig product te zijn, met talrijke smaken en verschillende vormen (in blaadjes, gebroken, in poeder…), waardoor het gemakkelijk kan worden bewerkt.

Reeds in 1742 presenteerde La Chapelle in zijn *Cuisinier moderne* een recept voor theecrème. De *Larousse du XIXe siècle*, die alle kennis van die tijd bundelt, vermeldt dit idee als de enige mogelijke manier waarop thee in de keuken kan worden gebruikt. Honderd jaar later wordt hij in het ongelijk gesteld door het succes van de Franse keuken, of zij zich nu in het hart van Parijs of in Osaka bevindt.

Elke dag nog breidt de kaart van deze gastronomische fusie zich uit: vis, zeevruchten, gevogelte, gebak en vla laten zich zeer goed met thee combineren (groene thee, melanges…). Het bewijs hiervan wordt geleverd door de menukaart van de Parijse theesalons van Mariage Frères, die haar geheimen niet lang voor de lekkerbek zal kunnen verbergen:

- Gebakken ganzenleveroesters, marinade van groene appelen met 'Hemelse Zoon'-thee (groene thee verrijkt met de smaak van rode vruchten en kostbare specerijen)
- Salade van gerookte eendenfilet, bladgroenten, rode appelen, rozijnen en noten, vinaigrette met 'Wedding Imperial'-thee (een melange die de kracht van de gouden Assamblaadjes verbindt met zachte mout-, chocolade- en karamelsmaken)
- Gepocheerde verse zalm met vanille-erwtjes en grapefruit, saus van Faraothee (groene Indiase thee met vruchten van de Nijldelta)
- Terrine van ganzenlever vergezeld van een gelei met Princetonthee (een melange van First Flush Darjeeling) en gekonfijte sjalotten
- Brochette van langoustines met truffels, overgoten met een Earl Grey-sabayon, soja en jonge boontjes
- Knorhaankrokantje met 'Keizer Chen Nung'-thee (lichtgerookt), seizoensalade en jonge worteltjes
- Lam van de Pyreneeën met Szechwan peper en Casablancathee (groene thee met Marokkaanse munt en bergamotthee), geparfumeerde Siamrijst
- Torentje van chocolademousse en groene Matchathee, geglaceerd met witte chocolade
- Pistachezandtaartje en gekarameliseerde chiboustcrème met chocolade, geparfumeerd met 'Chun Feng'-jasmijnthee (de champagne onder de jasmijnthee)

De theeroute van Shanghai naar Le Havre, tekening met de oprichtingsdatum van Mariage Frères, 1854-55. Musée Mariage Frères, Parijs

- Amandelkoekjes met Matchathee (groene poederthee met een vol en wrang aftreksel)
- Sorbets van Mirabeau-, Genmaïcha- (Japanse thee met geroosterde rijstgranen en gepofte maïs) en Jadebergthee (groene thee met vruchten uit de Gouden Driehoek)
- Paasthee Lassi (vruchten, citrusvruchten, specerijen)
- Jademousse (koude, opgeklopte melk met Matchathee)…

De Franse tafel hecht echter niet alleen belang aan het smakelijke en feestelijke karakter van de gerechten. Even belangrijke aspecten van de tafelbeleefdheid en de Franse levenskunst, zijn een goede organisatie (de tafelschikking, de keuze van de bloemstukken, de meubilering, het oppoetsen van het kristal), een goede ontvangst en een goed gesprek.

DE LEVENSKUNST

Het boek *Livre de l'honnête volupté* van Platina de Cremona (in het Frans vertaald in 1505), zal gedurende lange tijd het naslagwerk van het *savoir-vivre* zijn in heel Europa. Het handelt over etiquette en staatsie, goede manieren en verfijning, stelt zich op als 'leermeester van de zeden van de mondaine klasse' en zal in grote mate de opvoeding, de levenskunst en de tafelmanieren bepalen.

Wat zijn dan die goede manieren? Niet alleen meer netheid, het gebruik van de vork en discrete elegantie, maar ook de uitvinding van patisserie en suikergoed. De confiseur put uit het repertorium en de woordenschat van de tuinarchitect, van de fabrikant van voorwerpen en van de binnenhuisarchitect. De patisserie en het suikergoed zijn de takken van de kookkunst waar de plastische kwaliteiten van de spijzen op de meest creatieve manier kunnen worden benut: men snijdt, modelleert, bedrukt en kleurt de pasta's en het gebak. De kok gebruikt zijn verbeelding – onder meer – voor decoratieve doeleinden. De gerechten waren zelf lang een onderdeel van de tafelversiering. Er werd meer belang gehecht aan esthetische kwaliteiten dan aan smaak. Ook bij thee

Thee en zijn geschiedenis

dragen de kleuren, de fijne blaadjes – heel, regelmatig, kunstig bewerkt, gepareld of ineengestrengeld –, de aanwezigheid van bladknoppen en van witte of gouden puntjes bij tot zijn verleidingskracht.

De maatschappelijke erkenning van thee gebeurt snel maar niet zonder tegenstand, waarbij slechte wil en onwetendheid vaak hand in hand gaan. In de uitgave van 1821 van zijn Woordenboek van de Medische Wetenschappen, behandelt Mérat thee nog als een "nutteloos blad dat niet voor consumptie geschikt is, noch in staat is enig wezenlijk genot te verschaffen". Verongelijkt voegt hij eraan toe: "Desondanks heeft hij de gewoonten van naties veranderd, de betrekkingen tussen de volkeren gewijzigd en zelfs imperiums op hun kop gezet", alvorens te besluiten: "Men vindt een verklaring voor deze eigenaardigheid als men bedenkt dat thee de mens helpt om zijn grootste vijand – verveling – te verdragen en zijn zwaarste taak – de tijd doden – te verlichten".

Meer nog dan een culinaire bijeenkomst, is het een sociale gelegenheid die men zoekt. Brillat-Savarin zegt in dat verband: "Men heeft thee geserveerd, een zeer bijzondere spijs aangezien zij wordt aangeboden aan mensen die goed getafeld hebben, geen honger noch dorst veronderstelt, slechts tot doel heeft voor verstrooiing te zorgen en uitsluitend genot als uitgangspunt heeft".

Het succes van de culinaire tentoonstelling van 1884 bewijst het: de keuken is een feest, de chefs zijn artiesten, dichters bewieroken haar en haar publiek bestaat uit fijnproevers. Thee is in die tijd de aanleiding tot uitjes en recepties.

Zoals het *jeu de paume* naar Frankrijk terugkeert onder de nieuwe naam tennis, zo vindt de gewoonte om elkaar op theepartijtjes te ontmoeten, aan het begin van de 20ste eeuw ingang onder de naam Five o'clock tea. Deze mondaine bijeenkomst wordt het toonbeeld van de nieuwste Parijse elegantie, die dweept met het Directoire en het Empire:

Dans les clairs salons de la rue De Sèze vit l'âme française,
Comme elle est jadis apparue
Sous Louis Quinze et Louis Seize...

In de luxehotels aan de kust (het Hôtel du Palais in Biarritz, het door Proust vereeuwigde Grand Hôtel in Cabourg), de casino's en de sjieke restaurants (Bagatelle, Délices...) worden volop *goûters dansants* georganiseerd, naar het voorbeeld van de *thés dansants* uit de Edwardiaanse periode. Deze uitgebreide en geraffineerde theepartijen, met aangepaste muzikale begeleiding (het is de tijd van de waanzinnige *tango teas*), een uitgedost gezelschap en literaire gesprekken, roepen een sfeer op die veraf staat van de dagelijkse realiteit en slechts aan enkele geprivilegieerden voorbehouden is.

Frankrijk zal evenwel het theesalon uitvinden en introduceren. De dames van goeden huize, die de thee elders dan thuis wensen te gebruiken, kunnen zich immers niet in de volkse en luidruchtige cafés of bistrots ophouden en zoeken de rust, het comfort en de intimiteit op. Naar het voorbeeld van de theesalons die in Oostenrijk of in Italië in de mode zijn, zal Rumpelmeyer in 1903 het theesalon in de warenhuizen introduceren. Deze mode, die uit het niets is ontstaan, wordt al snel het toonbeeld van elegantie en achtenswaardigheid. De honderden uithangborden van bars, brasseries en theesalons die men vandaag in Parijs aantreft en waarvan het savoir-faire en de kaart vaak veel te wensen overlaten, zijn nog steeds het merkteken van tentoongespreid fatsoen.

Het is het tijdperk van de charmante babbeltjes onder vriendinnen, terwijl het water in de ketel zingt, de geur van thee zich verspreidt en de kleine luchtige gebakjes en brioches liggen te lonken. Het is de tijd van Théodore de Banville en zijn "Miss Ellen, schenk mij de thee uit in de mooie Chinese kop…"

Men ontvangt ook thuis. De thee wordt in aanwezigheid van de gasten bereid en de gastvrouw heeft hiervoor al het nodige gerei binnen handbereik: kopjes, schoteltjes, suikerpot, borden, servetten en melkkannetje, waardoor het een gezellige ceremonie wordt, een apart ogenblik in het vaak strikte maaltijdschema. Het is helemaal niet nodig om voor deze bijeenkomst over een stijlvol salon te beschikken. Het volstaat een intimiteit te creëren die bij het product past, ongeacht of het decor bestaat uit kleine Chinese tafeltjes, Italiaans meubilair of art nouveau-snuisterijen. De Franse thee tooit zich gedurende enkele decennia met vrouwelijke deugden.

Hoewel aan het einde van de 19de eeuw de grote filosofische discussies meestal worden gehouden in drukke openbare etablissementen (restaurants, cafés), is er toch één plek in Parijs die synoniem staat voor thee en die een zeer bijzondere geschiedenis heeft.

La Porte Chinoise, eerst geleid door Houssaye en vervolgens door Desoye, gevestigd in de *rue Vivienne* en later in de *rue de Rivoli*, is in de tweede helft van de 19de eeuw de eerste winkel waar men Japanse prenten, kakemono's, netsukes en serviezen verkoopt. Henri Mariage, die in dezelfde straat woont, is er gezien zijn grote kennis op het gebied van koloniale waren, een partner en leverancier van. Men verkoopt er kwaliteitsthee. Schrijvers, dichters, schilders en critici ontmoeten er elkaar. Zo zijn Zola, Baudelaire, Champfleury, Cernuschi, Manet, Degas, Monet en Fantin-Latour er bekende habitués. Edmond de Goncourt (beschouwd als de meest vermaarde uitvinder van de Japanse kunst in Frankrijk) schrijft: "Deze winkel is de plek, de school om zo te zeggen, waar de grote beweging het licht zag, die zich vandaag uitstrekt van de schilderkunst tot de modewereld".

Hier onstaat het japanisme, een nieuwe beweging die de kunst aan het einde van de 19de eeuw grondig zal beïnvloeden. Zij begint met een uitgesproken interesse voor de kommetjes bij thee: de etser Bracquemond beweert in 1856 een bundel van een werk van Hokusaï te hebben gevonden die gebruikt werd om Japanse porseleinen voorwerpen vast te zetten tijdens hun transport naar het buitenland…

Ineens richten alle blikken zich op een reeks voorwerpen die zich door de frisheid van de thema's – "de beelden van de wereld die voorbij gaat" –, de kromming van de lijnen, de bloemmotieven, de onregelmatige vormen, de hoekgezichten, de effen tinten en de lichte kleuren, onderscheiden van wat bestempeld wordt als Chinese rariteiten en door Baudelaire "japannerieën" wordt genoemd, maar waarvan de wereldtentoonstellingen van Londen in 1862 en van Parijs in 1867 en 1878 het belang zullen erkennen.

La Porte Chinoise, dat vandaag opnieuw bruist van leven, heeft een lijn van Yixing-theepotten en een melange van Chinese theesoorten (witte, groene, Oolong, zwarte en gearomatiseerde thee) gecreëerd.

Het theeuurtje is er niet alleen om inspiratie op te doen of om even weg te dromen. Het is ook het ideale moment om even bij te praten. "Men spreekt over wat men gegeten heeft, over wat men aan het eten is of zal eten, over wat men bij anderen heeft gezien, over nieuwe gerechten, over de recentste uitvindingen…": de keuken is sinds het einde van de 18de eeuw een onderwerp van gesprek geworden. De pers en de volkse en grote literatuur maken er een ernstige zaak van. Er worden gastronomische boeken uitgegeven met het doel te onderrichten, te verleiden en te eren. De hedendaagse 'gidsen' zetten deze traditie voort…

Filosofen en denkers wisselen niet alleen hun manuscripten uit maar ook fijne eetwaren. Voltaire, die zichzelf de 'herbergier van Europa' noemde en die een bekende lekkerbek was, bedankt een correspondent in de volgende bewoordingen: "We hebben patrijzen en ideeën ontvangen. Zowel de ene als de andere zijn uitstekend".

Alle kranten hebben een culinaire rubriek en dit verschijnsel neemt aan het einde van de 19de eeuw nog toe. De trots van de fijnproever ligt immers in de kunst om de spijzen te bereiden, de gerechten te combineren, met kruiden om te gaan. De fijnproever is ook socioloog, historicus, geneesheer.

De tafel lijkt op een lexicon van het universum. De herkomst identificeert, maar enkel om te doen wegdromen. Het woord begeleidt het product van verre horizonten, van reizen, van het onbekende, die bijdragen tot de culinaire verleiding. Het mysterie van het menu ligt in zijn poëtische kracht, die de overgang van een natuurlijk naar een cultureel product mogelijk maakt. Vanaf het begin heeft thee zijn volgelingen geïnspireerd. De poëzie van zijn woordenschat komt tot uitdrukking in zijn benamingen; genieten van de smaak en genieten van het woord zijn onlosmakelijk met elkaar verbonden.

De Franse expert kan niet anders dan een troubadour zijn. In een land waar het minste gerecht een adellijke naam krijgt (gevogeltefilet à la reine, pudding op z'n Orléans…), zou een vakjargon niet volstaan. Bij de technische terminologie hoort automatisch een stuk wegdromen. Het verhaal van de thee moet dus verteld worden: zijn oorsprong, kenmerken, hoe hij gedronken dient te worden en ook zijn inspiratie maken deel uit van zijn charme en dus ook van zijn succes. De menukaarten lezen als romans: "Gouden Yunnan: een majestueuze "thee onder de wolken". Deze thee, geteeld volgens een eeuwenoude traditie op de rode gronden langs de Lancangrivier, is even beroemd om zijn heilzame krachten als de Pu-Erh-thee. Uit de mooie, zachte en elegante blaadjes met gouden puntjes, komt een gekarameliseerd aroma vrij dat doet denken aan noten en specerijen…", of ook nog: Het juweel van Darjeeling,

Theeservies in art deco, circa 1920. Musée Mariage Frères, Parijs

Jungpana (Tibetaans voor lief jong meisje), is een van de meest prestigieuze tuinen van Darjeeling, op een hoogte van 2.200 meter ten noordoosten van Darjeeling Town. Deze schitterende thee biedt ons een prachtig lenteboeket. Zijn mooie, elegante blaadjes verspreiden een heerlijke geur die harmonieus tot uitdrukking komt in een bleekgroen aftreksel met een zoete en fleurige smaak. Beroemde namiddagthee.

Net zoals de parfums, dragen de Franse theesoorten een naam: exotische namen, namen die ze ontlenen aan de aardrijkskunde, de geschiedenis, de legendes: Koloniale Tentoonstelling, die de geest oproept van een culturele versmelting, Wedding Impérial, een ode aan de liefde, die de kracht van de Assam koppelt aan de zachtheid van de mout-, chocolade- en karamelsmaak, Ster van Frankrijk, gecreëerd op de vollemaansdag van 16 oktober 1997, Chandernagor of Mahé, die verwijzen naar een groots verleden, Tsaar Alexander, Gengis Khan, Prins Bhodi-Dharma, Grote Augustijnen, Aïda, Marco Polo... De naam evoceert, het glossarium beschrijft. Enkele regels uit een onuitgegeven lexicon geven de liefhebbers een idee van de smaak:

- amandel (First Flush Darjeeling)
- aromatisch (FOP)
- astringent (Ceylonthee)
- bloemig (First Flush Darjeeling)
- cassis (sommige Darjeelings)
- delicaat (Yunnan)
- dorstlessend (Oolong of witte thee)
- droog (Yunnan, Assam)
- evenwichtig (halfgefermenteerde thee)
- fijn (First Flush Darjeeling)
- fluwelig (Paï Mu Tan, Chinese groene thee)
- frank (Maleisische en Ceylonthee)
- fruitig (Second Flush Darjeeling of Oolong van Formosa)
- gearomatiseerd (Yunnan)
- gechocolateerd (Assam, Yunnan)
- gecorseerd (Assamthee, Dooars, FP van Ceylon, Afrikaanse thee)
- geprononceerd (Assamthee)
- gerookt
- gesuikerd (bepaalde Chinese zwarte theesoorten)
- gevanilleerd (rode Zuid-Afrikaanse thee)
- grond (Pu Erh)
- hazelnoot (Yunnan)
- houtachtig (halfgefermenteerde Chinese thee)
- jong

De Franse theekunst

- kastanje (Oolong van Formosa, Second Flush Darjeeling)
- krachtig
- kreupelhout (Oolong)
- kruidig (Assam- of Teraithee)
- lang (Ti Kuan Yin)
- licht
- mollig (Ceylonthee op middelmatige hoogte geteeld)
- moutig (Second Flush Assamthee)
- muskaat (Second Flush Darjeeling)
- ontwikkeld (herfst-Darjeeling, groene Japanse thee)
- opwekkend (Japanse groene thee)
- orchidee (Keemun, Darjeeling, Oolong)
- plantaardig (Chinese Oolong, witte thee, Japanse groene thee)
- rijkelijk (Yunnan, Assam, Ceylon)
- robuust (gerookte thee)
- rond (Assam of Ceylon)
- roze (Arya Darjeeling)
- smakelijk (Japanse of Chinese groene thee)
- smeuïg (Chinese groene thee)
- sprankelend (herfst-Darjeeling)
- sterk
- stevig (Second Flush Darjeeling)
- stevig
- suave (groene Chinese thee of Gyokuro)
- subtiel (halfgefermenteerde Formosathee)
- uitgesproken (BOP, BOPF)
- verfijnd (GFOP)
- vleugje wilde bloemen (sommige Darjeelings, Nuwara Eliya Ceylon)
- vol (Yunnan)
- wrang (BOP)
- zacht (Tung Ting, Anhuithee)

Het aftreksel zelf is amberachtig (Ceylonthee), gekleurd (Kameroenthee), koperkleurig (herfst-Darjeeling), goudkleurig (Oolong van Formosa), schitterend, donker (Argentijnse of Bengalese thee), somber (Assam, Ceylon) of integendeel briljant, levendig of aangenaam (Assam, Keemun of Nepal), helder (First Flush Darjeeling of Chinese groene thee), kristalachtig (Chinese witte of groene thee), licht, bleek, groen (Japanse groene thee), reseda…

Thee laat over zich spreken. Hij is een sociale aangelegenheid. Wanneer hij aan tafel bereid wordt, in aanwezigheid van de gasten, vormt hij het voorwerp van een tafelkunst die steeds tot de verbeelding van de kunstenaars heeft gesproken. Het serveren van thee vereist immers allerhande vaatwerk waarop alle bijgerechten een plaats moeten krijgen: brioches, kleine broodjes en sandwiches, waarvan de vorm en de stijl aan geen enkele beperking zijn onderworpen.

Tulpius, een Nederlands geneesheer uit de 17de eeuw, schrijft in zijn *Observationes Medicae* dat de Chinezen "evenveel zorg besteden aan hun potten, treeften, trechters, bekers, lepels en andere stukken vaatwerk van deze keuken (…) als wij hier aan diamanten, edelstenen en dure parelsnoeren". Sinds de Tang-dynastie is het serveren van thee het voorwerp van een uitzonderlijk streven naar verfijning dat talrijke vormen kan aannemen, zoals blijkt uit de verschillende materialen die worden gebruikt: metaal, porselein, aardewerk, glas. De hele kleine, witte en blauwe Mingkopjes zonder oor kwamen in Europa samen met de ladingen thee aan. Zij zijn zeer geliefd bij de aristocratie, die ze beschouwt als kostbare voorwerpen en ze heel voorzichtig behandelt.

Vanaf 1670 zal de consumptie van thee leiden tot het ontstaan van theepotten en theedozen. Onder het bewind van Lodewijk XIV moeten de kunstindustrieën van het land immers zelfstandig worden en hun superioriteit bewijzen, om aldus een einde te maken aan de invoer en een zekere culturele dominantie over Europa te kunnen doen gelden.

In navolging van Meissen, slaagt Sèvres erin zacht porselein te produceren. Decoratieve programma's leiden tot stilistische uniformiteit in de verschillende kunsten, waarvan de vormen door het absolutisme van het Hof op grote schaal worden verspreid.

Van zijn vertrekhaven tot op tafel geeft thee aanleiding tot het ontwerpen van voorwerpen, die zowel functioneel als decoratief zijn en waartoe kunstenaars en ambachtslieden uit alle domeinen bijdragen.

Zo kan het kostbare traject van het theeblad gereconstrueerd worden. De theeblaadjes worden aanvankelijk vervoerd in bamboemandjes en daarna overgegoten in aardewerken potten of in kisten. Met het ontstaan van de handel met Europa en Amerika in het begin van de 17de eeuw, worden de potten en manden vervangen door houten kisten, vaak bamboekisten gevoerd met was-, rijst- of bamboepapier. Kwaliteitsthee wordt verpakt in gedecoreerde lakkisten en meestal geldt hierbij: hoe beter de thee, hoe kleiner de kist. De binnenkant van de kisten wordt beslagen met metaal om de thee tegen geuren en vocht te beschermen.

In de 19de eeuw worden deze houten kisten bekleed met papier, waarop met de hand idyllische taferelen zijn geschilderd (paradijsvogels, Chinese ideogrammen, berglandschappen, bloemen…). De thema's sluiten aan bij de in Frankrijk heersende mode en worden door de invoerders besteld. De kisten worden vandaag nog enkel gebruikt voor het vervoeren van zeldzame theesoorten met grote, delicate bladeren. In winkels en bij kruidenverkopers wordt thee vervolgens bewaard in 'theehandelaarsdozen', meestal van plaatijzer en met zeer verschillende vormen (rond, vierkant, pot of pagode). Zij worden op de rekken en toonbanken geplaatst en zijn met de hand beschilderd. Chinese personages, dieren en exotische bloemen zijn de favoriete thema's. Deze dozen in oriëntaalse of Japanse stijl herinneren eraan dat thee van ver komt en nodigen uit tot reizen; soms worden ze ook met genretaferelen versierd (Bretonse boeren en zeelieden…). Sommige dozen vermelden de naam van de thee; soms staat er enkel een nummer op wanneer de oorspronkelijke naam te moeilijk is om uit te spreken of om te onthouden...

Thuis wordt thee eerst bewaard in de potten waarmee hij uit China is gekomen. Meestal gaat het hier om kleine, porseleinen flacons met kopvormige deksels die worden gebruikt om te meten hoeveel thee er in de pot zit. Geleidelijk ontstaan er Europese potten, busjes en doosjes in allerlei vormen en maten – ronde, vierkante en cilindrische – in een klassieke, originele of exotische stijl, van beschilderd plaatijzer, lak, ivoor, koper, massief zilver, verzilverd metaal, kristal, tin, blik, gelakt hout, papier maché of ook nog bamboe. Ze zijn versierd met bloemslingers, taferelen uit het dagelijkse leven, mythologische figuren, Chinese ideogrammen, bloemen, thee-inscripties en medaillons in Italiaanse stijl. Als men hun van scharnieren voorziene deksels oplicht, ziet men een met folie bedekte binnenwand.

Aan het begin van de 18de eeuw worden de theekistjes in aparte vakjes ingedeeld, zodat men er verschillende theesoorten en soms ook suiker in kan bewaren. Deze *tea caddies* worden uitgerust met een gewoon slot of een hangslot. Zij zijn vervaardigd van lak, palissander, natuurhout, rozenhout, ebbenhout of mahoniehout en vaak versierd met handgeschilderde taferelen die scènes uit het paleisleven voorstellen of pagoden, vogels, kersenbloesems enz. De sleutels worden bewaard door de vrouw des huizes, vermits zij het is die voor de familie en de gasten thee zet. Aangezien zowel het kistje als de thee zeer kostbaar zijn, krijgt het een vaste plaats in de salon toegewezen.

Ook de voorwerpen die voor het theedrinken zelf worden gebruikt zijn talrijk, gevarieerd en modegebonden, of zij nu voor een rituele ceremonie of voor de gewone, dagelijkse consumptie moeten dienen.

De eerste theekommen waren bijzonder klein en hadden geen oor. Tussen 1650 en 1750 wordt de kom groter en spreekt men vaker van een 'bakje' dan van een kopje thee. Vanaf de 18de eeuw worden de bijbehorende schoteltjes ook dieper.

In die tijd bestaat een volledig theeservies gewoonlijk uit twaalf theekommen of kopjes en schoteltjes, een melkkannetje, een suikerpot, een afvalkommetje, een schotel voor de lepeltjes, een theepothouder, een pronktafeltje, een theedoos, een pot voor warm water.

Het grote presenteerstel in vermeil van Napoleon I geeft een zeer goed beeld van de voorwerpen die na het avondmaal op de tafel worden geplaatst: een theefontein, twee theepotten met houder, een theedoos, een melkpot, een suikerpot met tang, porseleinen kopjes, toasthouders, botervlootjes, borden en bestek.

In de 19de eeuw stimuleren de populaire *afternoon teas* de zilversmeden en de fabrikanten van huislinnen en huisraad tot het ontwerpen van een hele reeks gebruiksvoorwerpen. Zo ontstaan dessertborden en kleine bordjes, zilveren vaatwerk dat meestal op een bijbehorende schotel wordt geschikt, lepeltjes (geïnspireerd op de theematen, een overblijfsel uit de tijd toen er in de theekisten echte schelpen zaten opdat de kopers een monster konden opscheppen), zeven, theemessen, dessertvorken, taartscheppen, tafellakens, theemutsen, theedozen enz. Vooral aan de theepotten wordt bijzondere aandacht en zorg besteed. Zij worden van de meeste diverse materialen gemaakt, zoals aluminium, messing, blik, gietijzer, koper, zilver en verzilverd metaal, aardewerk en porselein.

Talrijke kunstenaars proberen op deze serviezen hun stempel te drukken en er de stijl van hun tijd in te leggen, van het rococo en het neoclassicisme eigen aan de 19de eeuw tot het figuratieve, het naturalisme, het postmodernisme en de art nouveau. Voorbeelden hiervan zijn in verscheidene musea te bewonderen (in het MOMA van New York, het *Museum of Tea Ware* in Hongkong).

In de Franse theehuizen wordt de geschiedenis van alle theevoorwerpen nieuw leven ingeblazen voor een geraffineerd dagelijks gebruik. In hun buitenlandse vestigingen – de vestiging van Mariage Frères in Japan wordt dag na dag met deze realiteit geconfronteerd – weerspiegelen de voorwerpen waarvan de lijnen herdacht, aangepast, gemoderniseerd en vermengd werden, de Franse tafelkunst. Een van de grootste verwezenlijkingen van de Franse theekunst bestaat er waarschijnlijk in dat zij uitgevoerd wordt naar de grote theelanden zelf en aanhangers van eeuwenoude tradities kennis laat maken met nieuwe smaken, nieuwe consumptietrends, nieuwe horizonten. Sommige stukken van zeer prestigieuze collecties worden opnieuw uitgegeven of herwerkt. Zij vormen de meest universele collectie theevoorwerpen.

Dit is het geval voor een aantal werken van de aanhangers van het functionalisme, zoals Le Corbusier, die een porseleinen theepot (in zogenaamde art deco) ontwierp, waarvan de isotherme wand een subtiel akkoord mogelijk maakt tussen de harmonie van de tafel en de Franse theebereidingsmethode. Zo is er ook het theeservies uit 1931 van Wilhelm Wagenfeld, een kunstenaar van de Bauhausschool, dat beschouwd werd als een van de eerste uitdrukkingen van design en lange tijd zeer geliefd was om zijn uitzonderlijk zuivere lijn, zijn onvergelijkbare esthetische schoonheid, zijn licht en sober materiaal, zijn perfecte proporties. Zo is er ook het Yixing-aardewerk. Of ook nog de porseleinen *Brûle-Parfum*-theepot met metalen deksel, die geïnspireerd is op een Japans wierookbrandertje uit de 18de eeuw.

De thee, opgeslagen in het geheugen van verre beschavingen, laat zich gemakkelijk door het exotische inspireren. Hij kan zich ook vlug aanpassen aan de Franse en Europese liefhebbers.

Zicht op het theehuis Mariage Frères, *rue du Bourg-Tibourg* in Parijs

Net als Victor Hugo en Alexandre Dumas, droegen Henri en Edouard Mariage een snor. Bij het theeproeven gebruikten ze daarom speciale kopjes die uitgerust waren met een 'snorhouder', waardoor ze de thee konden drinken en testen zonder te morsen of zich te bevuilen. Naar het schijnt komen deze kopjes opnieuw in de mode.

Alle voorwerpen die voor de theebereiding worden gebruikt, zijn, ongeacht hun herkomst, een teken van beschaving. De Japanse filosofie streeft naar soberheid, sereniteit, abstractie. De theepotten, kommen, dozen, kloppertjes, die aangepast zijn aan de natuurlijke materialen van de woning (hout, papier, rijststro) zijn daar, op dezelfde wijze als de Russische samowars, een uitdrukking van, vergelijkbaar met de reisboekjes vol met zegels van bezochte steden of van prestigieuze evenementen. Frankrijk mag dan wel geen theeland zijn, het is een land met smaak, dat zich vrij voelt de mooiste creaties van de theelanden te ontvangen en tot de zijne te maken. De wereldtentoonstelling van Parijs van 1931 kondigde zichzelf aan met de slogan: "Kom in één dag een reis om de wereld maken"! Dit is de reis die onze theehuizen aanbieden.

Een veelzeggend en veelbetekenend voorbeeld: een theeliefhebber kan in het centrum van Parijs in enkele minuten tijd een nieuwe en exclusieve levering van een First Flush Namring upper kopen, die slechts een paar uur eerder uit Darjeeling vertrok; kiezen tussen een Nô-ensemble, samengesteld uit een theepot en kop, met zijn op het Japanse theater geïnspireerde zuivere, eenvoudige, sobere en minimalistische lijn, en een Aventurier-theepot in de vorm van de handenwarmers, die tijdens de 18de eeuw in het Oosten werden gebruikt, vervaardigd van schitterend craquelé porselein in gele, melkachtige, blauwgrijze of groene tinten en met een handvat van bamboe uit de wouden van Kioto; plaatsnemen in een koloniaal salon met marmeren vloeren, rotan meubelen, exotische planten, Venetiaans geïnspireerde schilderijen en er, op de tonen van een symfonie van Mozart of een opera van Verdi, een eendenfilet met appelen, Ylang-Ylangsaus en Chun Mee – een fijne en schitterende Chinese groene thee – verorberen en als dessert scones eten met gelei van Faraothee – een groene thee met vruchten van de Nijldelta – of van Esprit de Noël – een thee op basis van zachte specerijen, sinaasappelschil en vanillebourbon; vervolgens een tijdje rondsnuffelen in het theemuseum, tussen theekisten, Chinese, Engelse, Russische of Franse serviezen, *tea caddies* en de replica van de *Fils de France*, een schip waarvan de archieven van de familie Mariage onthullen dat het vanaf 1827 voor hun rekening thee vervoerde over alle wereldzeeën.

De 21ste-eeuwse Franse theekunst vereist talrijke talenten: dat van geograaf en reiziger, historicus en verhalenverteller, designer, decorateur, porseleinfabrikant, edelsmid, parfumeur, kok, chocolatier, confiseur, ijsbereider, jamfabrikant, banketbakker… De grenzen tussen de verschillende disciplines vervagen. Thans kan er op elk uur thee worden gedronken. De theezakjes van neteldoek vormen steeds de beste oplossing voor wie tijd te kort heeft. Mannen, vertrouwd met de wereld van de wijn, laten hun keuze vaak vallen op de grands crus, de zeldzame thee, de primeurs. Vrouwen, voor wie de oneindige variaties en combinaties van smaken en geuren geen geheimen hebben, grijpen sneller naar melanges, die hen oneindige mogelijkheden tot genot bieden. In tegenstelling met koffie, die machinaal wordt gezet, of met chocolade, die een lange weg moet afleggen voor hij de lippen beroert, behoudt thee zijn artisanaal karakter. Elke bereiding in aanwezigheid van gasten is niet alleen een gastronomisch genot maar ook een sociale aangelegenheid waarbij kennis en ideeën worden uitgewisseld. In een tijd waarin industriële voedingswaren de overhand hebben en streekwijnen, scharrelkippen, zelfgemaakte taarten en soepen van het huis van een geruststellende echtheid zijn, is thee het symbool van authentieke producten die natuur aan cultuur, gezondheid aan fijnproeverij paren.

Doordat hij sinds meer dan tweeduizend jaar garant staat voor welbehagen en zich aan de eisen van de hedendaagse liefhebber aanpast, blijft de groene thee een speciale plaats innemen op de uitgebreide theekaart. Hij is geschikt voor alle leeftijdscategorieën, verrijkt met geuren uit de hele wereld en een perfect voorbeeld van de nieuwe voedingsgewoonten die zich vandaag aftekenen en waarin evenwicht en afwisseling, een goede gezondheid, natuurlijke smaken en kwaliteit een hoofdrol spelen.

Net als chocolade en wijn, zal thee die onder een edele, zwarte en gouden gedaante aan de gast wordt aangeboden, nog lang voorkomen op de lijst van geschenken uit de Franse culinaire wereld.

Thee in Cuba, prent, 19de eeuw. Prentenkabinet van de Koninklijke Bibliotheek Albert I, Brussel

"Ze verafschuwde de avondlijke rozenkrans, de gemaakte houding aan tafel, de voortdurende kritiek op de manier waarop ze haar bestek vasthield en waarop ze met grote stappen en naar niets of niemand omziend door de straat liep, op haar circuskleren, en zelfs op de erg huiselijke manier waarop ze haar man bejegende en haar kind de borst gaf zonder dit lichaamsdeel met een hoofddoek te bedekken. Toen ze voor het eerst gasten uitnodigde om om vijf uur 's middags volgens de laatste Engelse mode thee te komen drinken met keizerlijke koekjes en bloemenjam, wilde doña Blanca niet dat men bij haar zweetdrijvende dranken zou gebruiken in plaats van chocolade met smeerkaas en sneden maniokbrood. Zelfs haar dromen ontsnapten niet aan haar controle.

Toen Fermina Daza op een morgen vertelde dat ze gedroomd had van een onbekende die poedelnaakt rondliep en as in de salons van het paleis rondstrooide, onderbrak doña Blanca haar op bitse toon: "Een fatsoenlijke vrouw droomt niet van dergelijke dingen".

Gabriel García Márquez, *Liefde in tijden van cholera*

Portugese reklame lithografie, circa 1894.
Bibliothèque Forney, Parijs

Theeplantage Gorreana, São Miguel

Jorge Tavares da Silva

Thee op de Azoren

De Azorenarchipel – een sliert van negen vulkanische eilanden –, gelegen in de Atlantische Oceaan op 38° noorderbreedte en op zowat een derde van de afstand die Lissabon van Boston scheidt, is bekender vanwege zijn anticycloon dan om al de rest, en dat is bijzonder jammer.

Deze autonome regio binnen de Portugese Republiek bleef tot het begin van de 15de eeuw onbewoond. Onder de regering van Jan I stelde zijn zoon Hendrik de Zeevaarder, die aan de basis van de grote ontdekkingen lag en heer van de eilandengroep was, op de Azoren twee lenen ter beschikking van Jacob van der Berghe en Jos van Hurtere. Deze twee Vlamingen vestigden er zich met hun hele aanhang en brachten er een agrarische ontwikkeling op gang. Op vele maritieme kaarten werden deze eilanden gedurende lange tijd aangeduid als "De Vlaamse Eilanden".

In de loop der tijden evolueerden de negen eilanden elk op hun eigen manier, maar ze bleven hoe dan ook verwant aan elkaar, zeker wat zeden en kenmerken betreft. Dankzij het aangename klimaat, het in overvloed aanwezige water, de kwaliteit van de grond en de regelmatige regenval, groeide en bloeide alles wat er geplant werd. Veel Azorianen zwierven uit over de wereld en kwamen terug met vreemde plantensoorten. Daardoor is de Azorenarchipel nu één grote tuin in het midden van de Atlantische Oceaan.

De visvangst vormt voor een niet onbelangrijk gedeelte van de bevolking nog altijd een belangrijke bron van inkomsten. Destijds werd er met zeilboten en harpoenen druk jacht gemaakt op de potvis.

De zetel van de regering van dit autonoom gewest en de universiteit van de Azoren zijn gevestigd in Ponta Delgada, op São Miguel, het grootste Azoreneiland. En het is uitgerekend op dat eiland dat men de enige theeproductie in Europa vindt.

Dat hoeft niet te verwonderen. Het is immers via de oceaan dat de Portugezen in de 15de eeuw de weg naar het Oosten vonden en uiteindelijk in China een schitterende cultuur en dito beschaving ontdekten. Het is aan diezelfde oceaan dat ze het toezicht op de magische plant *Camellia sinensis* toevertrouwden, die ze in China hadden gevonden. De eerste westerling die over het gebruik van thee sprak, was de Portugees Jorge Álvares in zijn werk *Berichten uit Japan*, dat in 1547 werd geschreven tijdens een bezoek van enkele maanden aan het eiland Kyushu[1]. Enkele jaren later was het een Portugese dominicaan die het voor het eerst had over de rituelen rond deze 'lauwe vloeistof die zij [de Chinezen] 'chá' noemen'[2]. Gaspar da Cruz kreeg inderdaad gelegenheden genoeg om deze infusie van ch'a of tjai in China te drinken. Hij was er geraakt via Macao, wat zoveel wil zeggen als 'de toegangspoort tot A-Ma' (A-Ma Gao), in hedendaags Portugees Macau. Dit gebied staat sedert 1557 onder Portugees bewind maar wordt op 20 december 1999 ingelijfd door de Volksrepubliek China. In Macao, waar de Portugezen het monopolie hadden voor de handel met China, kwamen vele westerlingen zich vestigen met het oog op het aanknopen van handelsrelaties met het Verre Oosten. Het is dan ook vanuit Macao dat de thee het Oosten verlaat en na een lange tocht over zee in de voornaamste Europese hoofdsteden van dat ogenblik belandt.

Helaas slaagden de Portugezen er niet in hun macht over de theehandel te behouden. Zeer vlug sijpelde informatie over deze drank in Europa door. En men mag stellen dat thee aan het einde van de 16de eeuw bekendheid genoot in de voornaamste Europese hoofdsteden. Het waren de Hollanders die na handig negociëren met de Chinezen, als eersten Europa bevoorraadden. Philippe Sylvestre Dufour beschreef de Hollandse praktijken in een van de eerste verhandelingen die in de 17de eeuw over thee verschenen: "... zij [de Hollanders] zouden ons de thee in Europa kunnen aanbieden voor vrijwel dezelfde prijzen als in China en er toch nog veel aan kunnen verdienen. Dat komt omdat ze de thee uiterst zelden in contanten betalen, maar vaak ruilen tegen Europese koopwaar, waarop ze gigantische winsten maken, zoals met salie, die in China niet groeit. Dit kruid wordt door hen de hemel ingeprezen als een middel tegen allerhande kwalen waaraan de Chinezen lijden. De Chinezen zijn dermate onder de indruk van de geneeskrachtige eigenschappen van dit kruid, dat ze vlot twee pond thee inruilen tegen één pond salie"[3, 4].

Na de Hollanders veroverden langzamerhand ook de Engelsen een deel van de markt. Thee kreeg al vlug vaste voet in Engeland en werd er net als koffie, chocolade en sorbet opgediend in *coffee houses*, die in het Londen van de 17de eeuw[5] overal aanwezig waren. De Portugezen waren dus de eerste Europeanen die met thee kennismaakten, en het was de Portugese prinses Catharina van Bragança, echtgenote van Charles II en koningin van Engeland, die in de tweede helft van de 17de eeuw[6] bijdroeg tot de Engelse rage van het theedrinken.

Ook al had thee in Portugal niet zo'n groot succes, er werden heel wat pogingen ondernomen om op verschillende plaatsen theeplantages uit de grond te stampen. Dit was eerst het geval in het moederland en daarna in Mozambique, op Madeira, op de Azoren en ten slotte in Brazilië. Blijkbaar waren de eerste pogingen op de Azoren niet erg succesvol want er zijn vrijwel geen sporen overgebleven van de oorspronkelijke introductie van thee op de archipel.

Toch kan men in een brief van de gouverneur-generaal, graaf van Almada, aan minister Rodrigo de Sousa Coutinho, verstuurd vanuit Angra do Heroísmo (op het eiland Terceira) op 11 juni 1801, het volgende lezen: Via een officieel bericht van 29 november 1799 heeft Z.K.H. me bevolen enkele theeplanten die hier op het eiland groeien, aan het Hof te bezorgen (...), planten die hier makkelijk tot wasdom komen en zelfs tussen de stenen overleven...[7]. Dit bewijst duidelijk dat thee al een tijdje op de Azoren aanwezig was en er uitstekend gedijde. In dezelfde brief benadrukte de gouverneur-generaal de ornamentele mogelijkheden van deze plant, omdat toen blijkbaar niemand bij machte was om de blaadjes te veranderen in thee zoals die vanuit India geleverd werd.

Daarvoor moest nog worden gewacht tot in de eerste helft van de 19de eeuw, toen Jacinto Leite theeplanten of theezaden naar São Miguel terugbracht vanuit Brazilië, lang nadat de theecultuur daar door de Portugezen was geïntroduceerd. Dit initiatief behaalde echter niet het verhoopte succes, mede omdat de nodige technologie en het vereiste vakmanschap ontbraken. Overigens was het kweken van sinaasappelen de voornaamste bron van inkomsten op het eiland en zag men dus niet onmiddellijk veel heil in thee. Velen hadden op het eiland fortuin gemaakt tijdens de hoogdagen van de sinaasappeluitvoer in de tweede helft van de 19de eeuw en de plaatselijke rijken voelden zich niet aangesproken om het nu eens met thee te proberen. Een gomziekte[8] onder de citrusvruchten remde echter deze productie af en deed die daarna zo goed als volledig van het eiland verdwijnen. Dit betekende voor het eiland de start van een agrarische koerswijziging. Rond dezelfde tijd daalde de koers van de citrusvruchten in Londen – de belangrijkste markt hiervoor uit de Azoren –, waardoor de productie gedoemd was om te verdwijnen. Een ingrijpende verandering was dus onvermijdelijk geworden. Net alsof ze van de gevaren van monocultuur een voorgevoel hadden, verenigden een aantal grootgrondbezitters zich in 1843 rond José do Canto en stichtten ze te São Miguel de 'Vereniging ter bevordering van de landbouw van São Miguel'[9]. Ze concentreerden hun inspanningen op de diversificatie, inzonderheid op de agro-industriële ontwikkeling van vier producten, met name ananas, vlas uit Nieuw-Zeeland[10], thee en tabak. Ze hadden het bij het rechte eind want het eiland kon zich dankzij dit initiatief op landbouwgebied herpakken. Deze gewassen worden momenteel nog altijd geteeld door families die het op economisch vlak op São Miguel voor het zeggen hebben. De paleizen en landhuizen uit de vorige eeuw getuigen van een rijk verleden.

Na enkele experimenten kon de theeplant zich makkelijk aanpassen op de Azoren, onder andere dankzij het gunstige klimaat van São Miguel. Ondanks dit alles waren de eerste theeblaadjes, die men in bokalen bewaarde, niet geschikt voor de zo zeer gewenste infusie.

Fabricageplaatje van een theesorteermachine, plantage Gorreana, São Miguel

Op één punt zijn alle auteurs en documentaire bronnen het volkomen eens: in 1878 heeft men Chinezen uit Macao moeten doen overkomen om de theecultuur eindelijk in goede banen te leiden. Het was onder de bescherming van de 'Vereniging ter bevordering van de landbouw van São Miguel' dat een specialist-theebewerker en een tolk[11] werden aangetrokken om de plaatselijke theeproducenten wegwijs te maken in de technieken voor het bewerken en commercialiseren van thee. Beide specialisten verbleven van maart 1878 tot juli 1879 op São Miguel en behandelden er de blaadjes van planten die reeds vóór hun aankomst op het eiland verbouwd waren. De Chinezen slaagden erin zwarte thee van een bevredigende kwaliteit te produceren, maar hun pogingen om goede groene thee te prepareren, mislukten. Toch was de rol van de Chinezen zeer belangrijk en werd het voor de eilandbewoners eindelijk mogelijk om het lang verhoopte productieproces tot ontwikkeling te brengen.

Twee andere Chinese theespecialisten kwamen eind 1891 naar het eiland en dit op vraag van José do Canto, die in Ribeira Grande een theebedrijf wilde opzetten. Daarover zijn nog veel brieven en documenten bewaard, waarin zelfs – althans tot juli 1893 – het honorarium van de Chinezen te lezen staat. Volgens bepaalde rechtstreekse getuigenissen zouden de Chinezen op São Miguel zelfs voor enkele nazaten hebben gezorgd[12].

De promotors van de nieuwe industrie zaten al evenmin stil op het vlak van technische scholing. Volgens een artikel uit de krant *Persuasão* van 28 oktober 1891[13] baseerden ze zich ook op de best betrouwbare studies van die tijd, onder andere van de hand van Leandro do Sacramento, Ball en Money. Om de kwaliteit van hun product te laten bevestigen, stuurden ze stalen voor analyse naar Lissabon, Parijs en Londen. De resultaten waren goed en eindelijk kon de productie op grote schaal beginnen. Na enkele bewogen jaren steeg het aantal theeplantages zienderogen en ging de commercialisering met grote sprongen vooruit. In dit verband mogen we zeker niet vergeten de eerste reclame te vermelden die voor thee van São Miguel in de pers werd gemaakt. In de *Diário dos Anúncios* van Ponta Delgada, verscheen op 17 en 23 maart 1886 het volgende: "Thee van São Miguel. Francisco Cabral biedt in Largo da Graça nr. 34 thee te koop aan afkomstig van de plantage van Vicente Machado"[14]. Volgens niet altijd gelijkluidende bronnen[15], bleef het aantal theebedrijven op het eiland stijgen: tien in 1903, negen rond 1913, plus een niet nader te bepalen aantal kleine productiecentra, dat in 1945 opgelopen zou zijn tot een zestigtal. Rond de jaren vijftig ging het dan weer bergaf: zeven in 1960 en vijf in 1966. Vandaag rest er nog één, de Gorreana. Een oude theeplantage en -fabriek in heropbouw in Porto Formoso haalde in 1999 echter een eerste nieuwe oogst binnen.

Thee op de Azoren

Het is belangrijk te signaleren dat de thee van de Azoren sedert de 19de eeuw nooit op belangstelling vanuit Lissabon heeft kunnen rekenen en er derhalve geen enkele subsidie werd uitgekeerd als steun aan de Azoriaanse theeplanters, ondanks de talrijke voorstellen en suggesties die in dat verband naar de Portugese hoofdstad werden verstuurd.

Deze situatie is nog altijd dezelfde en het familiebedrijf Gorreana is momenteel de enige theeplantage op de archipel en tevens de enige uitvoerder van thee naar Europa. Aan het hoofd van de zesde generatie van theeproducenten staat Hermano Motta, die blij is dat de opvolging is verzekerd. De gulle gastheer Hermano Motta is daarenboven een onuitputtelijke bron van informatie over de enige thee die in Europa geproduceerd wordt.

Hij legt er ook de nadruk op dat de leefbaarheid van het bedrijf berust op een keuze die in de jaren vijftig werd gemaakt. Terwijl alle fabrieken stoommachines gebruikten om de nodige energie op te wekken, werd voor Gorreana een elektrische turbine geïnstalleerd in de nabijgelegen stroom, waaraan het bedrijf overigens zijn naam ontleent. Het bleek een goede keuze te zijn want de zaak produceert jaarlijks ongeveer 40 ton thee, die voornamelijk op de Azoren gecommercialiseerd wordt en geëxporteerd wordt naar Azorianen, die in de Verenigde Staten van Amerika of in Canada wonen. Enkele toeristen die Gorreana hebben bezocht, zijn al even fervente klanten geworden.

De theeplantages, met hagen van ongeveer anderhalve meter hoog, harmoniëren mooi met de omliggende heuvels en omringen de theefabriek. Zij liggen op een hoogte van 80 tot 600 m, wat het mogelijk maakt de oogst te spreiden tussen april en september.

Hermano Motta produceert nog thee op de orthodoxe manier[16], m.a.w. hij gebruikt geen pesticiden, hij rolt de bladeren op zonder ze te breken en gedurende heel het fabricageproces worden nauwelijks toegevingen gedaan met het oog op de productiviteit. De kwaliteit van de thee blijft zijn grootste bekommernis. Nadat de thee geoogst is, ondergaat hij enkele behandelingen (gedurende 13 tot 14 dagen). De zwarte thee moet dan, afgeschermd van het licht, acht maanden rusten – tweede gisting – alvorens aan verkopen kan worden gedacht.

De productie van Gorreana omvat Pekoe, Orange Pekoe en groene thee volgens de Hyson-methode[17]. Net zoals bij de andere theeplanters is er ook hier een zeer kleine productie thee in builtjes, die gevuld worden met de sorteerafval. Het percentage thee in deze builtjes bedraagt niet meer dan 20%. Vanzelfsprekend betreft het hier slechts een zeer marginale productie van Gorreana.

De theeliefhebber zal bij zijn bezoek aan de theefabriek ongetwijfeld onder de indruk zijn van de buitengewone machines waarmee nog altijd wordt gewerkt. Machines die echte juweeltjes zijn op het gebied van industriële kennis en afkomstig zijn uit Londen, Calcutta of elders, maar steeds uit landen die grote producenten of belangrijke consumenten van thee zijn: transporttafels, droogkasten en sorteermachines van vroeger[18], met door de tijd gepati-

Tafel voor het oprollen van theebladeren, plantage Gorreana, São Miguel

neerd hout en met de hand gedecoreerd plaatwerk, schitterend koper en messing, en gevlochten manden, dit alles subtiel geparfumeerd door de thee.

De theefabriek van Gorreana stelt het hele jaar door een vijftiental arbeidskrachten te werk. Het bedrijf werkt echt nog op mensenmaat en dat komt de productie zeer zeker ten goede.

Karakteristiek voor het eiland is dat vrijwel iedereen die hier met thee bezig is, familie is van elkaar. De familienamen Gago da Câmara, Bettencourt, Canto, Corte Real, Athayde, Estrela, Hintze Ribeiro, Jácome Correia, Maia, Bensaúde, Motta en vele andere duiken overal en om de haverklap op. Het zal dan ook wellicht weinigen verbazen dat de dynamische afstammelingen van het theebedrijf Mafoma[19], gelegen vlakbij Ribeira Grande, aan de basis lagen van een theemuseum in de voormalige theefabriek zelf, grenzend aan het ouderlijke landgoed.

Verwijzend naar het initiatief van Luisa Isabel Athayde Bettencourt en Ana Margarida Bettencourt de Azevedo Mafra de krant *Açoreano Oriental*[20] op 5 juli 1983 gaf verslag van de opening van het Theemuseum. De auteur benadrukte dat het initiatief ten voordele van het eilandpatrimonium uitging van mensen voor wie "geld niet alles betekent".

De initiatiefnemers hadden in het museum machines verzameld afkomstig van intussen gesloten theebedrijven of van privé-collecties. Er waren ook gekochte of gekregen stukken bij en zelfs voorwerpen die in leen werden gegeven. Dit alles met het doel het verleden nieuw leven in te blazen en te behouden wat bijna verdwenen was. Bij gebrek aan subsidies en steun van de overheid was dit initiatief echter geen lang leven beschoren, want het theemuseum heeft ondertussen reeds zijn deuren moeten sluiten.

De originele stukken van Mafoma en vele andere grote machines, alsook de zeer originele decoratie van het museum, liggen inmiddels onder een dikke laag stof en ook het reeds gedeeltelijk ingestorte dak heeft duidelijk zijn beste tijd gehad. Documenten en makkelijk te verplaatsen voorwerpen kregen gelukkig een ander onderkomen, maar niemand kan zich daar nu nog een idee vormen van hoe een theefabriek er destijds uitzag of het geluid horen van de oude stoommachine, die de zaak tot leven bracht.

De vastberadendheid van de bevolking kennende, zal niet alles in de vergetelheid verdwijnen en Ana Margarida Bettencourt de Azevedo Mafra heeft de hoop nog niet opgegeven om het Theemuseum nieuw leven in te blazen, misschien zelfs in de nabije toekomst. Als de overheid er nu maar oren naar heeft! Het tegenovergestelde zou een spijtige zaak[21] zijn en zou tevens een gigantische verspilling betekenen van het industrieel erfgoed van de enige theeproducerende Europese regio.

---

1. Rocha Rui, "A aventura portuguesa do chá" in: *Revista Macau, Livros do Oriente*, nr. 44, december 1995.
2. Moniz Cristovam *A cultura do chá na ilha de S. Miguel*, p. 20-21.
3. Dufour Philippe Sylvestre, *Traitez Nouveaux & curieux du Café du Thé et du Chocolate*, p. 241-242
4. Moniz Cristovam, *op. cit.*, p.10, spreekt over een ander soort ruil. 'In 1605 verkochten de Hollanders in Parijs thee tegen 30 tot 100 fr. het pond, thee die ze in Macao geruild hadden voor een derde van zijn gewicht in salie (*Salvia officinalis*).
5. Volgens Philippe Sylvestre Dufour telde men er rond 1685 drieduizend, *op. cit.*, p. 246-247.
6. Ukers, William A., *All About Tea*, p. 43.
7. *Archivo dos Açores*, vol. X, p. 365-366.
8. Gomziekte: plantenziekte veroorzaakt door een zwam, met als kenmerk een overproductie van gom.
9. *Sociedade Promotora da Agricultura Micaelense*, afgekort SPAM.
10. *Phormium tenax*, afkomstig uit Nieuw-Zeeland, ingevoerd in Europa, gecultiveerd in het Middellandse-Zeegebied. Op de Azoren gebruikt voor het vervaardigen van textielvezels en alcohol. In het Portugees "espadana".
11. Het contract vermeldde dat ze van één tot vier jaar in São Miguel moesten blijven en dat hun loon voor de helft op de Azoren zou worden uitbetaald en voor de andere helft aan hun echtgenote in Macao. "Manual do Cultivador de Chá" in *Escavações*. Vol. III. p.1030.
12. Medeiros Sousa *José do Canto, subsídios para a História Micaelense* (1820-1898). p. 151-158.
13. *Escavações*, op. cit.
14. *Escavações*, op. cit.
15. Supico Francisco Maria, *Escavações*; Bettencourt Maria Fernanda da Silva, *Cultura e Fabricaçaõ do Chá em São Miguel*; Carreiro da Costa, *Esboço histórico dos Açores*.
16. Hermano Motta drong op deze benaming aan.
17. Bij deze behandelingswijze van de groene thee worden de blaadjes met stoom bewerkt. In China worden de theeblaadjes volgens de traditionele manier ondergedompeld in kokend water.
18. In Ukers William, *op.cit.*, verschenen in 1935, worden al deze "moderne" machines afgebeeld, aan het einde van deel I, p. 479 en volgende.
19. Deze fabriek werkte tot 1974 (notities van de auteur).
20. De oudste Portugese krant die sedert haar oprichting op 18 april 1835 ononderbroken verscheen onder dezelfde titel.
21. Tijdens een bezoek ter plaatse in de lente van dit jaar kregen we de indruk dat het "point of no return" bijna bereikt is.

"Onder het alziend oog van onze meedogenloze meester heb ik urenlang mijn voorhoofd geschaafd voor ingebeelde concubines, terwijl ik de hemel smeekte niet te vaak dank te moeten zeggen. Daarna maakten wij ons vertrouwd met de regels van de dienst, want wij waren daar helemaal niet voor het decorum. Wij zouden thee of alcohol moeten schenken, pijpen stoppen, sigaretten aansteken, eten opdienen en hem of haar aankleden in wiens dienst we zouden werken. (…) Ik leerde dus mensen bedienen die op hun beurt veel machtiger mensen bedienden. Dat maakte het daarom niet makkelijker, want in de Stad beantwoordde elke handeling aan nauwkeurige en strikte regels. Om een gewoon voorwerp door te geven, moest er een heel ritueel in acht worden genomen. Wanneer bijvoorbeeld een meester thee vroeg, moest men subtiel het kopje met beide handen vastnemen, zich in zijn richting begeven met het kopje in de handpalmen ter hoogte van de borst en dan voor zijn voeten neerknielen. Zodra men op de knieën zat, moest men hem het drankje aanreiken, niet te hoog, niet te laag, ter hoogte van de wenkbrauwen, aldus onze leermeester, het hoofd naar beneden als teken van onderdanigheid".

Dan Shi, *Mémoires d'un eunuque dans la Cité interdite*

2

Thee proeven

Thee proeven

De drie werelden van Meester Tseng

Dominique T. Pasqualini

Een verscholen plek

Je loopt door een van de meest verbazingwekkende Parijse wijken, waar een karikaturale massa toeristen zich een weg baant en je aandacht telkens weer getrokken wordt door Griekse restaurants, Bretoense pannenkoekenhuizen en uitstalramen vol oosterse souvenirs, door winkeltjes en eetgelegenheden allerhande. In dit stukje nog authentiek Parijs, in *La Mouffe* dus, blijf je geboeid staan voor een vrij ongewoon uitstalraam. Je bent geïntrigeerd door het halfdonker van de zaak, de mooi afgelijnde dozen die nog net te zien zijn achter de toonbank, de elegante houten stoelen en de ouderwetse kalligrafieën. Dit is duidelijk geen gewone plek.

Op het enige bordje dat je kan lezen staat: *La Maison des Trois Thés*. Die avond, na het diner, ben je op stap met vrienden uit Amerika of Japan die net uit het vliegtuig zijn gestapt, en dwaal je rond in dit steegje waar je al meer dan vijftien jaar niet meer bent geweest. Je kon niet anders dan terugkomen.

Het theehuis

De zomer was net begonnen. Een jaar van droogte. Het leven ging gewoon zijn gangetje, niks bijzonders, geen problemen maar ook weinig vooruitzichten. Je kuierde wat rond, je las wat, je ging nauwelijks naar de bioscoop. Je dag werd gewoon bepaald door de Japanse groene thee die je in de late ochtend en in het begin en het midden van de namiddag zette. Niet meteen ogenblikken van pauzeren, maar veeleer van vaart minderen en stilte.

Je wilde dus dit theehuis bezoeken, met enige achterdocht, alsof je een inspecteur was. Eigenlijk kwam je nog zelden in die andere zogenaamde Franse, Chinese of Taiwanese theehuizen in Parijs, zonder te weten of het de prijs, de sfeer of de kwaliteit van de thee was die je niet zo aantrok. Je nam blootsvoets en in kleermakerszit plaats aan een laag tafeltje dat op een verhoogje stond. Misschien om te tonen dat het oosten je toch wel een beetje bekend was of je althans niet meer overdonderde. Er stond een waterketel te brommen waaruit damp ontsnapte. Een vrouw kwam even je kennis peilen van een lange lijst onvertaalde namen: *Dong Ding Wu Long... Wen Shan Bao Zhong... Gao Shan Cha... Bai Mu Dan... Bi Luo Chun... Long Jing... Zi Yang Mao Jian...*

Dat was nog maar het begin van een onmogelijk gesprek, maar je wist meteen dat het niet goed zou aflopen: je probeerde de aangeboden keuze te vatten, weliswaar te snel, maar dat is begrijpelijk, want je moest toch wat antwoorden. Zij wilde natuurlijk weten wat je in haar huis kwam doen, welke thee je zou kiezen en of je die wel op prijs zou stellen.

Gong Fu Cha

Hoewel je hier volgens de gastvrouw niet echt een ritueel meemaakte, was je eerste reactie er toch een van totale verbazing.

Verschillende kleine kommetjes in alle vormen worden op een tapijtje geplaatst, waarop ook een vuurtje staat met een aarden waterketel erop. Dan wordt plots het ene voorwerp na het andere vastgenomen en omgekeerd door snelle, vaardige, maar ontspannen handen. Alles verwisselt nu snel van plaats: de bijna barokke groene theeblaadjes, en ook het dampende water dat de ronkende ketel verlaat en gretig en overvloedig de bekertjes vult. Deze activiteit boeit onmiddellijk, niet zozeer omdat men de indruk heeft een of andere liturgische viering met vaste handelingen bij te wonen, maar veeleer door de reden van al die snelle bewegingen. Vooraleer het water terechtkomt op een plaats waar men het

Meester Tseng proeft thee

helemaal niet verwacht, meer bepaald *rondom de waterketel*, in een soort van diep bord, heeft het al een hele weg afgelegd via bekertjes en potjes in alle maten en vormen. Nog vóór de thee wordt gedoseerd met behulp van voorwerpen die van hout zijn en dus niet tot de grote familie van keramische recipiënten behoren, bevochtigt en reinigt dat kokende water de 'paarse' grond; vervolgens doordrenkt het de theebladjes, maar komt nooit tot rust. Die eerste drank, die als de kostbaarste zou kunnen worden beschouwd, wordt onverbiddelijk weggegooid; daarna worden de kopjes van verschillende vormen op hun beurt gespoeld en omgekeerd naast de theepot gezet. De daaropvolgende infusie duurt niet langer dan enkele seconden. De inhoud van de minuscule theepot verdwijnt in een andere theekan, zonder deksel. De kleine, binnenin felwit geëmailleerde kelkjes, die aanvankelijk dienst schenen te moeten doen als kopjes, blijven onaangeroerd, terwijl een soort hoge vingerhoedjes worden gevuld met een thee van een nooit eerder geziene kleur. Deze hoge kopjes worden dan weer geledigd in de kelkjes, die met een beslist gebaar onder de neus worden gehouden en zoete en weke bloemen- en fruitgeuren vrijmaken. De parfums slaan aan door hun subtiliteit, hun verfijning en hun vluchtigheid; ze beroeren even, maar zelfs de koppige blijven niet hangen, ze vervliegen of verbeiden om eventjes vaag waargenomen te worden. En als de thee in de mond komt, verschijnen plots nog andere aroma's op zijn weg via de tong tot in de keel. Deze thee is een Wu Long. De manier waarop de thee wordt klaargemaakt wordt Gong Fu Cha genoemd.

Theeservies van Meester Tseng

De tijd die even stilstond

Geloof het of niet, je was niet echt ontgoocheld die eerste keer – nu reeds vijf jaar geleden – niet door het onthaal van de mysterieuze gastvrouw, noch door de lange en zorgvuldige bereiding van de thee, noch door het aroma of de smaak, die je voorheen nooit had opgesnoven of geproefd. Gedurende die eerste weken kwam je alleen terug om dit onwaarschijnlijk stukje exotisme te ondergaan, in een omgeving waarin het helemaal niet thuishoorde. Je genoot in beperkt gezelschap van deze onvergelijkbare geuren en smaken, en dat terwijl buiten in de brandend hete straat niet alleen mooie buitenlandse vrouwen defileerden, maar ook de arme infanteristen van het wereldtoerisme, zuchtend en puffend onder hun boordevolle rugzak.

Ondanks de *a priori* waanzinnige prijs voor wat gedroogde bladeren die in warm water ondergedompeld worden, kwam je een hele zomer lang elke dag naar die plaats terug. Van deze dagelijkse aanwezigheid maakte je gretig gebruik om je te bekwamen in de rustbrengende gebaren van de theeceremonie.

Het einde van de wereld

In die maand augustus maakte je elke dag een verre reis in deze soort opiumkeet waar de enige drug bestond uit een beetje water waarin een niet te definiëren parfum school. De tijd stond stil en vluchtte terzelfder tijd weg.

Een droom die even verdween, toen Meester Tseng naar het Verre Oosten vertrok met de bedoeling *La Maison des Trois Thés* opnieuw te bevoorraden. Een maand lang doorkruiste ze, zoals ieder jaar weer, Taiwan, China, Tibet, Thailand en Birma, op zoek naar nieuwe theesoorten, nieuwe oogsten en avonturen die uit onze tradities leken voort te spruiten: het exotisme van een Hergé of van een Loti. Hoef ik er nog aan toe te voegen dat in deze maand waarin mijn toevluchtsoord dicht bleef, Parijs plots kleiner leek?

Een wereld van thee

Je wist hoe je in Japan, in Europa of in de woestijn thee moest drinken, maar hier ging het over een andere tijd, een andere dimensie, een andere geschiedenis. Wat op iets nieuws en bijzonders leek, op wat extra verfijning of een regionaal gebruik, vertaalde zich vanaf deze 'eerste keer' meteen als een diepte zonder diepte, als een tot dusver onbekende horizon die er echter altijd al was geweest. Wat op je afkwam was iets onmetelijks, een tijdsduur en een wereld waarvan wij nooit enig beeld hadden gekregen of zelfs niet wisten dat ze bestonden.

Eigenlijk hebben de meeste in het oosten en in Japan beschikbare werken uitsluitend betrekking – en dan nog in versies uit de derde hand – op de ontdekking van de Japanse thee door Europa, terwijl de enkele eigentijdse geschriften over Chinese thee zich beperken tot enkele flarden van teksten, die geen rekening houden met de context, tot een opsomming van theesoorten die nooit werden geproefd en tot gevolgtrekkingen die zo algemeen zijn dat ze tot contradicties leiden.

De theemeester

Heel af en toe knippert deze anderhalve meter lenigheid, nauwkeurigheid en intensiteit, die steeds de klanten in het oog heeft en hen verduidelijkt dat ze hun tijd mogen – en moeten – nemen, met de ogen en laat op die manier vermoeden dat er iets bijzonders is gebeurd. Net zoals bij een *koân zen*, of een taoïstische dans.

Yu Hui Tseng is een uitzonderlijke persoonlijkheid, die in haar eentje de eeuwenoude theetraditie in de wereld vertegenwoordigt. Ondanks haar jeugdige leeftijd en ondanks het feit dat ze de enige vrouw is in een zeer gesloten wereld, wordt ze door de grootste Chinese experts en de 'professors' van Taiwan toch beschouwd als een van de drie belangrijkste in leven zijnde theemeesters.

Haar discrete maar sterke persoonlijkheid valt op bij de eerste oogopslag: dit kleine vrouwtje met haar lange zwarte haren verwelkomt u in haar Theehuis met een niet minder zwarte en intense blik. Zij vertelt u dat ze geboren werd in Nantoe, in het westelijk centrum van Taiwan, en dat ze afstamt van Chinezen die meer dan 200 jaar geleden niet wilden buigen voor de Mantjsoe-overheersing en op het eiland hun toevlucht gingen zoeken. Haar vader is de 22ste rechtstreekse afstammeling sedert de Tsengs zich in Fujian (zuidelijk China) vestigden, terwijl de oorsprong van het geslacht in het Noorden lag. Die enkele woorden volstaan om je te overtuigen van de lange voorgeschiedenis van de familie Tseng.

Muziek en thee

Op de leeftijd van twee jaar nuttigde ze haar eerste kopje thee; sedertdien is ze nooit meer gestopt met thee drinken. In haar familie van moeders kant produceert men sedert vele generaties gerenommeerde thee; haar ooms en neven kweken in de bergen van Formosa nog altijd thee op een artisanale manier en nemen ook regelmatig met succes deel aan theewedstrijden, die de seizoenen van de hooggelegen dorpen wat extra kleur geven.

Op vierjarige leeftijd speelde ze piano, en toen ze zeventien was, beheerste ze de klarinet. In de laatstgenoemde discipline behaalde ze op negentienjarige leeftijd de grote prijs van Taiwan. Ze herhaalde dat huzarenstukje de twee daaropvolgende jaren, maar in 1994 besloot Yu Hui Tseng een punt te zetten achter haar carrière als klassieke soliste om zich volledig op de thee toe te leggen. Ze opende in Parijs het eerste Taiwanese theehuis in Europa, *La Maison des Trois Thés*, waar ze volgens de wetten van Gong Fu Cha de grootste en zeldzaamste Chinese theesoorten serveert.

Thee ontdekken

Vooraleer Meester Tseng theeliefhebbers – die ze zelf veeleisend heeft gemaakt – in haar huis verwelkomde (ze komen inmiddels uit heel de wereld, van Canada tot Hongkong, van Denemarken tot Portugal en van Taiwan tot Duitsland), was het niet alleen onmogelijk om al die theesoorten te proeven, maar had men zelfs geen vermoeden van het bestaan ervan. Of om het met een toepasselijke vergelijking te zeggen: het was net alsof je wijndrinkers die hun waar in plastic flessen in warenhuizen halen, zou vergasten op een degustatie van een Château Pétrus 1949, een Chambertin-Clos de Bèze 1990 of een Yquem-Lur Saluces 1921. Hun ogen worden eindelijk geopend. *La Maison des Trois Thés* is zo een onwaarschijnlijke plaats waar een in het westen onbekende wereld en een in China miskende wereld brutaal voor je opengaat. De theesoorten zijn afkomstig van grotere en meer verscheiden streken dan die in Europa, en zijn ook meer gevarieerd dan onze wijnen: er zijn méér dan 1.500 namen van groene thee en zelfs meer dan 3.000 namen voor alle soorten samen … Er zijn theesoorten die afkomstig zijn van struiken die ouder zijn dan 1.000 jaar, d.w.z. van theebomen die geplant werden onder de legendarische Song-dynastie. Er zijn theesoorten die gedurende de tientallen jaren – tot zelfs meer dan een eeuw – rijpen vooraleer ze geconsumeerd worden. Er zijn soorten waarvan de wereldproductie zelden hoger ligt dan 300 kg en waarvan men het heel dikwijls met amper 6 kg moet stellen. Er is de fameuze Bai Hao 1995, waarvan het aroma afhangt van de toevallige aanval van een insect en waarvan er slechts een kleine 50 g kan worden geoogst. Er is thee die prijzen heeft gewonnen en thee die in Taiwan of in beschermde gebieden in China per opbod verkocht wordt en die ter plaatse naar westerse normen ongelofelijke prijzen haalt: voor een gewaarborgde *Dong Ding*, waarvan de productie niet hoger ligt dan 210 kg, betaalt men vandaag makkelijk 540.000 Belgische frank. In 1998 werd in China zelf bijna 1,8 miljoen Belgische frank neergeteld voor een *An Xi Tie Guan Yin*, die men zelfs in *La Maison des Trois Thés* heeft kunnen proeven. De meeste kwaliteitstheesoorten kosten al vlug tussen de 9.000 en de 360.000 Belgische frank. Geen enkel belangrijk theehuis in Europa of Amerika heeft toegang tot deze wereld. Hun assortiment bevat uitsluitend soorten thee die met synthetische aroma's behandeld wordt of Indiase en Chinese thee die op industriële manier geproduceerd wordt. Toch werd deze gesloten wereld door Meester Tseng brutaal opengebroken.

De veiling van de eeuw

Op 18 augustus 1998 hield de Chinese regering voor het eerst in haar bestaan ergens in Fujian een veiling van de legendarische Wu Long 'De Rode Toga', waarvan de zeer minieme productie strikt gecontroleerd wordt en waarvan de geheime, eeuwenoude theeplantages ergens in het gebergte streng worden bewaakt. Dit belangrijk thee-evenement is misschien vrij onopvallend aan het westen voorbijgegaan, maar de grote liefhebbers uit Taiwan en Hongkong zijn daarvoor beslist op pad geweest. De waardevolle thee was verpakt in een klein verzegeld doosje, bewaakt door twee soldaten in uniform, en werd

Meester Tseng proeft thee

bij opbod aangeboden aan een professioneel publiek. De geboden prijs van ongeveer 34 miljoen BEF/kg geeft een idee van het belang van thee in die gebieden. Enkele minuten na de toewijzing kwam er echter nog een hoger bod van 54 miljoen Belgische frank binnen vanuit Singapore. Meester Tseng was als eregast van de Chinese experts op deze veiling van de eeuw aanwezig. Omdat ze heel wat respect geniet, behoorde ze tot het kleine kransje van theeferventen die het voorrecht hadden deze legendarische thee te mogen degusteren.

Neusmeester

Het zijn eerst en vooral de uitzonderlijke reuk- en smaakzin die opvallen bij Meester Tseng. Tal van grote keukenchefs en Franse oenologen komen graag bij haar hun kennis bijschaven. Samen proeven ze dan haar wedstrijdtheesoorten en proberen ze haar analysemogelijkheden inzake reuk en smaak te vatten. Zij kent immers als geen ander van iedere thee de subtiele geur – zelfs van een bloem die slechts twee uur per jaar en dan nog in het midden van de nacht opengaat –, de meest verborgen nasmaak – zelfs bij de 9de infusie – en zelfs de 'geschiedenis' van het blad, waarbij ze bijvoorbeeld weet in welk jaar een bepaalde zwarte thee in de opslagplaats plots heeft blootgestaan aan vochtigheid. En geheel in de oude traditie van de Chinese amateur-geletterden van Tang tot Ming, kan ze evenzeer alle kwaliteiten en nuances van een eenvoudig glas water opsommen; eventjes proeven is voor haar immers al voldoende om een volledige pagina commentaar te kunnen verstrekken. Moeten we in dat verband echt nog

De drie werelden van Meester Tseng

benadrukken dat er vrijwel geen enkel Frans, Engels of Schots bronwater of mineraal water bestaat dat in haar ogen, of liever in haar neus, genade vindt, zulks in tegenstelling tot de vele onvoorzichtige adviezen van de meest gerenommeerde huizen.

In de bergen

Toen ze klein was, volgde ze haar geamuseerde ooms op hun wandelingen door de theevelden tijdens de oogst of het verwerken ervan. Tal van grote 'theeprofessoren' zagen in haar de vroegrijpe theeliefhebber en initieerden haar in de duizendjarige kennis van de theewereld, die in de 20ste eeuw de gevolgen heeft moeten ondergaan van het communistische China, van de Japanse invasie en van de brutale modernisering van de culturen.

Op vierjarige leeftijd verstopte ze zich 's nachts onder haar bed, waar ze in het halfduister voor haar slapende jongere zus, heel het ritueel van de Gong Fu Cha uitvoerde. Haar ouders, die voor haar nochtans een andere weg hadden bedacht, dienden haar zeer jong met de Theemeesters te laten vertrekken om bij het ochtendgloren waardevolle wilde thee te plukken in de in nevel gehulde Taiwanese bergen, terwijl er ook nog tijd vrijgemaakt werd voor meditatie.

Vervolgens werd ze in private theehuizen, waar slechts enkele fortuinlijke amateurs de grootmeesters en de professors van de thee mochten benaderen, langzaam maar zeker ingewijd in de geheimen van de Gong Fu-kunst. Het ging hier niet om kitscherige of protserige etablissementen zoals men er in Taipei of Hongkong kan vinden, maar om kleine achterzaaltjes of kelders, waar men zorgvuldig de minuscule maar erg waardevolle YiXing-theepotten uitpakt en zich overgeeft aan de ceremonie van de infusies, die omzichtig behandeld worden als zeldzame likeur, en waar men de nieuw aangekomen thee proeft, alsook theesoorten die slechts in zeer beperkte hoeveelheden bestaan.

Reizen naar China

Meester Tseng maakt van Parijs een internationale hoofdstad van de Chinese thee. Zij geeft er les over Gong Fu Cha aan liefhebbers die zich in deze discipline komen verdiepen en terzelfder tijd leren hoe ze theesoorten moeten klaarmaken en degusteren waarmee je wedstrijden kunt winnen. Naar het voorbeeld van de zeer grote wijnen en met een passie die haar gelijke niet kent, onderricht zij hen in de finesses en ook in de kracht van de zeer grote Chinese en Taiwanese theesoorten. Ze brengt er de anderen toe te houden van de dingen waarvan zij houdt, zoals de smaak en de geur van thee, de aroma's en zelfs de ziel ervan. Op die manier is ze uren bezig om via infusies combinaties te proberen van eenzelfde Taiwanese thee met geuren van magnolia, seringen, orchideeën, en ook – in het afgekoelde kopje – met papaja of ananas, of met een klontje boter en ongeraffineerde suiker... Men blijft vele minuten lang over zijn proefkopje gebogen, waarbij de infusies met dezelfde dosis thee soms tot 15 worden opgedreven, en steeds blijft men letten op de effecten ervan in de mond en in het lichaam.

Yu Hui Tseng, die vrij jong Theemeester is geworden, en er ondanks de traditie in slaagde als enige vrouw tot het kleine kransje van experts toe te treden, gaat nog driemaal per jaar naar Taiwan en naar China. Zij wordt er beschouwd als de vertegenwoordigster van een hele cultuur die haar glans heeft teruggevonden na een moeilijke periode. Tijdens deze lange zwerftochten langs de theeroute gaat ze op het ogenblik van de oogst na wat de beste theesoorten van het jaar worden, waarbij vanzelfsprekend rekening wordt gehouden met de klimatologische omstandigheden of de inbreng van het menselijk vernuft.

Zich baserend op een zeer oude eruditie vertrekt ze aldus op een nooit eindigende zoektocht naar een broze, een ontastbare en vergankelijke schoonheid.

Het drinken van een thee

Een thee bestellen in een café heeft iets belachelijks. Heeft dat iets te maken met het feit dat dit in een 'café' gebeurt, en dat café ook staat voor een zwarte warme drank waarvan gehoopt wordt dat die enige verpozing brengt, de vertering bevordert of de nodige energie levert om de dag voort te zetten? Het is hoe dan ook een feit dat de ober u met enig medelijden bekijkt, net alsof u ziek bent of een beetje flauw, misschien wel begrijpelijk als alle heil verwacht wordt van dat armtierig papieren zakje in het porseleinen kopje water dat hij zonet berouwvol voor u heeft neergezet. Misschien denkt hij wel dat zijn baas van alle consumpties die over de toonbank gaan, het meest verdient aan thee, een zakje waar tenslotte niet meer dan wat plantaardig stof in zit en wat opgewarmd kraantjeswater voor nodig is, maar dat hij geen fooi moet verwachten van de zielenpoot die hij door zijn houding van u maakt. Om het nog erger te maken, moet u melk en citroen weigeren en insisteren om het theebuiltje apart te krijgen, en natuurlijk gebruikt u geen suiker. Het zal inmiddels duidelijk zijn dat het smakeloze zicht van een donkerbruine wolk in uw kopje, het potsierlijke van de situatie geen goed doet.

Het spreekt voor zich dat, als men niet echt houdt van de wolk van koude tabak, *rillettes* en bier, die samen met het vrij nors onthaal en het gebrek aan verbeelding op de kaart in veel bars, bistro's en cafés schering en inslag is, men altijd nog kan terugvallen op theesalons, maar daar krijgt men dan weer af te rekenen met het ouderwets, zelfs neokoloniaal of in het beste geval Proustiaans sfeertje van plaatsen, waar de aristocratische tekenen van een maatschappij, die haar verveling niet meer weet te verschalken, voortleven in de kitscherige omgeving.

Het theesalon

Natuurlijk zijn er huizen die de thee nieuw leven hebben proberen in te blazen, door in landen zoals Frankrijk een tot dusver niet bestaande traditie uit de grond te stampen. Deze 'innovatie' bestond er echter vooral in een nieuw 'parfum' te introduceren in de Engels-Indiase 'zwarte' thee, waarbij de standaardisatie – mogelijk gemaakt door de invoering van synthetische aroma's in het midden van de 20ste eeuw – alle subtiele smaken voor altijd naar de vergetelheid heeft verwezen. De toename van dergelijke aroma's (zoals appel, kaneel en karamel) heeft de theekaarten natuurlijk eindeloos langer gemaakt. En zo kan je blijven combineren, ook wat de herkomst betreft: men kan theesoorten uit heel de wereld (India, China, Japan, maar ook Kenia, Ecuador en Georgië) op één lijn zetten zonder te vermelden dat, uitgezonderd voor de eerste drie, alle theesoorten terugvallen op één Ceylon-kloon en geteeld worden in omstandigheden, die geen enkele verbetering mogelijk maken.

De groene mode

Sedert enkele jaren is er een onmiskenbare interesse voor groene thee, die van Indonesië tot Japan en voornamelijk in China gedronken wordt. Deze Aziatische gewoonte, die in het westen een ware MODE is geworden, profiteert nu van uiterst snelle vervoermogelijkheden – wat vroeger een zwakke schakel was in het theetransport door de Indische Compagnies –, maar moet zich ook aanpassen aan het westen, waar men niet moet weten van niet-gefermenteerde thee. Deze thee wordt immers niet in een theepot bereid, maar in een *zhong*: een specifieke recipiënt in fijn porselein, die bestaat uit een wijde kop zonder oor, een schoteltje en een deksel. De theeblaadjes worden niet met kokend water overgoten en de infusie trekt niet te lang, wat de thee de kans geeft zijn meest subtiele aroma's vrij te geven en de smaken beter tot hun recht laat komen. Op die manier komen de kwaliteiten en eventueel ook de gebreken op het vlak van versheid, bewaring of fabricatie, makkelijker aan het licht.

Welnu, de voorkeur voor de zwarte Engels-Indiase thee, krachtig maar zonder veel smaak, voor de wijdverspreide bereiding via een infusiezakje, voor de ijsthee, voor het blikje, en voor een aroma dat nu eens gereduceerd is – door de melk en de suiker –, dan weer aangevuld met verpulverde extracten, is niet de meest aangewezen manier om kennis te maken met de duizenden Chinese groene theesoorten, die ook in China niet allemaal bekend zijn. De wederwaardigheden van de lange geschiedenis tussen het oosten en het westen zijn terug te vinden in de namen van de meest 'beroemde' theesoorten, die uiteraard in industriële hoeveelheden worden gemaakt: Yunnan, Gunpowder en Tuo Cha verwijzen op die manier naar theesoorten die heilzaam en van een legendarische oorsprong zouden zijn. De behandeling van thee, waarvan de waarde – onafhankelijk van de soort – in essentie afhangt van het tijdstip van de oogst en van de versheid, wijkt in die mate af van de bewaarvoorschriften, dat ze leidt tot samentrekkende en uitdrogende infusies, die zogezegd karakteristiek zijn voor de Chinese thee.

De kleuren van thee

La Maison des Trois Thés is een van de zeldzame plaatsen in de wereld, waar thee niet aangeboden wordt in een pseudo-diversiteit van eenzelfde *broken* met zijn resem parfums, of van eenzelfde *Assam* die door verschillende landen als puur exportproduct wordt beschouwd, maar veeleer in de regenboog van kleuren waarin China ze nog steeds ontwikkelt, ver van de door de staat gecontroleerde bedrijven.

Theesoorten onderscheiden zich in de eerste plaats door de bewerkingen die ze ondergaan na de oogst en door de fermentatie: gele, witte en groene thee ondergaan maar een beperkt gistingsproces, in tegenstelling tot de rode thee, die dat proces volledig doormaakt en de zwarte, die het zelfs tweemaal doorstaat. De bij ons compleet onbekende diversiteit aan Wu Longs – wie is er immers op de hoogte van de 3.000 verschillende blauwgroene Chinese theesoorten – wordt verkregen door een variatie in de gisting.

In het westen blijft het zo goed als onbekend dat theesoorten ook verschillen volgens hun wortelstok, iets waarnaar de wetenschappelijke systematiek blijkbaar geen oren heeft. Terwijl men in China tientallen verschillende soorten onderscheidt, kent men bij ons slechts één variëteit van de *Camellia sinensis*. En dat is net hetzelfde als wanneer men alle wijnsoorten over dezelfde kam zou scheren. Meester Tseng weet, net als een oenoloog of een wijnbouwer, hoe ze haar thee moet uitkiezen, rekening houdend met de theestokken. Heel de Chinese cultuur vindt op die manier in Frankrijk haar exact equivalent in de traditie van de wijnsoort, de grond en het klimaat. Hoewel groene, blauwgroene en rode thee nauwelijks één jaar meegaan, 'bewaart' zwarte thee 30 of 60 jaar of zelfs meer dan een eeuw, en Wu Long en Pu Er zelfs meerdere eeuwen. Als men daarbij de veelheid van Chinese theesoorten – niet minder dan 6.000 – in beschouwing neemt, dan is de vergelijking met wijn zeker op haar plaats.

Thee en wijn

Indien Meester Tseng in Parijs een geprivilegieerd onderkomen heeft gevonden om haar kunst te beoefenen, dan heeft dat ook veel te maken met de paradox dat er in Frankrijk helemaal geen theetraditie bestond en dat er van de kunst van het zetten van thee absoluut geen sprake was. De Europese landen die tegen het einde van de 18de eeuw de gewoonte van het theedrinken overnamen, meer bepaald Engeland, Rusland, Nederland, Duitsland en Scandinavië, zijn allemaal landen waar de klimatologische omstandigheden, de sociale gebruiken en de religieuze voorschriften een belangrijk verbruik van alcohol in de hand hadden gewerkt en waar wijncultuur niet mogelijk was. Door een soort van praktische noodzaak – de Russische samovar –, of onder de druk van moraalridders – de Engele mug –, is de thee binnengesijpeld. Dat lukte echter niet in Frankrijk, wellicht omdat wijn door zijn minder zwaar alcoholgehalte en zijn rol in de voeding niet zo'n ravages heeft aangericht als witte alcohol en niet hetzelfde lot heeft ondergaan als bier. Gelukkig is de theecultuur in veel Franse regio's altijd voldoende verspreid geweest, waardoor de banden tussen productie en consumptie altijd zijn blijven bestaan. Dat de thee in zijn Engels-Indiase versie nooit méér is geworden dan een kruidenaftreksel, wijst er veeleer op dat we hier te maken hebben met een streek waar zich enerzijds een gastronomie is gaan ontwikkelen en er anderzijds een band is blijven bestaan met de bebouwde grond. Dat geldt vooral voor alle Zuid-Europese landen, die trouwens ook de landen zijn waar het verbruik van suiker nooit zo groot is geweest als in het noorden en vooral in Engeland. Indien zwarte thee nooit is kunnen aanslaan in Frankrijk, komt dat ook omdat Chinese voedingswaren vroeger niet vrij van averij in Europa arriveerden, en ook omdat er vanuit Indiase theeplantages veel middelmatig spul geleverd werd. Tot daar enkele elementen die de paradox verklaren waarom Parijs plotseling het privilege heeft verworven om een centrum te worden van de complexe Chinese theetraditie, die door Yu Hui Tseng werd meegebracht.

Oenologie en Gong Fu Cha

Alvorens de Gong Fu Cha aan zijn specifiek domein te relateren, met het vaak verborgen doch aanvaard risico in het stereotiepe van het oosten te tuimelen, is het interessanter de Chinese 'theekunst' met de Europese 'wijnkunst', meer bepaald de Franse, te vergelijken. Deze benadering is veel rui-

Boottocht op de Li Jiang Guang Xi (China)

mer en creëert een venster op een nog grotendeels onbekende cultuur, en ze maakt het mogelijk de eigen cultuur nog eens in beschouwing te nemen. Men kan de gemeenschappelijke trekken bekijken: de twee 'kunsten' of 'technieken' situeren zich door de bijzonderheid van hun "product" tussen de landbouw, het kunstambacht en de gastronomie. In Frankrijk hebben minstens drie termen betrekking op de wetenschap of de praktijk ervan: de *viticulture* (wijnbouw), de *viniculture* (wijnbereiding), en de *œnologie*. De drie woorden accentueren elk één specifiek aspect van de wijnkunst, zij verwijzen naar verschillende beroepen en specialiteiten, maar het onderlinge samenspel van de drie is essentieel en het ideaal is eigenlijk de drie bekwaamheden in één persoon te combineren. Een ten top gedreven vakmanschap en een harmonische relatie met de natuur is zowel voor de thee als de wijn van cruciaal belang: bij de teelt – 'wijnstoksoort', 'herkomst', 'klimaat' –,

bij de bereiding – ogenblik van de oogst, behandeling en duur van de conservering – en bij de appreciatie – degustatietechnieken, typologie van smaken en geuren, discrete wisselwerking. Ten slotte is de maatschappelijke rol van de wijn en de thee gelijklopend: ze maken integrerend deel uit van de belangrijkste religies (joden- en christendom in het westen; boeddhisme-confucianisme-taoïsme in het oosten), ze hebben een beslissende impact op het beursgebeuren en de belastingen en openen een weg naar de 'cultuur' in haar afgeleide betekenis, nl. naar de kunst en de poëzie. Zowel thee als wijn, van het kopje groen water en het glas rode vloeistof, die ofwel zonder plichtplegingen op alle mogelijke momenten geschonken worden of deel uitmaken van rituelen, tot de beschavingen waarvan ze het fluïdum waren, vinden elkaar terug op een gemeenschappelijke grond, ondanks al hun verschillen. Het is een feit dat sedert de Franse en Hollandse verdragen uit de

De drie werelden van Meester Tseng

17de eeuw, tot de huidige beroepsorganismen van vandaag, de geschiedenis van de introductie van het trio *thee-koffie-cacao* in het westen ongeveer parallel verloopt. Toch is het met wijn dat thee het best kan worden vergeleken. Door haar komst naar Parijs getuigt Meester Tseng daarvan. De *Académie du Thé Chinois* telt trouwens ook een hele schare wijnamateurs in haar gelederen.

Kunst en techniek

De Gong Fu Cha is strikt genomen een vaardigheid, een bedrijvigheid, een 'kunst', als men aan dit woord zijn betekenis van vóór de Renaissance geeft. De grondbeginselen, de techniek en ten slotte de geheimen ervan achterhalen, neemt heel wat tijd in beslag. Zoals bij vele oosterse vechtsporten, Tai Ji Quan, Qi Gong en Wushu, is de aaneenschakeling van gebaren, die zo simpel en evident lijkt en die als het ware vanzelf lijkt te ontstaan, voor een beginneling moeilijk uit te voeren. Meestal beoefenen de Meesters van de Gong Fu Cha en de grote liefhebbers ervan eveneens andere 'kunsten' – vechtsporten, kalligrafie, poëzie, schilderen, muziek enz. Omgekeerd zullen de beoefenaars van traditionele 'vuistkunsten' (quan) of van het penseel hun theekennis aanwenden om hun *qi* (vitale energie) te beheersen. Zo moet men Gong Fu Cha, waarin het begrip *kung fu* weerklinkt, letterlijk vertalen, niet als 'kunst van de thee', maar als 'thee van de kunst' – waarbij men terzelfder tijd een infusie maakt van de 'tijd' en de 'techniek'.

Thee van de kunst

Om in het kort de omvang van deze 'thee van de kunst' te vatten, dient eerst opgemerkt dat heel wat vaardigheden samenvallen met die uit de wijnkunst. Thee is ongetwijfeld even complex als wijn, zeker wat het aantal soorten, de organoleptische kwaliteiten en de teelt- en behandelingstechnieken betreft. Er spelen echter nog heel wat andere aspecten mee, die het westen genegeerd of over het hoofd gezien heeft. Zo dient de 'liefhebber' of a fortiori de 'theemeester' rekening te houden met alle therapeutische, klimatologische of andere belangrijke elementen, zoals onmiddellijke of langetermijneffecten op het lichaam naargelang van het type thee, de seizoenen, de plaats waar de thee gedronken wordt; omgekeerd ook met alle veranderingen die de thee ondergaat tijdens zijn rijpingsproces. In enkele weken tijd kan de smaak van de thee drastisch veranderen; zwarte thee is nog fragieler wat bewaartijden betreft dan alcoholische dranken. Wijn degusteren vraagt heel wat voorbereiding – decanteren, chambreren, inschenken – maar de bereiding van thee en de instrumenten die daarvoor worden gebruikt, zijn nog complexer: om te beginnen, heb je meer voorwerpen nodig en is ontzettend veel afhankelijk van de bewegingen en van de vaardigheid om de juiste dosis, temperatuur en tijd in te schatten. Het 'ritueel', dat van de Japanners tot bij de Toearegs centraal staat, is overigens het beste bewijs van hoe belangrijk het technische aspect wel is en de Chinese Gong Fu Cha is daar het beste voorbeeld van. Als een theemeester zoals Yu Hui Tseng zo'n krachtige indruk kan nalaten, dan is dat omdat zoveel diverse gaven verenigd zijn in een en dezelfde persoon.

Theepot van de meester

Niet-gefermenteerde theeën worden bereid in een Zhong; voor de Wu Longs daarentegen is de Gong Fu Cha vereist, de meest ingewikkelde infusiebereiding, die dateert uit de Ming-periode en nog steeds voortleeft in Fujian en Taiwan. Centraal in deze methode is de befaamde kleine *YiXing-theepot*, genoemd naar de vermaarde ovens in het Jiangsugebied, waar hij met de 'paarsrode zandsteen' gefabriceerd wordt, een materiaal dat perfect harmonieert met en noodzakelijk is voor de bereiding van complexe en delicate theesoorten. De uitzonderlijke kwaliteiten van deze 'paarse' aarde – waarvan de steengroeven heel zeldzaam geworden zijn en nauwgezet gecontroleerd worden – zorgen inderdaad voor een vlotte symbiose met het blad dat staat te trekken. Vandaar het absoluut verbod om deze theepot te wassen, dit in tegenstelling tot de westerse porseleinen theepot. De opeenvolgende infusies leggen telkens een onzichtbare film op de wand van de pot, waardoor de infusies al hun geheime aroma's kunnen loslaten. De toewijzing van een welbepaalde soort theepot aan een specifieke thee, de kennis van de aarde en haar gevarieerde kleuren, de evaluatie van vormen, massa en stevigheid, openen een nieuwe ervaringswereld, die qua complexiteit en traditie in het westen haar weerga niet vindt. Onder de theeliefhebbers heeft zich rond de YiXing-theepot een hele wereld van kenners en verzamelaars geschaard. De talrijke toeristische versies die in China in omloop zijn, doen vergeten welke extravagante prijzen voor dergelijke potten op de markt worden geboden: de waarde van een goede nieuwe theepot voor gewoon gebruik schommelt tussen de 12.000 en de 36.000 Belgische frank, en een collectiestuk zal vlug de 600.000 Belgische frank overschrijden. De laatste Chinese grootmeester-pottenbakker – overleden in 1996 – verkocht zijn theepotten tegen de prijs van 3,6 miljoen frank! Voor een klein stel collectietheepotten werden vorig jaar in Hongkong enkele tientallen miljoenen geboden... Een kernaspect van de 'thee van de kunst' bestaat er dan ook in een zeer specifieke technische kennis te bezitten, zoals de theemeester zijn 'stukken' en 'vaten' kent, maar dan ook nog gekoppeld aan een grondige kennis van de geschiedenis van de keramiek. In staat zijn de kwaliteit van de aarde te herkennen, het technische karakter van een theepot te begrijpen, en die te koesteren zodat hij niet 'uitdooft' – door hem te besproeien als een plant, zodat de infusies hun bloemen- en vruchtenaroma's loslaten – vormt een facet van een praktijk, waarvan het meesterschap onbereikbaar lijkt.

Thee van de meester

Het woord 'theemeester', dat in de courante literatuur al te gemakkelijk in de mond wordt genomen, kan op verschillende manieren worden verklaard. 'Theemeester' of *tea master* is de toepassing van het Japanse woord voor 'gastheer van de Chadô' in de meest diverse en uitheemse beschavingen; zo kan men spreken van de Chinese, de Koreaanse en zelfs de Franse theemeester – in dit laatste geval wordt het theeboek echter een ietwat komische aangelegenheid. De woorden theeceremonie en theeritueel werden ook te pas en te onpas gebruikt; zo zouden de Toearegs er een 'ceremonie' op nahouden iedere keer dat ze hun dorst lessen. De uitdrukking 'theeceremonie' is echter de zeer vervormde vertaling van het woord *chanoyu*, wat letterlijk 'warm theewater' betekent, terwijl 'theemeester'

een omzetting is van *chajin*, wat niets méér betekent dan de 'persoon belast met de thee'. Als men de Gong Fu Cha als een geritualiseerde vorm wil beschouwen, dan mist men de complexiteit en de noodzaak ervan. Juister is echter dat 'theemeester' de vertaling is van het Chinese woord *chashu*: deze persoon is inderdaad een autoriteit die de theekunst ontwikkelt en doorgeeft aan de volgende generaties. Het gehele domein van de thee heeft eigenlijk sedert de 19de eeuw in China en in Europa een brutale ommekeer meegemaakt via een effect van communicerende vaten: zowel aan de plantages als aan de consumptieplaatsen en de technische kennis werd veel schade aangericht. Het is in dit daglicht dat men de renaissance van de theepraktijk moet zien, die zich de jongste jaren in Taiwan en China voordoet: daar merkt men het herstel van een eeuwenoude kennis en daarom moet men het voorrecht om een meester als Yu Hui Tseng te kunnen ontmoeten, met beide handen grijpen.

Bron van bloemen

Tseng Yu Hui heeft, hoog op de façade van haar theehuis, bij de beginletter van haar familienaam de beginletters van 'thee' en 'Taiwan' gevoegd, wat tot de Franse naam: *La Maison des Trois Thés* geleid heeft. Dit ietwat cryptische getal in de naam van het theehuis heeft ook een symbolische betekenis: als drie voor de Chinezen en voor de aanhangers van Aristoteles het getal van het getal is, dan betekent dit hier dat het gehele theegebeuren en alle theesoorten aan bod komen. En zo gaat het verder, want de Franse naam is niet het equivalent van de Chinese naam; de sigillografische ideogrammen verbergen immers een andere legende, nl. 'De bron van de bloeiende perzikbomen'. Deze mythe van een verborgen paradijs, toevallig ontdekt door een verloren gelopen visser die het geheim ervan niet zal kunnen bewaren, wordt verteld door de dichter Tao Yuanming (327-427), die volgens erudieten en schilders de eerste was die zijn inspiratie in de natuur vond: in water, bergen en wolken. Voor de scherpzinnige die zover kon geraken, gaat een paradijs schuil achter een bron, die onbereikbaar is vanwege de hoge bergen en beschut is door een woud van bloeiende bomen. Is dit ook niet een beetje wat de liefhebber

Het theehuis Huxinting in Shanghai

beleeft die, helemaal opgaand in zijn passie voor thee, misschien – zonder dit ooit met iemand te kunnen delen – een ongekende harmonie zal kunnen ervaren na de ontdekking van de meest subtiele bloemengeuren van een infusie en op de Montagne Sainte Geneviève een klassieke Chinese mythe terugvindt, verzegeld in de antieke stijl van een kalligrafie.

Tseng en Zeng

De naam Tseng, een van de meest courante namen, is in feite *Zeng* in het Pinyin, en werd soms aangepast tot *Tcheng*. Het gaat hier om een van die Chinese families – de zeventiende in het adellijke klassement –, waarvan de stamboom, die zeer nauwkeurig bijgehouden wordt, alle afstammelingen terugbrengt tot één enkele 'bron'. De oorsprong van de Tsengs gaat niet minder dan 4.000 jaar terug, om exact te zijn tot de Xia-dynastie (2207-1766 vóór Christus), tot keizer Yu, bekend om zijn 'zorg voor het water' na de ernstige overstroming die China had geteisterd. De keizer van de derde Yu-generatie schonk aan zijn zoon, die in Shandong woonde, het land Zeng. Recente opgravingen van een begraafplaats bevestigen het bestaan ervan tot de Strijdende Koninkrijken. Toen deze streek veroverd werd door de koning van Lu, werd de naam van het land de familienaam. Bij de 15de generatie, onder de Xin-dynastie, emigreerden de Zengs naar het centrum van China om te ontsnappen aan de corruptie van de koning. Onder de Mings maakten ze deel uit van de honderd eerste families die zich op het eiland Taiwan vestigden, aan de kant van Nantoe. De genealogie vermeldt achtereenvolgens verscheidene keizers, verscheidene politici – in de achttiende eeuw, Zeng Cheng, eerste secretaris van de keizer; onder de Songs van het noorden, Zeng Gong Liang, eerste minister van drie opeenvolgende keizers en raadgever van de beroemde Wang Anshi; Zeng Guo Fan, die de revolte van de Taipings tot een goed einde wist te brengen –, heel wat dichters… – Zeng Gong, gerespecteerd erudiet van de Songs, Zeng An Zhi, die het eerste verslag over de rijst op schrift stelde (het vermaarde 'Re Pu'), Zeng Ji (dynastie van de Songs van het zuiden), Zeng Rui (dynastie van Yuan), waarvan de gedichten de draak steken met de klanten van de prostitutie –, en schilders, zoals Zeng Jing onder de Mings, een westers geïnspireerd portretspecialist.

Zengzi

De meest befaamde van alle Zengs is onbetwistbaar Zeng Shen, de eerste discipel van Confucius en de enige die, samen met Yu, de titel 'Meester' (*zi* of *tzeu*) draagt. Zengzi vertegenwoordigt de *junzi*, 'de man van het goede' van het confucianisme, die tegenover de *xiao ren* staat, 'de man van het niets'. In een anekdote laat de vrouw van de Meester, die een beetje zoals de vrouw van Socrates een ietwat contrasterende figuur is, zich verleiden tot een chantagespelletje om haar turbulente zoon wat te kalmeren: als hij braaf is, zal ze bij hun thuiskomst het varken slachten. Zengzi wordt hiervan op de hoogte gebracht; hij grijpt onmiddellijk een lang mes en keelt het dier voordat zijn vrouw hem kan beletten de rijkdom van het huis op te offeren. Voor Zengzi was tegenover een kind met de waarheid spelen totaal ontoelaatbaar. Verscheidene als richtsnoer dienende confucianistische teksten worden hem toegeschreven: *De Grote Studie* (Daxue), die zoals *Het Onverander-*

lijke Milieu (Zhongyong) een hoofdstuk vormt van *Het Boek der Riten* (Liji); en verder ook *Het Boek van de kindergodsvrucht* (Hiao Jing), een van de dertien klassieken, dat een belangrijke rol speelde in officiële wedstrijden en aan kinderen te lezen werd gegeven op het einde van hun scholing in de Chinese karakters. Het werk "geeft enkele sociaal-ethische principes voor de man die noch soeverein noch minister is, in zijn relatie met zijn familie en met anderen" (Maspero) en is opgezet als een dialoog tussen Confucius en Zengzi. Laatstgenoemde is een van de belangrijkste drie gesprekspartners in de *Gesprekken* van Confucius: hij verschijnt in het begin van Boek I, na amper drie verzen.

Meester Tseng

"Meester Tseng (Zengzi) zegt: Ik onderzoek mezelf iedere dag op drie punten: heb ik in de zaken die ik voor anderen heb afgehandeld, mijn uiterste best gedaan? Ben ik steeds oprecht geweest in de relaties met mijn vrienden? Heb ik ten slotte niet nagelaten de lessen van mijn Meester in praktijk te brengen?" (*Gesprekken*, I, 4, vert. Cheng). Iedere familietempel van de familie Tseng heeft op de gevel een spreuk die naar deze drievoudige moraal verwijst: *San Xing Tang*, d.w.z. het Huis van de Drievoudige Beoordeling. Het motto van *La Maison des Trois Thés* laat zich zo – op het derde niveau – raden door het zowel te onderwerpen aan de herhaalde eis van het experiment, als aan het herhaalde experiment van de eis. Het heeft voor een westerling iets duizelingwekkends om iemand te ontmoeten waarvan de afkomst, zeer nauwkeurig bijgehouden in de familieannalen, vierduizend jaar keizers, dichters en wijsgeren aaneenrijgt. Het is ongetwijfeld fantastisch om een echo te kunnen opvangen van iets wat zich over vierentwintig eeuwen uitstrekt, en men zal allicht begrijpen dat Yu Hui het door de nagedachtenis aan haar illustere voorvader Zengzi soms moeilijk heeft om te aanvaarden dat men haar net als haar voorvader 'Meester Tseng' noemt.

Hoewel de Koreaanse theekunst niet zo oud is als de Chinese, kan zij toch bogen op een lange geschiedenis: het bestaan van thee wordt in Korea reeds gemeld tijdens het bewind van koningin Sondok, die regeerde van 632 tot 647, net als tijdens het bewind van koning Kyongdok (746-765) die, nadat hij de monnik Chungdam tijdens een theeceremonie ter ere van Boeddha had ontmoet, thee met hem dronk.

Tijdens de Chinese Tang-dynastie keerde Kim Dae Ryeum, de ambassadeur van de Koreaanse koning Hungdok in China, in 828 met theezaad naar zijn land terug en zaaide het in de valleien rond de Chiriberg in het zuiden van Korea.

Vanaf het begin waren de monniken en de leden van de *hwarang*, de Koreaanse militaire elite, de grootste theeverbruikers. In die tijd werden er talrijke offergaven aan de voet van de boeddhabeelden en van de gedenkplaten ter ere van de voorouderlijke geesten neergelegd. Thee maakte deel uit van deze offergaven en werd ook voor medicinale doeleinden gebruikt.

Tijdens de Koryo-periode (918-1392) nam de thee een sacraal karakter aan en werd hij de favoriete drank van de aristocratie. Koning Songjong, die regeerde van 981 tot 997, maakte zelf zijn eigen poederthee uit theekoeken. Ook werd er een speciaal bureau voor theezaken opgericht, dat binnen de muren van het koninklijk paleis gehuisvest was. De tempels legden 'theedorpen' aan waar thee werd geteeld en verwerkt. Deze gebruiken hielden gedurende meerdere eeuwen stand. De thee werd

Koreaanse monnik bereidt thee, prent

opgediend in vrij grote kommen en zijn succes gaf een krachtige impuls aan de ontwikkeling van het Koryoaardewerk.

Tijdens de Yi-periode (1392-1910), die overeenkomt met de Ming- en de Qing-dynastie in China, geraakte het gebruik van thee meer algemeen verspreid en verving de infusie van groene thee geleidelijk aan de poederthee die vlak voor zijn gebruik van theekoeken werd geschraapt. Na het overlijden van de derde koning van deze dynastie werden de boeddhistische ceremoniën abrupt vervangen door confucianistische riten en moest de thee wijken voor wijn. De monniken in de kloosters bleven echter thee drinken omdat het hen hielp wakker te blijven tijdens hun lange meditaties. Deze consumptie ging evenwel niet gepaard met een ingewikkeld ceremonieel.

Ook vandaag nog blijft het drinken van thee in Korea een eenvoudige aangelegenheid, die echter een grote waardigheid en raffinement uitstraalt welke herinnert aan de statigheid van de Chinese geletterden uit vervlogen tijden. Een waterketel, een theepot en kopjes zonder oor volstaan, met één eigenaardigheid nochtans: het kokende water wordt eerst in een kommetje gegoten waarin het blijft staan terwijl men theebladeren in de theepot laat glijden. Vervolgens wordt het water, dat een temperatuur heeft van nog ongeveer 50 graden, van het kommetje in de theepot overgegoten, waardoor het aroma van de groene thee beter vrijkomt. Ook vandaag nog leggen de Koreanen de nadruk op het feit dat het drinken van thee helpt bij het beoefenen van de traditionele boeddhistische deugden, zoals de rust, de harmonie, de eenvoud, de meditatie, de zuiverheid en de afkeer voor uitersten. Onderricht in de theeceremonie maakt nog steeds deel uit van wellevendheidscursussen en gebeurt volgens strikte regels die gebaseerd zijn op de traditionele filosofie.

Traditionele theeceremonie in Korea

Thee proeven

Chanoyu, de Japanse manier van theedrinken

Gretchen Mittwer

Het is algemeen bekend dat de Japanners groene thee drinken; men zou groene thee zelfs de Japanse nationale drank kunnen noemen. Minder bekend is echter dat de thee er wordt gedronken met bladeren en al. De theeblaadjes – uitsluitend de zachtste blaadjes van de eerste theepluk van het jaar, die zijn gestoomd en gedroogd om de smaak en groene kleur te bewaren – worden verpulverd tot een fijn poeder dat met heet water wordt vermengd in een aardewerken kom, waaruit het licht bittere mengsel meteen wordt gedronken. Het is met deze groene thee dat een van de meest bijzondere en diepgewortelde culturele tradities verweven is, nl. de ceremonie van de *chanoyu*, wat letterlijk vertaald 'heet water voor thee' betekent.

De chanoyu-thee is geen aftreksel, maar veeleer een dikke, schuimige drank op basis van vermalen theebladeren. Hierin ligt meteen het grote verschil met het algemene idee dat men van thee heeft, nl. heet water waarin men theebladeren onderdompelt om er de smaak aan te onttrekken. Deze ongebruikelijke verschijningsvorm van de chanoyu-thee, aangeduid met het Japanse woord *matcha* (poederthee), ligt aan de basis van allerlei geneeskrachtige eigenschappen die de overlevering aan groene thee toeschrijft en die later door de moderne wetenschap zijn bevestigd.

De bladeren van de *thea sinensis*, een soort uit het plantengeslacht Camellia dat de basis vormt voor alle theesoorten van de wereld, bevatten stoffen als eiwit, tannine, theïne, mangaan, jodium, pectine, oliën, anorganische zouten, chlorofyl en verschillende vitaminen. De poederthee stelt ons in staat ook stoffen op te nemen die onoplosbaar zijn in heet water, zoals vitamine A en chlorofyl, en die een belangrijke heilzame werking hebben. De geschiedenis leert ons dat de Japanners juist door die geneeskrachtige waarde en door het prikkelende effect op geest en lichaam, geïnteresseerd raakten in thee. Dit had men al ervaren in China, het land waar de Japanners voor het eerst met de drank kennismaakten. Naast de bekende heilzame werking van thee is er echter ook het opmerkelijke feit dat de kruidendrank het uitgangspunt ging vormen van een esthetische en filosofische levensvisie die in belangrijke mate de essentie van de traditionele Japanse cultuur zou weerspiegelen.

In de eilandstaat Japan – met als dichtstbijzijnde buren het Koreaanse schiereiland aan de andere kant van de Japanse Zee en China op het daarachter gelegen continent –, waar historische gebeurtenissen en ontelbare andere factoren aan de basis lagen van een heel eigen cultuur, ontwikkelde deze thee zich als een drager van spirituele beschaving. Uitgaande van het feit dat we nooit innerlijke vrede kunnen bereiken zonder een bewuste inspanning om onze dagelijkse bezigheden en beslommeringen te overstijgen, bood chanoyu de mens de kans zich los te maken van deze aardse activiteiten, op zoek te gaan naar de wortels van zijn bestaan en deel te nemen aan een transcendente ervaring, die wel eens een van de belangrijkste momenten in zijn leven zou kunnen worden.

De drank *matcha*

Matcha is nooit een dagelijkse drank geweest. De thee die mensen drinken bij maaltijden of ter verfrissing, is meestal de getrokken versie van groene thee. Getrokken groene thee is vrij sterk van smaak, verfrissend en past uitstekend bij tal van Japanse gerechten zoals bij sushi, die nu zowat overal ter wereld wordt gegeten. Japanners hebben echter ook veel westerse eetgewoonten overgenomen en drinken ook koffie of zwarte thee in plaats van groene thee. Deze dranken complementeren de westerse smaken, net zoals de zachte, halfgefermenteerde theesoorten

Juichidamme, Utamaro, bedrijf XI, prent. Prentenkabinet van de Koninklijke Bibliotheek Albert I, Brussel

in China uitstekend passen bij de Chinese keuken. Maar de groene thee vormt in Japan nog steeds de traditionele verfrissing en wordt dagelijks gedronken. Gasten verwelkomt men traditioneel met een kommetje hete groene thee. In kantoren krijgen werknemers gewoonlijk een kop groene thee bij het binnenkomen en bij de ochtend- en middagpauze. Merkwaardig is dat de populaire gelegenheden – vergelijkbaar met onze cafés – die opdoken toen Japan een goede eeuw geleden zijn deuren opende voor het westen, *kissaten* heten (plaatsen waar men thee drinkt) en dat men er vooral koffie gebruikt.

De *matcha* vindt men bij uitstek in zentempels, waar men de drank gewoonlijk aan bezoekers aanbiedt. Dit heeft te maken met de geschiedenis van het matcha-drinken, een gewoonte die zenmonniken eeuwen geleden introduceerden na hun studiereizen langs Chinese zenkloosters. Het is ook een weerspiegeling van de strenge tradities in de zentempels, waarvan de strikt omschreven gedragscode door de eeuwen heen vrijwel onveranderd is gebleven. De monniken verwelkomen gasten met een kommetje *matcha*, maar drinken de thee soms ook zelf. Het bereiden van de thee is een aan vaste regels gebonden aangelegenheid die meestal buiten het zicht van de gast plaatsheeft.

Wanneer *matcha* aangeboden wordt in het kader van de chanoyu of gewoon als drank, wordt hij steevast opgediend in combinatie met Japanse zoetigheden. De thee en de delicatessen worden als één geheel beschouwd, zij het dat de lekkernijen strikt genomen worden opgediend en verorberd vóór de *matcha*. Het zoete combineert goed met de betrekkelijk dikke en bittere *matcha*, maar belangrijker is dat men eerst iets in zijn maag krijgt als buffer voor de thee. Ondanks de heilzame werking van *matcha* is het namelijk toch een drank die men beter niet op een lege maag drinkt. Oude teksten duiden erop dat men in de begindagen van de chanoyu vaak een licht gerecht – bijvoorbeeld een noedelsoep – serveerde voordat men zijn gasten *matcha* aanbood. Naar dit gerecht verwees men met de zenterm *tenshin* (het hart verlichten). Er bestaan nu ook verkorte versies van de formele chanoyu, waarbij gasten, vaak ná de zoetigheden en de thee, *tenshin* wordt aangeboden.

Onlangs openden er in Kyoto, het traditionele geboorteland van *matcha* en de chanoyu-cultuur, bij toeristische trekpleisters een aantal zaken waar men Japanse zoetigheden en *matcha* kan nuttigen. Deze unieke manier van theedrinken is een typisch voorbeeld van de elegante cultuur van Kyoto. Overigens zijn er in Japan nog heel wat mensen die nog nooit *matcha* hebben gedronken, laat staan hebben deelgenomen aan een chanoyu! Voor velen is *matcha*, die wordt gelijkgesteld met de chanoyu, gehuld in een waas van mysterie en hoort hij thuis in een wereld ver van de hunne, in een paradoxale omgeving vol ingewikkelde regels en voorschriften.

De kern van de chanoyu

Chanoyu omschrijft men in andere talen meestal als de 'Japanse theeceremonie' en dit leidt vaak tot een verkeerde interpretatie van de basisactiviteit. In wezen is het gebeuren niet meer dan een bijeenkomst van een paar vrienden die elkaar opzoeken om gedurende een paar uur in alle rust en ver van de dagelijkse beslommeringen te genieten van een maaltijd en thee te drinken.

De gasten bereiken langs een kleine tuin met bomen en struiken de rustige en intieme theekamer, die beschut is tegen het felle zonlicht. In de alkoof hangt een rol met daarop vaak uitspraken van een zenmeester. In een vaas staan enkele bloemen. Op deze rustige plek, als ware het een afgelegen hut, komen gasten en gastheer weer tot zichzelf en de gastheer biedt zijn gasten een aangename maaltijd en wat wijn aan. Terwijl hij de houtskool aansteekt om het water voor de thee te warmen, de thee klaarmaakt en hem serveert, proberen gast en gastheer in contact te treden met elkaar en met alle aspecten van hun leefomgeving, op een directe, openhartige manier en met een diepe waardering.

De grote kracht van de chanoyu als levensmodel, de reden waarom de ceremonie zo bepalend werd voor de culturele ontwikkeling van Japan – op het gebied van kunsten en ambachten, binnenhuisarchitectuur en zelfs kleding en keuken –, ligt in het eenvoudige feit dat de traditie haar oorsprong vindt in een heel alledaagse menselijke activiteit: het samenkomen met anderen om te genieten van een maaltijd en thee te drinken. De concrete vorm van dit samenzijn is daarbij een voortdurende herinnering aan de wijsheid en de ervaring van mensen door de eeuwen heen.

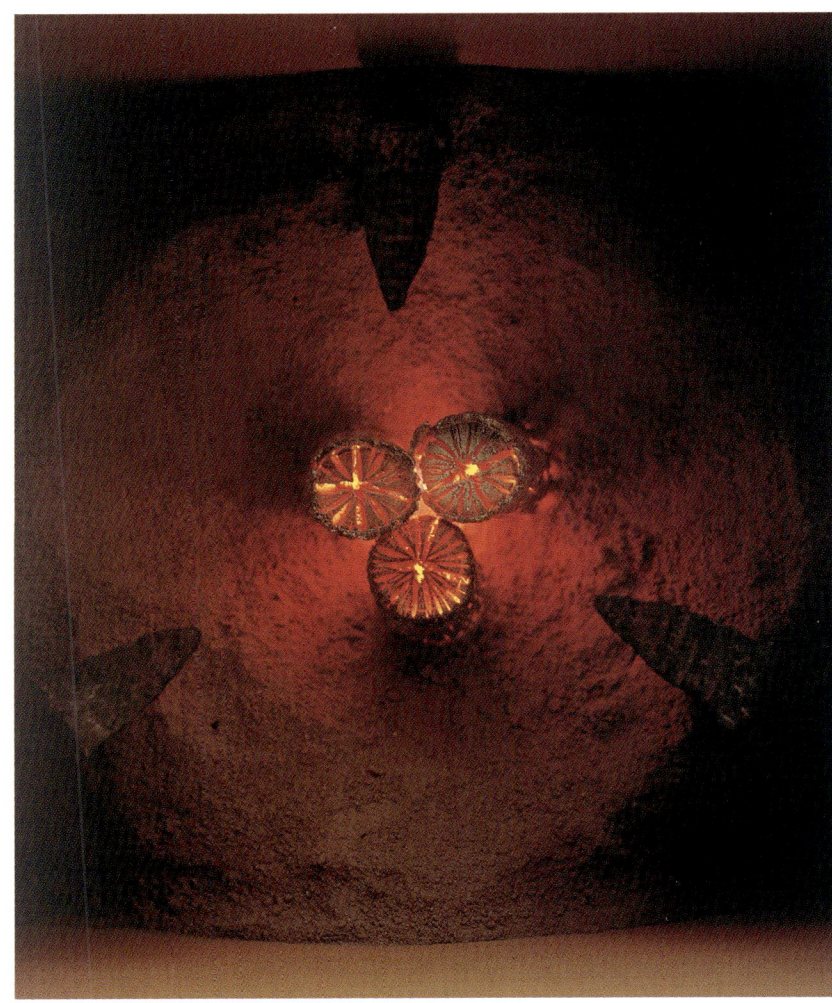

Chasen of bamboe-theeklopper

Vaak zegt men dat zen en chanoyu in wezen gelijk zijn. Zen speelde inderdaad een bepalende rol in de ontwikkeling van het ritueel en in de esthetische waarde en het doel ervan, daar het vooral zenadepten waren die de regels van de theeritus vastlegden. Op esthetisch vlak zijn de zeninvloeden terug te vinden in het ingetogene, sobere en subtiele van de chanoyu. Buitensporigheid en overdaad maken zeker geen deel uit van de ceremonie.

Ook de maaltijd bij de chanoyu is een directe weerspiegeling van de zeninvloeden. In zenkloosters werden per dag slechts twee karige maaltijden genuttigd. De monniken legden stenen in de stapels bladeren die zij tijdens hun dagelijkse werkzaamheden in de tuin bijeenharkten en verbrandden, en staken deze stenen dan rond de maagstreek in hun kleding om de honger te stillen en om hen te helpen bij het mediteren. De maaltijd tijdens de chanoyu wordt *kaiseke* (borstzaksteen) genoemd, om aan te geven dat de maaltijd dezelfde functie vervult als de stenen van de monniken. Sen Rikyu (1522-91), de man wiens wijsheid en creativiteit aan de basis lagen van de zogeheten zentraditie in de theeceremonie, sprak de volgende beroemde woorden: "Het hunkeren naar een mooi huis of een rijkelijk maal is een aardse bezigheid. Er is voldoende beschutting als het dak niet lekt en er is voldoende voedsel als men niet van honger omkomt." Rikyu gaf de voorkeur aan een lichte maaltijd van wat rijst, soep en drie gerechten met eenvoudig klaargemaakte seizoeningrediënten.

De periode die hieraan in Japan was voorafgegaan, kenmerkte zich door culturele onrust. Historisch gezien kunnen we stellen dat de zentheetraditie een reactie was op de buitensporige en vaak ongezonde theegelagen die toen in zwang waren. Terzelfder tijd gebruikte men in de zentempels bij speciale gelegenheden *matcha* tijdens het theeritueel of *sarei*. Het brouwsel deed ook dienst als een soort medicijn, dat hielp tegen slaperigheid en de geest helder hield bij lange meditatiesessies. Thee was in de zenkloosters

Houtskool om het vuur aan te maken in de haard tijdens de wintermaanden

Chanoyu, de Japanse manier van theedrinken

echter een gebruiksgoed en geen uitdrukking van de zenfilosofie. Er was een man als Rikyu voor nodig om, los van de conventionele zenvormen en -tradities, het omstandige culturele ritueel van de verschillende manieren van theedrinken, die op dat ogenblik bestonden, te perfectioneren vanuit zijn persoonlijke zenvisie.

Hoewel de chanoyu zijn wortels in zen heeft, predikt hij geen godsdienstige doctrine. Men zou het ritueel kunnen omschrijven als een combinatie van een reeks filosofische en esthetische idealen. De principes van 'harmonie', 'eerbied', 'zuiverheid' en 'rust' liggen ten grondslag aan de idealen die men uitdrukt bij de chanoyu. Tijdens de ceremonie bevrijden mensen zich van hun dagelijkse beslommeringen en doen zij een inspanning – met algemene instemming en discipline – om deze menselijke idealen te laten overheersen. Het zijn idealen die nu nog altijd even belangrijk zijn als bij hun formulering eeuwen geleden en een universele gedachte behelzen. Bij de chanoyu gelden ze als de sleutel tot de spirituele vervolmaking van de mens.

De onderliggende principes

De vier onderliggende principes van de chanoyu zijn nauw aan elkaar verwant en alle even belangrijk. Men kan stellen dat de idealen van harmonie en eerbied verwijzen naar onze relatie met de ons omringende wereld; zuiverheid en rust hebben dan weer vooral te maken met onze eigen gemoedstoestand.

Het eerste ideaal van de lijst, harmonie, omvat het streven naar een sfeer van eensgezindheid, een beginsel uit het confucianisme. De ceremoniële riten van de chanoyu zijn waarschijnlijk in belangrijke mate beïnvloed door de hang naar formaliteit en naar het beheersen van elke vorm van interactie. Dit aspect van het ritueel beschouwen mensen vaak als een van de meest mysterieuze onderdelen. Hoe komt men aan die strenge en beperkende regels om van een kop thee te genieten? Waarom moet er voortdurend gebogen worden, zelfs door de gasten onderling? Voordat hij van zijn thee drinkt, buigt de gast en zegt tegen de volgende: "Excuseer dat ik voorga". De chanoyu is doorspekt met dit soort gedragsregels.

Chanoyu is in wezen een vorm van sociale interactie en leert dat sociale regels ons bevrijden van onberekenbare impulsen en ons in staat stellen om ons met anderen te onderhouden op een niveau dat die impulsen overstijgt. De regels van de chanoyu – ook al schrijven die precies voor wanneer en zelfs hoe diep men moet buigen, wanneer men mag spreken en over welke onderwerpen – schenken ons het vermogen om ons te oefenen in een normale gedragscode en persoonlijke discipline, en om in al onze gedragingen onze zelfbeheersing te bewaren. De ceremoniële riten vinden misschien nu niet meer zoveel bijval als op andere momenten in de geschiedenis, maar in de chanoyu bieden ze ons nog steeds momenten van plechtigheid en spirituele ontplooiing die we delen met anderen.

De nadruk op harmonie lag aan de oorsprong van een van de basiskenmerken van de chanoyu: de sociale gelijkheid binnen de theekamer. Dit is voor ons misschien iets heel normaals, maar zelfs nu nog zijn er mensen die zich louter op grond van afkomst of maatschappelijke status beter wanen dan anderen. In de begindagen van de chanoyu, meer dan vierhonderd jaar geleden, was de Japanse samenleving ingedeeld in sociale kasten en was de regering in handen van de krijgsheren. Van omgang tussen mensen uit verschillende klassen was vrijwel geen sprake en elke stand kende zijn eigen zeden en plaats in de maatschappij. De chanoyu was echter een moment waarop feodale heren, priesters, krijgers uit de opperrangen en vermogende zakenlieden elkaar regelmatig troffen. Sen Rikyu, zelf afkomstig uit een koopmansgeslacht, propageerde actief de chanoyu in de intieme sfeer van een theehut met een rieten dak, niet meer dan drie vierkante meter groot. Hij creëerde een lage ingang, de *nijiriguchi* (kruipdoorgang), voor de plek waar men plaatsnam en thee dronk. Gasten uit de krijgersklasse moesten eerst hun zwaard – het symbool van hun rang – afleggen voordat ze door de doorgang mochten kruipen. Zelfs de leider van de natie was hiertoe gehouden. Door de theekamer zo te betreden, legde iedereen zijn status af en behoorden allen tot dezelfde rang in een omgeving waar mensen elkaar vooral respecteerden om hun mens-zijn.

Het harmoniebeginsel heeft ook betrekking op het leven in overeenstemming met de natuur en maakt dat de chanoyu een aantal traditionele opvattingen koestert, die heel vanzelfsprekend waren voordat de moderne technologie ons steeds verder van de natuur

De roji-tuin, die naar het theepaviljoen leidt

wegvoerde. In een wereld waar we onze dagelijkse taken volbrengen met alle moderne gemakken maar zonder respect voor de natuur, biedt de chanoyu in wezen een complexe en subtiele interactie met onze natuurlijke omgeving. Dit blijkt duidelijk uit het bewustzijn van het wisselen van de jaargetijden, dat intrinsiek deel uitmaakt van de chanoyu en zich uit in de keuze van instrumenten en voedsel en zelfs ook in de manier waarop men de thee bereidt.

Chanoyu wordt ook wel beschouwd als een vorm van poëtische verfijning of *furyu*. Dit begrip veronderstelt dat men leeft met een helder besef van de uitzonderlijke schoonheid van de natuur – de bloemen van het seizoen, het geluid van water dat over stenen stroomt, het moment dat de schemering invalt – en dat men ervoor openstaat. Dit vereist niet alleen een harmonieuze eenheid met de natuur, maar ook een houding van diepe eerbied en nederigheid.

In tegenstelling tot de bloemen van de ikebana, die een gesculpteerd effect veroorzaken, moeten de bloemen van de chanoyu – *chabana*, 'theebloemen' – de indruk wekken dat ze in het veld staan; men bedient zich niet van steuntjes of kunstgrepen. Er bestaat een uitdrukking die zegt dat de *chabana* met de voeten wordt geschikt. Dit om duidelijk te maken dat de bloemen niet in een bloemenwinkel worden gekocht maar recht uit de natuur komen. Door ze mooi in een vaas te schikken, wil men niet het beeld van bloemen in de vrije natuur benaderen, maar probeert men het wezen van de bloemen zelf te vatten. In de stilte van de theekamer krijgen de bloemen een soort directheid die niet meteen opvalt in de vrije natuur.

Ze bestaan namelijk alleen in het nu en doordringen ons van het wonder van hun bestaan.

Mensen die deelnemen aan een chanoyu, hebben steeds de woorden in gedachten die Rikyu zou hebben gesproken om het geheim achter theebereiding in de zomer in vergelijking met de winter te verklaren. "Breng in de zomer een gevoel van heerlijke koelte, in de winter een gevoel van warmte. Leg de houtskool zo neer dat ze het water verwarmt, maak de thee zo dat hij aangenaam is." Het verhaal luidt dat de vraagsteller zich ergerde aan dit eenvoudige antwoord en zei: "dat weet toch iedereen", waarop Rikyu repliceerde: "als je dit foutloos kunt uitvoeren, word ik misschien wel je leerling." Want inderdaad, de verschillende aspecten en talloze variabelen maken de chanoyu tot een studiethema voor het hele leven.

In dit verhaal vroeg iemand naar het geheim van het komfoor dat men gebruikt om in de zomer de ketel te verwarmen en naar dat van de haard die in de winter gebruikt wordt. De precieze manier om de houtskool op een bed van speciaal daartoe bereide as te schikken, is door de eeuwen heen overgeleverd door generaties chanoyumeesters, die dit aspect verfijnden tot een kunst van schoonheid en eenvoud. Het aantal stukken houtskool en zelfs de vorm en grootte ervan zijn nauwgezet voorgeschreven. Er bestaan verschillende regels voor het komfoor en de haard en zelfs de as is verschillend. Het vergt jaren ervaring om de houtskool zo te schikken dat ze feilloos "het water verwarmt", snel in brand schiet, gelijkmatig brandt en de waterketel verwarmt tot de juiste temperatuur op het juiste moment.

De brandende houtskool in het komfoor of de haard biedt een fraaie aanblik, aangezien ze de vorm en het chrysantenpatroon van het kruiselings gekapte hout behoudt.

Nijiriguchi, de kruipdoorgang naar het theepaviljoen (ongeveer 70 cm hoog)

Kleine gerechtjes vóór de thee

Thee proeven

De as in het komfoor is gesculpteerd in een bijzondere vorm en is een kunstwerkje op zich, al is haar evenals de houtskool een kort leven beschoren. Wat gasten niet kunnen zien, is een patroon dat in de as onder de houtskool werd getekend: het is het teken voor water uit de Chinese waarzeggerij, een symbool om het vuur te beschermen. Een ander opmerkelijk symbool dat ook met de as van het komfoor te maken heeft, is het halvemaanvormig stuk dat eruit gesneden wordt wanneer de houtskool gestapeld is. Het geeft aan dat de as, die zo zorgvuldig voor deze gelegenheid werd klaargemaakt, nu voor altijd 'gebroken' is.

Er bestaat een theorie over de voorkeur van Japanse krijgers voor de chanoyu, die stelt dat dit althans gedeeltelijk te maken had met de zorg en schoonheid waarvan de chanoyu, hoe vluchtig ook, was doortrokken. Deze mannen stonden voortdurend dicht bij de dood en spirituele vervulling was iets dat ze snel moesten bereiken. De kortstondige schoonheid van deze dingen moet hen zeker hebben ontroerd. En, eerlijk gezegd, er ligt een intens pathos in het aanschouwen van de gloeiende houtskool in komfoor of haard; zij brandt, verandert voortdurend van uitzicht en vergaat uiteindelijk tot as.

Er bestaan veel anekdotes rond de chanoyu die door de eeuwen heen werden doorgegeven. Een daarvan verhaalt over Sen Sotan, de kleinzoon van Rikyu, en verduidelijkt de idee van eerbied. Op een dag zond een goede vriend van Sotan, een priester in de tempel van Daitokuji, een jonge monnik op weg om Sotan een uitzonderlijk mooie twijg witte cameliabloesem te brengen. Onderweg verloor de tak echter de mooiste bloesem. Na enig beraad besloot de jongen de tak toch af te geven en verontschuldigde zich voor zijn onoplettendheid. Sotan bedankte hem en – nu komt het meest opmerkelijke van het verhaal – zette de tak, met nog maar een paar blaadjes eraan, in een vaas. Deze vaas hing hij aan de zuil in de alkoof en de afgevallen bloesem schikte hij op de vloer. Dank zij de eerbied van Sotan voor de attentie van zijn vriend, voor de inspanningen van de jongen en voor de bloem zelf, kwam de camelia weer tot leven.

Een van de meest expressieve uitdrukkingen voor de diepe eerbied is in het kader van de chanoyu de zin "deze ontmoeting –slechts één keer in het leven" (*ichigo ichie*). Ze omschrijft de houding van de deelnemers van een chanoyu-samenkomst: zij zijn hier allen samengekomen voor een specifieke en eenmalige gebeurtenis. De chanoyu zet ertoe aan om van elk moment te genieten en stimuleert zo ook een houding van oprechtheid en waardering, die niet alleen betrekking heeft op de relatie met anderen, maar ook met iemands omgeving en de dingen die men tegenkomt. Als we het voor ons klaargemaakte kommetje thee oppakken, steken we het omhoog en buigen ons hoofd ten teken van waardering. En als we van de thee nippen, genieten we niet alleen van de smaak, maar van alle dingen van het moment.

Mensen die voor het eerst met de chanoyu kennismaken, zijn vaak verward en verbaasd over de gewoonte om de theekom te draaien voordat men ervan drinkt. Het draaien van voorwerpen beperkt zich overigens niet tot de theekom alleen. Alle voorwerpen met een esthetisch doel hebben immers een

Stenen theemolen met bovenaan de gedroogde groenetheeblaadjes en onderaan het groenetheepoeder

voorzijde – aangeduid met een tekentje, bepaald door de vorm of puur intuïtief eraan toegekend. Als men iemand een voorwerp aanreikt, geeft men blijk van fijngevoeligheid en respect door de voorzijde naar de persoon toe te keren. In het geval van de theekom toont ook de gast eerbied en cijfert hij zichzelf weg door de kom te draaien en aan de achterkant te drinken. Hier zien we niet alleen het principe van eerbied, maar ook hoe de chanoyu gevoel voor schoonheid stimuleert.

Heel veel elementen van chanoyu zijn erop gericht ons bewust te maken van de wereld om ons heen en ons vermogen te vormen om de inherente schoonheid van dingen te doorgronden en te waarderen. Hierin ligt het principe van de eerbied voor het werk en ook de basis van de esthetische uitdrukkingskracht van de chanoyu. We verwezen daar al eerder naar bij de bloemen, de houtskool en de as. Het is opmerkelijk dat veel elementen van de chanoyu niet als 'kunst' werden gecreëerd, maar dat men ze ontdekte in de meest alledaagse dingen en daaruit overnam. Zo is er de befaamde theekom met de naam *Kizaîomon*, nu uitgeroepen tot Nationale Kunstschat. Het is een vrij onopvallende, mispelkleurige kom, met de onregelmatige vorm van het doordeweekse serviesgoed uit de streek in Korea waar vroeger die kommen vandaan kwamen, maar met een prachtige volheid en aangenaam in de hand liggend. De kleur is mooi en aangenaam diep, het glazuur versterkt de lichtgroene kleur van de thee en de binnenruimte is perfect voor het vermengen van de thee met het bamboekloppertje. Deze kom werd ontdekt tussen vele soortgelijke voorwerpen en werd een van de grootste schatten van de chanoyu; ze wordt bewaard in beschermende zakken en dozen en zorgvuldig doorgegeven van generatie op generatie.

Het derde principe van chanoyu, zuiverheid, komt in elk aspect van de ceremonie tot uiting: de eenvoud en netheid van de tuin en de kamer, het besproeien met water om een verfrissende, dauwige sfeer te creëren, het zuiveren van de kamer met wierook, het symbolisch afvegen van de theeschep, de gebruiksinstrumenten van vers gekapt bamboe of gewoon buighout, en zelfs het geluid van het water dat in de stenen kuip in de tuin wordt gegoten. Vaak zegt men dat deze nadruk op zuiverheid het meest typische Japanse kenmerk is van de chanoyuceremonie en zijn oorsprong vindt in de religieuze ideeën van het shintoïsme.

Een kenmerk van de shintotempels is dat men langs het pad, dat naar het heiligdom leidt, een stenen waterbekken vindt met zuiver stromend water waarin grote lepels hangen. Hier spoelen de pelgrims mond en handen als een teken van zuivering. In de chanoyu ziet men langs het tuinpad naar het theehuis een soortgelijk laag stenen waterbassin met fris en zuiver water. Hier spoelen de deelnemers eveneens handen en mond bij wijze van zuivering. Hiermee zuivert men ook de innerlijke mens van het aardse stof waarmee hij bezoedeld is. Het tuinpad zelf noemt men *roji* ('het bedauwde pad'), een begrip dat afkomstig is uit een parabel in de boeddhistische *Lotus Soetra*, waarbij een vader zijn kinderen uit een brandend huis in veiligheid brengt op het *roji*. Het brandende huis is het symbool voor de pijnlijke wereld van onwetendheid en zelfbehoud. Het chanoyu-tuinpad is dus de plek waar men zijn wereldse zaken en beslommeringen aflegt voordat men het zuivere universum van de theekamer betreedt.

In de *roji*-tuin vindt men nog meer uitingen van het zuiverheidsprincipe. Een daarvan is het speciale bijgebouw, dat niet wordt gebruikt en uitsluitend een symbolische betekenis heeft. Het staat vlakbij het wachtprieeltje aan de buitenkant van de tuin. De harde lemen vloer is bedekt met schoon grind, in het midden zijn een paar stenen neergelegd en liggen verse cedertakken – een natuurlijke luchtverfrisser – op een klein hoopje. Vlakbij de theekamer bevindt zich een smal maar vrij diep gat in de grond waarin twee speciale eetstokjes van groene bamboe staan. Dit staat symbool voor het zorgvuldig onderhoud van de tuin.

Zuiverheid als esthetisch ideaal leidt echter niet tot een steriele omgeving. In een andere beroemde chanoyu-anekdote zien we Rikyu als jonge leerling van de chanoyu-meester Takeno Jo'o. Hij heeft net de tuin aangeharkt en in zijn streven om zijn taak nauwgezet uit te voeren en zijn meester te behagen, heeft hij alle gevallen bladeren en naalden verwijderd. Jo'o is echter niet tevreden en laat het werk opnieuw uitvoeren. Rikyu vraagt zich af wat hij nog meer kan doen en beseft dan opeens wat het probleem is. Hij schudt voorzichtig aan een overhangende tak en er dwarrelen nog een paar blaadjes op het mos. Nu is

Jo'o tevreden en het verhaal wil dat hij er zich precies op dat ogenblik van bewust werd dat de jongen een mooie toekomst wachtte omdat hij zo'n buitengewoon begrip had van schoonheid. Het mos met de gevallen bladeren vormde een sereen tafereel.

Rust is het belangrijkste idee van chanoyu en is in belangrijke mate afhankelijk van het zich grondig eigen maken en verwezenlijken van de drie andere principes. *Jaku*, het woord voor rust, is een boeddhistische term die vaak wordt gebruikt om *nirvana* aan te duiden: het blussen van blinde verlangens en het zich bewust worden van wat echt en waar is. Men kan zeggen dat dit het doel van de chanoyu is als 'oefenterrein'.

Zoals wij al lieten zien, zegt men vaak dat de door Rikyu geperfectioneerde chanoyu het resultaat is van de opkomst van zen en dat die levensbeschouwing en de chanoyu veel gemeen hebben qua geestelijke 'essence'. In een chanoyu-omgeving hangen vaak rollen met in inkt geschilderde uitspraken van zenpriesters in plaats van landschapjes of andere geïllustreerde rollen. Men verkiest de kalligrafie van de zenpriesters omdat deze – zowel met de woorden als met de penseeltrekken – verwijst naar de boeddhistische bewustwording en helpt om inzicht in zichzelf te verwerven. Met name de bespiegelende chanoyu-sfeer is hier een aspect van.

Dit is niet de plaats om diep in te gaan op de zenfilosofie, maar het moge volstaan te zeggen dat die filosofie op het vlak van esthetisch bewustzijn leidt tot het besef dat de ware schoonheid van de dingen schuilt in de verborgen facetten ervan. Neem het voorbeeld van een zenschilderij. Een door zen bezielde schilder die de verlichting van zen heeft verworven, zet direct en spontaan, met vlugge, eenvoudige penseelstreken, vage zwarte en grijze tonen op het papier, waarmee hij de kern van zijn onderwerp vat. Het is aan de toeschouwer om in zijn of haar verbeelding de lege plekken in te vullen.

Wanneer dit in chanoyu zijn concrete uitdrukking vindt in de architecturale omgeving en de instrumenten die bij de ceremonie worden gebruikt, krijgen de dingen het aura van *wabi* – dingen die tegelijk een uitstraling zijn van het eenvoudige en landelijke en van het heel verfijnde.

De chanoyu heeft onvermijdelijk te maken met materiële dingen, maar het *wabi*-ideaal ontstond uit de idee van ontzegging of gebrek. *Wabi* is een zelfstandig naamwoord dat afgeleid is van een adjectief waarmee een sfeer van 'leegte' wordt aangeduid, zowel in de betekenis van eenzaamheid als van schamelheid van dingen. In de lange geschiedenis van de verschillende Japanse kunstvormen kreeg het begrip geleidelijk aan een positieve betekenis en werd het de pijler van de esthetische dimensie van chanoyu. Het concept kreeg gestalte in de tuin, de architectuur en de gebruiksvoorwerpen: alles van een sublieme eenvoud, doortrokken van spirituele verhevenheid. Bij de materialen vond het uitdrukking in de rustige schoonheid van kleuren, vormen en texturen inherent aan natuurlijke materialen zoals hout, bamboe, klei en steen en de voorwerpen die ervan werden gemaakt zoals aardewerk, handgeschept papier, gelakte voorwerpen en stoffen geweven uit natuurlijke vezels. Het gebrek aan symmetrie en uiterlijke

De gast zuivert de *natsume*, de doos met theepoeder

perfectie is misschien wel het belangrijkste kenmerk van de theekamer, de theetuin en veel van de gekoesterde instrumenten van chanoyu, verzadigd met *wabi*. *Wabi* schuwt vernuft of vertoon en steunt op een verfijnd esthetisch bewustzijn; *wabi* bevindt zich op de fijne en onduidelijke lijn tussen schoonheid en armoede. Het in chanoyu getrainde oog weet dit onderscheid duidelijk te maken.

DE LANGE GESCHIEDENIS VAN DE CHANOYU

In de Oudheid dronk men thee in China, Birma en Siam. Volgens de Chinese mythologie proefde keizer Shen Nong – hij zou de grondlegger zijn van de geneeskunde op basis van de vierenzestig profetische tekens en zou het Chinese volk onderwezen hebben in de landbouw – verschillende wortels en grassen in een poging om alle soorten heilzame planten en kruiden te verzamelen en te rangschikken. Daarbij gebruikte hij thee om het gif dat in 70% van de grassen zat, te neutraliseren. De legende over keizer Shen Nong kan waar zijn, althans gedeeltelijk, daar thee rijk is aan tannine, een probaat tegengif voor bepaalde gifsoorten. Van begin af aan lag de geneeskrachtige werking van thee aan de basis van zijn aanhoudende populariteit.

Tot zo ver de Chinese mythe. In 804 vertrokken vier schepen uit de haven van Tanura in Kyushu, het grootste zuidelijke eiland van de Japanse archipel, op een officiële missie naar China. Aan boord waren verschillende functionarissen en erudiete priesters, onder wie Kukai (774-835) en Saicho (767-822), twee belangrijke religieuze leiders uit die periode. In die tijd – die samenvalt met de Chinese Tang-dynastie (618 - ca. 907) en de vroege Heian-periode (794-1192) in Japan – waren het voornamelijk geestelijken die een opleiding hadden genoten en op officiële missies naar het continent werden gestuurd om het boeddhisme en de Chinese cultuur te bestuderen. Op de tiende dag van de tweede maand van het daaropvolgende jaar verliet een groep met onder meer Saicho en de oudere priester Eichu (743-816), die al meer dan dertig jaar in China woonde, de Tang-hoofdstad Chang'an.

Het algemeen aanvaarde verhaal over de oorsprong van de theecultuur in Japan komt uit een oud boek uit de Hyoshi-tempel op de oostelijke helling van de berg Hiei in Kyoto – op de plek van de Enryakuji-tempel, gebouwd door Saicho. Dit document beschrijft hoe de theeplantage, die nu nog steeds naast de tempel ligt en doorgaat voor de oudste theeplantage in Japan, begon met theezaadjes die door de legendarische Saicho werden gezaaid. Het is echter onwaarschijnlijk dat Saicho tijdens zijn korte verblijf van nog geen jaar op het continent voldoende kennis van de theecultuur had opgedaan. Men gaat er dan ook van uit dat het de bescheiden Eichu was die een belangrijke rol heeft gespeeld bij de aanplant van de eerste Japanse theeplantage.

Nadat de jonge scheuten zijn geplant, duurt het ongeveer vijf tot zeven jaar voordat de struiken oogstbare bladeren geven. Het eerste document waarin sprake is van het drinken van thee in Japan dateert van de 15de dag van de 4de maand 815. Eichu bood keizer Saga (809-823), de 52ste Japanse vorst, bij zijn bezoek aan de tempel van de priester een kom thee aan. Na zijn terugkomst in Japan werd Eichu de hoofdpriester van Bonshakuji, een tempel gelegen in de omgeving van die oude theeplantage. Volgens

Natsume, zwart gelakte doos voor theepoeder, met bamboe theelepeltje, verwezenlijkt door Sen Rikyu (1522-1591)

het verhaal verpulverde Eichu de theebladeren en voegde het poeder toe aan kokend water in een ketel. Hij schepte de thee uit de ketel in een kom en bood ze de keizer aan. Dit was in de Heian-periode de gangbare manier (overgenomen van de Chinezen) om thee te serveren.

In de vroege Heian-periode, toen Japan zich gretig de Tang-cultuur eigen maakte, namen functionarissen aan het hof de gewoonte van het theedrinken over in een streven om dezelfde ervaring te creëren als die welke de Tang-dichters en -intelligentsia had geïnspireerd. Deze tendens zette zich voort aan het Heian-hof, ook nadat er al lang geen gezanten meer naar het Chinese hof werden gestuurd. Ongetwijfeld was de schaarste van de thee een van de redenen waarom deze drank de hogere klasse zo sterk aansprak. Blijkbaar verhief thee de hovelingen en priesters tot een spiritueel niveau boven het alledaagse en waanden ze zich in het rijk van de onsterfelijken.

Het theedrinken, al gauw een hoogtepunt in de op de Tang-cultuur geïnspireerde stijl van het Heian-hof, bleek tegen het einde van de Heian-periode een gevestigde traditie, al was het slechts onder een beperkte groep mensen. Tegen het einde van de tiende eeuw lag er een theeplantage ten noordoosten van het keizerlijk paleis en was er een theeproductiebedrijf gebouwd.

In de vierde maand van 1072 trok de priester Jojin (1011-1081) van de boeddhistische Tendai-school op bedevaart naar de berg Tiantai en de berg Wutzu, twee belangrijke heilige plaatsen in Sung-China, en hield halt in Hangzhu. Daar zette hij gedetailleerde beschrijvingen op papier van bepaalde gewoonten, gerechten en dranken, en vergeleek die met de Japanse. De Chinese reisverslagen van Jojin verhalen hoe hij tijdens een straatmanifestatie op de 22ste dag van de 4de maand voor het eerst zag hoe de Chinezen thee dronken. Het theehuis zat stampvol mensen die naar het spektakel kwamen kijken en voor 1 *wen* thee bestelden, opgediend in een zilveren kop. Jojin dronk zelf zijn eerste kop thee op de 26ste dag in de Baochengsi-tempel. Eerst zag hij hoe men in de gang van de tempel de thee bereidde en serveerde. Uiteindelijk mocht hij ook zelf proeven. De thee die men tijdens de Tang-dynastie in China en de Heian-periode in Japan dronk, werd getrokken uit vermalen theebladeren die aan kokend water in een ketel werden toegevoegd. De thee werd vervolgens in kopjes geschonken. Hier beschrijft Jojin echter de *tencha*-methode, waarbij men heet water uit een soort vat in afzonderlijke kommen of koppen schenkt en dan opklopt met poederthee.

Ongeveer honderd jaar na Jojin ondernam de priester Eisai (1141-1215) – de stichter van de Rinzai-sekte van het zenboeddhisme – twee reizen naar het China van de Sung-dynastie. Toen hij in 1191 van zijn tweede reis terugkeerde, bracht hij theezaadjes mee die op Japanse bodem uitgroeiden tot mooie theestruiken. Deze twee prestaties – de vestiging van de Rinzai-zen en zijn inspanningen om thee te promoten – waren bepalend voor de ontwikkeling van de chanoyu. Sindsdien is de chanoyu trouwens altijd gekoppeld geweest aan de Rinzai-zensekte.

Het is interessant om te kijken naar de thee-etiquette in de zenkloosters uit die tijd. De ceremonie verloopt als volgt: de ceremoniemeester slaat op een gong, waarna de priesters de hal binnenkomen en blijven staan. De novicen buigen diep voor het beeld van Boeddha, offeren wierook, buigen diep naar links en naar rechts, buigen nog eens diep voor Boeddha en blijven staan met de armen over de borst gekruist. De priesters buigen eveneens met gekruiste armen en gaan zitten op een vooraf bepaalde plek. De novicenleider slaat dan nogmaals op de gong. De theefunctionarissen – twee of vier, naargelang het aantal monniken – splitsen zich naar links en rechts en delen kommen (*temmoku*) en eventueel zoete lekkernijen uit. Sommige zoetigheden mogen uitgedeeld worden door ze in de kom te leggen. Dan, op het signaal van de gong, beginnen de functionarissen met de bereiding van de thee. Elke ontvanger maakt een diepe buiging als zijn thee klaar is en drinkt zijn kom. Gewoonlijk wordt er driemaal thee aangeboden en als de thee is opgedronken, worden de kommen opgehaald. Na drie slagen op de gong verlaat iedereen de hal via de tuin.

In de *tencha*-ceremonie in de zentempels werd blijkbaar zowel de methode van de geklopte thee als de methode van de getrokken thee gebruikt en werden de zoetigheden en de thee ook op andere manieren geserveerd.

Vanwege de nauwe relatie tussen zen en thee brachten vrijwel alle priesters die China na Eisai bezochten, theebenodigdheden met zich mee.

De grote, gelakte theetafel, de *daisu*, die men zelfs nu nog gebruikt bij formele godsdienstige theeceremonies in Japanse tempels en heiligdommen en bij de ceremoniële chanoyu, werd oorspronkelijk door Nampo Jomyo uit de Jingshansi-tempel meegebracht bij zijn terugkeer uit China in 1267. Deze *daisu* werd later overgebracht naar de Daitokuji-tempel van de Rinzai-sekte in Kyoto, waar ze samen met andere voorwerpen uit de Jingshansi-tempel voor het eerst in een theeceremonie werd gebruikt door de beroemde priester Muso Soseki (1275-1351). Tot op dat moment gebruikten de zenpriesters thee alleen als hulpmiddel bij hun religieuze meditatie. De aanwending ervan in een ceremonie samen met de gekoesterde Chinese instrumenten, vormde een belangrijk keerpunt.

Laten wij even terugkeren naar Esai. De officiële kronieken van het shogunaat Kamakura vertellen dat, toen op de 4de dag van de 2de maand van het jaar 1214 shogun Minamoto Sanetomo (1192-1219) last had van een kater, Eisai thee voor hem klaarmaakte en hem een afschrift van zijn verhandeling "Gezond blijven met thee" (*Kissa Yojo Ki*) overhandigde, waarin hij de heilzame eigenschappen van thee ophemelde. In de inleiding schreef hij: "thee is een levenselixir, een verfijnde kunst om het leven een aantal jaren te rekken" en hij bepleitte hiermee het geneeskrachtige effect van thee. Het eerste deel van de verhandeling beschrijft hoe thee de functie van het hart en andere vitale organen harmoniseert; het tweede deel is gewijd aan de bestrijding van ziekten die het lichaam van buitenaf belagen. De thee die Esai verkoos en aan de shogun aanbood, was *matcha*. Zijn advies was: "hoe minder heet water, hoe beter. Een dikke thee smaakt het beste." Volgens het verhaal vond de shogun de thee inderdaad verkwikkend en hij droeg daarom in belangrijke mate bij tot de verspreiding ervan, eerst in samoeraikringen – hoe kon het anders in deze feodale samenleving – en later ook bij de lagere klassen.

Van Eisai wordt ook gezegd dat hij een paar zaadjes, die hij uit China had meegebracht, in een klein Chinees medicijnpotje bewaarde en dit aanbood aan de priester Myoe (1173-1232). Myoe plantte de zaadjes bij zijn tempel in de heuvels van Togano'o, dicht bij de hoofdstad. De struiken groeiden welderig en produceerden een heerlijke thee. De *Isei Teikin Orai*, een 14de-eeuws boek voor het verwerven van algemene ontwikkeling, vertelt dat thee bij de tempels werd aangeplant omdat hij een oplossing bood voor slaperigheid, een belangrijk obstakel bij zenmeditatie. Het onthult ook dat de theegordel zich aan het einde van de Kamakoera-periode (1192-1336) uitstrekte van west naar oost tegen de achtergrond van de gestage technologische vooruitgang van de landbouw. Verder stelt het boek dat het verschil tussen thee uit Togano'o en uit andere streken van het land even groot was als het verschil tussen goud enerzijds en lood of ijzer, of zelfs kiezelstenen, anderzijds.

Theekenners maakten hun opgang en al gauw ontstond het gebruik van theeproeverijen, waarbij thee uit Togano'o 'echte thee' werd genoemd en alle andere soorten onder de gemeenschappelijke noemer 'valse thee' werden geschaard. Deze wedstrijden, waaraan samoerai, priesters en gewone mensen deelnamen, waren dus een gelegenheid tot tal van discussies over gemeenschappelijke problemen. De evenementen namen echter buitensporige proporties aan. Soms werden er wel honderd theerondes gehouden. Zij die niet tevreden waren met gewone thee, kwamen met nieuwe variëteiten zoals 'zeskleurenthee', 'vierseizoenenthee' en 'drie types thee voor elk seizoen'. Een en ander ontaardde in een vrij decadente periode in de geschiedenis van de thee, en na de val van het shogunaat Kamakoera voerde de nieuwe politieke leider, shogun Ashikaga Takauji, een strikte code in waarin onder meer een artikel was opgenomen dat waarschuwde tegen 'drinkgelagen en nutteloze spelen'. Deze beperkende maatregelen waren waarschijnlijk voor een belangrijk deel ingegeven door het feit dat het nieuwe Ashikaga-regime niet erg opgezet was met politieke kritiek en volkstumult van gelijk welke aard. Maar ondanks het verbod bleven de theepartijen bestaan.

De gedragscode voor de theeceremonie zoals die in de "Regels voor de theeceremonie in kloosters" werd beschreven, een ritueel dat overgenomen was uit de Chinese kloosters, werd op ingenieuze manier toegepast bij deze ontmoetingen van theekenners. Er bestaat een document uit de 14de eeuw, de "Brief over theedrinken", waarin de auteur, de priester Gen'e, een theepartij beschrijft waaraan hij had deelgenomen. De gasten kwamen samen in een grote kamer, versierd met druk beschilderde kamerscher-

Plaats waar de gastheer in het warme seizoen de thee en de *koicha* klaarmaakt. Draagbaar komfoor met waterrecipiënt; theepoederdoos en linnen zakje

men, en kregen dunne noedels en drie rondjes wijn aangeboden, gevolgd door thee. Daarna serveerde men een maaltijd vol 'heerlijkheden uit de bergen en de zee, alsook verrukkelijke vruchten'. Na het eten liep men via de veranda en de tuin – met aan één kant een kunstmatige heuvel en waterval en vooraan zilverachtig zand – naar het theepaviljoen. Aan de muren hingen rollen met religieuze schilderingen van beroemde kunstenaars uit het oude China en ook de schuifwanden waren versierd met Chinese schilderijen. Op een tafel bedekt met goudbrokaat, stond een bronzen vaas van buitenlandse makelij, met bloemen in volle bloei en een wierookbrander waaruit geurige parfums opstegen. Op de stoelen van de gasten lagen luipaardvellen en de bamboestoel van de gastheer was versierd met bladgoud en Chinese schilderingen. Er stonden twee potten thee, respectievelijk thee uit Togano'o en Takao, en een paar decoratieve plateaus met verschillende soorten gebak. Zodra de gasten waren gezeten, begon de theeceremonie. De zoon van de gastheer bood iedereen een zoete lekkernij aan. Daarna deelde een jongeman theekommetjes (*temmoku*) van Jian-aardewerk rond en ging hij van gast tot gast met heet water en een theeklopper. Hierna maten de gasten hun kennis in een theewedstrijd, waarbij ze de herkomst van verschillende theesoorten moesten raden. Er waren prachtige prijzen te winnen, zoals rollen zijde. Dit duurde tot de schemering

Koicha, dikke thee in een Chinese theekom die gedeeld wordt met drie personen

inviel. Het theegerei werd weggeruimd en dan volgde een banket met exquise, zeldzame gerechten waarbij de wijn rijkelijk vloeide. Ook muziek en dans ontbraken niet. Wanneer het donker werd, stak men fakkels aan. Het feest duurde tot diep in de nacht.

De theeceremonie in het paviljoen, zoals beschreven in de brief, leek sterk op het theeritueel in het klooster. Maar het was duidelijk dat bij deze profane gebeurtenis de thee meer diende als voorwendsel voor een extravagant feest.

In 1398 verhuisde shogun Ashikaga Yoshimitsu naar zijn riante nieuwe onderkomen op de noordelijke heuvel in Kyoto. Op het landgoed bevond zich het Gouden Paviljoen, 'bedekt met zuiver goud en bestrooid met edelstenen', een gebouw waarin relikwieën van Boeddha werden bewaard en waaromheen zich de Cultuur van de Noordelijke Heuvel ontwikkelde. Theeceremonies in de stijl van de tempeltradities van Muso Soseki, waarbij een gelakte *daisu*-tafel werd gebruikt om het theegerei uit te stallen en waarbij de thee werd bereid in aanwezigheid van de gasten, kregen een verfijnde esthetische dimensie. Dit was echter gebonden aan bepaalde financiële voorwaarden. De Cultuur van de Noordelijke Heuvel werd gefinancierd met geld afkomstig van belastingen, die eigenaars van pakhuizen en zij die zich bezighielden met lucratieve handels- en woekerpraktijken moesten betalen in ruil voor bescherming door het shogunaat en voor de toestemming om handel te drijven met China. De eigenaars van pakhuizen profiteerden daarvan het meest; zij waren het ook die de buitenlandse handel beheersten. Vroeger kwamen Chinese waren maar mondjesmaat het land binnen, maar tijdens en na de regeerperiode van Yoshimitsu werden die artikelen onontbeerlijk voor 'heren van stand'. Goed theegerei – met andere woorden het zeer begeerde Chinese gerei – verhief de eigenaars ervan boven de gewone theedrinkers en al vlug ging men zich op dit vlak met elkaar meten. Een en ander ging gepaard met een toenemende professionele en technische kennis omtrent het gebruik en het onderscheid van de instrumenten. Bij theeceremonies was er behoefte aan mensen met dergelijke kennis en de shogun liet zich voor deze taken omringen door gespecialiseerde dienaren, de *doboshu*.

Onder het shogunaat van Ashikaga Yoshimasa (1436-1490), bouwheer van de beroemde villa die later dienst ging doen als tempel onder de naam Ginkakuji (tempel van het zilveren paviljoen) op de oostelijke heuvels van Kyoto, ontwikkelde zich een stijl van elegante salons met ingebouwde uitstalruimte voor kunstvoorwerpen. Deze architectuurstijl – de *shoin*-stijl – werd een van de belangrijkste kenmerken van de duurdere huizen. De chanoyu veronderstelde in die tijd een uitgekiende opstelling van zorgvuldig uitgekozen Chinees theegerei volgens de strikte aanwijzingen en bijna opgelegde criteria van de *doboshu*. Een aantal van hen worden dan ook beschouwd als de grondleggers van tal van traditionele Japanse kunsten zoals ikebana en chanoyu. In zijn villa op de oostelijke heuvel, waar de zogeheten Cultuur van de Oostelijke Heuvel bloeide, bouwde Yoshimasa een persoonlijke gebedsruimte, de 'Oostelijke Hal van het Zoeken' (*Togudo*). Daarin bevond zich de 'Kamer der Onbevooroordeelde Goedheid' (*Dojinsai*), die in de geschiedenis van de chanoyu wordt beschouwd als de eerste kamer die specifiek bestemd was voor het beschouwende theeritueel.

In dit culturele kader leefde ook Murata Shuko, algemeen beschouwd als de grondlegger van de chanoyu. Shuko, die al heel jong tot priester was gewijd, kende zowel het vrij ongecultiveerde, maar gezellige thee-amusement van de gewone burger als de aristocratische chanoyu van de Cultuur van de Oostelijke Heuvel, waarbij de meeste aandacht uitging naar de collecties van waardevolle Chinese kunstvoorwerpen. Shuko wilde met zenmeditatie de theekunst verfijnen en legde zo de basis voor een nieuwe chanoyu-filosofie. Shuko zei dat een maan die half achter de wolken schuilging hem meer ontroerde dan een maan die zich in haar volledige gedaante toonde. Zijn voorkeur ging dan ook uit naar een chanoyu in een gewone kamer zonder pracht en praal. In een brief aan een leerling zegt hij: "In het streven naar schoonheid moet men op zijn hoede zijn voor hoogmoed, koppigheid, de afgunst van anderen en minachting voor beginners. Tracht dicht bij een man van verdienste te staan en wees benieuwd naar al zijn woorden. Doe al het mogelijke om beginners verder te helpen. Onthoud dat het erop aankomt om in Japanse voorwerpen evenveel bewonderenswaardige eigenschappen te zoeken als in Chinese." Deze laatste woorden waren heel belangrijk, daar het zoeken naar schoonheid in zowel Japanse als Chinese voorwerpen een cultureel idee was dat pas later, in de Momoyamaperiode (1598-1603), opgeld deed.

De erfgenaam van Shuko, Soju, leefde in de drukke binnenstad van Kyoto, maar naar verluidt had hij een theekamer die even rustig was als een huisje in de bergen. Dit soort van rustig theepaviljoen in de achtertuin raakte erg in trek en het concept bereikte ook Sakai, een haven met een bloeiende handel op China. Zoals reeds vermeld, bracht de handel met China, op dat moment onder de Ming-dynastie, geld in het laatje voor het Muromachi-shogunaat en de onverstoorbare handelsgeest van handelaren uit Sakai bracht grote welvaart. Niet alleen China, maar ook andere zuidelijke landen kregen interesse. Portugese missionarissen en handelaren waren geland op Kyushu, het zuidelijkste Japanse eiland, en dankzij de unieke positie en sfeer van Sakai vormden deze zogeheten 'zuiderse vreemdelingen' al gauw een exotische verschijning in de straten van de havenstad. De invloedrijke mensen in Sakai, met name de eigenaars van warenhuizen, vormden een soort van broederschap dat zich concentreerde rond de chanoyu. De groep omvatte ook belangrijke militaire persoonlijkheden, met name uit de Miyoshi-familie, die een aantal Portugese missionarissen met de chanoyu in contact brachten.

Verslagen over chanoyu-bijeenkomsten in de jaren 1530 maken duidelijk dat op dat moment de maaltijden bij de chanoyu een ander karakter hadden dan de omstandige banketten bij de vroegere seculiere theeceremonies. De maaltijd kreeg een even belangrijke plaats in de religieus-esthetische chanoyu als het theedrinken zelf. Daarnaast kwam er bij de deelnemers veel meer nadruk te liggen op de geest van gemeenschap: gastheer en gasten stelden hun gevoelens voor deze ontmoeting op één lijn.

In de beginperiode van deze veranderingen verliet Takeno Jo'o, een jongeman uit een familie van lederhandelaren – in de toenmalige periode van burgeroorlogen een belangrijke branche – Sakai om in Kyoto een culturele vorming te verwerven. Hij volgde lessen in Japanse dichtkunst en studeerde zen. Een verslag van een leerling van Sen Rikyu stelt dat Jo'o vernieuwingen aanbracht in de theekamer, die hijzelf 'ongekunsteld en ontspannen' noemde. Met deze vernieuwingen bracht Jo'o de chanoyu nog dichter bij een praktische en bescheiden activiteit dan Murata Shuko, die zich nooit helemaal van de aristocratische invloed van de Oostelijke Heuvel had losgemaakt.

Jo'o keerde later terug naar Sakai, waar hij kennis maakte met een jongeling die zijn leerling wilde worden. Dit was Tanaka Yoshiro (1522-1591), later bekend onder de naam Sen Rikyu, zoon van een invloedrijke vishandelaar en pakhuiseigenaar in Sakai. Er zijn niet veel gegevens over de jeugdjaren van Rikyu en algemeen wordt aangenomen dat zijn creatiefste periode en de activiteiten die de chanoyu het meest beïnvloedden, tijdens de laatste tien jaar van zijn leven plaats hadden. Intussen was in Japan de Momoyama-periode aangebroken (1568-1603). Krijgsheer Oda Nobunaga veroverde in 1568 Kyoto en wierp het Ashikaga-shogunaat omver. Nobunaga legde de inwoners van Sakai zware oorlogsbelastingen op. De burgers waren verdeeld in een kamp dat zich hiertegen fel verzette en een kamp dat een milder protest voorstond, waarbij leden van de chanoyu-broederschap zich voornamelijk bij de laatsten aansloten. Eén chanoyu-liefhebber had al eerder gepoogd Nobunaga mild te stemmen door hem waardevolle Chinese thee-instrumenten aan te bieden, omdat hij wist dat de krijgsheer daar een zwak voor had. Zonder succes echter. Uiteindelijk capituleerde Sakai en betaalde de schattingen.

Nobunaga nam een aantal chanoyu-mannen uit Sakai in dienst als een soort *doboshu*. Een van hen was Sen Rikyu. Nobunaga was een despotisch heerser en bedacht een nieuwe, ditmaal politieke bestaansgrond voor de chanoyu. Hij beloonde de mannen die goed voor hem werkten met geliefde chanoyu-kunstvoorwerpen en zijn generaals mochten alleen chanoyu-samenkomsten organiseren met zijn uitdrukkelijke toestemming. Een dergelijke machtiging was een enorme eer. Toyotomi Hideyoshi, de latere politieke opvolger van Nobunaga, was een van de weinigen die deze eer te beurt viel. In een brief aan een oudere vazal, na de plotselinge dood van Nobunaga in 1582, schrijft Hideyoshi het volgende: "Zoals u weet, was heer Nobunaga zo gul om mij, naast de vele vermeldingen en giften, ook de provincies Harima en Tajima te schenken. De heer gaf mij ook een volledige set chanoyu-instrumenten en de toestemming om chanoyu-samenkomsten te houden, een onvergetelijke eer". Na de dood van Nobunaga werd de controle op de chanoyu-bijeenkomsten opgeheven en van dan af brak er voor de ceremonie een gouden eeuw aan.

Tojotomi Hideyoshi, de nieuwe militaire leider, hield Rikyu in dienst als zijn chanoyu-expert. Hij deed de formele aankondiging in de lente van 1583, toen zijn grote kasteel in Osaka gereed was. Binnen het kasteel bevond zich een kleine groep theehutten die hij het 'bergdorp' noemde. Dit samengaan van paleisvleugels en hutten met rieten daken, hét symbool voor de cultuur en esthetische waarden tijdens de Momoyama-periode, was voor een groot deel toe te schrijven aan de smaak en invloed van Rikyu. Hideyoshi zelf was echter vooral bezeten van goud, het teken van macht. In 1585 hield hij in het keizerlijk paleis een chanoyu-bijeenkomst voor keizer Ogimachi, waarbij hij gebruikmaakte van een vergulde draagbare theekamer en de thee bereidde met gouden gerei. De 'gouden' chanoyu, dé chanoyu bij uitstek, hechtte groot belang aan het gebruik van antieke Chinese kunstvoorwerpen en werd geassocieerd met het begrip macht.

Hiertegenover stond de kleine hut met rieten dak, de *soan*, die de kern vormde van het esthetische ideaal van Rikyu. De kleine 'kruipdoorgang' (*nijiriguchi*) die hij in zijn theekamer aanbracht, moest het gevoel versterken dat men de alledaagse wereld verliet. Rikyu streefde ernaar de chanoyu langs een spiritueel pad te leiden: de stijl van de aristocratische salon met etagères vol siervoorwerpen had een wereldlijke basis; zijn idee van rieten hutjes stoelde juist op verzaking en spirituele waarden. In de *Nampo Roku*, een verslag van een van zijn leerlingen, vinden we een citaat van Rikyu: "De diepe waarde van de chanoyu komt tot leven in een hut. Een salon met uitgestalde siervoorwerpen verwijst naar formele en wereldse dingen. Een hut en een smal tuinpad overstijgen het formele en het aardse en onthullen de naakte geest". Het welslagen van Rikyu betekende het hoogtepunt van de *wabi*-esthetiek, ontstaan uit het beschouwende bewustzijn van de relatie tussen mens en ding. *Wabi* kreeg hier zijn diepste en meest paradoxale betekenis: een gezuiverde smaak voor materiële zaken als middel om via menselijke interactie het materialisme te overstijgen.

Na de dood van Nobunaga kende Hideyoshi vijf jaren van spectaculaire militaire successen in een van de belangrijkste periodes uit de Japanse geschiedenis. Maar de relatie tussen hem en Rikyu, beiden sterke persoonlijkheden, raakte gespannen en Hideyoshi beval zijn beroemde theemeester om *seppuku* te plegen, d.w.z. rituele zelfmoord door het openrijten van de buik. Verbannen uit Jurakudai, de paleiswoning van Hideyoshi in Kyoto, vertrok Rikyu op de 13de dag van de 2de maand van 1591 per boot naar Sakai. Twee leerlingen, Furuta Oribe (1544-1615) en Hosokawa Sansai (1563-1645), deden hem uitgeleide. Na ongeveer tien dagen opsluiting in zijn huis in Sakai, werd hij teruggeroepen naar Jurakudai, waar hij seppuku pleegde op de 28ste dag van de maand. Zo stierf een van de meest markante figuren uit de chanoyu en kwam er een einde aan een belangrijke periode uit de geschiedenis van de theeceremonie.

Op dat ogenblik, aan de vooravond van de Edo-periode (1603-1868), namen Rikyus favoriete samoeraileerlingen het heft in handen en verspreidden alom de gebruiken en rituelen van de chanoyu. Met name Oribe speelde een actieve rol en is bekend om zijn vele vernieuwingen, zoals de speciale 'schoenvormige' theekom, een kom met een heel verwrongen vormgeving. Zijn faam opende vele deuren en Oribe werd theemeester van de tweede Tokugawa-shogun, Hidetada. Hij volgde deze naar de nieuwe Japanse hoofdstad Edo (het huidige Tokio). Vrijwel in zijn

De gastheer serveert de genodigden een maaltijd, *kaiseki* genaamd

eentje stichtte Oribe een chanoyu-cultuur onder de elite van het Edo-shogunaat.

Op dat moment hadden de theeplanters in het Uji-district, bij de oude hoofdstad Kyoto, hun methoden zodanig geperfectioneerd dat zij een heldergroene thee met een fijne smaak konden produceren, de *matcha*, die door connaisseurs bijzonder op prijs werd gesteld. Het Tokugawa-shogunaat eiste elk jaar de eerste potten op en die levering ging met veel pracht en ceremonie gepaard.

Oribe droeg zijn functie van theemeester van de shogun over aan zijn leerling Kobori Enshu (1579-1647). Als *daimyo* (leenheer onder het oppergezag van de shogun) had hij een goede opleiding genoten en was hij volledig thuis in de opperste rangen van de samenleving. Hij gaf de chanoyu een aristocratisch tintje met dichterlijke namen voor het theegerei en met klassieke Japanse gedichten in plaats van de excentrieke kalligrafie van de zenpriesters. Hij richtte zich vooral op de schoonheid van de vier seizoenen: lentebloesems, de lichte zomerbries, de herfstmaan en de winterse sneeuw. Zijn schoonheidsideaal kreeg dan ook de naam 'mooie glans' (*kirei sabi*).

Als synthese van de spirituele discipline van Rikyu en de fantasierijke vernieuwingen van Oribe, deed deze esthetiek de idealen van de rieten hut en de elegante salon op een feilloze manier bij elkaar aansluiten, hetgeen nog steeds sterk doorwerkt in de hedendaagse Japanse smaak.

Bij de dood van Enshu ging de leiding van de chanoyu in de krijgersklasse over op de *daimyo* Katagiri Sekishu. Diens voorkeur ging uit naar de chanoyu van Rikyus voorganger, Takeno Jo'o, naar de grandeur van de chanoyu in de elegante salonstijl. Sekishus *Driehonderd punten over de chanoyu*, geschreven in opdracht van de vierde Tokugawa-shogun, Letsuna, bepaalden de grondregels voor de chanoyu in de krijgersklasse en maakten zijn stellingen blijvend populair bij de komende generaties.

Rikyu had een zoon, Doan, en een geadopteerde zoon, Shoan, beiden eveneens chanoyu-kenners. Onmiddellijk na Rikyus dood zagen zij zich genoodzaakt elders in het land een onderkomen te zoeken. Hideyoshi verleende hen uiteindelijk gratie en na beider terugkeer in Kyoto nam hij Doan zelfs in dienst als chanoyu-bediende. Maar met de onverwachte dood van Hideyoshi in 1598 verloor Doan zijn meester en keerde terug naar het familiehuis in Sakai, waar hij negen jaar later stierf zonder erfgenaam.

Shoan, getrouwd met de dochter van Rikyu, bleef in Kyoto en stierf zeven jaar na Doan. De volledige verantwoordelijkheid voor de voortzetting van de naam Sen en de chanoyu-leer kwam op de schouders van zijn oudste zoon Sotan (1578-1658) terecht. De rijkdom van weleer was nog slechts een herinnering, evenals de functie van theemeester van de heerser. Er braken moeilijke tijden aan. De chanoyu en de levensstijl van Sotan waren volledig doordrongen van de soberheid van de *wabi*, beïnvloed door zijn persoonlijkheid en zijn angst om verstrikt te raken in het soort van politiek spel, dat tot de tragedie van zijn grootvaders dood had geleid. Drie van zijn zonen

Rol met Zen-citaat, geschilderd door de monnik Den'e, 48ste meester van de Daitokuji-tempel, en vaas met seizoenbloemen en -bladeren

Tsukubai, het waterbekken in de *roji*-tuin, waar de deelnemers hun handen en mond spoelen als een symbolische zuivering vooraleer in het theepaviljoen binnen te gaan

vonden echter een betrekking als chanoyu-meester in huishoudens van de militaire klasse. Sotan, die een kleine theehut, de *konnichian* (hut van vandaag), had gebouwd achter zijn huis aan de Ogawastraat, trok zich daar in afzondering terug en verdeelde de bezittingen van de Sen-familie – een kleine eigendom aan de Mushanokojistraat en de voorkant (*omote*) en achterzijde (*ura*) van de hoofdverblijfplaats aan de Ogawastraat – onder deze drie zonen. Dit was het begin van de 'Mushanokojisenke'-, 'Omotesenke'- en 'Urasenke'-familietakken en -chanoyu-tradities.

Ongeveer een eeuw na de dood van Rikyu, de stichter van de Sen-familie, vond er een Rikyu-revival plaats. Rond 1690 werd een ongelooflijk aantal populaire verhandelingen over chanoyu gepubliceerd. Een beslissende factor in dit alles was dat aan het einde van de 17de eeuw kunsten zoals de chanoyu en het no-theater in vele lagen van de samenleving waren doorgedrongen en dat chanoyu een vaardigheid was die van elke beschaafde stedeling werd verwacht. Op dat moment werden vanwege de brede verspreiding van chanoyu de leermethodes gesystematiseerd met als gevolg dat de Mushanokojisenke-, de Omotesenke- en de Urasenke-tak van de Sen-familie, respectievelijk nakomelingen van de drie zonen van Sotan – Soshu, Sosa en Senso –, qua stijl steeds sterker van elkaar ging verschillen.

Hoe verwonderlijk het ook mag lijken, chanoyu was, net als de meeste andere vormen van spirituele oefening of artistiek werk, vroeger uitsluitend voor mannen weggelegd. Nog niet zo lang geleden kregen vrouwen echter ook toegang en sindsdien zijn er meer vrouwen dan mannen die zich wijden aan de studie ervan. De chanoyu werd recentelijk ook aangepast aan niet-traditionele architectuurstijlen, waarin de gewoonte om op de grond te zitten niet meer bestaat.

Chanoyu, de Japanse manier van theedrinken

De vernieuwing, met tafels en stoelen, nam veel beperkingen weg van de oorspronkelijke chanoyu, die volledig was afgestemd op de traditionele Japanse bouwstijl.

Toch blijft de chanoyu zich steeds verder ontwikkelen zonder afbreuk te doen aan de oude tradities en tijdloze waarden.

Chanoyu-instrumenten

Bij een chanoyu-bijeenkomst zijn er bepaalde voorwerpen die steeds gloednieuw moeten zijn. Dit zijn de lepel voor het scheppen van water, de theeklopper en de linnen doek, die dus niet herbruikbaar zijn.

Aan de andere kant is het allerbelangrijkste voorwerp de rol die is opgehangen in de alkoof, het 'hoogste' punt van de theekamer en de plaats die is voorbehouden voor het uitstallen van zaken die het voorwerp zijn van eerbiedige bewondering. De rol bepaalt de sfeer van de samenkomst. Zij is dus de eerste zorg van de chanoyu-gastheer wanneer hij gaat bepalen welke instrumenten hij op basis van het thema van de bijeenkomst zal gebruiken.

Voor de chanoyu-liefhebber zijn de voorwerpen die hij bij de ceremonie gebruikt, kostbare en gekoesterde bezittingen die hij zorgvuldig heeft verzameld en die uitsluitend bij chanoyu-bijeenkomsten tevoorschijn worden gehaald en nadien weer voorzichtig in dozen worden opgeborgen. De gast heeft het genoegen de set te mogen bewonderen die speciaal voor de gelegenheid door de gastheer is samengesteld. De nieuwsgierigheid en vervolgens de verrukking geven de aanwezigen het gevoel dat zij een uniek moment in hun leven meemaken.

• De theekom

De theekom of *chawan* is het meest intieme voorwerp van het chanoyu-gerei. Het is de recipiënt waarin de gastheer de thee mengt of klopt en die dan van zijn hand overgaat in de hand van de gast die hem aan zijn lippen plaatst om te drinken. Juist vanwege deze functie verdient de *chawan* de bijzondere aandacht van de chanoyu-adepten en pottenbakkers, die al eeuwenlang fervent experimenteren in hun ateliers. De fijne vorm, die een goede *chawan* van de minder goede onderscheidt, maakt dat het vervaardigen van een *chawan* een van de grootste uitdagingen is voor een pottenbakker. Cruciaal voor het succes is dat de maker veel chanoyu-ervaring heeft en gevoel heeft voor de belangrijke principes. Sen Rikyu creëerde op zijn zoektocht naar de *chawan* die 'precies goed' was – d.w.z. die goed in de hand en aan de mond lag en de juiste vorm en grootte had voor het bereiden van de thee en voor het optillen en neerzetten – de eerste Raku-kommen die hij samen met de pottenbakker Raku Chojiro ontwierp. Deze kommen zijn met de hand gevormd uit een vrij poreuze klei en zijn voorzien van een diep zwarte of zalmroze glazuurlaag. Raku-kommen vormen ook een isolerende laag tussen de hete thee en de handen, en houden de thee ook lang warm. Het geslacht Raku is zich door de generaties heen blijven toeleggen op de vervaardiging van de *chawan* en is een van de tien ateliers die chanoyu-vakwerk afleveren volgens de Sen-traditie. Voordien waren het voornamelijk de perfect gevormde theekommen uit de Jian-pottenbakkerijen in China, met hun bijzondere regenboogkleuren – staaltjes van opmerkelijk meesterschap – die gekoesterd werden als elegante kunstvoorwerpen. Maar met de komst van de *wabi*-chanoyu, maakte de grovere *chawan* opgang in de vorm van de *ido* (de 'waterbronkom'), vervaardigd van alledaags Koreaans aardewerk. Het uitgebreide gamma van aardewerk uit de Japanse pottenbakkerijen levert een hele reeks *chawans* op. Een overzicht van alle verkrijgbare *chawans* komt neer op een overzicht van alle mogelijke types van Japans aardewerk. Net als tal van andere chanoyu-elementen, is ook de keuze van de *chawan* voor een bepaalde gelegenheid afhankelijk van het seizoen en de sfeer die men wil creëren. In de zomer gebruikt men vaak ondiepe kommen met een brede rand en kommen van dun, gehard keramiek, terwijl men in de winter de voorkeur geeft aan grotere kommen die de thee langer warm houden.

• De theedoos

In de chanoyu serveert men twee types thee: *koicha*, dikke thee waarbij men voor drie slokjes ongeveer drie volle lepels theepoeder neemt, en usucha, dunne thee, waar voor drie grote slokken ongeveer anderhalve schep thee wordt opgeklopt tot een schuimige drank. *Koicha* – alleen bij heel formele chanoyu-bijeenkomsten gebruikt – drinkt men bij plechtige gelegenheden

Keramische theekom verwezenlijkt door Raku Kichizaemon XV, afstammeling van de beroemde pottenbakkersfamilie Raku, 1995

en men gebruikt één kom, die onder de gasten wordt rondgegeven. Het poeder voor *koicha* is gemaakt van de allerfijnste theebladeren en zit gewoonlijk in een aardewerken potje met een ivoren, met goud omrand deksel dat sterk doet denken aan oude Chinese medicijnpotjes. Deze *chaire* (letterlijk 'theerecipiënt') is een heel dierbaar voorwerp, vooral omdat hij het fijne *koicha*poeder bevat en afstamt van de gekoesterde voorwerpen uit het oude China. In de theekamer zit de pot in een op een speciale manier dichtgeknoopte zak, vaak van zijden damast.

Voor *usucha* gebruikt men meestal een gelakte theedoos. De doos zelf is vaak gemaakt uit één stuk hout en zo fijn gedraaid dat ook het deksel perfect past. De klassieke vorm is de vorm van de jujubevrucht, in het Japans *natsume*. Dit woord wordt vrij algemeen gebruikt voor *usucha*-theedozen. De standaardvorm voor de *natsume* is de zogeheten 'Rikyu-vorm' (Rikyu-*gata*), nog steeds het oorspronkelijke ontwerp van Rikyu. De lak is steevast glanzend zwart, de afwerking die Rikyu verkoos boven lak die met goudpoeder werd bestoven of was ingelegd met parelmoer en dergelijke. Lakwerk is een speciaal ambacht in Japan en in het brede gamma van *natsume's* zijn vaak heuse juweeltjes te vinden.

• **Ketel en komfoor**

Men zegt dat het originele theegerei, dat vanuit China werd meegebracht, ook een ketel met bijpassend komfoor omvatte, zoals de set die nu nog op formele *daisu*-tafels is te zien. De ketel heeft een flens die past in de mond van het komfoor, zodat er dus geen statief of drievoet nodig is en de as en gloeiende houtskool niet te zien zijn. Maar meestal gebruikt men afzonderlijke ketels en komforen. Het komfoor vervangt men 's winters door een haard, die tegelijkertijd ook de kamer en de gasten verwarmt. Soms hangt de ketel met een ketting aan een haak in het plafond, zoals dit gebruikelijk is in boerderijen, maar meestal rust de ketel op een driepoot die op het komfoor of in de as van de haard staat. Het is een gietijzeren ketel zonder handgreep, maar met aan beide

Koffertje met gerei voor de Japanse theeceremonie, 1992. Musée du Voyage Louis Vuitton, Parijs

zijden een oor om ringen in vast te haken. Het vaak bronzen deksel heeft een vrij prominente, fraai bewerkte zilveren knop. Er zijn ketels in alle mogelijke vormen en texturen. Zo zijn er die lijken op ronde kussens, met een textuur van wat men noemt 'hagelkorrels'; andere hebben een cilindrische of zelfs vierkante vorm. Beelden en geluiden zijn belangrijke chanoyu-elementen; zo ook de stoom die uit de ketel opstijgt en het geluid van de stoom, dat lijkt op de wind die zachtjes door de dennenbomen blaast.

Het standaardkomfoor lijkt gemaakt van glad metaal, maar is eigenlijk van klei, gebakken zoals tegels en opgepoetst tot het een heldere glans krijgt. Vrijwel elk element van de chanoyu bestaat uit drie formele niveaus: *shin*, het stijfste en meest formele niveau; *gyo*, het middelste niveau en *so*, letterlijk 'grazig', soepel en relatief onceremonieel.

Ook voor komforen bestaat dit onderscheid. Het meest formele komfoor is gemaakt van klei, met een ovale opening aan de voorzijde voor de ventilatie, het semi-formele is een bronzen of kleien komfoor met een U-vormige opening aan de voorkant. IJzeren en aardewerken komforen behoren tot de minst formele categorie.

• **De waterrecipiënt**

De waterkannen in de chanoyu zijn waarschijnlijk het minst aan regels onderworpen en (samen met de bloemvazen) voorwerpen die niet specifiek voor de chanoyu zijn bestemd. De meeste waterkannen zijn gemaakt van geglazuurd aardewerk, maar men gebruikt ook wel kruiken van ongeglazuurd aardewerk, van metaal, glas en zelfs hout. Algemeen beschouwt men metaal en glas als koude materialen, die niet beschikken over de warme charme waar de *wabi*-chanoyu de voorkeur aan geeft. Maar op een zwoele zomerdag is dit wel eens een welkome eigenschap. Vaak hebben waterkannen twee deksels: één uit hetzelfde aardewerk als dat waarvan de kan is gemaakt en het andere van zwartgelakt hout. Naargelang van het soort deksel zorgt men voor een andere 'stemming'. In de zomer gebruikt men ook vaak een groot blad in plaats van een deksel om het seizoen nog iets meer te benadrukken.

Het water zelf is heel belangrijk en bronnen en putten met het beste water zijn van oudsher bekend. Het beste uur van de dag om water te halen is vier uur 's ochtends, want dan is de kwaliteit van het water op zijn best. Er bestaan gelegenheden waarbij het water uit een beroemde, eeuwenoude bron het belangrijkste aantrekkingspunt van een bijeenkomst vormt. Dan gebruikt men een nieuwe kruik, die gelijkt op een vierkante putemmer van onbewerkt cipressenhout en versierd is met een strooien lint en papieren wimpels – zoals de shintoïstische versieringen op eerbiedwaardige plaatsen en voorwerpen.

• **De theeschep**

De *chashaku* of theeschep – een bescheiden instrumentje dat niet meer is dan een smal stukje bamboe, dat aan één uiteinde uitgehold en gebogen is – staat soms in even hoog aanzien als een beroemd schilderij of ander kunstwerk. Bijvoorbeeld als het een schep is die Rikyu of een andere beroemdheid uit het verleden zelf heeft gemaakt en ook daadwerkelijk heeft gebruikt. Chanoyu-meesters maken nog maar zelden hun eigen *chashaku*, een item dat overal in chanoyu-speciaalzaken te vinden is. Vroeger sneden theemeesters echter de schep zelf en de *chashaku* werd dan ook beschouwd als de belichaming van de smaak en het karakter van deze persoon. Men moet uitstekend met het mes overweg kunnen en een precies gevoel voor vorm en verhouding hebben om een mooie *chashaku* te maken. Eerst en vooral zoekt men een goed stuk bamboe dat men laat drogen. Dan wordt het tot hanteerbare afmetingen gesneden. Vervolgens dompelt men het hout in water en op de plaats waar het moet worden gebogen, verhit men het en buigt men het in de gewenste hoek. Dan snijdt men het op de juiste lengte, breedte en vorm en maakt men de schep glad met schuurpapier.

De schep ligt vaak opgeborgen in een doos uit behandeld bamboe waarop de *chashaku*-maker zijn handtekening zet. De *chashaku* krijgt vaak ook een naam, soms die van de maker, soms die van de eigenaar of van een hooggewaardeerde vriend van de eigenaar. Net zoals bij andere gekoesterde chanoyu-instrumenten bestaat er ook een houten bewaardoos voor de *chashaku*, vaak gegraveerd met de naam van de *chashaku* en de handtekening van de eigenaar.

Als men de chashaku met een stuk aardewerk vergelijkt, dan is hij eigenlijk maar een brokstuk. Pas als men hem samen met de bewaardoos bekijkt en rekening houdt met de omstandigheden waarin hij werd gemaakt, vormt hij een volwaardig voorwerp. De dozen en de inscripties zijn vaak even belangrijk als de *chashaku* zelf, zij zijn de betrouwbare getuigen van het 'verhaal' van de *chashaku*.

• **De theeklopper**

De *chasen* of 'theeklopper' is een prachtig gesneden en elegant voorwerpje, maar wordt toch maar voor één enkele chanoyu gebruikt. Een oude godsdienstige overtuiging in Japan dicht de *chasen* gelukbrengende eigenschappen toe. Dit geloof gaat terug tot de legende van de heilige Kuya, die leefde in de 10de eeuw. Toen het land getroffen werd door een verschrikkelijke pest, offerde hij thee aan Kannon, de godin van de barmhartigheid. Hij gebruikte een zelfgemaakte *chasen* bij de bereiding van de thee en gaf de drank aan de zieken, die wonderbaarlijk genazen. Hieruit groeide de theorie dat de *chasen* alle mogelijke risico's op ongeluk wegneemt en daarom maar één keer voor de chanoyu mag worden gebruikt. Soms werden deze kloppers na hun eenmalige gebruik zelfs begraven in speciale *chasen*-graven.

De eerste Chinese theekloppers waren waarschijnlijk gemaakt van flinterdunne bamboetakjes die aan een steel werden bevestigd. De eerste afbeelding van een Japanse *chasen* zoals die nu in de chanoyu wordt gebruikt, is teruggevonden op een 15de-eeuwse prentenrol. Hierop staat een rijk, ouder echtpaar in een luxueuze kamer; op een decoratieve etagère staan theekommen en een *chasen* op een dienblad geschikt. De *chasen* is niet zo mooi gesneden als de exemplaren die we nu kennen, maar blijkt toch uit één stuk bamboe te zijn gemaakt.

De takjes van de *chasen* zijn gemaakt van het stuk bamboe dat onder de buitenste huid zit, terwijl de zachte binnenkant verwijderd is. Een standaard *chasen* uit de Urasenke-traditie telt ongeveer 160 takjes, die zorgvuldig geschaafd zijn zodat ze aan de top uitermate dun zijn. Er zijn afwisselend dunne en dikkere takjes. De dunne buigen naar binnen, de dikkere zijn naar buiten gekromd. Daarnaast zijn de vierkantige puntjes van de takjes in de buitenste rand afgevijld, zodat de thee er niet aan kan blijven plakken. Rond de basis van de takjes van de buitenste ring wordt in twee slagen een katoenen koordje gedraaid.

Het is zonde om zo'n uitzonderlijk stuk vakmanschap maar één keer te gebruiken en dan weg te gooien. Tegenwoordig ziet men dan ook dat ze bij gewone chanoyu-bijeenkomsten worden hergebruikt.

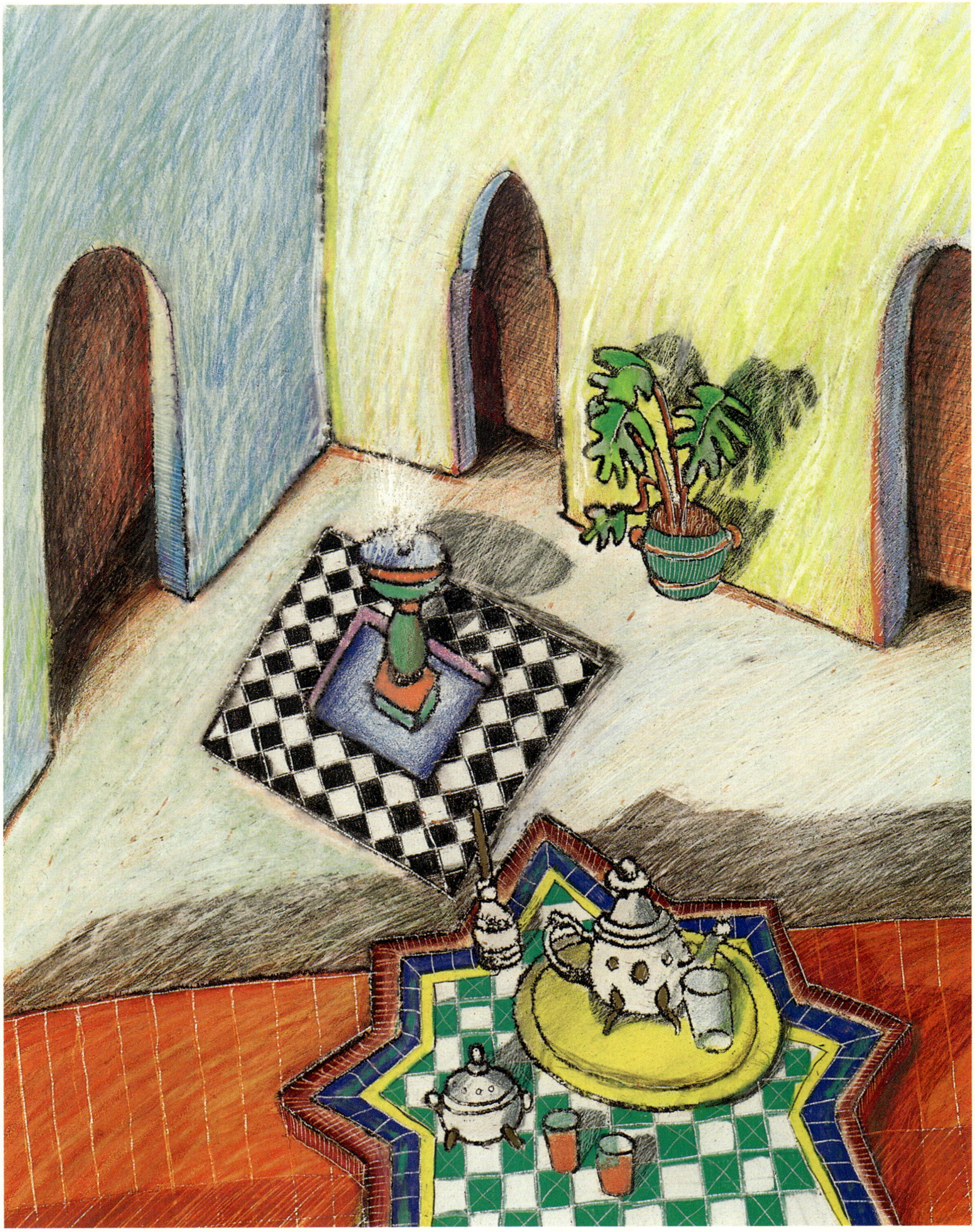

Anne Quévy, *Thee in Marokko*, gemengde techniek op papier, 1997. Verzameling van de kunstenares

"Met een zwierig gebaar gooide Malika, denkend dat wij niets weten, haar vlechten achteruit. Ze ging op een sofa zitten, legde een kussen op haar knieën en, als een volwassene die aan het peinzen is, zei ze langzaam: "De eerste huwelijksnacht blijven bruid en bruidegom alleen in hun kamer. De bruidegom vraagt de bruid om op het bed te gaan zitten. Ze houden elkaars handen vast en hij tracht haar in zijn ogen te doen kijken. Maar de bruid weerstaat. Ze houdt de ogen naar beneden gericht. Dat is zeer belangrijk. De bruid is erg verlegen en bedeesd. De bruidegom leest een gedicht voor. De bruid hoort toe, nog steeds met de ogen op het tapijt gericht. Uiteindelijk begint ze te glimlachen. Dan kust hij haar op het voorhoofd. Ze houdt nog steeds de ogen neergeslagen. Hij biedt haar een kopje thee aan. Zij begint langzaam te drinken. Hij neemt haar kopje over, gaat bij haar zitten en kust haar op ... kust haar op ...".

Fatima Mernissi, *Rêves de femmes, une enfance au harem*

Thee bij de Toearegs in Algerije, 1985

Thee proeven

Reisroutes van de muntthee

Abdelahad Sebti

In het midden van de jaren '90 dook in de Marokkaanse media reclame op over thee: in de geschreven pers, op radio en televisie. Vanwaar dit fenomeen? Vroeger had de Marokkaanse consument enkel de keuze tussen een paar theemerken met namen die tot de verbeelding spraken en pasten in de context van de lokale cultuur, zoals Ménara, Koutoubia, Tour Hassan, Oudaya en Caravane. Deze theesoorten waren afkomstig van één organisatie, het *Office National du Thé et du Sucre* (Nationale Dienst voor Thee en Suiker), een openbare instelling die in 1958 opgericht werd om de speculatieve excessen die toen onder de grote thee-importeurs heersten, wat in te dijken. Deze nationale dienst had in Marokko het monopolie over de import, de verpakking en de distributie van thee. Onder druk van internationale financiële instellingen doet zich sedert een twintigtal jaren echter een tegenovergestelde trend voor in de Marokkaanse economie. Diverse sectoren worden geprivatiseerd; en wat thee en suiker betreft, is er een tendens naar demonopolisering. De privé-sector wordt steeds belangrijker, wat een proliferatie van merken en theevariëteiten in uitstalramen van Marokkaanse winkels en supermarkten tot gevolg heeft.

Reclame is eigenlijk een banaal fenomeen, en de plotse intrede van de theereclame is het gevolg van veranderingen in het commerciële landschap. Het doet wel vreemd aan om te zien hoe Marokkanen ertoe worden aangezet om thee te drinken; theedrinken is immers een doodgewoon gebruik en een vast onderdeel van het dagdagelijkse leven. Thee is eigenlijk meer dan een nationale drank, het is in zekere zin een tweede natuur. Welke beelden worden zoal gebruikt om de consument tot theedrinken aan te zetten? De hoofdcomponenten zijn de Marokkaanse rituelen, de zuiderse medina's, het platteland en de woestijn. Elk detail heeft betekenis.

Sinds Europa in de loop van de 17de eeuw kennis maakte met thee, wordt deze drank steeds geassocieerd met porselein en zijde uit China, het betoverende Oosten, onlosmakelijk verbonden met reizen en de zucht naar nieuwe horizonten – een beetje zoals dat het geval was met de kruiden tijdens de Middeleeuwen. Als Europeanen namen noemen van theevariëteiten – waarbij rekening gehouden wordt met de diverse aroma's en teeltstreken – dan roepen deze namen meestal de Chinese en Indiase landschappen en mythen op. Ondanks de *cup of tea*- en *teatime*-traditie ontsnappen de Britten niet aan deze regel. De Indiase elite van haar kant, nam deze drank – net als het cricket – over als een element van identificatie met de Britse levenswijze. In Marokko kende de thee een ietwat paradoxale evolutie: deze drank werd daar nog niet zo heel lang geleden door een triomferend Europa, dat op zoek was naar nieuwe markten, uit China ingevoerd. Er ging wat tijd over om van het statuut van elitedrank te evolueren naar nationale drank; maar de Marokkanen hebben de thee vanaf het begin beleefd en beschouwd als iets dat hun eigen is. Een instrument van economische overheersing werd aldus het voorwerp van nationale toe-eigening; een traditie die vorm krijgt binnen de context van een gedwongen stap naar de moderne tijden.

Gevolg: de relatief korte geschiedenis van de thee stemt in de collectieve verbeelding eigenlijk overeen met een eeuwenoude traditie. Men denkt dat de gewoonte diep geworteld is in de geschiedenis van het land, maar dat is al evenzeer een illusie als de veronderstelling dat de Marokkanen de belangrijkste theeconsumenten van de wereld zouden zijn. De statistieken leren ons inderdaad dat de Marokkaan gemiddeld één kilogram thee per jaar verbruikt, een consumptie die aanzienlijk lager ligt dan in landen zoals Engeland, Turkije, Egypte, Saoedi-Arabië en

Tunesië. En toch hoor je de Marokkanen vaak beweren dat ze de grootste theedrinkers ter wereld zijn.

Hoe kwam de thee eigenlijk aan dit imago? Hoe werd deze drank zo onlosmakelijk verbonden met de culturele identiteit? Eigenlijk gaat het minder om de verbruikte hoeveelheden dan om het belang van het ritueel. Thee speelt immers een rol in de ondersteuning en expressie van een bepaalde levensstijl en manier van samenzijn. Laten we even de Marokkaanse theepraktijken onder de loep nemen aan de hand van enkele opmerkelijke momenten uit de geschiedenis.

Een koninklijk ritueel

Er is eerst en vooral een significant verschil wat de naam betreft. In de Arabische en mohammedaanse landen van het Midden-Oosten wordt thee *chaï* of *tchaï* of *châhî* genoemd; in Marokko en andere landen van Noord-Afrika zegt men *tây*, en nog meer *atây*, waarbij een berbers mannelijk enkelvoudig lidwoord wordt toegevoegd. Tussen Maghreb en Machrek vinden we het bekende verschil tussen de twee benamingen die in China aan thee worden gegeven: de thee genoemd naar de taal van Peking en de streken van het noorden, van waaruit theevrachten vertrokken over land, en die van de oosterse en zuidelijke kusten, van waaruit de export via de zee geschiedde. De Chinese thee werd in karavanen over het land vervoerd naar Rusland, Iran, Turkije en Egypte, vermoedelijk vanaf de 15de eeuw. Rond die tijd is sprake van thee in bepaalde koningshuizen uit de streek. Tijdens dezelfde periode kreeg de thee echter af te rekenen met een concurrent van formaat. Yemen startte toen immers met de koffieteelt, en zo ontstond het 'café' als plaats bij uitstek voor het maatschappelijke leven. De drank werd aanvankelijk gekoesterd door mystici die hem gebruikten als stimulans tijdens hun lange waakbijeenkomsten; langzamerhand nam het verbruik ervan in de streek toe. De Turken zorgden bij de uitbreiding van hun rijk in Noord-Afrika voor de verspreiding van de thee tot aan de grenzen van Marokko.

Het politiek insulaire karakter van Marokko was van invloed op een belangrijk onderdeel van het dagelijkse leven. In tegenstelling tot de Algerijnen en Tunesiërs, die de koffie en cafés vanaf de 16de eeuw naar waarde wisten te schatten en in hun leven integreerden, zouden de Marokkanen wachten tot het begin van de 18de eeuw om via de zee en in kleine dosissen het Chinese kruid, dat Europa nog niet zo lang geleden had ontdekt, te importeren, en niet de drank van hun mohammedaanse en Arabisch-Ottomaanse geloofsgenoten. Daar thee een zeldzaamheid en een luxe was, was hij aanvankelijk een privilege van de sultan en zijn omgeving. Koningin Anne van Engeland (1665-1714) was naar verluidt van oordeel dat "twee grote koperen theefonteinen en wat thee van goede kwaliteit" de Keizer van Marokko, Moulay Ismaïl (1672-1727), die weigerde negenenzestig Britse krijgsgevangenen vrij te laten, tot andere gedachten zouden kunnen brengen. Abdallâh ben Aïcha, minister en ambassadeur van dezelfde Marokkaanse souverein bij Lodewijk XIV, vroeg met aandrang thee aan de Parijse handelaar Jourdain, die handelsbetrekkingen onderhield met Marokko. Tevens zou Moulay Ismaïl de franciscaanse kloosterlingen van zijn hoofdstad Meknès uitdrukkelijk verzocht hebben om samen met de gebruikelijke cadeaus zeker thee mee te brengen. Tijdens de 18de eeuw namen de Engelse, Hollandse of Scandinavische diplomatieke missies regelmatig thee mee; de drank werd ook vaak meegebracht door Engelse en Hollandse renegaten, die deel uitmaakten van de bemanning van kaperschepen van de stad Salé. Samen met de thee werd ook vaak broodsuiker aangeboden, Chinees porselein en andere begeerde geschenken, zoals grote spiegels en fijn laken. Net zoals aan de Europese hoven scheen men de thee aanvankelijk vooral te appreciëren omwille van zijn geneeskrachtige eigenschappen. De nieuwe drank drong geleidelijk door in de rangen van onderkoningen en vertegenwoordigers van de sultan in de verschillende provincies, of anders gezegd in de hogere *Makhzen*-sferen, het traditionele staatsapparaat.

Hoe werd theedrinken een koninklijk ritueel? Het is niet eenvoudig om op deze ontwikkeling een datum te kleven. Wij beschikken eerder over anekdotes, fragmentarische aanwijzingen en een late beschrijving, die laten vermoeden dat de theeceremonie vaste vorm kreeg rond het einde van de 18de eeuw. Het dagelijkse leven in het koninklijk paleis werd toen in goede banen geleid door een kader van interne of externe corporaties, naargelang van hun taken en attributen. In de eerste categorie had men bijvoorbeeld een corporatie van de bedienden van het bed, de bedienden van het water, de bedienden van het gebedstapijt en de bedienden van de stallen, en zo was er ook een corporatie die de bedienden van de thee groepeerde.

De bedienden die tot de theecorporatie behoorden, bereidden de thee van de sultan en zagen toe op de theeserviezen van de soeverein. Het gebruik wilde dat de sultan zijn maaltijden alleen nuttigde; dit gold ook voor het theedrinken. Als hij thee wenste, dan vroeg hij dit aan een dienares, die op haar beurt de opdracht doorgaf aan een andere bediende. Die liep dan naar buiten en riep met luide stem naar de bedienden van de corporatie: "Het theegerei voor de Heer, mijn Heer roept om de theebediende!". De ontboden groep respondeerde dan met luide stem: "Ja, Heer". Het hoofd van de corporatie trad toen binnen bij de sultan met een schaal waarop drie kopjes, drie kristallen glazen en twee theepotten stonden, de ene van fraai, met goud versierd aardewerk en de andere van uit Europa geïmporteerd metaal; dan verscheen zijn adjunct met een andere schaal, waarop de theedozen en de verschillende ingrediënten netjes geschikt waren. Een derde dienaar droeg de brasero (het vuurtje) en een vierde de waterketel. Het gehele servies werd aldus door de dienaars bij de sultan gebracht. Een dienares moest dan zorgen voor de bereiding van de thee. Zij ging daarvoor zitten met gekruiste benen. Een andere dienares nam plaats naast de brasero, om op het gewenste moment het kokende water aan te geven. Toen de thee klaar was, reikte een derde dienares de sultan het glas aan met een fijne doek, zodat het koninklijke glas schoon bleef.

De corporatie van de theebedienden was met die taak belast wanneer de sultan in een van zijn hoofdsteden vertoefde, en ook tijdens zijn lange inspectiereizen doorheen het sultanaat. Zij moest eveneens zorgen voor de geneesmiddelen van de sultan en voor de bereiding van diverse soorten kruidenthee en parfums. Allemaal delicate taken die te maken hadden met het lichaam, de gezondheid en de veiligheid van de soeverein. Het is dan ook niet verwonderlijk dat het hoofd van deze corporatie, *moul atây*, bovendien een uiterst belangrijke politieke functie bekleedde. Het eerste corporatiehoofd waarvan de bronnen gewag maken, heette Ahmad ben Moubârak, een vrijgevochten slaaf en kamerheer van Moulay Slimâne, die heerste van 1790 tot 1822.

Een tafereel in een voornaam interieur

In de bovenvermelde beschrijving, die gebaseerd is op teksten van kroniekschrijver Abderrahmâne ben Zidâne, kwamen vooral functies, plaatsen, gebaren en etiquette aan bod, maar werd nog met geen woord gerept over de bereiding van de drank. Een beschrijving daarvan halen wij vooral uit getuigenissen van Europese diplomaten of ontdekkingsreizigers uit de 19de eeuw, en van diverse auteurs tijdens het protectoraat. Wij citeren hier *Le Maroc. Voyage d'une mission française à la cour du Sultan*, uitgegeven door A. Marcet (1885); *Une ambassade au Maroc* van Gabriel Charmes (1887); *The moors. A Comprehensive Description* van Budget Meakin (1902); *Le monde marocain* van Paul Odinot (1926) en *Fès vu par sa cuisine* van Zette Guinaudeau (1957). Via de thee dringt men door tot het hart van Marokko en zijn gastvrijheid. Als men de theeceremonie van nabij beschouwt, ontdekt men de specifieke trekken van een land, dat voor sommigen nog onbekend terrein was. Wij trachten hieronder de onderdelen van een traditioneel tafereel te beschrijven.

Wij bevinden ons bij een notabele die bezoekers op doortocht ontvangt of die een grote receptie organiseert. Dan breekt het ogenblik van de theeceremonie aan. Wie neemt de bereiding op zich? Ofwel de meester van het huis, ofwel iemand die speciaal voor deze delicate opdracht is aangesteld. Dit is een kwestie van eer en vertrouwen en is tevens een test. De aangestelde zal worden beoordeeld naargelang hij slaagt of mislukt in een taak die als een echte kunst wordt beschouwd. Er komen nauwkeurige, minutieus geregelde bewegingen aan te pas, maar iedere thee is anders, hij is steeds de weergave van een persoonlijke bekwaamheid, die beschouwd wordt als een heuse roeping en gave Gods. Deze knowhow is direct zichtbaar en dat hoort ook zo. Het is een probaat middel om het vertrouwen van de gasten te winnen en een delicaat instrument om alle barrières van een eventueel bestaand wantrouwen neer te halen.

Vóór de aangestelde worden de *ad hoc* gebruiksvoorwerpen neergezet. Twee schalen: de grootste is bestemd voor de theepotten en de kopjes of glazen;

de andere voor de theedozen met de diverse ingrediënten. Daarnaast het materiaal om het vuur aan te maken en het water te koken. Verder ook nog accessoires waarop de verschillende soorten zoetigheden, koekjes of droge vruchten geschikt worden, die onafscheidelijk met een theedegustatie verbonden zijn.

Dit is het begin van een hele reeks bewerkingen en handelingen. De aangestelde neemt de geborduurde sluier weg die de schalen bedekt. Eén dienaar is belast met de controle van het warme water. Hij wordt eerst verzocht om de theepot met kokend water te spoelen. Daarna meet de aangestelde – vaak in de palm van zijn hand – de benodigde hoeveelheid thee, en laat die in de theepot glijden. Hij spoelt eventjes de inhoud en werpt het residu in een daartoe bestemd glas. Dat gebeurt om het stof te verwijderen en de bitterheid van de thee wat te verzachten. Daarna wordt verse munt toegevoegd en suiker. Als de broodsuiker nog niet gebroken werd, dan wordt dit methodisch gedaan met een speciale geciseleerde hamer, waardoor men stukken verkrijgt die ongeveer de grootte hebben van een halve vuist. Dit laat men trekken, waarbij men ervoor waakt dat de munt niet bovendrijft, zoniet zou de aromatische plant "branden" en zou de drank een slechte smaak krijgen. Soms bedekt men de theepot met een soort stoffen deksel om de temperatuur van de drank in bereiding op peil te houden.

Na een tijdje is voor de aangestelde het moment aangebroken om te proeven. Dat wordt indien nodig meerdere malen herhaald, om na te gaan of de doseringen wel in orde zijn. Hij voegt indien nodig suiker toe en wat in het glas rest, wordt in de theepot teruggegoten. Hij roert met een lepel of giet enkele glazen over om te vermijden dat de suiker zich op de bodem van de theepot neerzet.

Als de drank klaar bevonden wordt, kan de bediening van start gaan. Er wordt vanop een zekere hoogte met twee gelijkgevulde theepotten gegoten. Dit is vooral gebruikelijk op recepties. Ieder glas vanuit twee theepotten vullen, heeft het onmiskenbare voordeel dat de kwaliteiten en de gebreken van de drank een zeker evenwicht bereiken. Als men vanuit de hoogte giet, verlucht men de thee, daalt de temperatuur lichtjes en kan de suiker zich gelijkmatig verspreiden. Men ziet graag dat er bovenaan de glazen schuim ontstaat, de *razza*, wat letterlijk 'tulband' betekent. In bepaalde streken beweren de mensen dat de drank dan de bedevaart naar Mekka volbracht heeft. En tijdens de stilte van dit moment doet het klaterende geluid van de stromende thee denken aan een waterval.

Bij het theeschenken respecteert men ook de hiërarchische voorschriften. Het gezelschap reflecteert een rangorde in leeftijd en sociale status. Zodra de genodigden bediend zijn, drinken ze hun thee, terwijl ze hoorbaar en zelfs luidruchtig slurpen. Dit is een manier om het contact met de hete vloeistof wat te milderen, een middel ook om waardering en felicitaties te uiten aan het adres van de bediende, die zichtbaar opgelucht is.

Als het eerste glas leeg is, wordt een tweede bereid, en een derde. Dit is de 'regel van de drie theepotten'. De genodigde dient ze allemaal uit te drinken; een weigering wordt beschouwd als een onbeschaamdheid, ja zelfs een affront. Dit is werkelijk een erecode. Men kan zich afvragen of elk glas hetzelfde smaakt. Blijkbaar zijn er bepaalde verschillen. Soms is de eerste theepot een beetje bitter en minder gesuikerd, of zonder munt, en wordt er bij de twee volgende of enkel bij de derde theepot munt toegevoegd.

Terwijl men thee drinkt, converseert men, wisselt men van gedachten en onderhandelt men. Wij citeren hier de subtiele beschrijvingen van de Fransman Louis Thomas in zijn *Voyage au Goundafa et au Sous* (1918): "Theedrinken is een traditionele bezigheid, een heilig, ernstig en zinvol gebruik vol beloften, het eerste teken van de Marokkaanse gastvrijheid, dat het wachten makkelijker maakt terwijl de bedienden de maaltijd klaarmaken die straks zal worden geserveerd, en terwijl de meesters, onder het uitwisselen van wat banale beleefdheidsformules, de ernstige woorden voorbereiden die het eigenlijke doel van het bezoek en de ontmoeting zijn".

Ingrediënten van de theepraktijk

De eerste Europese getuigenissen van het theegebruik door de Marokkanen, bevestigen over het algemeen vanaf het begin van de 19de eeuw dat de gehele Marokkaanse maatschappij de nieuwe drank kende en regelmatig dronk. Hieronder de woorden van de Spaanse ontdekkingsreiziger Ali Bey, die in Marokko verbleef van 1803 tot 1805. Hij stelt ongenuanceerd: "…het gebruik van deze drank verspreidt zich tot in de laagste klassen van de maatschappij: proportioneel gezien verbruikt men in Marokko meer thee dan in Engeland, en er is geen enkele mohammedaan die niet bemiddeld genoeg is om op alle mogelijke uren van de dag voor zijn gasten thee te schenken".

Dit was echter een overhaaste veralgemening van wat hoogstaande genodigden in de huizen van notabelen vaststelden. De verbreiding van het theeverbruik ging in werkelijkheid heel wat langzamer. Vanuit de meer gegoede kringen verspreidde de thee zich eerst geleidelijk onder de stedelijke bevolking, daarna onder de plattelandsbevolking in de nabijheid van de steden, en vervolgens onder de gehele agrarische gemeenschap. Uit diverse aanwijzingen blijkt zelfs dat tijdens de eerste decennia van de 20ste eeuw de thee nog niet als dagelijkse drank was doorgedrongen in het hooggebergte en de oases van het zuiden.

Van nieuw importproduct evolueerde de thee uiteindelijk tot een nieuwe behoefte. Door een eigenaardige rollenwisseling schiep handeldrijvend Engeland opiumgewenning in China om zijn theeaankopen te kunnen financieren; en het is diezelfde thee die in Marokko werd verkocht en het mogelijk maakte om deze nieuwe markt, die net het principe van handel met Europa begon te aanvaarden, te behouden. De evolutie was onomkeerbaar. En door de verspreiding

Thee bij de Toearegs in Algerije, 1985

Reisroutes van de muntthee

van thee en suiker in het Marokkaanse sociale leven en de medewerking van importeurs, groothandelaars, winkeliers en huis-aan-huisverkopers, vond in het hele land ook een uniformisering van de smaak plaats. Maar deze uniformisering gebeurde niet zonder differentiatie en creatieve aanpassingen. Wij nodigen de lezer uit om dit te ontdekken aan de hand van de voornaamste bereidingscomponenten van muntthee.

• **Het water**
De legendarische Lu Yu, de Chinese god van de thee, (gestorven in 804 na Christus) vestigde zich volgens het verhaal dicht bij een rivier die bekend stond om de uitzonderlijke kwaliteit van het water. Op een dag ontmoette hij generaal Li Jijing, die met zijn troepen in de streek voorbijtrok en bij de grote Meester thee wilde proeven. Deze eiste dat enkele soldaten water zouden halen in het midden van de rivier. Lu Yu proefde van het water en spuwde het direct weer uit, omdat het volgens hem niet uit de rivier in kwestie kwam. Verrassing en nieuwsgierigheid bij het gezelschap. Lu Yu liet de helft van de vloeistof uitgieten en toen hij van de rest proefde, zei hij: "Dát is water uit de rivier". De twee verantwoordelijke soldaten gaven toe dat ze een deel van hun kostbare lading hadden omvergegooid. Uit angst voor straf hadden ze dan de helft van de emmer met ander water gevuld.

Vonden de Marokkanen de kwaliteit van het water belangrijk? Bepaalde bronnen staven dat ervaren kenners er waarde aan hechtten en de nuances onderkenden. Getuige hiervan dit verhaal, dat een bekende kaïd ten tonele voert, Aïssa ben Omar, die in het begin van onze eeuw de bevolking van Abda, dichtbij de haven van Safi, onderdrukt hield. Een man uit een stam in de streek had ernstige misdrijven op zijn geweten; hij werd door de kaïd gevangen genomen. Een delegatie van de stam verzocht de kaïd om hem weer vrij te laten. "Meester", zeiden ze, "weet dat wij sedert zijn gevangenneming geen druppel thee meer gedronken hebben! Deze man is de enige van de stam die weet hoe je thee moet bereiden". De kaïd beval toen om de gevangene op het uur van de thee bij hem thuis te brengen. Alles stond klaar voor de theebereiding en de kaïd fluisterde een dienaar in het oor om aan het kokende water een beetje koud water toe te voegen. Toen kort daarop de thee klaar was, proefde de gevangene hem herhaaldelijk, maar hij leek niet tevreden. De kaïd werd het lange wachten beu en beval de thee te serveren. De man antwoordde: "Er is iets mis met het water. Het past niet om u dit te serveren, meester". De kaïd was onder de indruk van deze prestatie; hij vergaf de man zijn overtredingen en liet hem vrij.

De gelijkenis tussen deze twee verhalen is frappant ondanks de afstand in tijd en ruimte, vooral als men bedenkt dat het Marokkaanse verhaal ontstond in een milieu dat nauwelijks vertrouwd was met de subtiliteiten van de Chinese cultuur.

• **De thee**
De Marokkanen spreken in feite over theezaden (*hboub atây*) als ze het hebben over de gerolde blaadjes die ze gebruiken om hun geliefkoosde drank klaar te maken. Men giet het kokende water in de theepot en dan wordt in de meeste streken de theepot weer op het vuur gezet; de drank is klaar als de vloeistof begint te zwellen in de buik van de theepot; de thee stijgt, is de courante beschrijving van dit stadium. Dit zijn beelden, die associaties oproepen met zaaitijd en vruchtbaarheid.

Maar we keren even terug naar het product zelf. Welke variëteiten introduceerde men in Marokko? In tegenstelling tot de meeste mohammedaanse landen, zoals Pakistan, Egypte en Saoedi-Arabië, maakten de Marokkanen wel kennis met de zwarte thee, maar stelden die niet erg op prijs. Deze soort wordt veeleer gebruikt in bereidingen van culinaire of medische aard, o.a. voor de behandeling van verkoudheden. Ze noemen deze thee *nigrou*, of *hannâwî*, een pejoratieve verwijzing naar de kleur die doet denken aan henna. Het is de groene thee die de harten van de Marokkanen heeft gestolen. Wij overlopen hieronder de verschillende variëteiten.

In de loop van de 19de eeuw importeerde Marokko vooral drie kwaliteiten: de Gunpowder; de superieure Hyson, bestemd voor de meer kapitaalkrachtige klassen; en de Yung Hyson, van middelmatige kwaliteit en goedkoop, bestemd voor de landelijke gebieden. Tijdens het protectoraat kende de nomenclatuur een zekere evolutie. Ziehier een uittreksel uit een administratief verslag van het jaar 1924: "De groene bladthee kan – in tegenstelling tot de in Marokko onbekende geperste thee – worden onderverdeeld in vijf hoofdcategorieën, die op hun beurt overeenstemmen met de commerciële benamingen van het land van oorsprong:

- Chung Mee (*Meftoul*) – grijze of groene thee, bij voorkeur grijs, mooi ogend – hele blaadjes, zonder afval en met een uitgesproken karakteristieke geur en smaak.
- Sow Mee (*Nmili*) – Groen of grijs, de grijze is erg in trek, fijn en zacht, minder gekruid van smaak.
- Gunpowder (*Souiri*, zo genoemd in het Arabisch omdat deze kwaliteit vooral geconsumeerd wordt in de streek van Mogador-Souirah) – bevat afval van blaadjes, ten nadele van de smaak.
- De twee andere variëteiten, Fung Mee en Yung Hyson, zijn minder verbreid. Elk van deze soorten heeft tal van kwaliteiten die door typerende merktekens worden aangegeven (nummers, sterren, X), en al deze merktekens kunnen op hun beurt nog tot tien verschillende categorieën omvatten.

Hoe verfijnder het aroma, hoe regelmatiger de blaadjes, hoe beter ze gerold zijn, hoe meer ze glanzen en hoe kleiner de verhouding van afval en stof, des te duurder de kwaliteit.

De vijf belangrijkste soorten die we opgesomd hebben, worden niet overal in Marokko in dezelfde mate gebruikt. Men weet bijvoorbeeld, hoewel deze classificatie niet erg nauwkeurig is, dat de vraag ongeveer als volgt kan worden getypeerd:

- Sow Mee: in de streek van Fes,
- Chung Mee: in Mazagan (El Jadida), Casablanca, Rabat en omgeving,
- Gunpowder: rond Mogador, Safi, Marrakech,
- Fung Mee: in de streek van Casablanca en Rabat,
- Yung Hyson: in Casablanca (minst verbreid).

Later nam het *Office National du Thé et du Sucre*, opgericht na de onafhankelijkheid, dezelfde belangrijke Chinese variëteiten over en werden er Marokkaanse benamingen aan gegeven. Aldus stemmen de merken Chaâra (wat letterlijk 'haar' betekent), Menara en Oudaya overeen met de familie van de Chung Mee-thee; Tour Hassan komt overeen met de Sow Mee, en Souiri en Caravane met de Gunpowderfamilie. Ieder merk heeft een kwaliteitsgradatie die aangegeven wordt met een aantal sterren, van een tot vijf.

• De broodsuiker

De Marokkanen hebben vanaf het prille begin steeds suiker gebruikt bij hun theebereidingen. Een opvallende evolutie: het ingrediënt kreeg uiteindelijk een overmatig belang in verhouding tot de rol die het aanvankelijk speelde.

Marokkanen drinken gesuikerde, ja soms zelfs zwaar gesuikerde thee. In bepaalde situaties of omstandigheden werd de thee een voorwendsel om suiker te consumeren, die rijk is aan calorieën. 'Suiker drinken' is in bepaalde agrarische streken een synoniem van theedrinken. De zegswijze dat de arme kan leven van brood en thee wordt nog altijd gebruikt en zou haar oorsprong vinden in een grote crisis die het land aan het einde van de jaren 1870 teisterde. De Marokkaanse import werd toen drastisch teruggeschroefd, uitgezonderd voor thee… omdat de Engelsen de markt overspoeld hadden met zeer middelmatige thee tegen zeer democratische prijzen. Aldus kreeg deze stimulerende drank de rol van vervangingsvoedsel toebedeeld.

Tijdens diezelfde periode verwierf broodsuiker een grote symbolische waarde. Hij is het cadeau bij uitstek, het ultieme geschenk, en hij wordt dan ook aangeboden ter gelegenheid van feesten en ceremonies.

Het ging niet zomaar om over het even welke broodsuiker. De suiker had een zekere witheid en werd met veel precisie verpakt. Het papier had een karakteristiek blauwe kleur en een zekere dikte, en het werd soms gebruikt voor magische geschriften en voor de behandeling van migraine. De broodsuiker werd ook volgens vastomlijnde regels verpakt en tot de beroemde merken behoren o.a. *Le Chameau*, *Le Lion*, en later *La Panthère*. De Marokkaanse consument had een voorkeur voor het Franse product, in die mate zelfs dat Duitse ondernemingen begin jaren 1890 ontdekt hadden dat de enige manier om op de Marokkaanse markt door te dringen, erin bestond om de uiterlijke vorm van de Franse broodsuiker na te bootsen.

Dat leidde tot een handelsgeschil dat de oorzaak werd van een diplomatieke crisis, die slechts opgelost werd na onderhandelingen die meer dan één jaar duurden.

• De munt

Men vertelt dat Mohammed, de profeet van de islamieten, op een dag voorbij een groep mensen wandelde die naast een groen kruid waren gaan zitten. Mohammed begroette het gezelschap, maar niemand beantwoordde zijn groet; enkel het groene kruid deed dat, met de woorden: "Ere zij de gezant van God". Mohammed zou daarop gereageerd hebben met de volgende woorden: "Ere zij u, munt! Moge God u zegenen en uw aanwezigheid verzekeren bij alle grote ceremonies".

Dit mondeling relaas, opgevangen in een Zuid-Marokkaanse stam, transponeert de faam van munt naar een ver verleden, en associeert die met een sacraal moment. De waarachtigheid van de anekdote zelf doet hier niet veel ter zake; maar wel de historische betekenis ervan. Munt was reeds lang in gebruik vóór de thee zijn intrede deed; men bereidde er siroop, jam en een welbepaald gerecht mee, dat in detail beschreven wordt in een werk over de Marokkaanse gastronomie, daterend uit de Middeleeuwen. In munt zit de originaliteit van het Marokkaanse theerecept, terwijl de suiker een gevolg is van de Engelse invloed. Belangrijk detail: in bepaalde steden wordt de munt niet aangeduid met het Arabische equivalent van het woord munt (*na'nâ'*), maar veeleer met het woord *liqáma* (en *liqamt* in het berbers), wat letterlijk het

Een Egyptische koopman drinkt muntthee in de wijk Khanel Khalili (Kaïro)

Thee proeven

'aanmaken' betekent, en van munt dus het basisingrediënt maakt. Aan de munt is een hele nomenclatuur verbonden; de ene muntsoort wordt al meer gewaardeerd dan de andere, met een uitgesproken voorkeur voor de soorten afkomstig van Meknès, Brouj Abda, en Tiznit in het zuiden. Sommige steden beschikken over muntmarkten, waar de kenners hun voorraad verse munt kopen; men vindt er ook diverse aromatische kruiden die samen met of in de plaats van munt gebruikt worden; wij denken hier o.a. aan absint, salie, marjolein, basilicum en oranjebloesem. De aanwezigheid en het gebruik van de diverse kruiden variëren naargelang van de seizoenen, de geografische streken en de culturele keuzes. We lichten twee extreme voorbeelden toe.

De joodse gemeenschappen van bepaalde steden verkiezen een lichte, meer gearomatiseerde thee. Meer munt dan thee, in die mate dat de joden van Rabat het hebben over een glas munt in plaats van een glas thee. Tijdens ceremonies voegt men er oranjebloesemwater aan toe en wrijft men de suiker over een cederappel alvorens hem in de theepot te doen. 's Zaterdags – een dag waarop geen vuur mag worden aangemaakt – haalt men kokend water aan de oven van de wijk, waarop meestal een moslim toezicht uitoefent. En sommige huisvrouwen zetten reeds op vrijdagavond een ketel kokend water op een waakvlam, om 's anderendaags over warm water te beschikken voor de thee.

Volkeren, die in de Sahara leven, verkiezen daarentegen soms een aftreksel van erg gekruide thee zonder munt. Men gebruikt dan twee theepotten, die een verschillende functie hebben. De eerste wordt telkens opnieuw op het vuur gezet om dezelfde theeblaadjes te laten trekken, en de op die manier verkregen drank wordt in de tweede theepot gegoten. Net voor het opdienen wordt er suiker aan toegevoegd.

• **Het theegerei**
Van houten tafeltje naar metalen schaal (*siniyya*); van terracottatheepot naar theepot van metaal, naar het model van de Engelse theepot van het begin van de 18de eeuw; van porseleinen kopje naar glas; van brasero naar samovar, die het mogelijk maakt om steeds over kokend water te beschikken: dit zijn slechts enkele ontwikkelingen en verschuivingen op het vlak van de voorwerpen, die bij het zetten en drinken van thee in Marokko worden gebruikt. Het is echter moeilijk om op deze ontwikkelingen een datum te kleven. Vooral als gevolg van de verschillen tussen regio's, tussen de steden en het platteland en tussen de sociale klassen. Het is opmerkelijk dat toen de thee evolueerde van luxedrank naar een drank die binnen ieders bereik lag, het gerei het voornaamste criterium voor sociaal onderscheid werd. Dit fenomeen wordt duidelijk geïllustreerd door het *Rayd*-vaatwerk, waarvan wij u de geschiedenis niet mogen onthouden.

Het gaat in feite om het tafelzilver vervaardigd door Richard Wright, waaronder schalen, theepotten, theedozen, suikerdozen, waterketeltjes, wierookvaatjes (*mbakhra*), *mracha*-schalen met parfumverstuiver, samovars (*babbor*) en grote koekjesschalen (*tbaq*). Op het einde van de 19de eeuw woonde in Manchester een kleine gemeenschap Marokkaanse handelaars, waaronder de Benjellouns. Een lid van deze familie overwoog om zich te associëren met Richard Wright, een Engelse wever die bovendien van tafelzilver hield. Samen zouden ze verfijnde theegebruiksvoorwerpen voor de Marokkaanse markt fabriceren. De nieuwe firma ontwierp modellen in verzilverd metaal, geïnspireerd op de Engelse traditie en op de artikelen van kunsthandwerkers uit Fes. Het merk drong spoedig door in Fes en andere Marokkaanse steden, en ook op het platteland. Maar de gehele onderneming werd het slachtoffer van de economische politiek van het Franse protectoraat in Marokko. Op het einde van de jaren 1920 werd de Anglo-Marokkaanse firma overgekocht door de staalfabriek Barker's Silversmith en verhuisde ze naar Birmingham. Voortaan werd weer tafelzilver vervaardigd voor de Engelse markt. Later zou het merendeel van de gietvormen en zilverwerkprocédés verdwijnen met de bombardementen van de tweede wereldoorlog. Sommige ervan zouden echter toch opnieuw opduiken en gebruikt worden door de firma Parker Ellis, die de fabriek overnam. Op het einde van de jaren 1960 werd de fabricage van zilverwerk naar de modellen van Wright opnieuw opgestart; deze nieuwe producten zijn echter heel duur en zeker niet voor ieders beurs bestemd.

Tegenover dit onbetaalbare vaatwerk had men in Marokko echter ook het gerei voor het gewone volk. In een studie over de Moorse theepot, die begin de jaren 1950 gepubliceerd werd, vermeldt Théodore Monod de uitvinding van de theepot "van het bolvormig type, in geglazuurd polychroomijzer, in effen levendige kleuren of versierd met gestileerde bloemmotieven. De geglazuurde theepot is robuuster dan de tinnen peervormige theepot, die alom gebruikt wordt in tenten en kampen, en blijkt uiterst geschikt voor het bivakkeren en op reis".

Het hele assortiment van luxueuze uitvoeringen en goedkopere gebruiksvoorwerpen die in Marokko bij het bereiden en drinken van thee worden gebruikt, heeft al vanaf het protectoraat een hele sector van industriële kunstambachten geïnspireerd en gestimuleerd bij de transformatie van koper en andere metalen. Deze sector kende een gestadige groei, met name in de stad Fes, en was toonaangevend bij het kopiëren van buitenlandse modellen, en ook bij het ontwerpen van nieuwe vormen en het voortdurend scheppen van nieuwe trends die in het gehele land navolging vonden.

Metaforen rond het theegebeuren

De Marokkaanse cultuur maakte van thee meer dan een eenvoudige drank. Theedrinken evolueerde naar een manier van zijn, een traditie op het vlak van gastvrijheid, gezelligheid en omgang met mensen, en staat ook voor een nieuwe esthetiek inzake rituelen en voorwerpen. Deze creativiteit kon niet anders dan een stempel drukken op de literaire productie.

Vanaf het begin van de 19de eeuw bezongen de dichters van het hof, die in de noordelijke hoofdsteden woonden, de thee op dezelfde manier als de wijn (*khamriyyât*), in de traditionele Arabische stijl. De smaak, de kleuren, de sensaties en de geneugten worden verheerlijkt. Dat doet denken aan het *symposion* uit de Griekse oudheid. Maar waarom thee als substituut voor wijn? Om het plezier van de dronkenschap, maar dan in een vorm die niet verboden was. Denk maar aan het streven naar geheelonthouding dat samenging met de beginperiode van de thee, zowel in China als in Engeland. In het geval van Marokko dienen we hier een wijd verbreid cliché te corrigeren, nl. dat thee goed onthaald zou zijn geweest omdat hij de bitterheid van het muntaftreksel verzachtte. Eigenlijk is het beter een onderscheid te maken tussen een nuttige drank en een drank die aan de basis zal liggen van een ceremonieel en een nieuwe vorm van gezelligheid. De nieuwe drank schijnt veeleer een ander bestaand ritueel vervangen te hebben, in dit geval het drinken van wijn. Sedert de Middeleeuwen was het gebruik van wijn in Marokko en de andere mohammedaanse landen door de religieuze traditie verboden; de drank werd geproduceerd en verbruikt in verschillende milieus en werd dus geschonken zonder eigenlijk erkend te worden.

Dronken van wijn, dronken van liefde. De Marokkaanse dichters lieten geen gelegenheid onbenut om die beide thema's met elkaar te associëren, waarbij ze gebruikmaakten van diverse metaforen. Alvorens een familiaal karakter te krijgen, was de wijnceremonie aanvankelijk een mannelijke aangelegenheid, en was thee een drank voor mannen; zij genoten ervan omwille van de zinnenprikkelende eigenschappen. Bij het eten en drinken was het de gewoonte een onderscheid te maken tussen wat een verfrissend en wat een warm gevoel gaf. Hetzelfde effect werd trouwens nagestreefd door de grote theehuizen in de stad die grijze amber in hun theepot deden, samen met de aromatische kruiden. De begeerde vrouw werd opgeroepen, maar aangezien ze afwezig was, werd ze daarna opnieuw naar de anonimiteit verwezen. De thee kan ook een indicatie geven van de verliefdheid en de vurigheid van een liefdesverhouding. Thee is altijd lekker met z'n tweeën, maar als men hem drinkt in een groepje van drie of vijf, dan is het geen thee meer, zegt een berbers lied. Een mondeling berbers gedicht uit de Middenatlas luidt als volgt:

Wat jij met mij hebt gedaan, zou de man met de hamer
Niet eens met broodsuiker hebben gekund, noch het vuur met droog hout;
Indien ik het vertelde aan de berg, zou hij krimpen,
Indien ik het vertelde aan de aarde, zou ze zwart worden,
Indien ik het vertelde aan de thee, zou hij hennakleurig worden,
Indien ik het vertelde aan de rivier, zou zij onmiddellijk uitdrogen,
Indien ik het vertelde aan het geweer, zou de kogel niet eens meer vertrekken,
Indien ik het vertelde aan de jood, dan werd hij mohammedaan,
Jij die me kleiner dan klein hebt gemaakt!

Van noord tot zuid neemt de nieuwe drank een vaste plaats in en heeft hij niet langer verdedigers nodig. Uit de poëzie blijkt een soort standaardisering van het ritueel, dat soms echter gepaard gaat met een grote religieuze sensibiliteit. Hiervan getuigt dit 'Lied van de thee', een gedicht dat in het berbers werd geïmproviseerd in 1895 door Brahim u-Lhusayn u-Addi, van de stam Ayt Ikhelf, behorend tot de grote tak van de Aït Bâ Amrane uit het Marokkaanse zuidwesten. Men weet heel weinig af van deze dichter, behalve dan dat hij een halfbloed was, pottenbakker, belezen en van eenvoudige komaf. Het gedicht bleef bewaard in een schrift dat ten slotte belandde bij de Franse kapitein Justinard, gestationeerd in Tiznit, officier, bestuursambtenaar en gepassioneerd vorser van de lokale geschiedenis en cultuur. Hij was het, die het gedicht vertaalde. Wij hebben er enkele passages van overgenomen:

Iberia Lebel, *Muntthee*, gemengde techniek, 1998. Verzameling van de kunstenaar

"*De schaal is de zon; De sterren van de Grote Beer*
Zijn de glazen. En de theepot is de Poolster midden in de hemel.

…

Schaal, pauwkleurige kopjes, wat zijn ze mooi.
De driepikkel waar de kolen fonkelen, is een hel. En in de waterketel
 Zingt het kokende water net zoals de krekel dit lied:
« In de wereld is er geen goedheid meer want ik zie de bomen smeulen,
De bomen die ik water heb gegeven, en die me nu doen koken. »
Als de tong van een sissende slang verlaat de damp de ketel,
Ik word in de theepot gegoten en daar lig ik aan banden.

…

Men giet me uit de theepot en ik verschijn in het glas.
Iedereen houdt van mij
En de blik van de mensen is op mij gericht.
Men heeft mij lief
Zoals de koning die zijn paleis verlaat.
Met een liefde van vroeger die niet wist wat verwelken was.

…

De broodsuiker, in een blauwe jurk, wordt op de kamelen
vastgesjord
Als hij ontbreekt, is er geen plezier.
Aan de schoonheid van suiker wordt niet getornd.
Mooi en goed is de Londense thee.
De driepikkel, dat is de minaret van de moskee;
De waterketel is de moëddzin (muezzin), dat is duidelijk, want
hij staat alleen
En de theepot is de imam. Dat is ook evident.
En de glazen, dat zijn de biddende moslims.
En de schaal is de huiskapel (msalla). En wat zegt u daarvan,
U die zo intelligent bent?"

Een overvloed van beelden. Het gedicht is nog veel langer, zowat honderdzestig verzen. Verder gaat het over de voorschriften van het ritueel dat aan de nieuwe drank verbonden is. Maar het brengt vooral een visie die in het arsenaal van theebenodigdheden werkelijk een microkosmos blootlegt. De hemel en de wereld van hier beneden, de gemeenschappelijkheid van de cultus en die van de wereldlijke macht.

Wij maken even een sprong naar het begin van de jaren 1970. Een groep jonge artiesten uit een volkswijk van Casablanca herontdekt, aan de zijde van de dramaturg Tayyeb Seddiki, de dichterlijke traditie van het Arabische dialect en het gebruik van de traditionele muziekinstrumenten. Dit leidt tot de vorming van de groep *Nâs al-Ghíwâne*, een replica van de Engelse *Beatles* en groepen die protestsongs brengen uit Latijns-Amerika. Het nieuwe repertoire van de groep begeestert de Marokkaanse jeugd en is toonaangevend; het eerste nummer is getiteld *As-sîniyya*

(De theeschaal) en roept de nostalgie naar een vergane wereld op. Het gezin, de wijk, de open gulheid, stuk voor stuk verloren waarden waar de theeschaal naar verwijst. Het individu lijdt onder de achteruitgang van gemeenschappelijke waarden en is zonder verweer tegen de economische vooruitgang. "Waarom is mijn glas zo treurig temidden van de andere glazen?".

Hetzelfde beeld van een gespleten maatschappij vindt men terug in de tekst van de hedendaagse dichter Abdallah Zrika, verschenen in 1988.

"…En het handvat, de greep van de *barrad*, wie grijpt die en houdt die hoog in de lucht? Dit recht komt alleen toe aan mijn vader en alle vaders die de thee bereiden en precies deze 'hand' opheffen. De hand van de vader! Waar is de tijd toen in het Marokkaanse huis de familiegeest nog heerste in alle praal en gestrengheid, en niemand anders het gewaagd zou hebben de theebereiding voor te zitten. Tijdens ceremoniën werd de thee gezet door de meest eerbiedwaardige vader. Geen enkele hand zou het geriskeerd hebben om de *barrad* vast te nemen, om de plaats in te nemen van de imposante hand van de vader. Maar op een dag, toen de muziek van de *ssinia* niet langer meer harmonieerde met die van de aarde, verloor de eerbiedwaardige hand van de vader haar waardigheid, gelijk wie nam stoutmoedig bezit van de *barrad*; de *ssinia*, die oorspronkelijk rond van vorm was, werd vierkant of rechthoekig, van plastic of vulgair metaal… De bereiding van de thee was niet langer het voorrecht van het gezin, de theepot zelf verloor zijn vorm en ook de conversatie werd vierkant of rechthoekig, verstoken van elke rondheid."

De teloorgang van de theerituelen

Vindt men het verband tussen thee en de nostalgie naar verloren waarden terug in de evolutie van de drankpraktijken? Er is op dit vlak inderdaad een hele omwenteling merkbaar. Enerzijds wordt de thee, de drank van elke dag, niet overal meer aangevoeld als het middel bij uitstek om de genodigde te eren. Men doet een beroep op de limonadefles om deze symbolische functie te vervullen, en ze neemt stilaan een vaste plaats als begeleiding bij de gerechten die geserveerd worden. Deze gewoonte is opvallend in bepaal-

Chinese theepot in gedreven massief zilver bestemd voor uitvoer naar het Nabije Oosten, Qing-dynastie, 19de eeuw. Verzameling Marc Michot, Brugge

de kringen die zich recentelijk in de stad vestigden. Tijdens rituele familiebezoeken ter gelegenheid van religieuze feesten, ziet men hier en daar fruitsap opduiken teneinde de omslachtige theebereiding te vermijden. Anderzijds is er een duidelijke trend om de thee niet meer in aanwezigheid van de genodigde te bereiden; het gebeurt meer en meer in de keuken, waarna de thee kant en klaar wordt geserveerd aan de familie en zelfs aan de gasten. En bij de organisatie van grote familierecepties doet men meer en meer een beroep op de diensten van traiteurs. De thee wordt dan eveneens in de keuken gezet, en daarna wordt de drank aan de genodigden gepresenteerd op schalen, gedragen door kelners met handschoenen aan. Zij laten de genodigden kiezen tussen koffie, zeer gesuikerde of bittere thee, of een kruidendrankje. Soms wordt de thee nog bereid in het bijzijn van de gasten. De officiant installeert zich dan op een zichtbare, ietwat geïsoleerde plek en is uitgedost naar de ceremonienormen die gelden aan het koninklijk paleis. Deze enscenering wordt ook meer en meer toegepast in luxueuze hotels om een zekere lokale kleur te brengen.

Wij verlaten de privé-sfeer voor het openbare leven. Het café als gezellige ontmoetingsruimte kent een explosieve groei. "Tussen het ene café en het andere café, is er weer een café", zegt men in sommige steden spottend. In het buurtcafé doodt men de tijd met kaartspelen, damspel, en wedden op de paarden… Het café in het centrum van de stad is eveneens een oord van ledigheid; maar men bezoekt het ook om de kranten te lezen, te discussiëren, nieuws en informatie uit te wisselen. Overal bemerkt men een achteruitgang van het theeverbruik en een duidelijke opmars van koffie en limonade (Coca-Cola, Fanta, Seven-Up, Sim orange, Crush). Men rookt Marlboro- en Winston-sigaretten, die men soms per stuk koopt.

Het café blijft het terrein bij uitstek voor mannen, maar toch zie je er steeds meer vrouwen, vooral in het twaalftal universiteitssteden, waar jongeren van beide seksen zich vaak in de cafés ophouden om te studeren, tot wanhoop van de cafébazen, die op de tafels of de muren soms zelfs kleine aanplakbiljetten met leesverbod aanbrengen. Die trend is ook merkbaar in de *laiteries* (soort tearooms), die meer en meer opduiken, zelfs in de oudere wijken van de medina's; men geniet er van de traditionele Marokkaanse gebakjes en dranken: ronde koekjes en pannenkoeken, karnemelk en fruitsap.

Het valt op dat vrouwen in het café meestal vertoeven op plaatsen die vanaf de straat minder zichtbaar zijn; een soort gesluierde ruimte in de openbare ruimte. Daar vertoeven gezinnen, vrouwen die tussen de boodschappen door even willen pauzeren, koppels die elkaar heimelijk ontmoeten en die een verhouding hebben die door de maatschappij nog steeds als ongeoorloofd wordt beschouwd, eenzame zielen op zoek naar wat gezelschap. Ironie van de taal, deze ruimte draagt gewoonlijk de naam 'theesalon'.

Zoals de vestiging van de theegewoonte een vrij traag en complex proces was, is ook de stijl en het tempo van de teloorgang van de theerituelen afhankelijk van de streek en de sociale omgeving. De thee heeft zijn affectieve en rituele lading nog het meest behouden in twee extreme milieus: bij de bergen saharabewoners, waar het ritme van het dagelijkse leven en de sterke gemeenschapsbanden het nog mogelijk maken te genieten van de sereniteit en het samenzijn met anderen, gevoelens die elders verdwenen zijn; en bij de Marokkaanse migranten in Europa, waar de theepot en het glas muntthee symbool staan voor de nostalgie naar het land en de verbondenheid met hun culturele eigenheid.

154

"Oude Canadezen lustten geen thee. De dames dronken er soms als zweetmiddel bij ziekte. Ze gaven daarbij echter de voorkeur aan een kopje kamillethee. De moeder van de auteur, die in de stad opgroeide en er in Engelse kringen vertoefde, voerde na haar huwelijk 78 jaar geleden, het theedrinken in bij de familie van haar schoonvader. De ouderen spotten met haar en zeiden dat ze dit kwakzalversmiddel dronk om zich voor een Engelse uit te geven en dat ze het waarschijnlijk helemaal niet lustte".

Philippe Aubert de Gaspé, *Les Anciens Canadiens*

François Malepart de Beaucourt, *Mevrouw Eustache-Ignace Trottier, genaamd Desrivières, geboren Marguerite Mailhot*, olie op doek, 1793. Musée du Québec, Quebec

Porseleinen theedoos met Chinese decoraties, 18de eeuw. Curtiusmuseum, Luik

Thee proeven

Carlo R. Chapelle

Het thee-uurtje

> That Excellent, and by all Physitians approved, *China drink*, called by the *Chineans*, *Tcha*, by other Nations *Tay*, alias *Tee*, is sold at the *Sultaness - head*, *Cophee-house* in *Sweetings Rents* by the Royal Exchange, *London*.
> • In the «*Mercurius Politicus*», september 30th, 1658

> Die Voortreffelijke en door alle Doctoren goedgekeurde drank uit China, die de *Chinezen Tcha* noemen, en in andere Landen *Tay*, alias *Tee* wordt genoemd, is te koop bij *Het Sultanehoofd*, een *Koffiehuis* in *Sweetings* Rents, bij de beurs in *Londen*.

Toen de thee in onze streken zijn opwachting maakte, moet het nog een tijd geduurd hebben voor we begrepen, wat dit vreemde woord inhield en nog langer voor we in staat waren om eruit te halen wat erin zat en er de kwaliteiten en de bekoring van te smaken. We wisten niets van zijn echte geheimen en hadden alleen geruchten gehoord van uiteenlopende strekkingen, naar gelang van de auteur bij wie ze hun oorsprong vonden. De verwarring was des te groter omdat vrijwel gelijktijdig met de thee ook andere nieuwigheden hun intrede hadden gedaan: over chocolade, koffie en thee was er heel wat te doen en dan kwam daar nog tabak bij. De mensen wisten niet meer wat ze er moesten van denken, in een tijd dat het ontbijt nog bestond uit haring en uien, brood, eieren, warme melk en bier.

De thee had het niet makkelijk om te wedijveren met de dranken die toen ingeburgerd waren. Zijn verleden, vanaf het begin gebaseerd op handel en geld, bezorgde hem een reputatie waarvan hij zich in Europa blijkbaar nooit meer echt heeft kunnen ontdoen.

Thee heeft bij ons vrij laat zijn intrede gedaan. Onze gewoonten waren diep ingeworteld, en voor deze drank was er blijkbaar geen plaats meer in onze verbeeldingswereld. Wijn, water, melk, zelfs bier, en onze voeding in het algemeen, hadden niet alleen hun betekenis in het materiële van het dagelijkse leven, maar ontleenden hun kracht ook aan hun vermogen om te reizen in de wereld van symbolen die ze al zolang bewoonden, hun vermogen om uit te drukken wat ze waren en terzelfder tijd perfect het onbestaande op te roepen, de dingen waarvoor woorden tekortschoten maar die, juist omdat ze alleen de behoeften van de geest gehoorzaamden, plotseling ontwaakten, vernieuwd en verrijkt dankzij het beeld.

Thee had daar probleemloos kunnen bijhoren als hij hier vroeger zou geïntroduceerd zijn, want de tijden veranderden, en modes en smaken volgden elkaar in een nooit gezien tempo op. De dingen des levens leken elke dag wat meer te verliezen van dat mooie mysterie dat ze tot dan in zich hadden gedragen: de schaduwen vervaagden en alles kreeg een nieuwe identiteit.

Thee werd onthaald als een vreemdeling van wie we de naam niet goed begrepen hebben, van wie de herkomst ons ontsnapt en waarvan het beroep ons niet duidelijk is. We nemen het onze gasten immers kwalijk als ze de gebruiken niet respecteren en zich niet behoorlijk voorstellen. De geruchten die we hebben opgevangen over exotisme en plotselinge fortuinen van onbekende oorsprong, wekken argwaan en geven al snel de indruk dat het om een parvenu of een avonturier gaat, of in ieder geval om een verdacht individu.

Pieter Gerritsz. Roestraten, *Stilleven met zilveren kandelaar*, olie op doek, circa 1630-1700. Museum Boijmans-Van Beuningen, Rotterdam

I, puer, i, theam confestim in pocula misce,	Kom, kom, jongen, schenk de thee in mijn kom.
Urget non solitus lumina nostra sopor;	Mijn ogen vallen ten prooi aan een onverklaarbare lethargie.
Mens stupet, obtusae languent in corpore vires,	Mijn geest wordt gevoelloos, mijn krachten verzwakken
Languorem solvet vivida thea novum.	De verkwikkende werking van de thee zal die lusteloosheid verjagen.

Ik heb thee gezocht in oude kunst, schilderijen, tekeningen, gravures en uiteraard boeken – waarvan de meeste in de vergetelheid geraakt waren – om na te gaan hoe hij, althans in het noorden van een wantrouwig Europa, aan belang won, er ondanks alles ingeburgerd raakte, zich opwerkte en de status van universele en volkomen onmisbare drank verwierf.

In deze enkele pagina's moeten we ons beperken tot een korte, aangename wandeling door een collectie, die zorgvuldig tot enkele essentieel geachte werken werd beperkt, in de hoop dat zij op verhelderende wijze enkele momenten van een merkwaardige en lange geschiedenis zullen belichten. Het zou een meer uitvoerige studie vergen om dieper in te gaan op elk van de voorgestelde onderwerpen. We moesten dus heel wat belangrijke, soms bewonderenswaardige kunstwerken en een zeer rijk gevulde collectie tekeningen en gravures uit de satirische periode van de 17de en 18de eeuw weglaten omdat de studie ervan ons te ver zou leiden.

Kunstwerken – zoals schilderijen, tekeningen en gravures – die rechtstreeks naar thee verwijzen – door bepaalde details of soms zelfs door een volledige scène – worden pas talrijk omstreeks het midden van de 18de eeuw. Sindsdien vinden we thee ook steeds vaker terug in literatuur, poëzie en zelfs muziek. Hij had nochtans al vele jaren bij ons doorgebracht, zij het in een relatieve discretie. De eerste westerse werken waarin thee een rol speelde, waren kopergravures die als illustraties dienden voor de geschriften met de prachtige getuigenissen over het bestaan van de theeplant in China, die zelden vermeld stond in andere, oudere boeken en er in ieder geval nooit in was afgebeeld. De platen in "Het Gezantschap der Neerlandsche Oost-Indische Companie, aan den grooten 'Tartarischen Cham', den tegenwoordigen Keizer van China" van Johann Nieuhoff, dat in Amsterdam gepubliceerd werd in 1665 en waarvan verschillende uitgaven en vertalingen elkaar tussen 1665 en 1668 in snel tempo opvolgden, behoren wellicht tot de oudste; ze zijn prachtig, al worden ze wel eens ten onrechte als 'naïef' bestempeld, terwijl ze eigenlijk gewoon aan het dromen zetten. Op één ervan is een vermoedelijk Chinese tuin te zien waarin thee wordt geplukt, altijd het ideale moment om een boom af te beelden waarvan het publiek nooit een exemplaar te zien zou krijgen, evenmin als de graveur, die zijn werk baseerde op enkele beschrijvingen die men hem had gegeven. Vaak ziet men in die boeken theebomen met onrealistische afmetingen of een skeletachtige en misvormde struik met vreemdsoortige tentakels die eigenlijk takken zijn met slechts enkele, verschillend getande bladeren, wat echter geenszins belet dat ze fascinerend zijn: de verbeelding wordt de vrije loop gelaten en geniet daar met volle teugen van. De gravures in *China, monumentis qua sacris qua profanis, illustrata* van Athanasius Kircher, in Amsterdam gepubliceerd in 1667, waarvan ook diverse andere uitgaven verschenen, waren eveneens opmerkelijke werken die de waarnemer aan het dromen zetten. Er zijn nog andere publicaties – reisverhalen en verhandelingen over natuurwetenschappen, planten geneeskunde, en verder enkele aanplakbiljetten en pamfletten met bijbehorende gravures – waarvan men zou kunnen stellen dat slechts weinige meer dan een historische of documentaire waarde bezitten, maar dat is al heel wat. Afgezien hiervan lijkt het niet mogelijk te zijn belangrijke en werkelijk originele artistieke afbeeldingen te vinden waarbij thee centraal staat.

Thee maakte overal een zeer bescheiden debuut in de kunst; zelfs in de oude oosterse werken uit China of Japan speelde hij zelden een rol. Het is moeilijk een kunstwerk over thee te vinden dat echt de naam antiek verdient. En als we er toch een ontdekken, dan beschrijft het meestal de fasen in de teelt en productie van thee, of een historische gebeurtenis die min of meer rechtstreeks verband houdt met thee, zoals in de Japanse kunst waar scènes worden opgeroepen uit de *Jaarlijkse reis van de Thee van de Keizer*, die tot

Jacob Balthasar Denner, *Balthasar Denner en zijn gezin*, 1737. Kunsthalle, Hamburg

het begin van de 18de eeuw ieder jaar met veel ophef van Uji naar Tokio werd vervoerd. Zowel in China als in Japan duikt de thee ook op in afbeeldingen van een beroemd dichter die een belangrijke plaats bekleedt in hun mythologie van de thee, en die wordt voorgesteld mediterend bij een kop thee, of staand onder enkele bomen, niet ver van een afgrond, met achter zich een uiterst bergachtig landschap met uitgestrekte wouden en eeuwenoude dennen. Niet ver van hem ontspringt een bron met daarnaast een vuurpot waarop een ketel zingt. De dichter luistert naar het geluid en leest – waarschijnlijk de Ch'a Ching, het eerste boek dat ooit over thee werd geschreven. Ik zal hier echter niet spreken over het oosten, noch over de Japanse en Chinese mystici, Zen of Cha No Yu. Ik zal het niet hebben over Okakura Kakuzo, hoe graag ik dat ook zou doen, of over het zo mooie (en weemoedige) *O Culto do Chá* van Wenceslau de Moraes. Ik zal ook niet terugkomen op de prachtige legenden over Lu Yü, Lu T'Ung of Darhuma met de vruchtbare oogleden.

Wel ga ik bij ons op zoek naar de eerste afbeeldingen van thee. Het heeft me zeer lang verbaasd dat ik er geen enkele vond in de Hollandse en Vlaamse stillevens uit de 17de eeuw, alsof de kunstenaars uit die tijd thee niet waardevol genoeg vonden om een plaats te verdienen in hun werk, al was het maar als onderdeel ervan. Ik hou echter minstens zoveel van schilderkunst als van thee. Mijn verlangen naar dat *Stilleven met kop thee* is dan ook zo groot en zo reëel dat ik willens nillens droom over wat het had kunnen zijn.

Wanneer ik denk aan dat ideale stilleven dat me nader bij de smaak van thee zou moeten brengen, dan vormt zich in mijn gedachten een bewegend en heterogeen beeld waarin al het talent, het genie en de scheppingskracht van de denkbeeldige schilders verweven zijn. Op een vaag gesuggereerde tafel, waarvan het glanzende oppervlak op sommige plaatsen de voorwerpen weerkaatst, zie ik een dampende kop op een schoteltje, bij de ronde, perfect gevormde theepot; een tweede, eveneens vol kommetje, en waarom niet een derde dat bijna geheel aan het gezicht onttrokken

Het thee-uurtje

is; een schoteltje ook met wat koekjes, enkele zilveren lepeltjes… Wat de stijl betreft, schipper ik genietend tussen de verrukkelijke weelde van sommige kunstenaars en de vloeiende toets van anderen: bepaalde zo gesmaakte dampen bij Vallayer-Coster of bij Chardin, de bewonderenswaardige gekunsteldheid van Tessier, de perfectie van Liotard. Soms zou ik deze compositie toewensen aan Willem Kalf, die de doorschijnendheid van het porselein ongetwijfeld meesterlijk zou hebben weergegeven. Ten slotte is er Stoskopff, want alleen hij zou erin geslaagd zijn de transparantie van de thee (als hij ze had gekend) een overweldigende magie te geven, de magie van gloeiend goud waarin nog een klein afgerold blaadje zwemt, zijn minuscule schaduw geprojecteerd op de witte rand.

Dat schilderij bestaat echter niet. Nooit dachten de Hollandse of Vlaamse schilders, of wie dan ook in deze hoogdagen van het stilleven eraan de thee, zijn accessoires, zijn 'ritueel' een hoofdrol te geven in hun composities. Er is echter één, vrijwel onbekende uitzondering, die ik enkele jaren geleden heb ontdekt. Een magische schilder die ik gelukkig pas onlangs leerde kennen en niet op een ogenblik dat ik hem nog niet verdiende. Hij heeft zich aan mij geopenbaard als een mirakel, of als een voorwerp uit een mooie droom dat men 's ochtends bij het ontwaken intact op het hoofdkussen aantreft.

....

Und dieses hier, opalnes Porzellan,
zerbrechlich, eine flache Chinatasse
und angefüllt mit kleinen hellen Faltern, –
und jene da, die nichts enthält als sich?
• Rainer-Maria Rilke, *Die Rosenschale*

En dit hier, van broos, opaalkleurig porselein
Een wijd uitlopende Chinese kom
Bedekt met zeer lichtgekleurde vlindertjes, –
Dan die daar, die alleen zichzelf bevat.

....

Over Pieter Gerritsz. Roestraeten is niet veel bekend, maar het weinige dat we weten is voldoende om hier een korte levensbeschrijving te geven. Hij werd omstreeks 1630 geboren in Haarlem, gaf naar verluidt al vrij vroeg blijk van een merkwaardig schilderstalent, genoot vanaf 1646 een opleiding bij Frans Hals en werd meteen als portretschilder toegelaten tot de Schildersgilde van Haarlem. In 1654 trouwde hij met de dochter van zijn meester en enkele jaren later, omstreeks 1660, verhuisde hij om redenen die ons ontgaan en in onbekende omstandigheden van Holland naar Engeland, waar hij in vermoedelijke welstand schilderde tot zijn dood in 1700. Dat is alles, de rest is voor de archieven. Van de portretten, een genre waarin hij uitgeblonken zou hebben, kennen of herkennen we er geen enkel meer, met uitzondering van een *Zelfportret met glas en pijp*, een merkwaardig, vrij zwaar op de hand liggend doek; een *Zelfportret met groot glas*, dat prachtig lijkt; en de gegraveerde kopie van een ander zelfportret dat blijkbaar verloren is gegaan. Daar moeten we het mee stellen om ons een beeld te vormen van het talent dat hem wordt toegedicht. Van de rest van zijn werk, dat waarschijnlijk zijn leven beheerste, bezitten we nog een klein aantal opmerkelijke overblijfselen: zuivere stillevens in de zin van de *IJdelheden*, trouw aan de tijdgeest en het karakter van zijn land, doordrongen van een intens persoonlijke stijl. We zien openhopingen van waanzinnige rijkdom, stukken edelsmeedkunst van een onwaarschijnlijke luxe, met handenvol op kostbare meubels tentoongespreide juwelen, medailles aan zilveren of gouden kettingen, met daarboven bijna systematisch een wereldbol die aan een vreemdsoortig lint hangt, vol prachtige weerkaatsingen; zeldzame voorwerpen die telkens anders geplaatst zijn, en in een soort bizarre nacht, altijd discreet en zeer complex, het schrikwekkende beeld van de dood.

In dat beperkte aantal doeken dat we met zekerheid in zijn oeuvre kunnen onderbrengen, ontdekken we echter ook minimaal drie werken die van meer soberheid en een bewonderenswaardige discretie getuigen en prachtig geschilderd zijn. Op deze schilderijen zien we kommetjes en schoteltjes van Chinese serviezen, suiker, enkele lepeltjes en eindelijk ook theepotten: het theeservies, waarbij voor het eerst een bijzonder, een fundamenteel en persoonlijk aspect van de Hollandse schilderkunst wordt geïntroduceerd in de Engelse kunst, en waarbij terzelfder tijd het ritueel van de thee opduikt in de westerse schilderkunst.

Dit voorbeeld zal merkwaardig genoeg geen navolging vinden, noch aan gene zijde van het Kanaal, noch op het vasteland. Engeland zal er zich niets van herinneren en men kan niemand verwijten nooit iets over dit werk te hebben gehoord. De zeer voortreffelijke en zeldzame kunst van Pieter Gerritsz. Roestraeten verdwijnt vanaf de dag van zijn dood in de vergetelheid.

Toch vormt zijn kunst de perfecte brug die ik zocht – zonder er echt in te geloven – tussen het 'sprekende' (of betekenisdragende) stilleven uit de antieke schilderkunst en het stilleven dat ontstond uit het streven naar een grotere eenvoud van vormen en materialen, waarmee we de dag van vandaag veel meer vertrouwd zijn, al blijft het nog de vraag of dat een verrijking is. Veel vroeger al hadden nieuwe schalen, kommetjes, schoteltjes en borden van alle afmetingen hun weg gevonden naar de Hollandse en Vlaamse stillevens. Maar tot dan toe hadden ze nooit iets anders bevat dan bosaardbeien, frambozen, kersen, wat koekjes of snoepgoed, en soms water. Dikwijls waren ze zelfs leeg, onregelmatig geschikt of op een rij gezet op lange rekken, of op tafels die voor niets anders leken te dienen. Bij die parels uit China waren er kleine, kostbare vazen met een narcis of een tulp, waarvan het plotseling ontloken wonder even zeldzaam leek als de voorwerpen zelf – zoals in dat prachtige schilderijtje van Dirck van Delen in het Boymansmuseum in Rotterdam, waaraan ik zozeer mijn hart verpand heb en zo vaak denk, dat ik er, telkens als ik naar dat verrukkelijke museum terugkeer, een bezoek aan breng alsof het een vriendin van mij was. En niet eens zo ver van dat meesterwerkje bevindt zich dat van Pieter Gerritsz. Roestraeten.

In het midden van een in het halfdonker verborgen tafel, waarvan het geverniste oppervlak zacht glanst, prijkt een grote, zilveren kandelaar waarvan de schacht gesculpteerd is in de vorm van een staande vrouw, gehuld in antieke gewaden, met op de schouders een hoorn des overvloeds die ze met veel moeite omhooghoudt. Haar beweging met de ogen volgend, richt ze het hoofd op zonder ergens naar te kijken. Ondertussen dooft boven haar een kaars uit, waaruit nog een beetje rook opstijgt.

Links van die kandelaar staat een vrij kleine theepot van rood aardewerk, meer dan waarschijnlijk van Chinese oorsprong en van Yi-Hsing, van het type *Boccaro*, maar het had net zo goed een van de kostbare en zeldzaam geworden werken kunnen zijn uit het atelier van Ary De Milde of Jacobus de Caluwé, die zich destijds in dergelijke kopieën gespecialiseerd hadden. De knop van het deksel, het uiteinde van de tuit en het bovenste gedeelte van de greep zijn omgeven met een edel metaal en verbonden met een zeer fijne, dubbele ketting van hetzelfde materiaal. Ernaast bevindt zich een opengevouwen vel wit papier, het zegel van rode was losgemaakt met een mes, waarvan het heft lichtjes glanst, naast het blad en er gedeeltelijk door aan het gezicht wordt onttrokken. Het blad bevat enkele mespuntjes van een soort groene thee, waarvan we weten dat hij uiterst zeldzaam is.

Naast dat alles, aan de voet van dit dubbelzinnige beeld van de Overvloed, ligt een zilveren lepel, en rechts ervan staat een Chinees kommetje dat pas met thee werd gevuld. Daarachter bevindt zich nog een kommetje, omvergevallen en schuin weergegeven. Aan de uiterste rand van de tafel zijn zeer nauwkeurig geschilderde suikerklontjes te onderscheiden. Helemaal achteraan ten slotte, weggedoken in de schaduw, staat een Chinese doos, ongetwijfeld een theedoos. Vandaag proeft men echter een nieuwe, uitzonderlijke thee.

Dezelfde theepot in rood aardewerk keert terug op een ander doek dat in Berlijn wordt bewaard. Het centrale element, deze keer in de breedte uitgewerkt maar in een identieke geest, is hier geen kandelaar, maar een pot met deksel, even luxueus als complex, en ook van zilver gemaakt. Waarschijnlijk gaat het hier om een gemberpot, hij is hoe dan ook wat groot om thee in te bewaren. Het is overigens niet uitgesloten dat dit voorwerp echt bestond en eigendom was van een opdrachtgever die het afgebeeld wilde zien. Links van dit monumentale voorwerp staat weer de rode theepot met zijn ranke metalen kettingen, die in dubbele ringen op zijn buik hangen.

Op de linkerrand van de glanzende tafel liggen twee klontjes suiker. Het servies bestaat hier uit vijf kommetjes – uiteraard van het zeldzaamste Chinese porselein. Twee zijn leeg, ze staan symmetrisch opgesteld, elk in een tegenovergestelde richting hellend.

De drie andere staan mooi in een driehoek, de randen tegen elkaar. Ze zijn gevuld met pas geschonken groene thee.

Er hoort nog een derde doek tot datzelfde interieuruniversum. Het wordt in een privé-collectie bewaard en ik ken er helaas alleen de reproductie van. Dit werk oogt eenvoudiger dan de andere, in zoverre dat de aandacht niet meer wordt toegespitst op één opvallend voorwerp. Hier geen edelsmeedkunst, maar alleen de harmonie van de porseleinstukken met hun perfecte vormen en materialen.

Vooreerst is er een grote spoelkom met hoge randen, in het midden van de compositie. Rechts staat een theepot van rood aardewerk die sterk op de twee andere gelijkt en waarschijnlijk van dezelfde oorsprong is. In dit geval is hij evenwel iets groter en anders versierd. Hij heeft niet meer die zo bijzondere, mooie peervorm en de hals is verticaal. De verzameling ringen en kettingen werd wel anders geschikt, maar is duidelijk verwant aan wat we op de twee andere doeken te zien kregen, met dien verstande dat ze hier eindigt in een dekseltje, bestemd om de tuit van de theepot af te sluiten. Men heeft het net van de tuit genomen om de twee kleine Chinese kommetjes, met hun respectieve schoteltje, die onbeweeglijk op de voorgrond staan te wachten, met thee te vullen. In het eerste zien we nog de kringen van het lepeltje waaruit zopas een klontje suiker is gevallen, terwijl een tweede lepeltje schuin op de tafel ligt. Een tweede kom, rechts, is leeg en staat schuin op haar schoteltje. Links, iets verder naar achter, naast de grote spoelkom, bevindt zich nog een kleinere kom zonder deksel, waarvan de rechterkant iets lager is. Daarin liggen stukjes suiker met onregelmatige vormen; één is eruit gevallen en wordt in amberkleurige motieven op het marmer weerkaatst.

Alle elementen in deze werken roepen de ijdelheid van de wereld op, maar tonen ook aan hoezeer thee aan de idee van luxe beantwoordt. De groene thee, waarvan we enkele kostbare blaadjes onderscheiden op het verzegelde papier, dat met de grootste voorzichtigheid werd geopend om toch maar niets verloren te laten gaan, behoorde tot de duurste artikelen in de periode dat deze doeken werden geschilderd en werd door velen beschouwd als het zinnebeeld van de ijdelheid. De andere Hollandse of Vlaamse schilders van het einde van de 17de eeuw drukten dezelfde ideeën uit met andere, meer eenvoudige en in zekere zin ook meer traditionele elementen. Voor zover mij bekend, kozen ze nooit thee als thema en maakten ze hem nooit tot een essentieel en sprekend element van een losstaand stilleven.

True beauty could be discovered only by one who mentally completed the incomplete. The virility of life and art lay in its possibilities for growth. In the tea-room it is left for each guest in imagination to complete the total effect in relation to himself. Since Zennism has become the prevailing mode of thought, the art of the extreme Orient has purposely avoided the symmetrical as expressing not only completion, but repetition. Uniformity of design was considered as fatal to the freshness of imagination.
• Kakuzo Okakura, *The Book of Tea*

Ware schoonheid kan alleen worden ontdekt door hem die in gedachten het onvolledige heeft vervolledigd. De viriliteit van het leven en de kunst zit in hun ontwikkelingsmogelijkheden. In de tearoom komt het iedere genodigde toe om met zijn verbeelding het effect van het geheel te vervolledigen. Sinds het zenboeddhisme de overheersende denkwijze is geworden, heeft de kunst uit het Verre Oosten bewust de symmetrie gemeden omdat ze niet alleen de idee van het volledige, maar ook de herhaling uitdrukte. Uniformiteit werd beschouwd als fataal voor de verbeelding.

Het Museum Bredius in Den Haag bezit in zijn collecties een uniek stuk, een onderdeel van de enkele bewaard gebleven 'perspectiefdozen' uit de 17de eeuw. Dit werk, dat omstreeks 1670 werd uitgevoerd en destijds door sommigen werd toegeschreven aan Samuel Van Hoogstraten (1627-1678), heeft een op het eerste gezicht weinig bevattelijk onderwerp, maar dat heeft de kunstenaar zo gewild. Het heeft veel weg van een innerlijke wereld die geëxplodeerd is en waarvan de nu onverenigbare en betekenisloze elementen zweven in een ruimte waar we buitengesloten zijn, binnen de vier hoeken van een omlijsting die tot dusver een geruststellende invloed had uitgeoefend maar nu niets meer voor hen kan doen, tenzij ze indi-

Isidoor Verheyden, *Het vieruurtje*, olie op doek, 1907. Koninklijke Musea voor Schone Kunsten van België, Brussel

rect telkens weer tegen elkaar doen botsen. Maar voor wie bij het bekijken van deze vreemde constructie lang genoeg zoekt naar de juiste invalshoek (zoals we in het leven ook onze juiste plaats moeten zoeken), komt er geleidelijk orde in de chaos van lijnen en abstracte vormen en kunnen we doordringen tot het hart van een burgerwoning, een grote en hoge kamer die streng maar tegelijk ook zeer mooi oogt, gekenmerkt door muren met een beeldhouwwerk en enkele schilderijen van identieke grootte.

We bevinden ons op de gelijkvloerse verdieping. Het is een heldere kamer, met zwarte en witte vloertegels, zoals die zo vaak te zien waren in de Hollandse en Vlaamse huizen van vroeger. Achter de twee hoge ramen vóór ons valt een stukje van de wereld te onderscheiden, waar de namiddagzon schijnt. Het licht schijnt vredig binnen, met een rustgevende mildheid, de dingen en wezens strelend. Rechts, bedachtzaam gezeten in een nog heller verlichte hoek, omgeven door stilte en vredigheid, wijdt een jonge vrouw zich aan haar borduurwerk, volledig in beslag genomen door wat ze met haar handen en haar hersens aan het uitvoeren is, en dat is heel wat belangrijker dan men op het eerste gezicht zou denken. In het midden van het doek, al even vredig, veegt een vrouw met een bezem het stof voor zich uit, stof dat men nooit zou vermoeden in een zo perfect, ordelijk en op zich al schoon interieur. Rechts de open deur van een andere kamer die kleiner, lager en donkerder is en waar, afgezien van een tafel met donker kleed en enkele schilderijen aan de muur, niets of niemand te zien is. Links geeft een andere met opzet opengelaten deur uit op een deel van het voorportaal, dat uitloopt op enkele treden die naar de ingang leiden; een man met hoed, die net is binnengekomen, wandelt naar beneden. De twee vrouwen hebben hem zeker gehoord, maar bewegen niet. Hij is dus bij hem thuis en men wacht in alle eenvoud op hem. Weldra zullen zijn echtgenote en hijzelf thee drinken aan het vierkante tafeltje met zeer eenvoudig gevormde poten, dat we op de voorgrond zien. De tafel is al gedekt, de ketel met warm water staat op een klein vuurtje met daarnaast, een beetje in zijn schaduw, de theepot, bij de spoelkom en de rechthoekige theedoos. Twee Chinese kommetjes, netjes op hun bijpassende schoteltje, staan klaar om gevuld te worden zodra het echtpaar heeft plaatsgenomen. Het is thee voor twee personen die hier gezet wordt, en dat is des te opmerkelijker omdat nooit eerder in de westerse schilderkunst een theetafel werd afgebeeld op een olieverfschilderij.

Ik zal niet uitweiden over de symbolische inhoud, waarvan de studie ons te ver zou leiden. Toch is het belangrijk te weten dat deze essentieel is, meer zelfs, dat hij de enige rechtvaardiging en de belangrijkste bestaansreden van het doek is. Zo is het bijvoorbeeld merkwaardig dat alle schilderijen aan de muur een religieuze betekenis hebben. De kleine, donkere kamer waarvan aan de rechterzijde een glimp te zien is, gelijkt veel op een bidvertrek, en het grote beeldhouwwerk vóór ons in een centrale nis tussen de twee ramen, is lang niet onschuldig; evenmin trouwens als het witte linnen dat met geveinsde onachtzaamheid op de hoek van de tafel werd gelegd – waarschijnlijk is dit het tafellaken dat men zojuist heeft weggenomen alvorens het theeservies klaar te zetten. Thee werd in die tijd immers altijd gedronken aan een naakte tafel, die weldra alleen nog daarvoor zou gebruikt worden.

Als we onze eigen positie onderzoeken, dan is de geografische plaats waar we opgesteld zouden moeten zijn (om echt iets te begrijpen van de wanorde in de wereld), volgens de architecturale indeling van de huizen uit die tijd logischerwijze de enige die we nooit in de reële ruimte zouden kunnen innemen; we zouden hier immers in de schoorsteen moeten staan, kortom in de "haard" zelf. En daar gaat het juist om. De "haard" is het ideale punt waar dingen samenkomen, een kruispunt van waaruit men inzicht kan verwerven in een wereld, die tot dan toe bestond uit een enorme verzameling versnipperde elementen.

....

When later, by the schoolroom fire,
I was served with tea by the usual maid.
• Henry James, *The Turn of the Screw*

Wat later bracht het gebruikelijke dienstmeisje
mij mijn thee in de studeerkamer, bij de haard.

....

Thee drinken zullen we altijd dicht bij de schoorsteen doen. Een schoorsteen zoals die, welke zich verheft aan de linkerzijde van een mysterieus schilderij van een vrouw, die we met zekerheid bij naam kennen: Cornelia van Marle. Ook het jaar waarin dit kunstwerk werd voltooid, is bekend omdat het duidelijk staat aangegeven op het doek: 1689. Het is een ontzettend belangrijk werk in het licht van het onderwerp dat ons bezighoudt. Het behoort toe aan het "Vrouwenhuis" in Zwolle, en als bij wonder bleef het niet alleen bewaard, maar heeft het dit huis ook nooit verlaten sinds het er werd opgehangen.

Het schilderij toont drie vrouwen, die samen thee gaan drinken. Het is de eerste keer dat dit bijzondere moment wordt weergegeven in de westerse schilderkunst.

Ik heb veelvuldig zitten mijmeren voor dit werk, en de gezichten van die vrouwen achtervolgen me sinds onze ontmoeting met een merkwaardige hardnekkigheid. Bij ieder weerzien denk ik terug aan wat ik ervaar telkens als ik blijf stilstaan bij een van die – meestal anonieme – werken die als minder belangrijk worden beschouwd in de Hollandse schilderkunst uit die tijd, maar die toch een bijzondere aantrekkingskracht bezitten die heel wat meesterwerken moeten ontberen, alsook een ontwapenende poëtische rijkdom die we in vele van de meest volmaakte schilderijen niet terugvinden. Zo herinner ik me, terwijl mijn ogen rondgaan in deze sombere kamer waar drie vrouwen me opwachten, merkwaardige doeken van Pieter Janssens Elinga en Jacobus Vrel, bij wie ik eenzelfde stilte terugvind, een poëtische kwaliteit die juist zo zeldzaam is omdat ze ongewild is, ontstaan uit een naïviteit die enkel geloofwaardig kan zijn als ze onbewust is.

Dat vinden we hier voor een groot deel terug. Dit is het enige werk dat we aan Cornelia van Marle kunnen toeschrijven, maar het lijkt me weinig waarschijnlijk dat ze er in haar leven nooit een ander heeft geschilderd, hoewel het duidelijk is dat ze nooit veel heeft geproduceerd. Ik stel me voor dat ze vrij jong moet zijn geweest toen ze dit werk maakte, en dat ze er veel van haar eigen leven in verwerkt heeft. Leerde ze helemaal alleen schilderen? Dat is weinig waarschijnlijk. Ik denk eerder dat ze op een of andere manier verwant was aan een al dan niet professionele schilder, die haar misschien de lessen heeft gegeven welke onontbeerlijk zijn voor iemand die met verf en penseel wil omgaan – al was het maar voor haar plezier.

De titel van dit werk verwijst naar de naam van het belangrijkste model, dat waarschijnlijk ook de opdrachtgeefster was: *Portret van Aleida Greve die thee schenkt voor twee vriendinnen.* We zien dus in de eerste plaats Aleida Greve, al hoeft dat niet noodzakelijk haar wil of haar wens te zijn geweest. Alles in haar houding verraadt immers dat ze zich in de schaduw wil verbergen, zonder daarom aan het bestaan te verzaken. Ze staat rechtop aan de linkerzijde en kijkt ons vanuit een ietwat schuine positie aan, de handen geheven en een ogenblik verstard in haar bezigheid, het bedienen van twee jonge genodigden, die hel belicht worden terwijl ze zelf in een vreemdsoortig tegenlicht staat waarvan ik geen enkel ander voorbeeld ken in de klassieke schilderkunst. Alles in Aleida Greve wijst op een grote nederigheid, terughoudendheid en eenvoud, alsof zij op deze aarde een nauwkeurig omschreven opdracht voor zichzelf had ontdekt, een bijzondere rol, alsof ze alleen nog om het welzijn van anderen gaf en haar geluk grotendeels door het hunne bepaald werd. Daarom vond ze het allicht belangrijk dat de aandacht werd toegespitst op de jeugdigheid, elegantie en schoonheid van de twee jonge vrouwen die ze bij haar thuis ontving. Aleida Greve is hier waarschijnlijk niet meer dan dertig of vijfendertig jaar. Ze is niet mooi, haar aangezicht is te rond en opgeblazen; haar minuscule, terugwijkende kin wordt onmiddellijk afgebroken door een tweede; haar ogen zijn te klein, haar oogleden opgezwollen; haar lippen zijn te dik en slecht gevormd en haar kleine neusje is ronduit lelijk.

In de klassieke schilderkunst zijn er weinig waarheidsgetrouwe portretten gemaakt van lelijke vrouwen (het gaat hier om echte portretten, dus geen overdrijving of karikatuur), en daarom nemen we de tijd om er even bij stil te staan, al was het maar een ogenblik. Iets anders moest die lelijkheid compenseren en de onbevallige voorstelling toch aantrekkingskracht bezorgen – door ze met iets aan te vullen. Vooreerst was er waarschijnlijk een zekere sociale status, persoonlijk aanzien, een functie, rol, actie of onderneming, die het verdiende vereeuwigd te worden. Aleida Greve is duidelijk een rijke vrouw. Haar kleding is prachtig in al haar eenvoud. Dat is onder meer te danken aan de ongedwongenheid van de rood- en goudkleurige mouwen die gedeeltelijk uit het sobere gewaad te voorschijn komen. En het vrij grote bovenstuk van een prachtige kanten bloes die tot de hals reikt, toont hoe belangrijk het voor haar is in haar dagelijkse leven het beste, en indien mogelijk, het mooiste te kunnen kiezen. Ze draagt geen enkel juweel en lijkt helemaal niet behaagziek. Haar haren zijn krachtig en zorgvuldig in twee compacte massa's bijeengebracht op de slapen en worden tegen haar hoofd gedrukt door een zwart kalotje, waarvan het voorste gedeelte als de punt van een ruit op haar voorhoofd ligt.

Wat we hier van haar huis zien, geeft bovendien een bepaald vorstelijke indruk. De muren zijn bekleed met Corduaans leder met goudkleurige motieven die glinsteren in het schemerduister, en ieder voorwerp, ieder element, ieder detail in dit decor roept een zeker gevoel van perfectie, comfort en luxe op. De wandspiegel in het midden van het doek (die klaarblijkelijk helemaal niets weerkaatst), heeft een onwaarschijnlijk kostbare omlijsting, vakkundig versierd met plantenmotieven met onregelmatig verbonden bladeren en twijgen die in elkaar verstrikt raken, dat alles verguld met fijn goud. De vloer is van marmer en is opgebouwd als een prachtig zwart-wit dambord. De monumentale schoorsteen is ook van zeldzaam marmer. De twee zuilen met identieke zwarte schachten en een deel van de schoorsteenmantel in rood marmer, verdwijnen in de schaduw. De harde, vierkante stoelen met gedraaide poten en dwarselementen die glanzen van de was, ademen eveneens luxe uit, ook al omdat de zittingen en rugleuningen bekleed zijn met mooi fluweel dat door middel van koperen spijkers aan het frame is bevestigd, en uitermate comfortabel ogen. En dan is er die tafel, van een tot dan onbekend model, met een uitvoerig bewerkt en complex pootgedeelte waarvan de drie welvingen in het midden samenkomen en op dat punt een gesculpteerde romp vormen, waarna ze zich aan weerszijden in prachtige volutes van elkaar afsplitsen. Het is een weergaloos staaltje van verfijnde timmermanskunst, dat door een andere, al even zeldzame vakman, werd afgewerkt: hij heeft het breed omrande ovalen blad, waarvan de schitterende pracht in het midden van het schilderij opvlamt, vermiljoenrood gelakt. Rijke, zware, sombere gordijnen die uit het niets naar beneden vallen, sluiten de kamer af, isoleren ze, als was het een theater. Op die manier gaat alle aandacht naar de zorgvuldig gereserveerde ruimte in het midden, waar straks rustig thee zal worden gedronken.

De twee jonge meisjes zijn nog niet lang aangekomen. Meteen na het binnenkomen zijn ze gaan zitten, op uitnodiging van de vrouw des huizes, die spoedig bij hen zal plaatsnemen, maar eerst zelf de thee wil zetten en opdienen. En om dat te doen, heeft ze over haar japon een grote, donkerblauwe schort aangetrokken. Dat alles is erg nieuw en verrassend.

Wie zijn die twee jonge meisjes, dat hen zoveel attenties en zorgzaamheid te beurt vallen? We weten het niet, maar alles laat vermoeden dat ze uit bevoorrechte, misschien wel elitaire kringen komen. Weinig jonge meisjes kunnen zich zulke tegelijk verfijnde, elegante, luxueuze en toch sobere kleding veroorloven. Hoewel er geen sprake is van echt opzichtig vertoon, lijkt die grote kraag van blauw satijn, die zich met verfijning openbaart van tussen de grote, mooie vouwen van een goudkleurige jurk, niet meteen in de dagelijkse garderobe van een meisje uit burgerkringen thuis te horen. Een ander element dat op een adellijke komaf kan wijzen, is de verbazingwekkende verfijning die uit hun gebaren en houding spreekt. Dat de twee meisjes zussen zijn, lijdt geen twijfel. Al het mogelijke werd gedaan om hun gelijkenis te benadrukken, en de kunstenares heeft niets onverlet gelaten om duidelijk te tonen wat hen bindt en verenigt: ze zitten wat kouwelijk tegen elkaar aangedrukt. Als de ene twintig is, kan de andere hooguit vijftien zijn. Allebei zijn ze blond en van hetzelfde blond. Ze delen dezelfde schoonheid, die Cornelia van Marle in haar werk maar met moeite heeft kunnen weergeven maar toch onmiskenbaar is. Ze zijn volledig identiek gekleed, en ook hun mooie, kunstig krullende haardos waaronder zich een hoog voorhoofd aftekent, is op dezelfde wijze geschikt; om de hals dragen ze eenzelfde ketting die duidelijk zeer kostbaar is ondanks haar ogenschijnlijke eenvoud, en zelfs hun gelaatstrekken zijn bijna identiek, met een vrij melancholische of ten minste toch dromerige uitdrukking, wat somber ook, als gevolg van gedeelde emoties.

Hoe meer ik dit schilderij bekijk, hoe meer ik het onderzoek, des te verder lijkt de bedoeling ervan verwijderd te zijn van het eenvoudige voornemen om enkele portretten te schilderen. Het gaat hier om een *Eerbetoon aan de thee*, men zou haast zeggen de weergave van een plechtigheid. De thee, en hij alleen, eist de hoofdrol op in het midden van het doek, in zijn vredige perfectie op het bijna vlammende blad.

In de rechterhand houdt Aleida Greve een mooie Chinese theepot, met de linker geeft ze het jongste zusje de thee die ze in een minuscuul porseleinen kommetje met bijbehorend schoteltje heeft geschonken. Het andere meisje, dat reeds bediend is, houdt het schoteltje met het kommetje voorzichtig en met veel respect in de linkerhand en kijkt ons nadenkend aan. Op het rode blad wacht een ander kommetje met schoteltje tot Aleida Greve gaat zitten. In een geassorteerd, maar dieper en groter schoteltje dat duidelijk alleen daarvoor gebruikt wordt, liggen stukjes doorschijnende, roodbruine kandijsuiker. Blijkbaar liggen hier geen lepeltjes. Dat zou dus betekenen dat men in die periode de suiker bij de thee nog gebruikte zoals in de Nederlanden lange tijd de gewoonte is geweest, namelijk door hem, gedrenkt in gloeiende thee, langzaam tussen tong en gehemelte te laten smelten.

Een vijfde kom, omgekeerd in haar schoteltje, lijkt overbodig, maar ongetwijfeld wordt er nog iemand verwacht en dat zou wel eens Cornelia van Marle zelf kunnen zijn.

Onder de tafel geschoven, bijna op de voorgrond, staat een prachtige koperen ketel op wat een kleine vuurpot lijkt te zijn. Deze heeft een kleinere diameter, is waarschijnlijk van ijzer, glanst fel en eindigt in drie zeer kleine voetjes die hem van de vloer isoleren.

Dit voorwerp heeft bestaan tot de aanvang van de 19de eeuw, althans in Nederland. Constructie en uiterlijk veranderden met de jaren, maar het principe bleef ongewijzigd. En ook de gewoonte om die merkwaardig kostbaar geworden voorraad kokend water afzonderlijk, dicht bij de theetafel, klaar te zetten, is stand blijven houden. Want voortaan zal de vuurpot alleen nog voor dat ene, bijna heilige doel worden gebruikt, nl. de bereiding van thee.

He was raising the cup to his lips when he suddenly perceived, in the transparent yellow infusion, the image or reflection of a face that was not his own. Startled, he looked around, but could see no one near him. The face in the tea appeared, from the coiffure, to be the face of a young samourai: it was strangely distinct, and very handsome, – delicate as the face of a girl. And it seemed the reflection of a *living* face; for the eyes and the lips were moving. Bewildered by this mysterious apparition, Sekinai threw away the tea, and carefully examined the cup. It proved to be a very cheap water-cup, with no artistic devices of any sort. He found and filled another cup; and again the face appeared in the tea. He then ordered fresh tea, and refilled the cup; and once more the strange face appeared, – this time with a mocking smile. But Sekinai did not allow himself to be frightened. «Whoever you are,» he muttered, «you shall delude me no further!» – then he swallowed the tea, face and all, and went his way, wondering whether he had swallowed a ghost.
• Lafcadio Hearn, *In a cup of tea*

Hij bracht het kopje aan de lippen toen hij plotseling in de gele, heldere thee, het weerkaatste beeld bemerkte van een aangezicht dat niet het zijne was. Verrast keek hij om zich heen, zonder iemand te ontwaren. Te oordelen naar het kapsel, behoorde het gelaat in de vloeistof toe aan een jonge samoerai. Het was bijzonder duidelijk, zeer mooi en van een bijna vrouwelijke zachtheid. En het weerkaatste beeld leek te leven, want de ogen en lippen bewogen. Ontdaan door die geheimzinnige verschijning gooide Sekinaï het brouwsel weg en begon hij zorgvuldig het kommetje te onderzoeken. Het was zeer eenvoudig, zonder enige artistieke versiering. Hij liet andere thee brengen die hij zelf uitschonk, en onmiddellijk verscheen het vreemde gelaat opnieuw, deze keer met een plagerige glimlach. Sekinaï wilde zich echter niet door angst laten overmannen. Wie je ook bent, mompelde hij, je zal niet lang meer met me spotten! Hij dronk de thee met het beeld dat hij bevatte en ging daarna weg, zich afvragend of hij nu een spook had ingeslikt.

De man die ik hier gemakshalve de 'Engelse meester van de thee' zal noemen, omschreef ik gisteren nog als de 'Engelse meester van de haartooi', omdat zowel mannen- als vrouwenkapsels voor hem belangrijk lijken, bijna even belangrijk als thee, die nochtans het hoofdonderwerp vormt van de twee doeken waarvan ik aanneem dat ze van zijn hand zijn. Deze kapsels, die ons nu zo merkwaardig toeschijnen, kunnen misschien worden gebruikt om de artiest een naam te geven, zoniet dan toch om hem wat nauwkeuriger te situeren in tijd – de twintig of vijfentwintig eerste jaren van de 18de eeuw – en ruimte – waarschijnlijk Londen, in ieder geval Engeland.

Het eerste werk dat me hier interesseert, is ook het eerste schilderij dat ik van hem heb aangetroffen. Het wordt meestal gepresenteerd onder de titel "*Gezin dat thee drinkt*", en wordt bewaard in het Londense *Victoria & Albert Museum.* Het tweede is een tafereel dat op het eerste gelijkt, afgezien van het volledig verschillende formaat en de beperking van de compositie tot twee personages – een jong meisje dat thee drinkt met een man die wellicht haar vader is en waarschijnlijk dezelfde is als de persoon die we op het Londense schilderij zien. Ik heb echter nog nooit het origineel gezien van dit werk, dat in de Verenigde Staten wordt bewaard, en kan me daar niet met zekerheid over uitspreken. Van dezelfde schilder zou nog een derde werk hebben bestaan, dat zeer dicht aanleunt bij de eerste versie waarover ik heb gesproken – maar met een ander klein meisje, staand bij haar moeder. Mogelijk is dat hetzelfde personage als op het tweede doek.

De vreemdsoortige haartooi, die deze onbekende man met achteloze trots draagt en de manier waarop hij er ten minste twee keer mee loopt te pronken, terwijl het toch om een binnentafereel gaat en het werk duidelijk van een verlangen naar intimiteit getuigt, doet denken aan de haartooi die in die tijd al lang gebruikelijk was onder schilders en waarvan vrij veel voorbeelden bekend zijn.

Ook hij is het hoofdpersonage van een zeer plechtig tafereel, rechtop gezeten op een stoel met hoge rugleuning, wat schuin in het midden van het doek, wat hem de onbetwiste rang van pater familias geeft, én van ceremoniemeester, die nu in een vredige stilte de thee proeft waarvan hij net voorzichtig heeft genipt – want het kommetje is gloeiend heet en zijn vingers vertrouwen het niet. In de linkerhand houdt hij nog het zilveren lepeltje dat hij niet zozeer gebruikt om in het brouwsel te roeren, dan wel om een stukje suiker tussen de tanden te brengen en dat langzaam te laten oplossen in de zo verrukkelijke slok thee. Hetzelfde blijkt uit het gelaat en de gebaren van zijn vrouw, die dezelfde houding heeft en ons behoedzaam aankijkt terwijl ze langzaam proeft – in een soort van algehele voldaanheid.

De voorgrond van dit opmerkelijke schilderij is van groot belang omdat hij ons inzicht verschaft in de manier waarop in het begin van de 18de eeuw thee gedronken werd, en ons met een zeldzame nauwlettendheid, precisie en getrouwheid alle elementen van het eigenlijke theeservies toont, maar ook omdat hij geen enkel equivalent lijkt te hebben in de schilderkunst uit die periode. De zilveren theepot krijgt een prominente plaats, in zoverre zelfs dat hij door zijn helderheid, zijn uitstekende afwerking en zijn intense aanwezigheid zowat het echte middelpunt van het doek vormt. Zijn omvang verrast, gewend als we zijn en nog lang zullen zijn aan kleine of zelfs minuscule exemplaren. Voor het eerst zien we hem hier in zijn mooie peervorm die zo kenmerkend is voor de stijl van zijn tijd, geplaatst op een beweeglijke, eveneens zilveren steun, die aan de onderzijde is uitgerust met een lamp die de thee warm houdt. Met een vrij lange steel aan één zijde, waarschijnlijk van ebbenhout, net als het handvat van de theepot en dat van een kleinere, geassorteerde pot, kan dit voorwerp worden verplaatst zonder de vingers te verbranden. Het is allemaal prachtig getekend, en we kennen van dit alles geen enkel ander voorbeeld van vóór die tijd.

In het midden van de tafel staat de grote, prachtig gevormde spoelkom, waarvan de binnenzijde glinstert in de zachte schaduw van een gesloten kamer waarover we niets weten. Vóór deze kom zien we een langwerpig, ondiep dienblad met vlakke, gefestonneerde randen, waarin twee kop-aan-staart geschikte lepeltjes rusten. Een smalle, hoge kruik met prachtige weerkaatsingen en een deksel, bevat zeer waarschijnlijk een extra voorraad warm water. We zien hier nergens een ketel en ik vermoed dat het brouwsel in de theepot heel geconcentreerd is. Links staat een grote theedoos met veelhoekige doorsnede en ronde hals, zorgvuldig afgesloten met een deksel dat erg gelijkt op dat van de kruik, maar kleiner is en wellicht als maatschep dient voor de thee. Uiterst links staat een vrij grote ronde kom, eveneens van zilver, waarvan het deksel schuin tegen de zeer mooi gewelfde flank is geplaatst. Zij bevat suiker en de binnenzijde glanst als een kelk. De suikertang werd een beetje verder gelegd, op de uiterste rand van de tafel.

Het porselein waaruit de thee wordt gedronken, is ook heel mooi en de kommetjes die zo zorgvuldig en voorzichtig worden gehanteerd omdat ze zo warm zijn, verrassen door hun grootte. Ze zijn duidelijk van Chinese makelij en zijn zo nauwkeurig afgebeeld dat het niet zeer moeilijk kan zijn om ze in de productie van die tijd te situeren. Aan de linkerzijde, aan de rand van de tafel, staat een Chinees bord met blauwe versiering, verschillend van de andere stukken en gevuld met koekjes. Het is helaas niet mogelijk hier nu dieper op in te gaan; ik wil alleen nog even de aandacht vestigen op een merkwaardig hondje dat, op een lage stoel op de voorgrond, zich lijkt op te winden terwijl het zijn meesteres met de ogen volgt.

Het tweede doek van deze anonieme meester, bewaard in Williamsburgh, is een compositie die is beperkt tot de voorstelling van de vader en zijn dochtertje (waarin sommigen een jongen zien). Het toont ons precies dezelfde stukken zilverwerk, op nagenoeg identieke wijze geschikt: de theedoos, de elegante kruik voor warm water, het kleine, langwerpige dienblad met twee lepeltjes, de grote spoelkom, en ook de theepot, met dien verstande dat hij hier niet op zijn zo volmaakte zilveren steun staat. En de kommetjes lijken kleiner te zijn.

We zullen een dergelijke weelde niet meer aantreffen, of zelfs geen soortgelijke compositie, noch een vergelijkbare *spirit*. Wat evenwel de zuiver materiële aspecten betreft, zal het theeservies, (van zilver of porselein), niet meer van samenstelling veranderen tot de introductie van de theevaas. Het zal nooit meer in het middelpunt van de belangstelling staan en zal zijn elegantie op een meer ingetogen wijze tonen, zonder evenwel aan belang te verliezen: voortaan behoort het theeservies tot het dagelijkse leven.

De dag des oordeels nam Johnson me mee naar zijn huis om er thee te drinken. De thee werd bereid door mevrouw Williams, die daar zeer bedreven in was ondanks haar blindheid. Ze had een vreemde wijze om na te gaan of de kommetjes vol waren. Het leek me dat ze er de vinger in liet glijden tot ze de thee voelde. In mijn eerste vreugde om het voorrecht Johnson te vergezellen bij zijn dagelijks bezoek aan mevr. Williams, wat me een beetje het gevoel gaf *e secretioribus consiliis* te zijn, dronk ik het ene kommetje thee na het andere alsof het de bron van de Helicon was.
• James Boswell, *Life of Samuel Johnson*

Van alle Hollandse of Engelse schilderijen uit de eerste helft van de 18de eeuw, waarbij thee drinken deel uitmaakt van de compositie en deze nieuwe gewoonte met het bijbehorende ritueel op een duidelijke manier wordt voorgesteld, is één van de mooiste en belangrijkste ongetwijfeld dit *Bezoek*, dat omstreeks 1700-1710 werd geschilderd, vermoedelijk door een Nederlander. Het wordt toegeschreven aan Nicolaas Verkolje (1673-1746) en wordt tegenwoordig bewaard in het *Victoria & Albert Museum* in Londen.

We bevinden ons op de gelijkvloerse verdieping van een groot herenhuis, in de salon, de uitgelezen plaats om bezoekers te ontvangen en met het gezin of vrienden te verpozen. Alles ademt hier orde uit, goed begrepen en perfect beleefde rijkdom. Geen zinloze luxe, maar een constant streven naar een perfect beheerde huishouding. En hoewel de kledij uit die tijd ons vandaag nog altijd een beetje verbaast door de snit en de stoffen, die we enkel nog te zien krijgen in de opera en het theater, valt hier geen enkel spoor van buitensporige elegantie te merken. De jurken van de dames, sober en donker, passen perfect bij hun leeftijd en positie. Hun decolleté is afgemeten en hun kapsel oogt zeer zuinig en deftig, zoals het vrouwen uit de burgerstand betaamt. Hun kleding past bij hun sociale status, net zoals het rode pak, de witte das, de pruik en de roomwitte handschoenen van de man die hen die dag is komen bezoeken.

Door de discreet aanwezige vensters zien we een diffuus en zeer zacht licht, typisch voor het einde van een heel mooie namiddag. Vóór de monumentale schoorsteen, waarin vandaag geen houtblok brandt en waarboven een perfect geproportioneerd, speciaal voor deze plaats ontworpen schilderij van een uitgestrekt landschap hangt, bevindt zich een mooie, kostbare theetafel, vlekkeloos en glanzend. Op het grote, niet versierde blad staat een mooi theeservies van Chinees porselein met blauwe en witte schakeringen die een streling zijn voor het oog en de geest, en in de kommetjes neemt de thee de vreemdste kleurnuances aan. In het midden staat de grote spoelkom, gevuld met warm water, en vlak ernaast het schoteltje met suiker. De kopjes, of liever de kommetjes, zijn al gevuld met de inhoud van de oogverblindend mooie theepot van rood steengoed, minuscuul en perfect, waarvan eens te meer moeilijk met zekerheid te bepalen is of hij ingevoerd is dan wel afkomstig is van de Hollandse ateliers van een Van Caluwé of een De Wilde. De voelbare rijkdom en de duidelijke stand van de twee gastvrouwen laten evenwel vermoeden dat het toch om een authentiek Chinees stuk gaat waarvoor een behoorlijk bedrag is neergeteld.

Naast de tafel, tussen de twee zussen, op een kennelijk kwetsbare steun waarvan men alleen kan betreuren geen groter deel te kunnen zien, staat de ketel van verzilverd koper met het onvermijdelijke kleine komfoor.

Ook hier lijkt er me geen twijfel over te bestaan dat de twee dames zussen zijn. Ik stel me zelfs voor dat ze familie zijn van de in het rood geklede man, en misschien ook van de schilder die ons dit doek naliet. Hij is immers uitgenodigd op deze *tea party*, waarvan hij zich nu enkel heeft teruggetrokken om zich aan zijn werk te wijden. Hij zal zich spoedig weer bij de anderen voegen. De plaats die hij heeft leeg gelaten tijdens het schilderen, wacht op hem, opdat hij desgewenst nog wat thee kan drinken. Hij zal de stoel die hij had weggeschoven om te werken, weer dichterbij schuiven en zijn plaats in dit beminnelijke gezelschap weer innemen. Van wie anders kan het kommetje zijn, dat nu omgekeerd op het schoteltje staat en waarnaast een momenteel nog overbodig lepeltje ligt? Hij heeft zo te kennen gegeven dat hij voorlopig geen thee meer wil drinken. Hij heeft zich teruggetrokken, de penselen genomen en zijn portret afgewerkt. Dit omgekeerde, ogenschijnlijk overbodige kommetje, dat we ook al aantroffen op het doek van Cornelia van Marle en nog enkele keren zullen terugzien, is één van de meest subtiele manieren die ik ken om een aanwezigheid kenbaar te maken.

De man in het rood reikt één van de dames een doosje aan waarvan we niet veel kunnen zien, behalve dat het op een snuifdoos gelijkt. De vrouw neemt het voorwerp aan en bedankt de schenker met een blik en een milde glimlach. Dat een dame van deze stand tabak zou snuiven, is een gedachte die ons vandaag wat vreemd toeschijnt. Toch treffen we tabak en thee wel vaker samen aan: de twee producten blijken het vanaf hun oudste artistieke voorstellingen uitstekend met elkaar te kunnen vinden.

> Il se sentait parfaitement heureux; ses yeux se grisaient à ces resplendissements de corolles et flammes sur un fond d'or; puis, contrairement à son habitude, il avait appétit et il trempait ses rôties enduites d'un extraordinaire beurre dans une tasse de thé, un impeccable mélange de Si-a-Fayoune, de Mo-You-Tann, et de Khansky, des thés jaunes, venus de Chine en Russie par d'exceptionnelles caravanes. Il buvait ce parfum liquide dans ces porcelaines de la Chine, dites coquilles d'œufs, tant elles sont diaphanes et légères et, de même qu'il n'admettait que ces adorables tasses, il ne se servait également, en fait de couverts, que d'authentique vermeil, un peu dédoré, alors que l'argent apparaît un tantinet, sous la couche fatiguée de l'or et lui donne ainsi une teinte d'une douceur ancienne, toute épuisée, toute moribonde.
> • Joris-Karl Huysmans, *A Rebours*

> Hij voelde zich volkomen gelukkig; zijn ogen verlustigden zich in de schittering van deze bloemkronen, opvlammend tegen een gouden achtergrond; plotseling, tegen zijn gewoonte in, kreeg hij trek in eten en doopte zijn geroosterd sneetje brood, met voortreffelijke boter besmeerd, in een kop thee, in een feilloze melange van Si-a-Fayoen, Mo-You-tann en Khansky, gele theesoorten die door speciale karavanen uit China naar Rusland waren gebracht. Hij dronk dit vloeibare parfum uit koppen van Chinees porselein, die men eierschalen noemt, zo doorschijnend en licht ze zijn; en zoals hij nooit anders dan deze verrukkelijke koppen in huis toeliet, gebruikte hij als bestek enkel echt verguld zilver, waar het goud hier en daar is afgeschuurd, zodat het zilver iets doorschemert onder de versleten goudlaag en dit een zachte, oude, heel uitgeputte, heel zieltogende tint geeft.
> • Joris-Karl Huysmans, *Tegen de keer*

De klassieke auteurs benadrukten dat het niet voldoende was de thee zeer warm te drinken, maar dat hij werkelijk gloeiend diende te zijn opdat zijn heilzame krachten zich in ons lichaam konden ontplooien. Daarom moest hij de grens bereiken of zelfs overschrijden, waarbij de hitte ondraaglijk is voor de lippen. Dat verklaart waarom men soms schoteltjes gebruikte om te drinken: zo kon het buitensporige van een dergelijke temperatuur een beetje worden afgezwakt. Deze handelwijze werd echter nooit een gewoonte of een gebruik – althans niet in onze streken, waar ze door personen die zich aan de elementaire regels van de etiquette probeerden te houden als vulgair en zelfs onaanvaardbaar werd beschouwd.

Voor wie beweerde de uitmuntende eigenschappen van thee te kennen en voluit van zijn onuitgesproken verfijning wilde genieten, was er geen sprake van de thee uit iets anders te drinken dan uit het porseleinen kommetje, of later het kopje, eveneens van fijn porselein, waarvan het schoteltje ten minste de vingers beschermde tegen brandwonden. De gewoonte om thee uit het schoteltje te drinken, heeft zich naar ik vermoed niet verbreid of zelfs niet ingeburgerd buiten Rusland, waar de thee een heel andere loopbaan heeft gekend dan elders. De handeling komt ook nergens voor in de oude Europese schilderkunst, of althans, ik vind er nergens een voorbeeld van terug in mijn herinnering, of het moest in de wereld van de satire en de karikatuur thuishoren. In de zeldzame gevallen, waarbij iemand op een schilderij een gevuld schoteltje naar de lippen brengt, gaat het om enkele boeren of volksvrouwen, die dan bovendien meestal nog koffie drinken.

Die intieme, primordiale associatie van thee met extreme hitte bevordert zijn introductie in de wereld van de symbolen, die in het begin van de 18de eeuw nog enigszins levendig werd gehouden. Zo werd de thee op natuurlijke en serene wijze opgenomen in de voorstellingswijzen van de vier elementen, om er het vuur te vertegenwoordigen. Zijn plaats was daar klaar: niet alleen stoorde hij daar niemand, maar bovendien was hij die status waardig, als men bedenkt hoezeer zijn bereiding verbonden was aan de ketel (waarvan de als een ziel uitgeademde damp een sieraad op zich was) en aan het onmisbare komfoor, waarin de zwijgende en gloeiende kooltjes, door ijzer gevangen, de rol speelden van een extra vuur dat in de woning kon worden verplaatst en zo in hoeken terechtkwam die het nooit eerder had bereikt.

Voor de balzaal van het kasteel van Leitheim, die uitziet op de Donau tussen Augsburg en Wurtzburg, schilderde Gottfried Bernhard Götz (1708-1774) in 1751 al fresco een reeks Chinese taferelen waarvan er vier op poëtische wijze *De Elementen* weergeven. Het vuur wordt op bijzondere wijze voorgesteld als een Chinese vrouw, gehuld in een onmogelijk te beschrijven klederdracht en met een vreemde gelaatskleur. Haar merkwaardige kapsel is boven haar hoofd bijeengebonden in een wrong waar twee gekruiste naalden doorsteken. Ze heeft vreemde spleetogen en bevindt zich op het terras van wat een pagode lijkt te zijn, of de tempel van een of andere heidense afgod. In een gebaar van zeldzame elegantie reikt ze een onder haar op een mat gezeten oude man een kom thee aan. De man is uiteraard een Chinees, met een dikke snor, rijkelijk gekleed volgens dezelfde mode, met een kegelvormig hoofddeksel. Terwijl hij met de opgeheven rechterhand de kom gloeiend hete, geparfumeerde thee aanneemt, houdt hij zorgvuldig het mondstuk van een lange pijp van wit aardewerk tussen de lippen. Vóór hem ligt op een groot bord een stuk van zijn streng tabak waar hij net het deeltje heeft afgeknepen dat hij nu oprookt.

Terwijl de jonge Chinese met de ene hand thee opdient, plaatst ze met de andere, van het lichaam verwijderde hand de gewelfde theepot op een monumentale vuurpot, een afgeplatte bol waaruit een lichte rook opstijgt en waarvan de basis, uitlopend in een driepoot in de vorm van leeuwenpoten, op een vierkante sokkel rust. Het geheel is zeer decoratief en irreëel. Aan de rechterzijde, op een hogere en smallere sokkel, brandt en rookt vrij hevig een grote bronzen vaas die waarschijnlijk wierook en andere parfums bevat, die door de zachte wind worden meegenomen. Dit alles baadt in een wellicht even vreemdsoortige als heerlijke muziek, gesuggereerd door twee stellen hangende klokken, typisch Chinese instrumenten die alleen door luchtverplaatsing kunnen worden bewogen.

Bij het bekijken van die schilderijen is het niet moeilijk hun Franse herkomst te achterhalen: deze prachtige *chinoiserieën*, getekend en gegraveerd door Boucher, en later opnieuw gegraveerd door Aveline en diverse anderen, werden allemaal tussen 1738 en 1745 gepubliceerd door Huquier. Ze hadden ontzettend veel succes en verspreidden zich over heel Europa, waar ze model stonden voor een groot aantal decoratieve werken waarbij Chinezen de pijp rookten en thee dronken.

Thee en tabak verschaften een vergelijkbaar plezier en vulden elkaars diepere betekenis aan. Tabak kwam in de Europese kunst al veelvuldig voor vanaf de laatste jaren van de 16de en vooral de eerste van de 17de eeuw, zeker in Vlaanderen en in Nederland, waar zeer mooie rookkamertaferelen onbewust en op hun eigen manier een nieuw genre introduceerden in de schilderkunst.

Tabak heeft altijd een slechte reputatie gehad, wat evenwel geen afbreuk deed aan de populariteit ervan. De enorme aantrekkingskracht die hij ondanks de talrijke veroordelingen op de mensen bleef uitoefenen, verklaart dat hij vrij vroeg in talloze 'IJdelheden' voorkwam, in de traditionele strengvorm – tabak werd toen in strengen verkocht – of in de vorm van brokkels in dichtgevouwen papier, dat de tabak als een zeldzaam en zeer kostbaar goed beschermde, zoals de theeblaadjes op het doek van Roestraeten. Dikwijls werd tabak afgebeeld naast de rokende wiek van een gedoofde of bijna gedoofde kaars of lamp, en naast enkele van die lange, vaak gebroken pijpen van wit aardewerk die toen gebruikt werden, liggend op de uiterste rand van een tafel, of steunend op een open boek bij een schedel die blinkt in het schemerduister. Thee en tabak bezegelden op een voor ons verbazingwekkende manier hun stilzwijgende overeenkomst in een uitdrukking die tot het begin van de 18de eeuw veel werd gebruikt om pijprokers – velen onder hen vrouwen – te omschrijven: de 'tabaksdrinkers'.

Met die wetenschap hoeft het ons al minder te verbazen wanneer we op een grote plaat, die waarschijnlijk omstreeks 1750 door Johann Elias Ridinger (1698-1766) werd gegraveerd, het huwelijk tussen thee en tabak afgebeeld zien.

In vier opeenvolgende werkstukken, in Augsburg gepubliceerd onder de titel *Die Geträncke*, worden de fundamentele dranken weergegeven, telkens gesymboliseerd door een man en een vrouw die gekoppeld worden aan twee dranken, die complementair worden geacht op basis van hun goede of slechte eigenschappen en hun vermeende effecten. Deze platen associëren op onherroepelijke wijze wijn en azijn, bier en brandewijn, koffie en chocolade, tabak en thee; en van de hele reeks is deze gravure de enige waarop twee mooie, fijne, rijke en elegante jonge mensen zijn afgebeeld, terwijl op de andere steevast een vrij vulgair paar met een kennelijk zeer onzekere toekomst te zien is. Het is een echte gentleman die hier – misschien iets te nadrukkelijk – vooroverbuigt naar een beeldschone jonge vrouw, prachtig gekleed en met een schitterende haartooi. Uit behaagzucht slaat ze de avances af van een opdringerige hand, die beslag lijkt te willen leggen op een stukje van haar knie. Dat afwijzend gebaar wordt enkel uitgedrukt door een koele beweging van de vingertoppen en is veeleer een uitnodiging om te wachten – ten minste tot de jonge dienstknecht klaar is met zijn werk. Deze heeft tot dusver niets gemerkt en wijdt zich met de grootste zorg aan zijn bezigheid: met een grote theepot schenkt hij thee in een Chinees kommetje dat met zijn schoteltje op een klein blad staat, dat de jongeman in de rechterhand houdt.

Deze twee jonge mensen lijken op bijna ideale wijze bij elkaar te passen. Ze roken in harmonie elk een zeer lange pijp van wit aardewerk. We bevinden ons in een park, het is onmiskenbaar zomer. Op de rand van de stenen muur die hun idylle omgeeft, staat een sierpot waarin een sinaasappelboom groeit.

De gravure is zoals alle andere vergezeld van een brief, die bestaat uit twee korte, tegenover elkaar geplaatste teksten. Het zijn Duitse en Latijnse verzen die het huwelijk van thee en tabak bezingen.

Depuis ce temps-là je tiens thé ouvert,
et tout le monde admire la bouilloire.
• Madame du Deffant, *Lettre à Horace Walpole*

Sindsdien houd ik theevisites,
en bewondert iedereen de ketel.

Niemand weet welke Engelse kunstenaar omstreeks 1740 het *Groepsportret van de familie Carter* schilderde en ik ben nog onkundig van de geschiedenis van dit werk, dat in Washington wordt bewaard.

Het is een werk met ongebruikelijke proporties en afmetingen, wat ongetwijfeld te wijten is aan de plaats waarvoor het doek bestemd was. De compositie is onhandig, maar vrij weinig kunstenaars hadden een zo langgerekte oppervlakte op vloeiende wijze, laat staan met succes, kunnen opvullen. De personages hebben een zekere charme, ze leren ons bovendien veel over bepaalde gewoonten uit die tijd en over het gebruik dat van thee werd gemaakt. De man die aan de linkerzijde staat en ons glimlachend aankijkt, is duidelijk de vader, even rijk als goedmoedig en gul, een man die zich heeft losgemaakt van de grote trivialiteiten uit deze wereld en ze van op een afstand gadeslaat. Rechts zitten zijn vrouw, mevrouw Carter, en zijn twee dochters, waarvan er één de klavecimbel aanraakt terwijl de andere, aan de rechterzijde van haar moeder gezeten, de pas binnengekomen dienstknecht wenkt. De jongeman nadert met een logge en voorzichtige pas, want hij draagt een zware ketel die hij niet mag omgooien. Anders zou immers het kokende water wegstromen of, erger nog, hem de kuiten verbranden. Mevrouw Carter heeft de kleine theetafel voor zich laten zetten waarop met de grootste zorg het servies van Chinees porselein werd geschikt. We zien vier vrij kleine kommetjes, recht op hun schoteltje geplaatst, en een vijfde, veel grotere spoelkom. Verder is er ook nog een kommetje met suiker. Met een zilveren tang in de linkerhand neemt mevrouw een stukje, terwijl ze met de rechterhand het schoteltje en het kommetje opneemt waarin ze de suiker zal laten vallen. Hier steekt men de suiker namelijk niet in de mond. In het midden van de tafel staat de theepot, op een steun om het zo kostbare tafelblad niet te beschadigen.

Thee en muziek gaan uitstekend samen. Thee heeft een intiem karakter, het is een materiaal met een eigen protocol, een ritueel met een even strenge als duidelijke etiquette. Thee zetten komt de vrouw des huizes of haar oudste dochter toe, een dienstbode mag hem in geen geval opdienen. Het belangrijkste onderdeel van het ritueel is de bereiding van het aftreksel, en die taak kan niet worden toevertrouwd aan een ondergeschikte, die er niets van kent en overigens zelf nooit thee drinkt. Hij is alleen vertrouwd met de geuren die tijdens het spoelen uit de theepot ontsnappen en met de smaak van de suiker die hij nu en dan van zijn meesters kan gappen. Ook kent hij de merkwaardige bitterheid van de blaadjes die hij met grote moeite en bevende handen uit de kostbare, nog lauwe recipiënt haalt, en die hij in een vreemde vlaag van zuinigheid niet wil weggooien. Ze zijn dan ook duur: ze hebben zoveel gekost dat ze in de salon door de dames in een zorgvuldig met de sleutel gesloten koffertje van fijn hout worden bewaard. Eenmaal alleen in de bijkeuken laat hij ze dan ook een tweede keer trekken om zelf ook eens te proeven. De smaak van dat tweede aftreksel is echter zo walgelijk dat zijn misprijzen voor het brouwsel bevestigd wordt. Echte thee zal hij nooit proeven, hij zal niet meer over zijn tong voelen vloeien dan het slappe surrogaat. Dat rechtvaardigt voor hem zijn afkeurenswaardige pogingen om, in de waan dat iedereen zo weinig van thee afweet als hijzelf, de nu volledig uitgeputte blaadjes tussen de handpalmen te rollen opdat ze hun oorspronkelijke vorm terugkrijgen, ze te laten drogen en ze later tegen de beste prijs door te verkopen aan andere leden van het huispersoneel, met de hand op het hart zwerend dat het om verse thee uit China gaat.

In het theeritueel uit de 18de eeuw beperkt de rol van de dienstknecht zich tot het aanbrengen van het warme water. Dat zien we overal, ook op dit mooie doek van een anonieme Engelsman of Nederlander, dat doorgaans wordt toegeschreven aan Jozef Van Aken (1700-1749) en waarschijnlijk omstreeks 1720 of 1725 werd gemaakt. De dienstbode krijgt hier de belangrijkste plaats, monumentaal en adembenemend mooi, als gebeeldhouwd in haar prachtige witte schort. Staand in het midden van de compositie schenkt ze het warme water uit, met een onberispelijke houding, één en al ingetogenheid en natuurlijke gratie. Achter haar, op een afzonderlijk, lager tafeltje, bevindt zich het komfoor waaruit rustig de open vlam opstijgt. Dit is het enige mij bekende antieke schilderij dat dit belangrijke detail onthult. Overal elders staat de ketel zo opgesteld dat de constructie van dit kleine, gedurende meer dan een eeuw ontzettend belangrijke meubelstuk niet duidelijk te onderscheiden is.

In de *Familievergadering* van Willem Van Mieris (1662-1747) verdient de huishoudster veeleer de naam dienster, want ze heeft moeite om haar tot de tuit gevulde last naar de theetafel te brengen. Ze loopt gebogen, alle spieren gespannen, en vordert stap voor stap. Ze houdt de gloeiend hete ketel zo ver mogelijk van het lichaam en probeert overhaasting te vermijden uit angst voor spatten. Ondertussen wachten de dames en heren, bezig met andere, meer essentiële dingen.

Het is mevrouw die zich met de thee bezighoudt. Zij opent het zopas gebrachte koffertje met de kleine gouden of zilveren sleutel die ze voor de borst heeft hangen. Zij haalt er één van de twee of drie doosjes (of de twee of drie flesjes) uit en schept de gekozen thee met een zilveren lepeltje, of soms met het deksel van de recipiënt, dat oorspronkelijk als maateenheid werd gebruikt. Zij doseert de correct en noodzakelijk geachte hoeveelheid blaadjes en schept ze in de theepot, maar het is niet zij die er het water op schenkt.

Het woord is nu aan de dienstknecht. Hij nadert, de ketel in de hand. Mevrouw wacht, de theepot is open. Zorgvuldig, als het even kan met een vleugje elegantie en vooral met vaste hand, laat de dienstbode zo voorzichtig mogelijk het kokende water in de pot stromen, waarbij hij vermijdt het kostbare voorwerp te laten overlopen of water te laten wegspatten. Mevrouw plaatst het deksel op de theepot. De dienstknecht verwijdert zich stilzwijgend, zijn taak is volbracht. Met de rest heeft hij niets meer te maken. Hij zet de ketel op het kleine komfoor of gaat hem opnieuw vullen in de bijkeuken, en komt terug

James Ensor, *Namiddag in Oostende*, olie op doek, 1881. Koninklijke Musea voor Schone Kunsten, Antwerpen

om hem op te warmen, waarna hij onbeweeglijk en discreet in de buurt van de vrouw des huizes gaat staan, wachtend tot ze hem met een gebaar of een blik terugroept en bevelen geeft. Dat verhindert deze man of vrouw echter niet om, volgens de gevoelens die ze voor hun meesters koesteren, na te denken. Over het theerituteel, waar ze zo dikwijls bij aanwezig en betrokken zijn, hebben ze uiteenlopende opvattingen die soms mee hun gedrag bepalen. God geve dat ze nooit de ironische raad hebben gehoord of gelezen die Jonathan Swift (1667-1745) hun voorwendde te geven in zijn laatste posthume verhandeling, *Richtlijnen voor bedienden*: "Wanneer u water op moet zetten voor de thee na de maaltijd (wat in veel families een onderdeel van uw functie is), giet dan, om vuur te sparen en vlugger klaar te zijn, de theeketel vol met heet water uit de pot waar kool of vis in gekookt heeft, waardoor het een veel gezonder drank wordt, want zo bestrijdt het de scherpe, corroderende eigenschap van de thee".

Unnumbered throngs on every side are seen,	Van overal zien we massa's toestromen
Of bodies changed to various forms by *spleen*	Lichamen die door het *spleen* van uiterlijk veranderden
Here living tea-pots stand: one arm held out,	Hier houden zich levende theepotten op: één arm geheven,
The other bent; the handle this, and that the spout.	De andere gebogen: de ene voor het handvat, de andere
• Alexander Pope, *The Rape of the Locke*, 1712	voor de tuit.

In 1746 maakte Cornelis Troost (1697-1750) van zijn vriend en buur Dirk Dalens, ook een kunstschilder (de derde met die naam), een pastelportret, dat bewaard wordt in de collecties van het Rijksmuseum

Thee proeven

te Amsterdam. Dalens wordt staand afgebeeld in zijn comfortabele atelier, vóór de schildersezel met daarop een vrij groot landschapsschilderij, dat bijna is afgewerkt en dat hij trots aanwijst met de gestrekte rechterwijsvinger, terwijl hij in de linkerhand nog het palet en het penseel vasthoudt. Het is wat men een prestigeportret kan noemen; er spreken bovenal een grote zelfvoldaanheid en een onbeperkt vertrouwen in de waarden van het leven en de maatschappij uit. Centraal staat het eenvoudige, zuivere genoegen van de handwerksman en de kunstenaar, die graag tijdens de uitoefening van zijn nobele beroep wordt voorgesteld en met trots de instrumenten hanteert en het kostuum draagt: de lange schilderskiel, slechts losjes dichtgehouden met een riem, het palet en de penselen. De pruik mag niet ontbreken, hij is immers een gentleman. Zijn twee zoontjes zijn er ook, aan de rechterzijde. Ze spelen op de grond, even afgeleid door de schilder die hun portret schildert. Als ze zich vermaken, dan is het al lerend, want ze zijn de hele namiddag verdiept in boeken, gravures en tekeningen die zich om hen heen opstapelen.

Links zit de tweede echtgenote van Dirk Dalens, Maria Schack, die thee drinkt. Ze houdt het schoteltje en de kleine kom van fijn porselein even voor zich uit. Naast haar, iets verder naar achter, staat hun oudste dochter Anna, tot de hals bedekt en met een muts op het hoofd, bijna zo zedig en streng als een non, maar met ook iets koket in haar houding. Zij is thee aan het schenken. Slechts een kort ogenblik kijkt en glimlacht ze naar ons, omdat haar werk haar volledige aandacht opeist. Ze heeft de Chinese theepot vrij hoog geheven en schenkt thee in een kommetje, dat al op het schoteltje staat en dat ze in haar andere hand houdt. Het doet een beetje denken aan de manier waarop Noord-Afrikanen groene muntthee schenken, in één lange, nauwkeurige straal die het geluid van een bron maakt. Vóór haar, links, op een typisch theetafeltje met dunne centrale schacht, driepoot en fijn afgezoomd rond blad, staan de theebenodigdheden, waaronder een grote, mooie zilveren pot, een grote porseleinen spoelkom en een mooi schoteltje met koekjes of suiker.

Dit is lang niet het enige doek waarop een schilder, zich duidelijk bewust van zijn rol, zijn sociale functie en alles wat hij volgens hem zo volmaakt doet, zich laat afbeelden of, beter nog, zichzelf afbeeldt terwijl hij thee drinkt, zoals de 'groten', de heren en bourgeois bij wie hij dankzij zijn kunst nu en dan over de vloer komt.

At certain houses, and not a few, Jimmy would drop in about ten minutes before the tea-hour, and drop out again about ten minutes after it; well knowing that his further presence was not indispensable to the contentment or felicity of his host.
• Herman Melville, *Jimmy Rose*

In bepaalde huizen, en het waren er niet weinig, bood Jimmy zich tien minuten voor de thee aan en ging hij tien minuten erna weer weg, goed wetend dat zijn aanwezigheid dan niet meer onontbeerlijk was voor de tevredenheid of het geluk van zijn gastheer.

Toen Nicolaas Muys (1740-1808) in 1778 het portret van zijn jongste broer, de graveur Robert Muys, en zijn jonge echtgenote Maria Nozeman schilderde, naar aanleiding van hun huwelijk in Amsterdam in september van dat jaar, wilde hij aan de afbeelding van het paar het element toevoegen dat het best het huiselijk geluk zou weerspiegelen: een elegant theeservies, duidelijk zichtbaar naast de jonge mensen opgesteld. Robert Muys staat achter zijn zittende vrouw. Hij draagt een licht en comfortabel vest. Hij is op een natuurlijke manier elegant en draagt een pruik, zoals het een man van zijn stand in die tijd betaamt. Toch blijft hij bovenal, meer nog dan een heer, een kunstenaar en graveur. Hij laat dat duidelijk blijken door met de rechterhand, boven het hoofd van zijn echtgenote, één van de gravures omhoog te houden waarop hij terecht trots is. Helemaal achteraan in de kamer, in het mediaanvlak van het schilderij, achter een grote, opzettelijk opengelaten deur, bevindt zich het atelier, waarvan we een gedeelte zien. De tafel en het scherm van de graveur buiten beschouwing gelaten, is het een sober lokaal zonder versieringen, een echte werkplaats. De gravure, die de kunstenaar in de hand houdt, is in zekere zin ook het symbool van hun geluk: door zijn werk zal hij aanzien verwerven, erkenning afdwingen en, wie weet, de zeer eenvoudige roem oogsten waarnaar hij verlangt. Om duidelijk te tonen hoe onlosmakelijk zijn werk en zijn leven met elkaar verbonden zijn, is het onderwerp van de afdruk juist een huwelijksinzegening in de hoofdbeuk van een kerk.

Terwijl zijn linkerhand zacht op de schouder van zijn gezellin rust, verzekert hij haar van zijn rechtschapenheid, zielenadel, toewijding en trouw. En zij, bescheiden rechtop zittend, weelderig gekleed in groen en wit, met hier en daar een vleugje roze dat charme en leven brengt, heft eveneens de rechterhand in een gebaar dat op het eerste gezicht misschien merkwaardig lijkt, maar waarvan de betekenis bij nader onderzoek duidelijk wordt: als we haar goed bekijken, zien we dat ze aan de ringvinger een vingerhoed draagt. Op die manier symboliseert ze op haar beurt een ideaal: ze naait (of borduurt) een grote witte zakdoek die op haar knieën is opengevouwen. Vóór het jonge paar, op de rand van de blinde nis waarvan het lijstwerk hen opsluit in een universum dat voortaan alleen hen zal toebehoren, staat een mooi zilveren dienblad met fijne, zacht gefestonneerde randen waarop vruchten geschikt zijn: een grote meloen, drie perziken, een grote tros blauwe druiven.

In de kamer bevindt zich, naast Maria Nozemann, de theetafel, een essentieel meubelstuk, in dit geval bedekt met een donkergroen tafellaken waarop een rood dienblad met het gloednieuwe theeservies staat: twee kommetjes op hun respectieve schoteltje, tegen elkaar aan geplaatst, en een grote, mooie zilveren theevaas, tussen de handvatten versierd met een zilveren ketting in de vorm van een slinger. Een beetje meer naar achter zien we de spoelkom, en dan een grote porseleinen pot voor melk of room, of misschien voor een voorraad warm water, want een theepot is er blijkbaar niet. Uit dit alles kunnen we afleiden dat de theevaas in dit geval voor één keer onmiskenbaar thee bevat. Deze buikige en dikwijls elegante vorm, die we steeds vaker zullen aantreffen en die geen theepot is maar veeleer een gedaanteverwisse-

Auguste Oleffe, *Lente*, olie op doek, 1911. Koninklijke Musea voor Schone Kunsten, Antwerpen

ling van de waterketel, stukken praktischer dan zijn voorganger, is de voorbode van wat later de samowaar zal zijn. Alleen de bovenste steun ontbreekt, als vervanger van een deksel dat hier nog een decoratieve functie heeft. Aan zijn vorm dankt dit voorwerp de naam die het nu nog heeft, theevaas. Ze werd gebruikt bij de bereiding van thee maar het is niet zeker dat ze vaak de drank zelf heeft bevat. Ze heeft een gewild monumentaal en decoratief karakter en siert de Hollandse tafels omstreeks het einde van de 18de eeuw. Met het kleine kraantje aan de onderzijde van de flank is het een gebruiksvoorwerp, maar ook een pronkstuk, dat zowel geschikt lijkt voor grote gezinnen als voor personen die graag bezoek ontvangen en zich laten zien. Vele exemplaren zijn bewaard gebleven, waaronder enkele pareltjes van verfijnde edelsmeedkunst.

In de oude schilderkunst vinden we nog altijd van die kleine pronktafeltjes, die enkel voor de thee bestemd waren en na *tea time* tegen een muur werden geschoven, waar het vaak opklapbare blad in verticale stand (zoals een schilderij) zijn geschilderde versiering toonde: bloemenslingers, een papegaai op zijn stok omgeven door exotische bladeren, soms enkele personages die zelf thee aan het drinken zijn aan weerszijden van een tafel, waarop het zorgvuldig afgebeelde theeservies staat opgesteld.

Dat laatste motief werd ook gebruikt voor dit unieke tafeltje, onderdeel van een Hollandse privé-verzameling, dat Nicolaas Heinsius omstreeks 1700 beschilderde met zachte silhouetten en portretjes die zich subtiel aftekenen tegen een zwarte achtergrond en waarschijnlijk hemzelf en zijn gezin tijdens het thee-uurtje voorstellen. Op deze kleine, kwetsbare en o zo dure meubels horen enkel kleine, kostbare theepotten thuis, indien mogelijk van Chinese oorsprong, van rood aardewerk en porselein, en kommetjes met bijbehorend schoteltje.

Sie sass so wie die anderen beim Tee.	Zij zat net als de anderen bij de thee.
Mir war zuerst, als ob sie ihre Tasse	Eerst scheen het mij alsof ze anders dan
ein wenig anders als die andern fasse.	de anderen haar theekopje opnam.
Sie lächelte einmal. Es tat fast weh.	Zij lachte, even maar. Het viel niet mee.
• Rainer Maria Rilke, *Die Erblindende*	• Rainer-Maria Rilke, *De bijna Blinde*

Tijdens zijn vrij lange verblijf in Wenen tussen 1743 en 1746, maakte Jean-Etienne Liotard (1702-1789) de pasteltekening (uitzonderlijk op perkament) die hem weldra roem en zelfs populariteit zou brengen, en die in de collecties van de Nationale Galerij van Dresden trots zijn oeuvre vertegenwoordigt onder de naam *La Belle Chocolatière*.

Naar verluidt gebruikte hij als model een jong meisje genaamd Baldauf, dat meer was dan alleen maar mooi: graaf Dietrichstein zag haar beeltenis, wilde haar absoluut ontmoeten en trouwde met haar. Ik geloof niet dat Liotard veel belangstelling had voor de chocolade zelf, maar dat onderwerp gaf hem bovenal de gelegenheid om telkens weer voorwerpen te schilderen die mooi waren in al hun eenvoud, en uiterst moeilijk plastisch weer te geven waren, en dat werd zijn dagelijkse passie. Tussen het stilleven en het portret is er – zeker vanuit het gezichtspunt van een schilder – slechts een dunne scheidslijn, die door Liotard verscheidene keren per dag werd overgestoken. Voor hem waren het mysterie en de schoonheid van de vormen belangrijk, de strenge en inspirerende geometrische studie van een lichaam onder een bepaalde lichtinval en in een eindelijk abstracte ruimte, het onderzoek van kleurnuances en materialen, dat alles meesterlijk geïntegreerd in het oneindige landschap van de enorme witte schort, die de jonge dienstmeid als een tot de voeten reikend harnas draagt. Het doet ons onwillekeurig denken aan die andere monumentale schort, die aan de mooie dienstbode op het doek van Van Aken toebehoorde.

Alles wordt samengevat in het prachtige, kwetsbare, gelakte dienblad, dat dit meisje met een mengeling van nieuwsgierige eerbied en onverschilligheid voor zich houdt, en in de sprankelende transparantie van het kleine glas water, een essentieel element in deze perfecte weergave van het 'stil leven'. Maar het had net zo goed een kop thee kunnen zijn, want dit gelakte dienblad bekoorde Liotard evenzeer als een zeldzaam juweel aan de oren van een jong meisje uit Smyrna, als de in Turkije ontdekte *nargilehs* of de gevoerde *talaar*, gezien aan het hof van Jassy had.

Ongetwijfeld herinnerde Liotard zich toen in 1745 enkele van zijn enige jaren voordien voltooide tekeningen, waarvan er één een zeer mooi blad werd met thee als belangrijkste onderwerp. Met name het werk *Servante présentant une théière à une dame Levantine assise sur un divan*, gemaakt met zwarte steen en roodkrijt, dat uit de jaren 1740-1742 stamt en momenteel wordt bewaard bij de Oscar Reinhart Stichting in Winterthur; in het *Cabinet des Estampes* van de *Bibliothèque Nationale de Paris* bestaat nog de afdruk van een gravure, die ervan werd gemaakt. De dienstmeid houdt een klein zilveren dienblad voor zich, met daarop een geciseleerde oosterse theepot en een bijpassend suikerpotje. Alle elementen waren al veel meer dan gewone voorboden van *La Belle Chocolatière*. Uit zorgvuldig onderzoek van de twee werken blijkt dat er niets fundamenteels is veranderd: het is de overgang van een volmaakte studie naar een nog verder doorgedreven en rijker exemplaar, dat misschien is uitgegroeid tot een meesterwerk, maar dit alleen is geworden dankzij het eerste – dat wil zeggen dankzij *La Porteuse de thé*.

Elle était aussi douce, polie et pure que peut l'être la créature humaine. Enfin Marc soutint l'éclat du visage, où il vit la même santé, la même douceur, la même pureté, vivantes, parlantes, et regardantes. Le blanc même des yeux brillait, et quelques instants plus tard, tandis que le reste de la figure était caché par la tasse où elle buvait, il rencontra les yeux tranquilles, d'un bleu lointain et pur, et il songea aussitôt à ce lied où le poète dit que, lorsqu'il pense aux yeux de celle qu'il aime, un océan de pensées bleues submerge son âme: *Ein Meer von blauen Gedanken...*
Valery Larbaud, *Beauté, mon beau souci...*

Liever, beleefder en zuiverder kon een menselijk wezen niet zijn. Ten slotte onderging Marc de uitstraling van haar gezicht, waarin hij dezelfde levende, sprekende en kijkende frisheid, liefheid en puurheid las. Zelfs het oogwit glansde, en even later, toen de rest van haar gelaat werd verhuld door haar theekopje, ontmoette hij haar rustige ogen, van een ver en zuiver blauw, en hij moest onmiddellijk denken aan dat lied waarin de dichter zegt dat wanneer hij denkt aan de ogen van zijn geliefde een oceaan van blauwe gedachten zijn ziel verzwelgt: *Ein Meer von blauwen Gedanken...*
Valery Larbaud, *Geliefden, Gelukkige geliefden....*

Johann Heinrich Tischbein (1722-1789) moet wel heel erg verliefd zijn geweest op zijn vrouw om haar zo dikwijls te portretteren. Alsof het voor hem niet voldoende was haar in zijn gedachten te houden en hij geen ogenblik te ver van haar verwijderd wilde zijn. Haar geest bekoorde hem, hij kon niet zonder haar woorden, en zich inbeeldend dat ze achter hem stond terwijl hij werkte, beleefde hij zijn gelukkigste momenten. Terwijl hij op een doek een roze godin schilderde en geleidelijk haar draperingen uit zijn penseel toverde, stopte hij soms plotseling om te luisteren naar de muziek die hem omgaf: het was Marie-Sophie die het spinet beroerde en hem even van zijn werk deed opkijken. Hij luisterde, het palet in de hand. Hij kwam dichterbij, leunde met de ellebogen op de rugleuning van de stoel en droomde weg bij het zien van haar streelzachte haren.

Hij was in 1756 met haar getrouwd – zij was dertig jaar, hij drieëndertig. Hun eerste dochtertje werd het daaropvolgende jaar geboren. In biografieën van Tischbein worden de kwaliteiten van Marie-Sophie unaniem erkend: intelligentie, talent, spirit, opvoeding, schoonheid. Zij bracht rust en evenwicht in zijn dagelijkse leven. Meermaals vroeg Tischbein zijn vrouw voor hem te poseren. Nu eens schilderde hij haar gelaat, dan weer – omdat hij dat al zo dikwijls had gedaan, misschien zelfs de avond tevoren, en zij daar stilaan op uitgekeken raakte – wilde hij met haar hulp het effect van een drapering op doek overbrengen. Zij poseerde, bedachtzaam, geduldig, geamuseerd en vooral intens gelukkig. Maar Tischbein deed niets liever dan haar gade te slaan terwijl ze thee dronk. In zoverre dat hij haar boven alles tijdens dat ritueel wilde schilderen. Ik weet nog niet met zekerheid hoeveel min of meer identieke autografische versies er bestaan van dit *Portrait de Marie-Sophie Tischbein, née Robert*, maar het mooiste exemplaar, uit 1756, wordt bewaard in het museum van Bern.

Het zijn er in ieder geval drie, misschien ook vier. Voor mij is het belangrijk dat zorgvuldig te bestuderen, omdat ik in dat werk de uitdrukking van een subtiel mengsel van nieuwe ideeën ontwaar: hoewel thee vanouds geassocieerd werd met vuur en zelfs werd gebruikt om het te symboliseren, was hij ook het zinnebeeld van de Smaak, en hing rond deze drank nu ook een aura van uitnemendheid, zelfs van zuiverheid. Ik vind dit doek des te zeldzamer omdat het blijkbaar het eerste was van een vrij klein aantal werken, dat de thee in zijn innerlijke wereld integreerde door hem te associëren met het unieke portret van een dierbaar wezen.

De aandachtige kijker merkt dat de jongedame op het schilderij niet zo behaagziek is als ze op het eerste gezicht misschien lijkt (ondanks het zo discrete hondje dat ze op de arm houdt), en dat ze niet uit aanstellerij of oppervlakkigheid thee drinkt. Dat haar gebaren, het nauwkeurige en o zo subtiele spel van haar vingers die het schoteltje vasthouden, van een volmaakt natuurlijke elegantie zijn: hun positie wordt volledig bepaald door de handelingen waarin ze een rol spelen. Tischbein geeft dat alles op bewonderenswaardige wijze weer en komt ontzettend dicht bij het punt waar het schoteltje zijn stabiliteit zou verliezen. Eén van de in mijn ogen kostbaarste aspecten in dit werk heeft precies te maken met de kunst van het schilderen: de asymmetrische positie van het theekommetje op het schoteltje, met een evenwicht dat net niet verbroken wordt.

Dit element geeft gestalte aan een zekere kijk op een uitermate intiem geluk, of zelfs op de idee van de hemel op aarde. De thee behoort hier niet meer tot dat uiterlijke, wereldse domein dat door anderen in dezelfde periode nog wordt bespot, en vaak terecht. Hij is voor één keer geen aanleiding voor oppervlakkige, ijdele bijeenkomsten. Wel is hij de essentie van een groot geluk, eenvoudig, maar verfijnd, dat des te oprechter wordt geproefd omdat deze twee personen hier alleen op de wereld zijn en dat zo wensen te houden, en ze niemand wat hoeven te bewijzen. Hun geluk is alleen voor henzelf bestemd en Marie-Sophie is op dit doek trouwens niet echt alleen: Tischbein is er ook, vlakbij, hij bekijkt en schildert haar. Zoals Verkolje in zijn *Bezoek*, toont de kunstenaar hier ook zeer duidelijk – op de voorgrond van zijn schilderij, op de rand van het blad en tegen de warme theepot – de nog lege kop die de zijne is en op hem wacht.

Precies drie jaar later stierf Marie-Sophie Tischbein, vlak na de geboorte van haar tweede dochtertje. Het paar had toch drie jaar kunnen genieten van een geluk dat voor eeuwig wordt gesymboliseerd door dit kommetje gloeiend hete, geparfumeerde thee dat bijna perfect in het midden van een fijn schoteltje is geplaatst.

> There was a table set out under a tree in front of the house, and the March Hare and the Hatter were having tea at it: (…) «Have some wine,» the March Hare said in an encouraging tone. Alice looked all round the table, but there was nothing on it but tea. «I don't see any wine,» she remarked. «There isn't any,» said the March Hare. «Then it wasn't very civil of you to offer it,» said Alice angrily. «It wasn't very civil of you to sit down without being invited,» said the March Hare.
> • Lewis Carroll, *Alice in Wonderland*

> Onder een boom voor het huis was een tafel neergezet en daaraan zaten de Maarthaas en de Hoedenmaker thee te drinken: (...). "Wilt u wat wijn ?" vroeg de Maarthaas bemoedigend. Alice keek de tafel rond, maar er was niets anders dan thee. "Ik zie geen wijn", merkte ze op. "Die is er ook niet", zei de Maarthaas. "Dan was het niet erg beleefd van je om er mij aan te bieden", zei Alice boos. "Het was ook niet erg beleefd van jou om ongenood aan tafel te komen", zei de Maarthaas.

Johann Zoffany (1733-1810) beeldde geregeld het theeservies af in zijn werken, bijna als uitdrukking van een onvergelijkbaar, weergaloos plezier. Terzelfder tijd gaf het servies het gezelschap, dat zo graag tijdens het theeritueel gezien wilde worden, het nagestreefde positieve en vleiende imago.

Thee was dan ook niet weg te denken uit het leven in deze kringen. Wanneer het ogenblik was aangebroken om thee te drinken, zelfs buiten, ver van huis of tijdens een wandeling, moest al het mogelijke worden gedaan om vooral niets te veranderen aan het bijbehorende ritueel, waarvan de voorschriften te mooi en te fundamenteel geworden waren om ze te kunnen negeren.

Drinkwater kan in gelijk welke behoorlijke veldfles worden vervoerd en alcohol straffeloos in zilveren flacons, maar er kan geen sprake van zijn thee te bereiden in iets anders dan zijn theepot. Blaadjes moeten worden bewaard in speciaal daartoe bestemde dozen en thee mag alleen worden geschonken in koppen van fijn porselein, omgeven door alle noodzakelijke accessoires, van schoteltje tot lepeltje. Genieten van deze toerusting, zowel met de ogen als gevoelsmatig, was voor een bepaalde klasse als het ware essentieel geworden: het gaf het opmerkelijk geruststellende imago van een meeneembare wereld.

In *Gezicht op de tuinen van Hampton waar mijnheer en mevrouw Garrick thee drinken* uit 1760, krijgt dat onvermijdelijke en eeuwig terugkerende thee-uur een magische dimensie, die we nooit meer in een zo ver doorgedreven vorm zullen terugvinden; men zou haast zeggen dat de hele natuur zich plotseling heeft ingesteld op het thee-uur en wil meewerken om het tot een succes te maken. De bomen, die door hun aanwezigheid het normaal verloop van het ritueel in de weg hadden kunnen staan, hebben een stap teruggezet; het gras is vanzelf korter geworden; dieren die er enkele ogenblikken geleden nog graasden, hebben zich wijselijk teruggetrokken; zelfs de hemel heeft plaats gemaakt om het wonder te laten geschieden, een wonder dat overigens geen mens zal verbazen, namelijk de aanwezigheid van een theetafel waarop een dienblad prijkt met alle benodigdheden voor het thee-uurtje. De butler van David Garrick maakt de dienst uit, maar het is nauwelijks te geloven dat hij dit alles helemaal alleen heeft kunnen klaarzetten. Het lijkt wel of een wens voldoende was geweest opdat dit wonder zich voltrok. Men zou zelfs de indruk krijgen dat het water van de Theems zich uit eigen beweging naar het grasperk heeft verplaatst om te voorkomen dat de hengelende edelman eerst een eind moet lopen om de oever te bereiken.

Het hele tafereel is van een orde en een harmonie die ontstaan zijn uit een bijzondere kijk op schoonheid – op gevaar af van een zekere koelheid. Maar uiteindelijk is dit de onderworpen wereld, de natuur als vrijetijdspark waar alles ten dienste staat van de mens, afgestemd is op zijn genot, uitsluitend en volledig gericht is op de voldoening van de meester. Hier dient het geluk zich aan, het gelukzalige gevoel te leven en de overtuiging dat de hele aarde onze tuin is geworden. Het is een nieuw geluk, volledig vervat in enkele mooie weerkaatsingen op de flanken van een theepot, enkele gesprekken die alleen belangrijk zijn om de muziek van de stemmen, het zachte geluid van een lepeltje tegen porselein en, met de nieuwe geuren van de blaadjes en het gemaaide gras, het gloeiende parfum van een kopje thee.

Sie sassen und tranken am Teetish	Er werd, aan de thee gezeten,
Und sprachen von Liebe viel.	Over liefde veel afgepraat.
Die Herren, die waren ästhetish,	Door de heren als ware estheten,
Die Damen von zartem Gefühl.	Door de dames heel delicaat.
• Heinrich Heine, *Lyrisches Intermezzo*	

Thee drinken in de buitenlucht is een onvergelijkbaar genoegen dat nooit alleen wordt gesmaakt, maar altijd in gezinsverband, of ten minste toch in groep. Een werk van de Engelse schilder Georges Morland (1763-1804) illustreert dat treffend. In wezen wordt hier bijna hetzelfde ideaal afgebeeld als in het werk van Johann Zoffany toen die het thee-uurtje in de tuinen van Hampton schilderde, maar in dit geval gebeurt dat op een minder aristocratische en veel eenvoudigere manier. Het werk zou vrij veel succes hebben, aangezien het meermaals werd gegraveerd, de ene keer al deskundiger dan de andere, door kunstenaars met zeer ongelijk talent.

Het draagt de titel *A tea garden*. De mooiste versie die ik ken, werd door F.D. Soiron gegraveerd. Ze werd in kleuren gedrukt en in 1790 gepubliceerd in Londen. Eens te meer wordt een soort van ideaal universum afgebeeld. Merkwaardig genoeg wordt dit familietafereel gesitueerd in Bagnigge Wells, één van de beroemdste theetuinen uit die tijd. Ook hier lijkt alles te zijn herschapen in een soort van paradijs op aarde. Het is evenwel een door en door burgerlijk paradijs, waar men moet betalen om binnen te mogen en waar de tafels en stoelen per uur of per namiddag worden verhuurd. Het is een materiële tuin, waar de mens verantwoordelijk is voor alles wat bestaat en er prat op gaat dat niets aan het toeval werd overgelaten, in zoverre dat een mirakel hier bijna van slechte smaak zou getuigen. Men bezoekt de tuin enkel bij mooi weer. Dat is telkens een gelegenheid voor een lange wandeling tussen vrolijke en heldere waterpartijen, langs zandwegen en grindpaden die elke dag netjes aangeharkt worden, over gebladerte dat nooit de kans krijgt om zich een eigen weg te zoeken. Stenen monumenten die hier en daar zijn neergezet in het algemene kader van een onwezenlijke vrijheid, dragen bij tot de vredige sfeer. Hier wordt thee gedronken.

Er zijn heel wat tekeningen en gravures gemaakt en gepubliceerd die een beeld schetsen van de modieuze theesalons en -tuinen uit die tijd. Zonder deze werken en zonder de literaire beschrijvingen die we bij talrijke auteurs van toen vinden, zou het moeilijk zijn zich zelfs maar een idee te vormen van de manier waarop de verbeelding hier de vrije loop werd gelaten. Vauxhall, Ranelagh, Marylebone Gardens, Cupper's Gardens, White Conduit House, Finch's Grotto Garden, Saddler's Wells en Bagnigge Wells waren tuinen, waar thee blijkbaar alomtegenwoordig was. Ik meen me zelfs verwijzingen te herinneren naar – waarschijnlijk metaforisch – opwellende theefonteinen. Het waren aangename ontmoetingsplaatsen die zich tegen de avond, wanneer er concerten en toneelvoorstellingen plaatsvonden en het publiek de flitsende schoonheid van spetterend vuurwerk kwam bewonderen, ook voor minder onschuldige contacten leenden.

Zondag is echter de dag van de gezinswandelingen. Onder de bomen zijn priëlen aangelegd, toevluchtsoorden voor wandelaars die in een zomers schemerdonker, afgemeten en ordentelijk, comfortabel gaan zitten om het wereldje, dat hen zo dierbaar is, te reconstrueren. Het jonge echtpaar, hun kinderen en twee van hun ouders die ongetwijfeld weduwe en weduwnaar zijn en nu, in het intense en eenvoudige geluk van het heden, terugdenken aan het verleden, scharen zich rond de volledige thee-uitrusting, die op een groot rood dienblad is gezet. We herkennen de Chinese kommetjes met bijpassend schoteltje, de grote spoelkom en het melkpotje. De jonge vader – en gelukkige echtgenoot – laat een mooi bord rondgaan waarop enkele koekjes geschikt zijn. Grootvader roert langzaam in zijn kopje om de suiker te laten smelten. Achter deze mensen die het samen zo gezellig hebben, schenkt een jongeman met vaardige hand voorzichtig water van een grote ketel in de theepot, die zo weer klaar is om gebruikt te worden. Helaas is niet geheel duidelijk waar deze ketel vandaan komt, waar de jongeman hem zal zetten als hij klaar is, waar en hoe hij hem opwarmt. Geen enkel element op deze gravure geeft ons hieromtrent een aanwijzing en de kunstenaar heeft er blijkbaar niet aan gedacht of oordeelde het niet zinvol zich dit soort vragen te stellen. Belangrijk was voor hem vooral de algemene betekenis van het tafereel en de zekerheid dat het gebaar van de glimlachende jongeman, die het warme water in de theepot schenkt, duidelijk maakt dat alleen hij met de bediening belast is en niet Mevrouw. Zij is druk bezig met haar jongste telg die vredig op haar schoot ligt. Het is zelfs niet zeker dat de jongeling een dienstknecht is; ik zou veeleer denken dat hij tot het personeel van deze theetuin behoort, want hier worden geen mondaine taferelen afgebeeld maar een hoofdstuk uit het gezinsleven.

Vervolgens bestelden ze de verrukkelijkste drankjes, ze dronken thee en schuimwijn en aten van een enorme, prachtige bruidstaart met een suikeren engeltje met erbovenop een zwaard van marsepein.

Daisy Ashford, *De jonge bezoekers*

Hoewel hij vrij zeldzaam is geworden, lijkt de symboliek, essentieel in bepaalde denkwerelden waarin de thee destijds een rol speelde, niet geheel verdwenen te zijn sinds dit in het oog vallende perspectivistische delirium – waarbij alleen orde telde – van de naamloze Delftenaar. Een verbazingwekkend *Familieportret* van F. Schranck, dat omstreeks 1800-1810 is geschilderd en nu in het Walraff-Richartzmuseum van Keulen wordt bewaard, houdt nog enkele opzienbarende verrassingen in petto. Ook dit ogenschijnlijk naïeve werk is verre van onschuldig en zet zich aandachtig en geduldig af tegen de eenvoud, die men het verkeerdelijk zou kunnen toedichten. Het heeft een gewild koude boodschap, geordend en logisch als een preek, die men in de grootste stilte in zich moet opnemen, in zichzelf gekeerd en in overpeinzing als op zondag in de tempel.

Van Schranck kennen we niets, of zo goed als niets. Zijn naam hebben we herkend in een nog leesbaar deel van de handtekening en zijn voornaam – Franz – leidden we af van de restanten van de initiaal. Hij was omstreeks 1800 actief en dit schilderij is het enige dat we aan hem kunnen toeschrijven.

Het is één van de uitermate complexe doeken uit die tijd, geïnspireerd door opvattingen over schilderkunst die mettertijd aanzienlijk waren veranderd. Voorbij was de tijd van de rebussen en de mooie embleemboeken die meer dan twee eeuwen lang konden boeien en waarin de thee pas zeer laat een bijzondere plaats had veroverd. Een plaats waarvan we hier de weerklank terugvinden. Men sprak nu duidelijke taal, de dingen werden bij hun naam genoemd, en die trend zette zich ook door in de schilder- en tekenkunst. Het is ook vrij uitzonderlijk om in een profaan werk van het begin van de 19de eeuw een zo bewust complexe benadering aan te treffen, die velen trouwens in een vroegere periode zouden onderbrengen. Dit mooie, rustige doek met zijn zo misleidende helderheid lijkt een gewoon familietafereel als onderwerp te hebben. Het oog verplaatst zich zonder problemen in de compositie en ontmoet vooreerst een paar, elk aan één zijde van een vrij grote tafel die voor de schoorsteen is geplaatst en er bijna in binnendringt.

Mevrouw kijkt ons aan, gezeten aan de rechterzijde, gehuld in een ruime, fantasieloze japon die niets van haar lichaam onthult – ze is waarschijnlijk ook wat verzwaard ten gevolge van een recent moederschap. Haar hoofd is volledig omsloten door een streng aandoende muts die haar haren vrijwel geheel bedekt. Haar gelaat is neutraal en uitdrukkingsloos, ondanks een vage glimlach – maar zelfs dat is niet zeker. Op de linkerknie zit haar jongste spruit, bijna exact op dezelfde wijze gekleed als zij; ze probeert het kind te kalmeren door haar met de rechterarm licht tegen zich aan te drukken.

Aan de andere zijde van de tafel staat Mijnheer, kaarsrecht, in een donker pak en een das die tot aan de kin reikt. Hij is misschien net binnengekomen, want zijn hoge hoed ligt op een stoel, waarvan we slechts een gedeelte zien. Alles aan hem duidt op strengheid en volmaakte zelfbeheersing. Hij kijkt ons diep in de ogen – de blik van zijn vrouw was overigens nauwelijks zachter. Hij heeft de linkerhand op de tafelrand gelegd, bijna vlak, de vingers bij elkaar en de duim uitgestrekt, in een ingehouden gebaar dat als een teken van gezag en geldingsdrang gezien kan worden. Zijn rechterarm is een beetje van zijn lichaam gescheiden, zijn pols rust op de rugleuning van een andere stoel. Met geveinsde nonchalance houdt hij tussen twee vingers een dichtgevouwen blad papier, waarschijnlijk een brief, die duidelijk iets te maken heeft met twee andere vellen papier die op elkaar liggen, goed zichtbaar op het blote hout van de tafel.

Op de voorgrond zien we een tweede meisje, niet veel ouder dan haar zusje en op dezelfde manier gekleed, met dien verstande dat het motief hier uit verticale strepen in elkaar afwisselende kleuren bestaat en dat alleen de korte mouwen een verschil vormen met de japon van de moeder. Ook dit meisje draagt een muts en kijkt ons aan, staand bij een vierkant tafeltje dat alleen voor haar is bestemd. Dit meubel heeft de grootte van een speelgoedtafel en is voorzien van verhoogde randen om te verhinderen dat de voorwerpen eraf zouden vallen. Ze is bezig met enkele kopjes en schoteltjes van wellicht dik en weinig kwetsbaar materiaal. Zo speelt zij haar eigen thee-uurtje. Met een raffinement dat men op die leeftijd zelden aantreft, veinst ze een witte druif te nemen van de tros die boven op enkele andere vruchten in een kleine gevlochten korf ligt. Eerder nam ze al een appel, die ze nu in haar kleine linkerhand geklemd houdt. Vóór haar, steunend tegen een minuscuul omgekeerd kinderstoeltje, zit een pop met precies dezelfde kleding als het meisje, behalve dat haar jurk lichter van kleur is.

Alles ademt orde, rust, duidelijkheid uit. Afgezien van de grote tafel behoren de omvangrijkste voorwerpen in deze kamer de kinderen toe: de grote

Back, *Thee und Caffé*, Duitsland, 18de eeuw. Prentenkabinet van de Koninklijke Bibliotheek Albert I, Brussel

gevlochten wieg, rechts, schuin bij het raam, en aan de overzijde, bij de moeder, een stoel met klein blad waarop een rammelaar ligt.

Aan de muur hangen drie schilderijen, waarvan het middelste, boven de schoorsteen, vrij groot en luxueus omlijst, een religieus onderwerp voorstelt. Aan weerszijden van dit doek bevinden zich twee landschappen die met elkaar verband houden.

Rechts tegen de zijmuur staat een tafeltje met dunne poten, zorgvuldig bedekt met een van franjes voorzien tafellaken, waarop in het midden enkele voorwerpen zijn opgesteld: het hoge beeldje van een in antieke kleding gehulde vrouwenfiguur, en daarvoor twee gesloten boekjes. Links staat een kleine, bolle vaas van doorzichtig glas waarop het licht erg mooi condenseert en waarvan de dunne hals een schitterend boeket omsluit. Rechts een kommetje, misschien leeg. Daarboven, ten slotte, hangt schuin een spiegel die vanuit onze gezichtshoek donker lijkt, maar aan de onderzijde wel een stukje rug van de vrouwenfiguur weerkaatst. Verder is er op de voorgrond nog een hondje dat ons roerloos aankijkt.

Het belangrijkste voorwerp in deze kamer staat echter vóór de tafel: een prachtige donkere ketel, mooi in profiel geplaatst, waarvan de tuit een dampwolk uitademt. Hij staat op een massief cilindervormig meubel van donker plaatstaal dat het komfoor bevat en op een metalen driepoot rust. Precies in het geometrische middelpunt van de tafel, op een groot rond, donkerder dienblad, schittert het mooie, porseleinen theeservies.

Deze dikke, ronde, volle ketel was een constante in bijna alle geschilderde, getekende of gegraveerde taferelen die op reële en wezenlijke wijze verband hielden met thee, tot de theevaas haar opwachting maakte. Schranck plaatste hem duidelijk zichtbaar naast het spelende kind op de voorgrond. Daar staat een vuurpot van gelakt plaatstaal, voorzien van handgrepen en op identiek dezelfde manier ontworpen als het exemplaar dat we op veel doeken uit de 18de eeuw hebben aangetroffen. Het bovenste, met metaal gevoerde gedeelte is uitgehold om er de ketel in te plaatsen. Aan de onderzijde is het meubel hoogstwaarschijnlijk voorzien van een lade die als asbak wordt gebruikt.

Als we iets willen begrijpen van wat ons intrigeert en al lang aan het onderzoeken zijn, is het verstandig eens na te gaan wat er ontbreekt in onze bevindingen. We stoten in dit geval op de afwezigheid van twee elementen: het eerste is eenvoudigweg het horloge

– of in ieder geval een voorwerp dat min of meer rechtstreeks verband houdt met het meten van de tijd. Uit deze periode, waarin gezinnen zich graag en dikwijls lieten afbeelden in hun altijd piekfijn interieur, zijn er maar weinig werken bekend waarop geen horloge is afgebeeld. Traditioneel staat het op de schoorsteenmantel, omdat de haard in de kamer het punt is dat de blik en de aandacht naar zich toe trekt. De klok is nu afwezig omdat dit doek om de eeuwigheid draait en niet om uren die verstrijken. De tijd behoort ons niet toe en het horloge is hét symbool van de aardse macht, het attribuut van koningen en ministers. Wat de schilder hier bezighield, was niet het vergankelijke, tenzij om te herinneren aan de enige weg die naar de Redding leidt. Naar dat element verwijst ook discreet de 'geleerde ijdelheid' aan de rechterzijde van het doek: de ijdelheid van de lichamelijke perfectie en de lichamelijke genoegens, uitgedrukt door de vrouwenfiguur; de ijdelheid van de weerspiegelingen; de ijdelheid van de bedrieglijke zinnelijke genoegens opgeroepen door de ruiker bloemen; en de waarschuwing – discreet maar onmiskenbaar – dat het de hoogste tijd is om de boeken, die misschien al te lang gesloten waren, opnieuw te openen.

Het tweede ontbrekende element in dit plastische discours is de theevaas, die nochtans vrijwel algemeen gebruikt werd in die periode, vooral dan in de sociale klasse waarover dit doek klaarblijkelijk toch gaat. De identiteit van dit gezin kennen we niet, maar na nader onderzoek heb ik de indruk dat het mogelijk het gezin is van een dominee – de twee bladen op tafel zouden dan zijn net geschreven preek moeten bevatten. Als de tekst leesbaar was geweest, hadden we er misschien enkele passages uit de Schrift in teruggevonden. Over de schilder zelf weten we niets, maar hij moet een vrij aanzienlijke theologische cultuur hebben gehad.

De theevaas werd echter al te zeer geassocieerd met een zekere idee van luxe, terwijl het hier de bedoeling was net het omgekeerde op te roepen. Zij werd door dit comfoormeubel vervangen om een welbepaalde reden, waarvan ik vermoed dat het om een gewild anachronisme gaat. Want de tafel, die met zoveel zorg tot in de holte van de schoorsteen is getrokken, als om de mogelijkheid om vuur te maken helemaal uit te sluiten, maakt duidelijk dat dit kleine, donkere meubel met daarop de zingende en zacht dampende ketel zelf een symbool geworden is van het vuur. Precies bij dit meubel speelt het jonge meisje. We vinden iets van het zo subtiele onbehagen terug dat we hadden gezien in het werk van de anonieme kunstenaar uit Delft. De architectuur van dit schilderij lijkt evenwel gebaseerd te zijn op het omgekeerde principe, een terugkeer naar een ver verleden waarbij het vuur in het midden van de huizen werd onderhouden.

Een andere warmte die in de kamer aanwezig is, heeft een zuiver spiritueel karakter. Zij straalt uit het grote doek met zijn imposante, vergulde omlijsting, een allegorie die het Geloof en de onontbeerlijke Deugden combineert: de verheerlijkte, gedrapeerde Christus heft de ogen naar de Vader terwijl Hij zijn groot, donker kruis tegen zich aan geklemd houdt. In zijn rechterhand houdt hij de offerbeker opgeheven. Achter hem bevindt zich het symbool van de Kracht, een grote stenen zuil op een vierkante sokkel. Daarnaast geeft het grote, open boek op het schuine blad van de lessenaar de weg aan die we moeten volgen. De drie naakte kinderen die aan de voeten van Christus spelen, zijn geen engeltjes, maar het van ver teruggekeerde beeld van de christelijke Naastenliefde, de derde van de theologale deugden.

Het licht dat door het dichte wolkendek priemt en met zijn geconcentreerde bundel de door Christus opgeheven kelk doet schitteren, verschilt nauwelijks van het zachtere, subtielere en misschien minder koude licht dat door het gesloten raam met de onberispelijk gefronste gordijnen schijnt, een zeer mooie, schuine en brede bundel, die vervaagt naarmate hij het vertrek doorkruist en voorbij de tafel volledig onzichtbaar wordt. Deze bundel heeft tot doel moeder en kind te verlichten en leven te brengen in de perfecte eenvoud van het mooie theeservies, waarvan de witte glans nu lijkt op te laaien, als symbool van zuiverheid, nederigheid, uitnemendheid en, met het volmaakte beeld van het delen met anderen, ook een beetje van een zekere eeuwigheid.

> En ik zei bij mezelf dat dit in hoogsteigen persoon de verrukkelijke gezellin, de genadige engel en de lachende fee was voor hem – een Japanner uiteraard – die haar kon bekoren met een kraaknet papieren huisje, en daarin twee vloermatten, een volle theepot, een met confetti gevuld bord en een vaas met groene twijgen. En vóór het huis, een tuintje – dichtbegroeid met bamboeriet, versierd met azalea's en met mos bedekte stenen, met een meertje waarin de goudvissen lui rondzwemmen en de kikkers kwaken tijdens de korte zomernachten.
>
> Wenceslau De Moraes, *O Culto do chá*

Boeken, tekeningen, gravures en schilderijen helpen ons de dingen te begrijpen. Maar daarnaast is een van de volmaakste, en zeker een van de verrukkelijkste manieren om inzicht te verkrijgen, niet alleen in het dagelijkse leven, maar ook in de mentaliteit van een bepaalde samenleving, ongetwijfeld de fascinerende wereld van de poppenhuizen. We vinden weinig voorbeelden die zo groot, zo oud en zo uitzonderlijk zijn als die in Nederland. Deze kunstwerkjes zijn een unieke gelegenheid om eindelijk eens van de tijd zelf te proeven. Alles wordt ons in geschenkverpakking aangeboden. Bijna altijd staan in de salon het kleine tafeltje gedekt voor het thee-uurtje en daarnaast de grote zilveren of koperen ketel op het komfoor. Ook dienstboden drinken hier thee, zij het in de keuken en uiteraard uit iets minder fijn vaatwerk. Mogelijk gaat het hier om een soort van dichterlijke vrijheid, of is het de onbewuste (en poëtische) uitdrukking van het verlangen van de eigenaar naar een soort van ideale samenleving.

Wat kon dat zo bijzondere idee om poppenhuizen te gaan bouwen, te betekenen hebben? De exemplaren waarover ik spreek, waren in geen geval bedoeld als speelgoed voor kinderen, en in die tijd hadden de kinderen niet het gevoel voor sentiment dat ze nu hebben. Deze achter de gevel verticaal doorgesneden huizen waren geen functionele maquettes zoals de scheepsmodellen, die overal in Europa werden gebouwd of architecturale modellen die zo nuttig kunnen zijn om een nog te bouwen monument voor te stellen, of een tot verdwijnen gedoemd exemplaar waaraan men een herinnering wil bewaren. Nu ik er zo over nadenk, hebben ze nog het meest weg van de laatste mogelijkheid, al heeft hun maker dat zeker nooit zo gewild.

Ik verbaas me bij de gedachte dat deze poppenhuizen perfecte tijdgenoten zijn van de prachtige Franse reliëfplattegronden. Die werden echter om strikt militaire doeleinden gemaakt in een periode dat de cartografie voor de strategen nog van weinig nut was als het erom ging mogelijke veldslagen voor te bereiden of als zeker beschouwde belegeringen te voorzien.

Deze enorme huizen op schaalmodel zetten aan tot dromen, en dat is hun enige bestaansreden. Ze zijn alleen nuttig omdat ze de fantasie laten reizen: een geliefkoosd tijdverdrijf voor volwassenen, dat een stempel gedrukt heeft op hele generaties kinderen en op zijn manier heeft geholpen de burgers, die ze zouden worden, een bijzondere kijk te geven op de wereld en de maatschappij waarin ze leefden. In ieder huis heerste bovenal orde. Iedereen had zijn kamer, en wat ook belangrijk was: voortaan kon thee worden gedronken op alle verdiepingen, op ieder tijdstip van de dag en zelfs 's nachts.

Ierse helderziende leest de toekomst in een kop thee, prent, 1843. Verzameling Twining, Londen

" 'S Vrijdags dronk een elegante dame thee uit een porseleinen kopje. Ze had het over de talloze manieren waarop haar waarzegster haar van rampen had gespaard. Het was tijd om thee te schenken. Dit was Julia altijd bijgebleven en op het einde van de eeuw sprak ze mij er nog over. Als kind had men haar immers laten geloven dat heel haar bestaan slechts één grote thee-ceremonie zou worden".

Chantal Delsol, *Quatre*

Zilveren theedoos, België, begin 18de eeuw. Verzameling Bernard de Leye, Brussel

Thee proeven

Virginie de Borchgrave

Een miskende levensstijl: thee in Latijns-Amerika

Waar ligt het verschil tussen thee en andere aftreksels? Zelfs in Frankrijk, waar veel mensen een tisane bestellen na het eten, komen obers nog wel eens aanzetten met een kopje bosvruchten- of vanillethee. Er bestaat kennelijk verwarring rond de definitie van het begrip thee enerzijds en aftreksel, kruidenthee en *infusum* (of *infusion*) anderzijds. Een poging tot opheldering.

Het woord *infusum*, waarvan het Franse *infusion* afstamt, is Latijn en verwijst naar een artsenijkundige handeling om aan een vloeistof een plantaardige substantie toe te voegen waaraan men oplosbare stoffen wil onttrekken. Vanaf de 16de eeuw worden deze brouwsels *infusions*, of ook wel kruidentheeën genoemd, hoewel ze in strikte zin met thee niets te maken hebben.

De grens tussen kruidenthee en echte thee is echter niet altijd even duidelijk. Misschien vinden wij een afdoend antwoord aan de andere kant van de wereld. Want daar, in de traditionele koffielanden, bestaan twee interessante dranken die al eeuwenlang worden gebrouwen.

We zijn in het Argentinië van de 16de eeuw waar jezuïetenpaters de stimulerende kracht ontdekken van de yerba maté, een aftreksel dat de Guarani-indianen maken van bladeren.

Gaat het hier om thee of een ander aftreksel?

We reizen verder naar Peru, naar het glorieuze rijk van de Spaanse onderkoningen, waar de conquistadores zich verbazen over de voorliefde van de Quechua-indianen voor cocabladeren. Ze kauwen er constant op, en als ze ziek zijn, trekken ze er een warm aftreksel van.

Is dit thee of een ander aftreksel?

Men kan beide dranken zeker *infusa* noemen, maar dan wel *infusa* met stimulerende en verkwikkende eigenschappen, waarvan overmatig gebruik leidt tot slapeloosheid, hartritmestoornissen en dergelijke. De Spaanse veroveraars dachten dat de coca in Peru en de yerba maté in Argentinië van dezelfde plant afkomstig waren. De struiken lijken inderdaad sterk op elkaar en vertonen daarnaast ook overeenkomsten met de theestruik. Het aroma van de yerba maté doet denken aan de geur van Chinese thee, en van linde- en oranjebloesemthee. De geelgroenige kleur van de maté de coca lijkt op zijn beurt weer sterk op Japanse groene thee. Er komt heel wat kijken bij de bereiding van yerba maté. Zo is het water waarmee men het aftreksel maakt heel belangrijk, waakt men sterk over de kwaliteit van de bladeren (jong of oud) en zijn zowel de recipiënt waaruit men drinkt als het rietje – la bombilla – waarmee men dat doet, gebonden aan precieze regels… Alles maakt deel uit van een ritueel dat in niets onderdoet voor de oosterse theeceremonies.

Dus, thee of kruidenthee?

Maar maakt dit eigenlijk wel iets uit?

YERBA MATÉ

Het lijkt heel onwaarschijnlijk dat er nu, in een tijd waarin nieuwsberichten ogenblikkelijk naar alle hoeken van de wereld kunnen worden doorgestuurd en informatie voor iedereen beschikbaar is, nog altijd schemerzones bestaan, heilige rituelen waarbij kennis alleen aan een selecte kring van ingewijden wordt doorgegeven. Wie buiten Argentinië kent deze traditionele drank, die even nauw met de ziel van het Argentijnse volk is verbonden als het paard? De yerba maté staat voor de identiteit van een hele natie, is er al eeuwenlang het symbool van. Maar zoals alle regionale gewoonten, alle diepgewortelde waarden, zijn dit cultuurverschijnselen die zich niet gemakkelijk over de grenzen heen verspreiden. In het beste geval

Andres Piñero, Maté, olie op doek, 1888. Verzameling Juan Archibaldo Lanus, Ambassadeur van Argentinië in Frankrijk

heeft men zich wel eens laten meeslepen door het vurige ritme van de tango, die in het Spanje van dit fin de siècle weer in de mode kwam en door Carlos Saura in een meesterwerk op het witte doek werd vereeuwigd. Veel barslechte tango-opvoeringen deden echter afbreuk aan het symbool van de Argentijnse ziel, die zo uniek, zo trots en vaak zo moeilijk te vatten is. Sommige dingen verspreiden zich niet, reizen niet, weigeren zich te onderwerpen aan de mondialisering en worden elders nooit op dezelfde manier ervaren of gewaardeerd als in eigen land. Ik ben er zeker van dat de yerba maté ook zoiets is en evenveel bijdraagt aan de ontdekking van het land als duizelingwekkende tochten te paard met gaucho's door de immens uitgestrekte pampa's.

De maté is een theeachtige drank die men in verschillende Zuid-Amerikaanse landen, met name in Argentinië, Uruguay, Paraguay en het zuiden van Brazilië drinkt.

De naam maté – in het Nederlands bij voorkeur met accent, in het Spaans zonder – is afkomstig van het Quechua-woord *mati*, dat 'kalebas' betekent – het voorwerp waarin het yerba-aftreksel werd gemaakt. Dit leidde uiteindelijk tot het bekende yerba maté. In het Guarani heet yerba *ka'a*, in het Braziliaans *congonha* of ook *yerba de San Bartolomé* naar een Portugese pater die naar verluidt in de tweede helft van de 16de eeuw het geheim van de plant en de eigenschappen van het aftreksel aan Braziliaanse inboorlingen prijsgaf.

Yerba del Paraguay, té del Paraguay, té de las Misiones, té de los Jesuitas en *té de Brasil* zijn nog een paar courante namen. Tegenwoordig is maté een verzamelnaam voor alle soorten aftreksels van geneeskrachtige of andere kruiden, waar geen *yerba* (plant) of *maté* (kalebas) meer aan te pas komt.

Leuke bijkomstigheid is dat de Spanjaarden het Quechua-woord verkozen, omdat het beter aansloot bij de zware prosodie van het Castiliaans dan de scherpe tonen van het Guarani. Het woord *maté* is dus eigenlijk afkomstig uit Peru, waar de conquistadores het eerst voet aan wal zetten en kennismaakten met het Quechua, de algemene taal van de indianen in Peru en Ecuador. *Yerba* verloor definitief de oorspronkelijke betekenis uit het Guarani en het woord verbreidde zich algemeen in een streek waar deze indianenstam nooit leefde.

In een kosmopolitisch land als Argentinië, dat het product is van verschillende etnische groepen (grotendeels van Spaanse en Italiaanse, maar ook van Engelse, Duitse en Oost-Europese afkomst enerzijds en inheemse volkeren anderzijds), is de nationale identiteit, de typische Argentijnse volksaard, het resultaat van een grondige vermenging van culturen. En van alle componenten van dit heterogene volk blijkt de maté een van de sterkste symbolen van deze 'argentiniteit' te zijn. De drank wordt in het hele land – van Vuurland tot in de Andes – bij zowel afstammelingen van de Guarani als van Europese emigranten gedronken en vormt de ultieme link van de Argentijnen met hun inheemse voorouders. De maté, de laatste authentieke culturele overlevering van de inboorlingen, heeft wonderwel de tijd en de Europese invloeden doorstaan.

Er bestaat een mooie Guarani-legende die de oorsprong van de maté poëtisch bezingt:

"Heel lang geleden keek Yasi, de godin van de maan, nieuwsgierig en verlangend neer op de dichte wouden waarmee Tupa, de god van de Guarani, de aarde had bedekt. Haar fonkelende ogen dwaalden onophoudelijk over het fijne gras op de heuvels, over de hoge bomen die bij volle maan hun schaduwen ver voor zich uitwierpen, over de rivieren met het wit-glinsterende water en zij kon haar verlangen nauwelijks meer bedwingen.

Op een dag riep Yasi de roze wolk van de schemering, Arai, bij zich en vroeg of zij samen met haar naar de aarde wilde afdalen. Arai verwonderde zich over dit vreemde verzoek en maakte zich zorgen over het feit dat iedereen zou zien dat haar vriendin, de maan, afwezig was. Maar Yasi rekende op de hulp van de wolken, die de hemel zouden bedekken, zodat niemand de maan zou missen. De opgewonden woorden van Yasi overtuigden de roze wolk en de volgende dag, bij het ondergaan van de zon, wandelden twee betoverend mooie meisjes door het eenzame woud. Eindelijk kon Yasi de bomen van dichtbij zien, de geur van hun heerlijke vruchten opsnuiven, het groen aanschouwen van de bladeren, die wit oplichtten als zij dichterbij kwam. Eindelijk voelde ze de vochtige zachtheid van het gras onder haar blote voeten. Yasi en Arai straalden van geluk, ook al liet de vermoeidheid zich stilaan voelen. Plotseling hoorden ze vreemde geluiden: het licht dat het gezicht van Yasi uit-

Saint-Hilaire, *Köhler's Medizinalpflanzen*, *Ilex Paraguariensis*, deel III, plaat 60. Verzameling Plantentuin Meise

en de jongedames alleen waren, overwogen ze stilletjes te verdwijnen en de familie te doen geloven dat de ontmoeting maar een droom was geweest. Maar de nieuwsgierigheid van de maangodin was toch te sterk en ze besloten te blijven.

De volgende ochtend bracht de oude man hen nog altijd even vriendelijk tot aan de bosrand. Hij was nu openhartiger en voor hun wegen zich scheidden, vertelde hij zijn verhaal.

Als jonge man was hij jager van een stam die bij de grote rivieren leefde en daar leerde hij zijn vrouw kennen. Hun huwelijksleven kende een hoogtepunt met de geboorte van hun dochtertje, een echte schoonheid. Maar naarmate het beeldschone kind groter werd, veranderde de trots van de ouders in diepe bezorgdheid omdat haar schoonheid gepaard ging met een even grote onschuld en naïviteit. Ze was zo onbevangen dat haar vader bang werd dat ze stilaan alle deugden zou verliezen waarmee Tupa haar had begiftigd. Daarom besloten ze de stam te verlaten en zich terug te trekken in het bos, waar ze sindsdien rustig en gelukkig leefden.

De meisjes namen afscheid van hun gastheer en beloofden hem met niemand over hun ontmoeting te praten. Yasi en Arai verlieten hun menselijke vorm en stegen weer op naar de hemel. Ze waren zo geroerd door het relaas en door de moed en gastvrijheid van deze mensen dat ze hen daarvoor wilden belonen. Ze waren het erover eens dat de ouders, gezien hun grote liefde voor hun kind, er nog meer van zouden genieten als het geschenk aan het meisje was gericht.

Op een nacht, toen het kleine gezin in een diepe slaap was verzonken, zaaide Yasi, in de gedaante van een blank, jong meisje, een hemels zaad rond de hut. Arai besproeide het zaaigoed voorzichtig en er verschenen onbekende kleine boompjes met een frêle witte bloesem, die helder afstak tegen het donkere groen van de bladeren. Toen de oude indiaan wakker werd en het wonder aanschouwde, riep hij vrouw en kind te komen kijken; ook zij konden hun ogen niet geloven. Daarop verscheen Yasi in de hen bekende gedaante en zei dat ze niet bang hoefden te zijn. Zij vertelde dat ze de godin van de maan was en hen wilde belonen voor hun goedheid: "deze nieuwe plant is de yerba maté en vanaf dit moment is deze plant voor u en voor alle mensen uit de streek het

straalde, was op een wilde jaguar gevallen die net de aanval wilde inzetten. Ze hadden de tijd niet om hun aardse lichaam te verlaten en probeerden aan het roofdier te ontsnappen. Er verscheen een oude man die het tegen de jaguar opnam en het dier met een messteek doodde. De moedige jager bracht de meisjes in veiligheid en bood hen onderdak aan in zijn hut. Daar ontfermden zijn vrouw en dochter zich met veel zorg over de gasten, ofschoon ze, arm als ze waren, hen maar weinig te bieden hadden. Yasi vroeg zich af waarom deze straatarme familie op deze afgelegen en godvergeten plek woonde. Haar nieuwsgierigheid nam nog toe telkens wanneer de beeldschone jagersdochter een paar maïskoeken kwam brengen, gemaakt van het weinige dat ze hadden. Yasi wilde het geheim van dit gezin achterhalen, maar de oude man ontweek handig haar vragen. Toen de nacht viel

Maté gezet in zilver, 19de eeuw. Verzameling Juan Archibaldo Lanus, Ambassadeur van Argentinië in Frankrijk

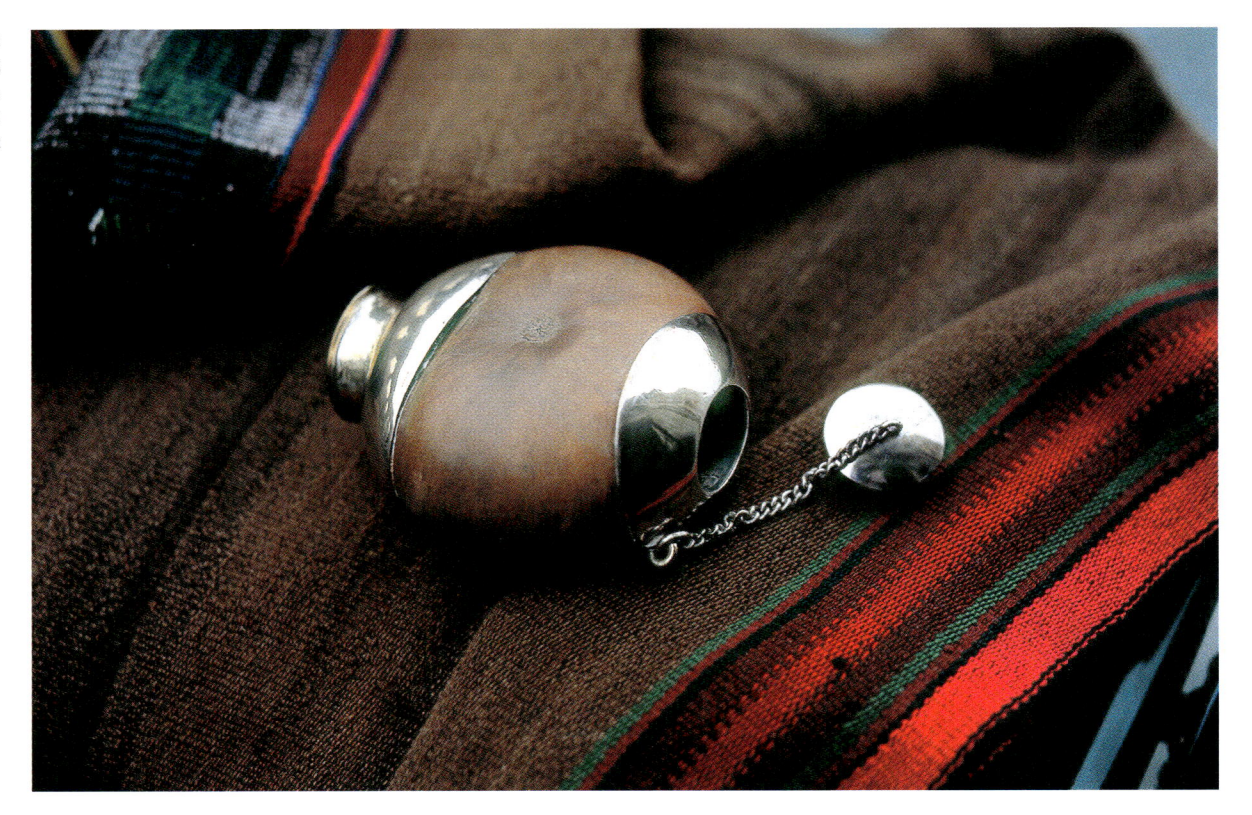

symbool van vriendschap. Uw dochter zal eeuwig leven en zal nooit haar onschuld of innerlijke goedheid verliezen. Zij wordt de meesteres van het kruid." En zij leerde hen hoe ze de bladeren moesten drogen en er de thee van moesten drinken.

De jaren gingen voorbij en het oude indianenpaar stierf. Het meisje vervulde haar traditionele taken en verdween van de aarde. Het gerucht gaat dat op de matéplantages soms een blond, jong en beeldschoon meisje rondwaart met ogen waarin de onschuld en oprechtheid van haar ziel oplichten…

• **Van de legende naar de geschiedenis:**
Ondanks het verzet van de Heilige Stoel, ingegeven door de stimulerende eigenschappen van de yerba maté (ook wel kruid van de duivel genoemd), zorgden de jezuïeten voor de verspreiding ervan in dit deel van de wereld en zelfs in Europa. De teelt werd al gauw een winstgevende bezigheid en de Guarani ontpopten zich tot noeste landbouwers. De priesters hadden het monopolie van de teelt en namen, toen ze in 1765 werden verdreven, het geheim ervan met zich mee. Op een bepaald moment poneerden ze de veronderstelling dat thee en yerba maté variëteiten waren van een verwante plantensoort – misschien wel dezelfde – en baseerden zich hiervoor op de klankverwantschap van het Portugese *chá* voor Chinese thee en de inheemse benaming *ka'a* voor de yerba maté van de Guarani!

Twee eeuwen lang was Paraguay de belangrijkste uitvoerder van yerba maté, maar de exorbitante marktprijs voor natuurlijke kruiden deed de handel ineenstorten. Overal dronk men yerba maté: van Uruguay tot Chili, via Bolivia, Peru en zelfs Ecuador. Pas op het einde van de 19de eeuw besliste ene Thays, Fransman en directeur van de botanische tuinen in Buenos Aires, het kruid opnieuw te gaan telen in Argentinië. Argentinië is altijd het land geweest waar de yerba maté het meest werd gedronken, maar de oogst was ontoereikend voor de vraag. Dankzij het met succes bekroonde initiatief van de Franse botanist kon Argentinië uiteindelijk zelf in zijn behoefte voorzien en hoefde het kruid niet langer te worden ingevoerd. Men moet weten dat het verbruik van yerba maté in Argentinië in die tijd tweemaal groter was dan het jaarlijkse koffieverbruik in Frankrijk. Het kruid deed ook zijn intrede in de Verenigde Staten, waar men er de cafeïne, het chlorofyl en de vitamines aan onttrok.[1]

Anno 1999 is Argentinië de grootste producent ter wereld van yerba maté, gevolgd door Brazilië en Paraguay[2].

In 1822 gaf de Franse botanist en natuuronderzoeker Auguste de St.-Hilaire de plant de wetenschappelijke naam *Ilex paraguariensis*. De heester of boom (hij kan tot 16 m hoog worden) behoort tot de familie van de *Aquifoliaceae*, waartoe ook onze hulst behoort. De bladeren zijn afwisselend geplaatst, wigvormig, ovaal, donkergroen, glanzend, vrij dik en met licht gekartelde randen. De struik groeit in een schaduwrijke bosomgeving tussen 10 en 30 graden zuiderbreedte, in het stroomgebied van de Paraná en de Paraguay. Het tropische en subtropische gewas is typisch voor Paraná (deelstaat van Brazilië), noordelijk Uruguay en het noordoosten van Argentinië en gedijt alleen in warme, vochtige gebieden met een neerslag van 1.500 mm per jaar. De plant is bestand tegen koude, maar niet tegen lange periodes van droogte, zeker niet in de zomer. In het wild heeft de heester vijfentwintig jaar nodig om te volgroeien en bloeit dan van oktober tot april. De bloemen zijn klein, tweehuizig en vier – of vijfledig. De kroonblaadjes zijn wit. De vruchten lijken op peperbolletjes, ontwikkelen zich in november en zijn rijp in de periode van maart tot juni.

Vier à vijf jaar na het planten vindt de eerste oogst of *cosecha* plaats. Het oogsten gebeurt doorgaans om de drie jaar, waarbij men altijd een klein deel van de bladeren aan de plant laat om de nieuwe groei te bevorderen.

Doorslaggevend voor de kwaliteit van de uiteindelijke yerba maté is het proces van de *fogueado*. Hierbij worden takken en bladeren boven een vuur verflenst, waardoor de bladeren een deel van hun vochtgehalte verliezen en een goudgroene kleur krijgen. Ter voorbereiding werden tijdens de *quebrantamiento* al de jonge stekken van de takken gescheiden. Na de *fogueado* droogt men de bladeren, waarbij die voortdurend geschud worden zodat alle bladeren evenveel warmte krijgen. Deze handeling noemt men de *secado*. De bladeren worden vervolgens verpulverd op een grote plank van 4 à 5 m diameter met behulp van een roller met houten tandjes. Na deze *canchado* is het eerste verwerkingsproces afgesloten en is men toe aan de eindfase. Op dit ogenblik spreekt men van yerba maté *canchada* (vermalen); in de laatste fase van *mate beneficiado* (waar men voordeel uit haalt). Tijdens dit industrialisatieproces scheidt men manueel het poeder van de harde stukjes. Dit sorteren is bepalend voor de verschillende soorten en kwaliteiten op grond waarvan men de grondstof verpakt.

• **Hoe bereidt men de maté?**
Als recipiënt gebruikt men een kleine kalebas, die men *maté* noemt. Deze komkommerachtige vrucht[3] doet al eeuwenlang, in alle mogelijke vormen en op verschillende manieren gesneden, dienst als drinkbeker voor de armen. De kalebas vormde voor hen een onontbeerlijk gebruiksvoorwerp. "Kalebassen waarvan men drinkbekers maakt, er zijn er veel en ze zijn vaak ook heel mooi. Men noemt deze bekers mati"[4]. Het woord *maté* (*caigua* in het Guarani) verbreidde en veralgemeende zich in het Castiliaans en verwees naar alle soorten drinkgerei dat de originele kalebas ging vervangen. Uiteindelijk werd het woord ook gebruikt om de drank zelf aan te duiden. De ronde beker (zonder oor) noemt men *galleta* en hij wordt gebruikt voor bittere maté. Daarnaast kent

Maté en *bombilla*, kalebas en zilver, 19de eeuw. Verzameling Juan Archibaldo Lanus, Ambassadeur van Argentinië in Frankrijk

men ook de *poro*, een wat uitgerekte, peerachtige vorm met een staartje, voor de zoete maté. Momenteel gebruikt men bekers van o.m. blik, glas, hout, porselein, aardewerk, kristal en zilver.

Om de maté te drinken gebruikt men een fijn metalen of zilveren rietje, de *bombilla*, waarvan het onderste deel als een soort filter fungeert. Er zitten kleine gaatjes in zodat men het vocht kan opzuigen zonder de kleine stukjes vermalen blad in de mond te krijgen. Maté wordt normaal als volgt klaargemaakt:

- Men vult de kalebas voor 3/4 met yerba maté.
- Als men de beker afgesloten heeft, draait men hem voorzichtig om zodat de kleine stukjes vermalen maté ook boven in de beker terechtkomen. Zo vermijdt men dat deze deeltjes de gaatjes onderaan de *bombilla* verstoppen (*mate tapado*).
- Als men de beker weer in de normale positie heeft gezet, giet men voorzichtig een beetje warm water langs de rand.
- Men laat dit even staan, en als het water geabsorbeerd is, vult men de kalebas verder met heet, maar niet kokend water (70° C max.).
- Als het kruid zoveel mogelijk water heeft geabsorbeerd, drukt men er met de duim het uiteinde van de *bombilla* stevig in.
- Na het drinken van het kruidenaftreksel giet men opnieuw warm water in de kalebas en herhaalt men het proces tot het kruid zijn kracht en smaak heeft verloren (*mate lavado*).

Als men de maté drinkt met suiker spreekt men van zoete maté (*dulce*), zonder suiker van bittere maté (*amargo*) of groene maté (*verde*). De laatste variant wordt door gaucho's ook wel *cimarron* genoemd. Vrouwen en kinderen drinken voornamelijk zoete maté, waarbij het water ook wel eens wordt vervangen door melk. "*Vroeger was er bij creoolse families altijd wel een bediende die de zorg had over de maté. Soms zelfs twee: één voor de zoete en één voor de bittere.*"[5]

Over het algemeen bevat de kruidenthee 50 g yerba maté. Aangezien deze hoeveelheid tussen 1 en 1,5 g cafeïne bevat, zal het aftreksel zelf tussen 500 en 750 mg cafeïne bevatten. Het herhaaldelijk toevoegen van warm water is een doeltreffende manier om de cafeïne eraan te onttrekken en tijdens een maté-ceremonie zal deze hoeveelheid cafeïne ook werkelijk worden geconsumeerd. Ter vergelijking: een kop koffie van ongeveer 200 ml bevat tussen 80 en 175 mg cafeïne (natuurlijk afhankelijk van de bereidingswijze) en een kop thee tussen 40 en 60 mg. Maar omdat maté een sociaal gebruik is waarbij de deelnemers vaak van dezelfde beker drinken, zullen ze niet de volledige dosis cafeïne binnenkrijgen. Het is opmerkelijk dat maté, ondanks de populariteit, niet wordt geserveerd op plaatsen waar men thee of koffie kan krijgen.

Yerba maté kan ook gezet worden als thee: dit is de *mate cocido* of *yerbeao* die de jezuïeten dronken. Net als thee of koffie, reageert yerba maté snel als men er kokend water over giet en geeft het vrijwel onmiddellijk alle actieve bestanddelen af aan het water.

"*De Baskische dienstbode met het grote witte schort, die met gekruiste armen blijft staan nadat ze de maté heeft aangereikt aan de aangewezen persoon of aan de gast die met respect moet worden bejegend, is belast met de gewichtige taak om de maté te bereiden. Waarom zegt*

Maté en *bombilla*, kalebas en zilver, 19de eeuw. Verzameling Juan Archibaldo Lanus, Ambassadeur van Argentinië in Frankrijk

Maté en *bombilla*, kalebas en zilver, 19de eeuw. Verzameling Juan Archibaldo Lanus, Ambassadeur van Argentinië in Frankrijk

deze taak als een straf beschouwden. Daarmee verdween van lieverlede ook de traditionele vorm van maté bereiden.

Een ander belangrijk criterium is het onderscheid tussen de 'doortrokken' beker (*mate curable*) en de niet doortrokken beker (*mate incurable*). Eigenlijk moet het aftreksel worden gedronken uit een 'doortrekbare' beker. Onder de beschrijving *incurable* valt al het drinkgerei van niet-poreuze materialen zoals glas, metaal of porselein. Deze zijn niet echt gewild omdat ze, na te zijn gewassen, alle herinnering aan de smaak van het kruid verliezen.

De bereiding van de maté in een doortrokken recipiënt is voor puristen essentieel.

Even belangrijk als het uitkiezen van de *maté* is het uitzoeken van een *bombilla* en het onder de knie krijgen van de subtiele kneepjes voor het gebruik ervan. In het begin dronken de inboorlingen uit het stroomgebied van de Rio de la Plata, de wieg van de Guarani-cultuur, het brouwsel met behulp van een rietstengel of een in de zon gedroogde holle grashalm, die ze *tacuapi* noemden. Deze benaming wordt naast *bombilla* nog steeds gebruikt in Paraguay. Het maté-ritueel was een collectief gebeuren, waarbij de kalebas werd doorgegeven en iedereen met hetzelfde rietje dronk. De Nicaraguaanse dichter Rubén Darío[7] vergelijkt het maté-ritueel met de vredespijp van de Sioux in Noord-Amerika.

Het rietje is vervaardigd van massief zilver, koper of blank metaal naargelang de sociale status van de gebruiker en speelt een heel belangrijke rol. De filter aan de onderkant is lang en afgeplat van vorm (*paletilla*) voor bittere maté, rond en bolvormig (*coco*) voor zoete maté.

Er bestond wel een zekere afkeer voor het gemeenschappelijk gebruik van het rietje. Maar degenen die hun eigen *bombilla* meebrachten, moesten dit al snel achterwege laten omdat het echt geen pas gaf.

men maté 'bereiden' (*cebar el mate*) en niet 'schenken' zoals men doet bij thee, koffie of wijn? Waarom worden twee analoge dingen met een verschillend werkwoord bedacht? Omdat ze niet gelijk zijn. Al is de kunst om thee te schenken een heilige taak – die in een Engels gezin alleen door de vrouw des huizes mag worden uitgevoerd –, maté bereiden is nog moeilijker. In sommige traditionele families vond men gespecialiseerde bedienden die als enigen deze taak op zich konden nemen. Men noemde hen* cebadoras. *Bereiden houdt ook de idee in van verzorgen, voeden, gaande houden (…). Voor puristen is deze taak even heilig als het werk van de Vestaalse maagden."*[6]

In de 19de eeuw werd de taak om maté te bereiden hoog geacht en het was een begerenswaardige betrekking voor mensen van eenvoudige komaf. Een slecht bereide maté kon een familie in diskrediet brengen. Gespecialiseerde bedienden werden in de loop der tijden vervangen door jongemannen of meisjes, die

"Tegenstanders hekelden het gemeenschappelijk gebruik van het rietje, waar iedereen op zijn beurt aan zoog. Als een oude, gerimpelde en tandenloze matébereidster de eerste slokken opzoog om te proeven en om zich ervan te vergewissen dat het rietje niet verstopt was, walgden ze helemaal. Maar als het ging om een jong meisje met een lelieblanke huid, met grote donkere ogen en een plagerige glimlach, hadden ze er als bij toeval niets meer op aan te merken…".[8]

Een miskende levensstijl: thee in Latijns-Amerika

Maté en *bombilla*, kalebas en zilver, 19de eeuw. Verzameling Juan Archibaldo Lanus, Ambassadeur van Argentinië in Frankrijk

Het rietje steekt men in de kalebas voordat men er het kruid in doet, of nadien, als het kruid al bevochtigd is. De algemene regel luidt dat het rietje nooit zou mogen bewegen: de *bombilla* verplaatsen wordt beschouwd als een zware beginnersfout. De enige verantwoordelijke is de persoon die de maté bereidt. De *bombilla* is de scepter van de *cebador*!

"*De kleur van mijn kruid ligt tussen geel en groen, omdat dit het beste is (…) Ik zet het rietje recht in de maté (…) Wie het er uithaalt of verplaatst, heeft niets begrepen van het hele ritueel.*"[9]

• Het water

Net als bij thee hangt de kwaliteit van het aftreksel nauw samen met de temperatuur en de kwaliteit van het water. Het water is *hirviente* (kokend), *hirviendo* (aan het koken) of *hervida* (gekookt). Een echte liefhebber zal nooit genoegen nemen met een maté die bereid werd met water dat kookt, zeker niet voor de bittere maté, die uitsluitend uit kruiden en water bestaat. Theeblaadjes bevochtigt men even voordat men er het kokende water over giet en dit doet men ook bij de maté. Men bevochtigt het kruidenmengsel in de kalebas lichtjes. Bij thee geven de blaadjes dan heel gemakkelijk hun actieve bestanddelen af, bij maté zorgt dit ervoor dat het kruid opzwelt, zodat de fijne matédeeltjes de filter van het rietje niet kunnen verstoppen. De beste matés, als we de nostalgische verhalen van de gaucho's mogen geloven, werden gemaakt met regenwater.

Suiker beïnvloedt de temperatuur van het water. Water van een zelfde temperatuur zal normaal aanvoelen voor bittere maté, maar kouder overkomen bij zoete maté.

Naargelang de temperatuur van het water onderscheidt men drie types van maté:
• *tereré*, bereid met koud water (geweekt);
• gewone maté, bitter of zoet en bereid met warm water, dat niet heeft gekookt (getrokken);
• *mate cocido*, bereid met kokend water (afkooksel).

• De taal van de maté[10]

Cebar pelando: maté bereiden met heel heet water, waarmee u uw gehemelte zou verbranden.

Ensillar el mate: de bereiding gedeeltelijk, uitsluitend bovenaan, vernieuwen. Het tegenovergestelde is

Empezar el mate: klaar om op te dienen.

Hacer bostear el mate: een heel precieze handeling waarbij men met het rietje een beetje van het kruid verwijdert, dat dan wordt vervangen om de maté weer de oorspronkelijke smaak te geven.

Arreglarle la cara: vrouwelijke versie van *ensillar el mate*, verwijst naar de manier waarop vrouwen zich met een paar korte en snelle bewegingen weer 'fatsoeneren'.

Als de smaak vrijwel verdwenen is en er kleine stokjes aan de oppervlakte komen drijven, moet men voorzichtig een of twee kleine lepeltjes kruid over het mengsel strooien, die in geen geval met de rest mogen worden vermengd. Dit is een uitzonderlijk redmiddel dat de *cebador* alleen toepast om nog een beetje maté bij te maken als de dorstige bijna verzadigd is of als zich nog een niet al te veeleisende gast meldt.

Templar el agua: als men het water heeft laten koken, voegt men er een beetje koud water aan toe om het te kunnen gebruiken voor de maté.

Cansar la yerba: dit wordt gezegd van een *cebador* die uitmunt in het maken van goede matés uit hetzelfde kruidenmengsel, letterlijk vertaald betekent dit 'het kruid uitputten'.

Quemar la yerba: (in het binnenland) hier wordt na de maté een glas brandewijn of iets dergelijks gedronken om de maté beter te verteren; *para asentarlo*, letterlijk het kruid branden om het zich beter te laten 'zetten'. Aan de kust spreekt men eerder van *matar el gusano*, de worm doden.

Mate lavado: maté waarvan het kruid meerdere malen is gebruikt en dus geen smaak meer heeft. Men zegt dat deze maté er verdrietig uitziet (*la cara triste*) en men spreekt dan ook wel van *una lagrima*, een traan.

Mate trancado (in het binnenland) en *tapado* (aan de kust): zegt men van een maté die niet te drinken is omdat het kruid het rietje heeft verstopt. Daar zijn twee redenen voor: de maté is slecht klaargemaakt of de drinker heeft zelf het rietje bewogen en het te diep in het kruid geduwd.

Mate misqui: zoete maté met honing. De *misqui* komt van een bij die haar honingraten onder de grond bouwt.

Mate de velorio: maté opgediend in enorme kalebassen. Van iets dat oneindig groot is, zegt men *es más larga que mate de velorio* (het is groter dan een mate de velorio).

Mate chuya: een maté die bij het opdienen overloopt, druppelt. Heel onaangenaam, met name bij een zoete maté; kan voor een gast betekenen dat zijn bezoek niet gelegen komt.

Uitdrukkingen in de omgangstaal

• In de omgangstaal worden *maté* en *cabeza* vaak met elkaar in verband gebracht. Dit zou zijn oorsprong hebben bij de indianen in Peru en Ecuador die een gelijkenis zagen in de vorm van een kalebas en een menselijk hoofd.

Quebrarse el mate of *romperse el mate*: op zijn gezicht vallen in de letterlijke betekenis, zich ergens het hoofd over breken in de figuurlijke betekenis.

Llenarse el mate: zich iets in het hoofd halen.

Llenarse el mate de zonceras: zich stommiteiten in het hoofd halen.

Tener el mate lleno: het hoofd vol hebben.

Perder el mate: het hoofd verliezen.

• *Andar de bombilla*: letterlijk, gekleed als een rietje, uitdrukking van boeren voor stadse heren gekleed in smalle broeken met nauwe pijpen.

Es más caliente que bombilla de lata: warmer dan een blikken rietje; verwijst naar het rietje van de armen, dat ook het heetst is.

Desparramar la yerba: letterlijk, het kruid verstrooien, verspreiden; deze uitdrukking gebruikt men vooral voor ideeën, gedachten en gevoelens die bij de matéliefhebber opkomen terwijl hij rustig van de tot meditatie en overpeinzingen aanzettende maté drinkt.

Es más fina que mate de huevo: letterlijk, hij (of zij) is geaffecteerder dan maté met ei; een uiterst verfijnde vorm van maté voor adellijke dames is maté met gebrande suiker en stukjes verse of gedroogde sinaasappel- of citroenschil, een paar takjes munt, citroenmelisse of een ander geurend kruid en niet te vergeten een lepeltje koffie en eigeel vermengd met gesmolten suiker; met deze uitdrukking duidt men kieskeurige, gekunstelde mensen aan.

Tener cara de mate trancado: een heel mager iemand met geprononceerde jukbeenderen.

Maté en *bombilla*, kalebas en zilver, 19de eeuw. Verzameling Juan Archibaldo Lanus, Ambassadeur van Argentinië in Frankrijk

Een miskende levensstijl: thee in Latijns-Amerika

• Maté in figuurlijke betekenis of hoe geliefden maté gebruikten om op een ludieke manier hun gevoelens te uiten.

Iemand een hete maté aanbieden kan betekenen dat men hopeloos verliefd is op deze persoon. Omgekeerd betekent een koude maté dat deze persoon de andere totaal onverschillig laat. Een zoete maté vraagt de schuchtere aanbidder wat hem nog let om zijn intenties bij de ouders kenbaar te maken; een bittere maté houdt in dat hij te laat komt, en zijn uitverkorene al vergeven is; verstopte maté maakt de aanbidder duidelijk dat hij zich moeilijkheden op de hals haalt; gewassen maté vormt een beleefde afwijzing. Een schuimige en uitmuntende maté is een regelrechte liefdesverklaring. De 'maté van de oude jaloerse vrouw' is een soort beker waarbij de echtgenoot de hand van de bediende die de maté opdient, niet kan aanraken omdat er, in tegenstelling tot andere recipiënten, een oor aanzit!

• In de volkse literatuur verwijzen de soorten maté naar een heel gamma van gevoelens:
 Bittere maté: onverschilligheid
 Zoete maté: vriendschap
 Maté met citroen: afkeer
 Maté met kaneel: je beheerst mijn gedachten
 Maté met gebrande suiker: sympathie
 Maté met sinaasappel: kom naar me toe
 Maté met suikerstroop: jouw verdriet raakt me diep
 Maté met melk: respect
 Maté met koffie: zand erover
 Maté, voortdurend opgediend: vermoeidheid, verveling

Nog een laatste nuance: als men de maté opdient met het rietje naar u toegewend, is alles in orde. Maar als de *bombilla* de andere kant uitwijst, duidt dit op een gebrek aan beleefdheid, gepaard gaande met misprijzen en minachting en kan dit worden opgevat als een persoonlijke belediging.

• **Het maté-ritueel**

Het maté-drinken kent een heel ritueel dat alleen of groepsgewijs wordt uitgevoerd. Koffie is de belichaming van het individuele genoegen, terwijl maté een echt sociaal fenomeen is dat pas volledig tot zijn recht komt onder vrienden. Voor een Argentijn betekent zijn maté delen net zo veel als zijn brood met anderen delen. Een Argentijn biedt zijn gasten maté aan bij wijze van welkom. Een nieuweling uitnodigen om deel te nemen aan de *mateada*, de kring mensen die zich rond de maté verzamelen, is een vriendelijke en hartelijke manier om iemand in de groep op te nemen. Maté drinken is een ceremonie in de ware zin van het woord, waarvan men de nuances, toespelingen en spitsvondigheden alleen begrijpt als men de codes kent.

Als er een vrouw des huizes is, gebiedt de traditie dat zij de maté serveert. Omdat de eerste maté nooit de juiste smaak heeft, wordt hij ook nooit aan de gasten aangeboden. De maté gaat de kring pas rond als de vrouw des huizes zelf heeft gedronken. Elke deelnemer wacht zijn beurt af om de maté te proeven en als de cirkel rond is, begint men gewoon weer opnieuw in dezelfde volgorde. Dit gaat net zolang door totdat een van de gasten *gracias* zegt. Dit is het magische

Maté en *bombilla*, kalebas en zilver, 19de eeuw. Verzameling Juan Archibaldo Lanus, Ambassadeur van Argentinië in Frankrijk

woord – blijk van waardering van de *matero* voor het werk van de *cebador* – en betekent: "ik heb voldoende, voor mij niet meer". Dit is ook de reden waarom nooit een van de gasten bedankt zolang hij nog trek heeft. Er zal ook nooit iemand de kring verlaten na de eerste maté, want dat is ronduit onbeleefd.

Maté maakt geen enkel sociaal of cultureel onderscheid. Van de bouwvakker tot zijn baas de ingenieur, van de oudjes op het plein tot de studenten aan de vooravond van een belangrijk examen, en vooral Argentijnen in het buitenland, die met heimwee aan hun geboortegrond terugdenken, allemaal genieten ze ervan. Van dezelfde maté drinken is een teken van vrijheid, vertrouwelijkheid en intimiteit; maté delen is een ritueel van broederschap, eendracht en vertrouwen onder mensen. Op het platteland vormt het fornuis nog steeds de belangrijkste sociale plek binnen het gezin. Iedereen schuift er aan, of het nu gezinsleden, werkmannen, gaucho's of gasten zijn. De maté vervult hierbij de rol van dorstlesser voor de een, van opkikkertje voor de andere, maakt de tongen van de zwijgzamen los, troost de vrijgezel in zijn eenzaamheid en bedaart de angsten van de schuchteren.

De Argentijnse maté is dus veel meer dan een ritueel: het is een levensfilosofie en een visie op de wereld.

• **Het geheim van de maté**
"De maté is op, rest nu alleen nog een geheim…" Als men dit zei onmiddellijk na het drinken van de eerste maté, betekende dit dat het geheim bekend was. Zei men het na het finale dankwoord, dan hield het een waarschuwing in. Dit geheim was niets anders dan de luiheid van de maté-bereider naargelang hij de kalebas onmiddellijk had leeggegoten en uitgewassen of de maté juist had laten inweken. Zoete maté wordt gauw slecht en als men deze uren in de kalebas laat staan, herkent de kenner bij de eerste slok de wrange smaak. Bittere maté blijft langer goed. De maté verraadt de gemakzucht van de *cebador* en de ware *matero* proeft dit meteen.

MATÉ DE COCA

Maté de coca is een aftreksel van de cocabladeren dat men overal in Peru en Bolivia drinkt. Tegenwoordig is het jammer genoeg moeilijk om over coca te praten zonder dat de onvermijdelijke link wordt gelegd met de drugswereld. Cocabladeren maken echter traditioneel deel uit van het leven in de Andes en hebben niets te maken met de toepassingen in de moderne wereld. De coca is een mythische, heilige plant die al meer dan 4500 jaar bekend is en waarvan een heerlijk aftreksel, dat men dagelijks drinkt, een probaat middel is tegen vermoeidheid en hoogteziekte in dit land met zijn extreme weersomstandigheden.

Een aftreksel van bladeren van goede kwaliteit heeft een geur die sterk doet denken aan de beste theesoorten uit China; de geelgroene kleur heeft weer meer weg van Japanse thee.

• **Een kort historisch overzicht**
Eeuwenlang diende het blad van de coca, *Erythroxylon coca* (van het Griekse *eruthros* voor rood en *xulon* voor hout), als voedsel en medicijn en was het ook het

Zilveren maté en *bombilla*, 19de eeuw. Verzameling Juan Archibaldo Lanus, Ambassadeur van Argentinië in Frankrijk

belangrijkste stimulerende middel voor de bewoners van het Andes-hooggebergte.

De *conquistadores* die in de 16de eeuw de streek inpalmden, verwonderden zich over het dagelijkse gebruik van dit blad, dat in het gebied, dat zich uitstrekte van Panama, via Ecuador, Peru en Bolivia tot in het noorden van Argentinië, door de inheemse bevolking alom werd gekauwd.

"De naam is afkomstig van '*aymara Khoka*' (de Boom, de Plant bij uitstek). De indianen kauwen er voortdurend op – net als Engelse zeelui op hun pruimtabak – vooral tijdens hun lange voettochten door de bergen, want dan is *coca* hun enig voedsel. Het is voor de indianen uit de Andes wat *sirih* voor de oosterlingen is."[11]

Op 12 oktober 1492, de dag dat Columbus voet aan wal zette in Zuid-Amerika, bood men hem 'hooglijk gewaardeerde droge bladeren aan'; mogelijk waren dit cocabladeren.

De geschiedenis van de coca valt samen met de komst van de Spanjaarden in Peru, maar de heester werd al veel langer geteeld. De Inca's en hun families hadden het monopolie en alleen stamhoofden en edelen genoten het immense privilege af en toe iets aangeboden te krijgen. De plant stond zo hoog aangeschreven dat de vrouw van de vierde Inca, Mayta-Capac, de naam Mama-Cuca, 'moeder van de coca' droeg. Tijdens religieuze ceremonies, waarbij de plant vaak werd gebruikt, werd zij geacht de godheid gunstig te stemmen. Hiervan getuigen kleine religieuze beeldjes, die een personage voorstellen met de wangen bol van de cocabladeren. De Spanjaarden verzetten zich niet tegen die afgodsbeeldjes van het volk; zij hieven hun belasting zelfs in cocabladeren en exploiteerden en ontwikkelden de indiaanse plantages. Sommigen verrijkten zich ten koste van de indianen van het hooggebergte. Dezen bewerkten de terrassen onder extreme omstandigheden en verkochten hun producten aan de eigenaars van de goud- en zilvermijnen (onder meer de beruchte Potosí-mijn in Bolivia), waar indianen genadeloos werden uitgebuit en het slechts uithielden dankzij de stimulerende effecten van de coca:

"*Het is duidelijk dat de coca uitermate voedzaam is. De verschrikkelijke vermoeidheid die de opstandelingen, die vrijwel over geen voedsel beschikten, moesten verduren en het afmattende werk in de mijnen dat de indianen jarenlang volhielden dankzij het gebruik van coca, lijken afdoend bewijs te leveren dat coca niet alleen een tijdelijk stimulerend effect heeft, maar ook een buitengewone voedingswaarde.*"[12]

In de 16de eeuw kent de cocateelt met name in Peru en Bolivia een hoogtepunt. In de 17de eeuw is de indiaanse bevolking bijna uitgeroeid en de katholieke clerus speelt een belangrijke rol bij het intomen van het cocagebruik, want zij zien in coca een instrument van hekserij.

De 18de eeuw is het tijdperk van de private ondernemingen en de cocahandel wordt nieuw leven ingeblazen. In het Europa van de 19de eeuw wekt de plant, mede dankzij de belangstelling van een aantal nieuwsgierige medici, veel aandacht en beschouwt men de cocateelt als een belangrijke bron van inkomsten voor dit deel van Zuid-Amerika. Men had er toen geen idee van dat die teelt zou uitgroeien tot een van de meest wezenlijke problemen van Zuid-Amerika.

"*Ik denk dat de cocahandel nog kan verbeteren en voor deze landen een belangrijke bron van rijkdom zal worden (…) We moeten de wegen in de Andes verbeteren en de planters tevreden houden, en als de handel op gang komt, kunnen we het best de gebieden ten oosten van de Andes ontsluiten, het stroomgebied van de Amazone, waar zich vroeg of laat een geregelde scheepsdienst met stoomschepen zal ontwikkelen. (…) De handel zal bloeien en de beschaving zal afgelegen gebieden bereiken, die ondanks hun vruchtbaarheid en rijkdom aan hulpbronnen tot nu toe werden verwaarloosd.*"[13]

Men onderzoekt hoe de coca in Europa kan worden geïntroduceerd en ook buiten de Andes kan worden geteeld teneinde meer productieplaatsen dichter bij de toekomstige potentiële gebruikers te creëren.

• Een beetje botanische informatie

De *Erythroxylon coca* maakt deel uit van de familie *Erythroxylaceae* bestaande uit vier geslachten en tweehonderdzestig tropische soorten. Met uitzondering van de soorten in Madagascar komen deze voornamelijk voor in Amerika. Aangezien de plant vrijwel niet in het wild groeit, werden soorten van de *Erythroxylon* op Java en in Australië en India ingevoerd. Het is een middelhoge heester (0,5 à 2,20 m) met ruwe stam, gebarsten takken en verspreid staande twijgen. De bladeren (4 tot 10 cm lang en 2,7 tot 4,6 cm breed) zijn ellipsvormig, enigszins gerekt, hebben een

Saint-Hilaire, *Köhler's Medizinalpflanzen*, Erythroxylon Coca, deel I, plaat 82. Verzameling Plantentuin Meise

gladde textuur en zijn aan weerszijden glanzend. Ze zijn smaragdgroen van kleur aan de buitenkant, bleker en wittig aan de binnenkant. Ze zijn zacht, hebben een fijne, geprononceerde middelnerf en – een fundamenteel kenmerk van het cocablad – twee kromme, licht opspringende lijnen aan de binnenkant, die dichter tegen de middelnerf dan tegen de bladrand liggen. Zij volgen de middelnerf over de hele lengte en komen onder- en bovenaan in een scherpe hoek bij elkaar. Deze lijnen ontstaan in de knop door het plooien en spiraalvormig krullen van de bladschijf.[14] De kleine, geelwitte bloempjes zijn tweeslachtig. De minuscule bloemkelk telt vijf kelkblaadjes. De bloemkroon bestaat uit vijf gelijke kroonbladjes, die afwisselen met de kelkblaadjes. Er zijn tien meeldraden. De vrucht is een weinig vlezige steenvrucht met een puntige vorm, die met een enkel zaadje werd bevrucht. De rijpe vrucht is rood, de gedroogde vrucht donkerbruin.

De planten van deze soort worden geteeld op de berghellingen en op de terrassen van de hoogvlakte (*cocales*) in een tropisch of subtropisch klimaat en groeien op plaatsen waar de klimatologische omstandigheden geen enkele andere teelt mogelijk maken. De bergstreken in Zuid-Amerika liggen op een hoogte van 300 tot 1800 m boven de zeespiegel en de temperatuur schommelt tussen de 20° en 30° C.

Momenteel zijn Peru en Bolivia de enige twee landen waar de cultuur is toegestaan. In Ecuador, Brazilië, Colombia en Mexico wordt coca illegaal geteeld.

De kwaliteit van de kleiachtige, humus- en ijzerrijke aarde[15] op de hoogvlakten of in de beschutte valleien waar de bodem altijd vochtig is en waar voldoende regen valt, is bepalend voor de groei. Dertig à veertig jaar kan deze plant groeien en vrucht dragen; in extreem goede omstandigheden worden sommige planten wel honderd jaar. Voor de teelt gebruikt men het zaad van een plant van minstens drie jaar oud. Dit zaad legt men in vaten en laat men kiemen in een vochtige, beschutte kweekplaats. Ongeveer anderhalve week later verschijnen de eerste scheuten en binnen twee maanden worden de jonge plantjes uitgezet. Zodra ze in de open lucht in volle grond staan, groeien de planten zonder noemenswaardige verzorging. Als de grond vochtig genoeg is en er voldoende regen valt, is er geen irrigatie nodig. Een jaar na het uitplanten oogst men de eerste bladeren.

De cocateelt is altijd al een rendabele onderneming geweest. Daarbij zijn de kosten voor het opzetten van een plantage miniem in verhouding tot de onmiddellijke opbrengsten. Getuige daarvan de uitlatingen van de 19de-eeuwse professor Poeppig over de coca ('dit noodzakelijk kwaad') in de provincie Huanuco in Peru: "*Tal van beboste gebieden zouden onbewoond zijn gebleven, ware het niet voor de coca (…) Veel mensen vinden hier werk en een broodwinning, een opmerkelijk iets in Peru, een land zonder industrie. Ongeveer tweeduizend mensen, eigenaars en werknemers, leven van de opbrengst van de coca en daarnaast zijn er nog eens een duizend kleine neringdoenden, fabrikanten van wollen dekens en muildierdrijvers in de valleien en omstreken, die dankzij de cocateelt in hun onderhoud kunnen voorzien. Dit voorbeeld van drieduizend zielen die vrijwel volledig van de opbrengst van een onbeduidende plant leven, bewijst welke bevolking in Peru zou kunnen leven en hoeveel middelen de inboorlingen zouden kunnen worden geboden, als ze maar wilden werken en (...) als ze de onderdrukking en de uitbuiting door lokale autoriteiten en grootgrondbezitters niet hoefden te vrezen."*[16]

Het oogsten van de bladeren is door de eeuwen heen nauwelijks veranderd en gebeurt drie tot vier keer per jaar met de hand.

"Het oogsten (polla) *gebeurt bij droog weer en is normaliter een taak voor de vrouwen* (polladores). *De arbeidsters zitten gehurkt en pakken het uiteinde van de twijgen vast tussen duim en wijsvinger van de ene hand; dan trekken ze met de andere hand bruusk een voor een de bladeren van de tak. Daarbij passen ze goed op dat ze de knoppen en bladeren aan het uiteinde van de tak niet kwetsen, daar dit de volgende oogst zou kunnen schaden (...) Ze vullen geleidelijk hun mand of schort – vol cocabladeren* matu *genoemd – en gieten ze uit, hetzij in zakken die een arbeider, de* matero, *buiten de plantage brengt, hetzij op dekens die onder een afdak zijn uitgespreid. Als ze hun taak vervuld hebben, krijgen de arbeidsters een dagloon naar rata van de hoeveelheid bladeren die ze hebben geplukt."*[17]

Net als theebladeren bevat het cocablad alkaloïden (gemiddeld 0,5 tot 1,55) die beïnvloed worden door de weersomstandigheden, de leeftijd en conditie van de plant, de kwaliteit van de bodem, de gebruikte meststoffen, het seizoen, de oogst enz.

Het drogen van de bladeren gebeurt in twee à drie dagen in de zon en is heel belangrijk: men draait de bladeren voorzichtig om, terwijl men de hemel afspeurt – beducht als men is voor plotselinge stortbuien, die in deze gebieden vrij frequent voorkomen en de kwaliteit van het product in enkele minuten kunnen bederven. Gevlekte en zwart geworden bladeren zijn onverkoopbaar. Zo snel mogelijk drogen zodat het blad nog soepel blijft, levert de beste kwaliteit op. Tijdens dit proces verliest het cocablad 3/4 van zijn oorspronkelijke gewicht. De gedroogde bladeren worden samengeperst en in pakken van 11,5 kg (een *arroba*) verpakt voor de verkoop.

Qat of *Khat* (van *Catha edulis*, paradijsbloem in het Arabisch) is afkomstig uit Noordoost-Afrika en het Arabisch schiereiland. Het is een heester uit de familie van de Celastraceae en verwant aan de cocaplant.

De stimulerende effecten zijn vergelijkbaar met die van coca. De volkeren uit Madagascar, Kenia, Ethiopië, Jemen, Eritrea en Djibouti kauwen op de verse jonge blaadjes en knoppen of maken er een soort thee van: 'Abessijnse' of 'Arabische' thee.

• **Een beetje geneeskunde**
"Een bewoner van de hoogvlakte, hoe arm hij ook is, zal altijd coca verkiezen boven kleding of voedsel. Het is iets waar hij niet aan kan weerstaan, of liever: een gewoonte die is uitgegroeid tot een behoefte (...)

Als aftreksel is het een wondermiddel voor al hun externe en interne aandoeningen en verwondingen."[18]

Al sinds het begin der tijden maakt de indiaanse geneeskunde gebruik van de cocabladeren, omdat ze een prikkelend effect hebben op het zenuwstelsel en zo de mens in staat stellen te volharden onder de meest barre weersomstandigheden (koude, vocht, ijzige wind) en hem soelaas bieden tegen vermoeidheid en hoogteziekte (*soroche*). Verder worden ze aangewend tegen maagklachten, constipatie en anorexia, om weer aan te sterken, als afrodisiacum, tegen kiespijn, reumatische pijnen, buikloop, voor externe letsels (een afkooksel in geval van kwetsuren en brandwonden) en als gorgeldrankje tegen keelpijn, kortom, de toepassingen zijn eindeloos.

Martin de Moussy *"vindt in dit blad veel eigenschappen van koffie en thee gecombineerd, (en) acht het een heel probaat middel tegen indigestie"* en volgens Dr. Mantegazza *"is het een beter digestief dan* maté, *koffie, thee of andere warme dranken die na de maaltijd worden geserveerd en die (...) vaak een branderig gevoel in de maag veroorzaken."*[19]

• **Gebruik en gebruiksaanwijzing**
Gedroogde cocabladeren worden op drie manieren gebruikt: ze worden gekauwd, gedronken als infusum of gedronken als afkooksel.

De Andesbewoners kauwen niet op de cocabladeren in de echte zin van het woord, maar 'pruimen' ze. Het gebit mag de bladeren niet echt vermalen en het sap wordt niet uitgespuwd maar ingeslikt. Aan de pruim voegen de indianen een soort pasta toe (*llipta* in het Quechua, *lehia* in Bolivia, *cal* in Colombia). Het betreft een ingewikkeld mengsel van onder meer calcium- en magnesiumcarbonaat, alkalische sulfaten en chloriden en ijzeroxide, dat de bittere coca verzacht en de kruidachtige smaak wegneemt. Deze pasta bevordert ook het vrijkomen van de actieve bestanddelen van de plant.

Het infusum drinkt men als thee. De effecten ervan nemen geleidelijk toe bij opeenvolgende aftreksels, maar zijn heel verschillend – zoals bij thee – naarmate men het aftreksel koud of warm drinkt. 's Avonds kan het brouwsel opwinding of slapeloosheid veroorzaken, 's ochtends stilt het de honger. Men vermoedde dat de coca zoals yerba maté ook theïne of cafeïne bevatte, maar dat blijkt niet zo te zijn. De drank bevat enkel koolstof- en stikstofhoudende verbindingen.

Als men groene thee, yerba maté en coca vergelijkt volgens het schema dat Dr. Mantegazza in de 19de eeuw opstelde, zien we dat alle warme dranken het hartritme verhogen. De polsslag versnelt afhankelijk van de specifieke drank. Zo kunnen we dranken rangschikken van goedaardig tot heel schadelijk: zuiver water, groene thee, koffie, cacao, yerba maté, coca.

Een aftreksel van de *Erythroxylon coca* verhoogt het hartritme vier keer meer dan warm water en thee, en twee keer meer dan koffie. De substantie die coca het meest benadert, is yerba maté.

De *maté de coca* in Peru en Bolivia is een natuurlijk product dat alle eigenschappen van het cocablad behoudt en uitsluitend met die bladeren wordt bereid. De digestieve en geneeskrachtige werking is bekend. Men kan er twee tot drie koppen per dag van drinken, liefst na een maaltijd. Naar smaak warm of ijskoud, met of zonder suiker. De maté is verkrijgbaar in de handel in dozen van tien of vijfentwintig kleine zakjes, naturel of gearomatiseerd met anijs, citroenmelisse, kamille, munt, eucalyptus en zelfs met *una de gato* (een zeer geliefd kruid in de Andes).

Het afkooksel wordt enkel curatief gebruikt.

• *Coca no es cocaina*
"De overgrote meerderheid van de schrijvers (…) schrijft de coca-eigenschappen toe (…) aan de hand waarvan men dit blad zou kunnen rangschikken in de lijst van heilzame plantaardige producten. Dit zou vast nog steeds de gangbare opinie zijn, ware het niet dat een moderne reiziger deze overtuiging met een geheel tegenovergestelde bewering plotsklaps aan het wankelen bracht. Hij beweerde dat het cocagebruik heel nadelige effecten kon teweegbrengen, die hij eenvoudigweg op één lijn stelde met de gevolgen van overmatig opiumgebruik."[20]

In de 19de eeuw ijverde Dr. Gosse voor de invoering van coca in Europa. Volgens hem "*woog eventueel misbruik ervan niet op tegen de voordelen*". Hij voegde eraan toe dat men wel uitermate voorzichtig diende te zijn om gewenning te voorkomen en waarschuwde tegen overmatig gebruik, dat van coca een slechte gewoonte zou maken vergelijkbaar met het misbruik van alcohol of hasjiesj.

Momenteel staat het cocablad op de rode lijst van verdovende middelen van de Europese Unie en de uitvoer ervan is strikt verboden.

Voor de volkeren uit de Andes is het gebruik van het cocablad echter een ritueel en een belangrijk symbool van hun etnische identiteit. In Bolivia lezen de *Yatiris*, Aymaraanse natuurgenezers, de toekomst in de bladeren. Gebroken bladeren wijzen op zilver en geluk; aan één kant omgekruld duiden ze op ziekte; aan beide kanten omgekruld op een wisse

Peruviaanse waterketel met ingebouwd komfoor, gehamerd en gebeiteld zilver, 18de eeuw. Museum voor Spaans-Amerikaanse kunst, Buenos Aires

dood. De bladeren zijn ook bepalend voor de offergaven aan de *Atichallas*, de lokale godheden. De inheemse bergbevolking kauwt al sinds mensenheugenis op de bladeren en drinkt, met name in de steden, dagelijks een aftreksel ervan. Men weet dat het cocablad helpt om het biologisch evenwicht te herstellen dat wordt verstoord door vermoeidheid en stress – onvermijdelijke gevolgen van de barre levensomstandigheden in de landen van het Andesgebergte. Dankzij de coca, die de ademhaling stimuleert, is men bestand tegen langdurige inspanningen, wat onontbeerlijk is in het hooggebergte: "*100 gram gedroogde cocabladeren genereren 305 calorieën via 19 gram eiwitten, 46 gram koolhydraten en 3,3 tot 5 gr. vetten. Deze 100 gram zijn voldoende voor de dagelijkse behoefte aan calcium, ijzer, fosfor en vitamines A, B2, C en E van een volwassen persoon.*"[21]

Buiten de Andes maken echter maar weinigen het onderscheid tussen coca en cocaïne of verwart men op de meest stuitende manier het gebruik van het cocablad in zijn natuurlijke vorm met dat van cocaïne als drug. Maar weet u dat er bijna 1000 kilo cocabladeren nodig zijn om 30 gram cocaïne te verkrijgen? En dat de indianen gemiddeld slechts 60 gram per dag kauwen? In 1985 maakten duizenden Amerikanen in eigen land kennis met de *maté de coca* in het kader van een experiment, dat drie jaar moest duren. De initiatiefnemer van de proef was de nationale Peruaanse cocamaatschappij, die de lokale industrie in handen heeft. Deze instelling reikt vergunningen uit aan producenten en verzorgt de verkoop van cocabladeren aan de lokale handel en aan internationale farmaceutische ondernemingen. Op zoek naar nieuwe afzetmarkten – andere dan die van de illegale drugs – voor de overschotten op de binnenlandse markt, vatte men het plan op *maté de coca* naar de Verenigde Staten uit te voeren. De Peruanen wisten dat de Noord-Amerikanen er niet dezelfde smaak op nahielden en aromatiseerden de coca met citroenmelisse en andere smaakstoffen. Men informeerde de importeurs in New York en andere grote Amerikaanse steden dat de maté 'gedecocaïniseerd' was. Miljoenen theezakjes met het opschrift 'gezondheidsthee van de Inca's' gingen zo over de toonbank. In San Francisco maakte het Nationaal Instituut voor onderzoek naar verslaving van de gelegenheid gebruik om patiënten tijdens een afkicktherapie zoveel maté de coca te laten drinken als ze maar wilden. Maar in werkelijkheid was de maté niet gedecocaïniseerd: elk zakje bevatte ongeveer 5 mg cocaïne, eenzelfde dosis als een klein lepeltje cocaïne. In plaats van af te kicken, wenden de verslaafden aan een zwakkere, langzamer effect sorterende dosis. Een artikel in *Journal of the American Medical Association* stelde in 1986 dat, als men gemiddeld twee koppen per dag dronk, de effecten (lichte opwinding, vertienvoudiging van energie, versnelde polsslag) onschadelijk waren. Maar ondanks die publicatie kwam de maté de coca op de lijst van illegale stoffen en werd het experiment afgeblazen.

A. Mucha, *De wijn van de Inca's*, chromolithografie, 1897. Verzameling Thérabel Pharma, Brussel

De pasta die de basis vormt voor cocaïne is een witte alkaloïde die met een speciaal procédé uit cocabladeren wordt geëxtraheerd. Het is een legaal product in Peru en Bolivia en wordt naar het buitenland uitgevoerd voor medische doeleinden. Drugs zijn het resultaat van een verwerking van deze pasta zonder enige wetenschappelijke, medische of farmacologische controle en leiden tot gewenning en verslaving. In diverse clandestiene laboratoria wordt illegaal cocaïne gemaakt en in de handel gebracht. Niettemin worden de cocabladeren in de producerende landen al meer dan vijf eeuwen gebruikt – lang voor de ontdekking of uitvinding van cocaïne – zonder enige schadelijke bijwerkingen. Integendeel: "*De eigenschappen zijn werkelijk indrukwekkend. De indianen die coca gebruiken, zijn bestand tegen het zwaarste werk in de mijnen (…) zonder pauze en zonder enige bescherming tegen de barre weersomstandigheden. Zij leggen te voet honderden mijlen af door woestijnachtige gebieden of in het steile gebergte en houden zich staande met coca. Vaak nemen ze het werk van de muilezels over en slepen zware lasten op hun schouders over paden waar ezels niet kunnen gaan… Met coca en een handvol gedroogde maïskorrels legt de indiaan honderden mijlen even snel af als een paard.*"[22]

In 1985 erkende de Wereldgezondheidsorganisatie de vele heilzame eigenschappen van de plant, zijnde verdovend, pijnstillend, vaatvernauwend, windverdrijvend, bloedzuiverend, digestief, diuretisch en opwekkend.

In 1999 werden in Peru en Bolivia[23] tienduizenden hectaren illegale productiegronden vernietigd, maar helaas hebben Colombia[24], waar de kartels hun hoofdkwartier hebben, en Mexico het roer overgenomen; zij vormen nu de belangrijkste draaischijven in het drugstransport naar de Verenigde Staten.

1. De hoeveelheid vitamines is voldoende om groenten te vervangen, zoals dat ook gebeurt in de pampa's, waar de meeste mensen veel vlees en weinig groenten eten.
2. Yerba maté wordt geteeld in Argentinië (Misiones en in het noordoosten van de Corrientes), in Brazilië (Rio de Janeiro, São Paulo, Minas Gerais, Parana, Santa Catarina, Rio Grande do Sul, Mato Grosso do Sul), in Oost-Paraguay en ook in Uruguay (Treinta y Tres, Tacuarembo, Maldonado).
3. De kalebas is een vrucht van de soort *Lagenaria vulgaris*, een kruipplant die alleen in een warm klimaat gedijt en waarvan de vrucht verschillende grootten kan aannemen (van een kippenei tot een mandfles met een inhoud van soms wel twintig liter).
4. In *Comentarios Reales* van de Inca Garcilaso de la Vega, Emecé, Buenos Aires, 1943
5. In *El mate y los materos* van Rodolfo Senet, Revista Nativa, nr. 116, Buenos Aires, 1933
6. In *El mate en nuestros costumbres* van Pedro N. Arata, Buenos Aires, 1881.
7. *Canto a la Argentina* in *Vida y poesia de Rubén Darío* van Arturo Torres-Rioseco, Emecé, Buenos Aires, 1944.
8. In *El gaucho y sus detractores* van Luis C. Pinto, El Ateneo, Buenos Aires, 1943.
9. In *Cancionero del mate* van Luzan del Campo, Tupà, Buenos Aires, 1944.
10. De woordenlijst van de *cebador*, de bereider
11. In *Diccionario de Peruanismos* van Juan de Arona, Lima, 1882.
12. Getuigenis van Dr. de Tschudy in *Monographie de l'Erythroxylon coca* van L.-A. Gosse, Hayez, Brussel, 1861.
13. In *Monographie de l'Erythroxylon coca* van L.-A. Gosse, Hayez, Brussel, 1861.
14. Deze eigenschap vindt men alleen bij de jonge plant en verdwijnt vlug. De helft van de bladeren in de handel heeft dit niet meer.
15. Een ijzerrijke bodem is ook fundamenteel voor de koffie- en de tabaksplant.
16. Idem noot 14.
17. Idem noot 14
18. Idem noot 14
19. Idem noot 14
20. Getuigenis van Dr. Weddel in de 19de eeuw in *Monographie de l'Erythroxylon coca* (id. noot 14).
21. In *Quid 99* van Dominique en Michèle Frémy, Robert Laffont, Parijs, 1998.
22. Getuigenis van Don José Manuel Valdez y Palacios in *Monographie de l'Erythroxylon coca* (idem noot 14).
23. Bolivia heeft 12.000 ha legale productiegronden in de *yungas* (valleien in het laaggebergte) bij La Paz voor het traditionele gebruik (bladeren die door de boeren worden gekauwd), met het verbod om de bladeren te verwerken tot cocaïne. Het land telt 32.000 ha illegale productiegrond in de regio Chaparé voor de verwerking tot pasta. In 1994 had het een productie van 90.000 ton cocabladeren, zijnde 400 ton cocaïne, waarvan jaarlijks gemiddeld slechts 10 ton wordt onderschept.
24. In Colombia, waar de cocateelt wettelijk verboden is, verdient een boer ongeveer 500 EUR per jaar per ha met een gewone teelt en 5000 EUR per ha met de cocateelt. Bij aankomst in de Verenigde Staten is de Colombiaanse coca al tien keer zo veel waard, in Europa dertig keer.

3

Theegerei

"Juffrouw Aurora ging naar sir Edmund Broomley toe en bood hem een kopje thee aan. Sir Edmund stak de hand uit, maar doordat zijn vingers die van juffrouw Aurora hadden aangeraakt, begon zijn hand lichtjes te beven, zodat hij naast het kopje pakte, waardoor het op de grond viel en in duizend stukken brak. Meneer Simpson, die op de *Times* sliep, en mevrouw Simpson, die op haar breiwerk sliep, keken gelijktijdig op en zegden beiden: "Oh! Wat was dat?"
Sir Edmund stond er sprakeloos bij, de ogen op de grond gericht. Werktuiglijk schudde hij zijn rechterhand, waarover brandende thee liep. "Maar wat bent u onhandig, sir Edmund", riep juffrouw Aurora driftig: dit was het mooiste half dozijn kopjes dat ooit in China werd vervaardigd en dat nu door uw schuld onvolledig is. Sir Edmund, ik verzeker u, ik word nooit uw vrouw zolang u mij geen kopje hebt bezorgd dat precies hetzelfde is als dat wat u zopas hebt gebroken, zelfs al moet u daarvoor naar Peking gaan".

Albert Kaempfen, *La tasse à thé*

Theepot in kastanjekleurig steengoed met dubbele wand waarop een bundel bamboe staat afgebeeld met opengewerkt decor,
Yixing-steengoed voor uitvoer naar de Europese markt, 1700-1725. Verzameling P. Valfré

Patrice Valfré

De herontdekking van de Yixing-theepotten

Vandaag bestaat er in Azië en Europa opnieuw grote belangstelling voor de door de Chinezen en internationale verzamelaars hoog gewaardeerde theepotten van Yixing-steengoed. Naast de talrijke werken die in China over dit onderwerp werden gepubliceerd, werd er ook een volledig museum aan deze theepotten en hun geschiedenis gewijd, namelijk het *Flagstaff House Museum of Tea Ware* in Hongkong.

Sinds zij in Europa als exotische voorwerpen werden ontdekt, is er voor de Yixing-theepotten, vooral aan het begin van de 17de eeuw en ook doorheen heel de 18de eeuw, steeds een ruime belangstelling en vraag geweest. Op het ogenblik dat de Europeanen in de ban geraakten van thee, ontdekten zij in de ladingen van de Indische Compagnieën, die in die tijd porselein invoerden, voorwerpen van rood, bruin en geel steengoed, waaronder vazen, theedozen, kopjes en theepotten. De Europeanen geraakten zo verzot op de rode theepotten, dat het porselein in de vergeethoek geraakte en dat de Yixing-ambachtslieden een aparte productie reserveerden voor de Europese cliënteel. Het zou tot de 19de eeuw duren voordat in Europa, dat in die tijd teruggreep naar zijn Grieks-Romeinse wortels, het vandaag weer zo geliefde rode steengoed uit de mode geraakte.

De Yixing-theepotten danken hun succes aan de uitzonderlijke artistieke creativiteit van de meester-pottenbakkers, die de eigenschappen van een zeer plastische klei optimaal hebben weten te benutten. De Yixing-klei, die *zisha* wordt genoemd omwille van zijn hoog ijzeroxidegehalte, geeft een soort steengoed waarvan het kleurenpalet zich uitstrekt van zwart tot geel en van paarsbruin tot rood, al naargelang de plaats waar het gewonnen en de wijze waarop het gebakken wordt. De theepotten, prachtige staaltjes van technisch en artistiek vernuft, zijn het resultaat van de ontmoeting van de ambachtsman met zijn klei enerzijds en met de geletterde anderzijds. Deze samenwerking leidde tot de creatie van unieke voorwerpen in de geschiedenis van de keramiek, namelijk de gesigneerde theepotten.

De liefde die de meester-pottenbakker en de geletterde voor de materie delen, is eeuwenoud. De theepot van Yixing-steengoed is, veel meer nog dan de mooiste theepot van porselein of van edel metaal, in staat de vijf zinnen te beroeren en te prikkelen: het oog geniet van de aanblik van een evenwichtige of gedurfde vorm; de smaak en de reuk worden verleid door de delicate harmonie tussen de uitwasemingen van het warme steengoed en het parfum van de blaadjes; het oor weet tussen duizenden de bijzondere klank van elke theepot te herkennen; en ten slotte en bovenal weet het gevoel de bijzondere korrel van dit aardewerk te herkennen, die net zo suggestief en warm is als die van de huid. Wat de Yixing-theepot zo uniek maakt, is dat het tijd vergt om al de facetten van zijn persoonlijkheid te ontdekken en te leren appreciëren, dit in tegenstelling tot het koude, witte porselein. Zijn charmes worden slechts geleidelijk aan blootgelegd.

Op basis van een studie van 3.000 oude theepotten uit openbare en privé-collecties uit Europa, het Verre Oosten en Yixing zelf, ontwikkelde er zich een bibliografisch onderzoek dat steunt op de in de Europese en Chinese archieven aanwezige documentatie. De inventarissen van oude collecties uit de 17de, 18de en 19de eeuw leveren kostbare dateringsinformatie waardoor het verleden en de ontwikkeling van de bestudeerde voorwerpen kunnen worden gereconstrueerd. Onder de Europese collecties die Yixing-steengoed bevatten, noteren we: het National Museet van Kopenhagen, dat Yixing-theepotten tentoonstelt uit 1656, 1665 en 1674; de Porzellansammlung van het Zwingerpaleis in Dresden, die collecties heeft die

Eivormige theepot, een zogenaamd 'drakenei', met Europese montage in zilver, 17de eeuw, Yixing-steengoed, Ming-periode (waarschijnlijk Wanli-periode), 1573-1620. Verzameling P. Valfré

vanaf 1694 door Augustus II, bijgenaamd de Sterke, werden verzameld en in 1721 werden geïnventariseerd; het British Museum van Londen, dat de volledige Franks-schenking bezit die tussen 1850 en 1880 werd bijeengebracht; het Guimetmuseum in Parijs, dat de Grandidiercollectie bewaart die tussen 1887 en 1910 werd samengesteld; en ten slotte, de privécollectie van een Britse adellijke familie, die aan het einde van de 18de eeuw en het begin van de 19de eeuw werd aangelegd.

De door ons geraadpleegde iconografische bronnen leveren daarenboven belangrijke aanvullende informatie. Een aantal Hollandse schilderijen uit de 17de eeuw stellen stillevens voor waarop enkele Yixing-theepotten afgebeeld zijn, en het boek van Nicolas de Blégny, dat in 1687 in Frankrijk werd uitgegeven, bevat een ets die vijf perfect uitgewerkte Yixing-theepotten voorstelt. Deze opzoekingen maken een nieuwe classificatie mogelijk van de oude Yixing-theepotten. Deze classificatie vertrekt van de geschiedenis van de Chinees-Europese handel en maakt het in de eerste plaats mogelijk de theepotten te groeperen volgens hun bestemmingsmarkt:

- de *Chinese Yixings*, waarvan de productie oorspronkelijk voor de Chinese markt bestemd was en dat nog steeds is.
- de *Yixings voor export*, d.w.z. de productie die uitsluitend voor de uitvoer bestemd is en waarbij een onderscheid kan worden gemaakt tussen de Yixings voor de Aziatische markt (Thailand, Maleisië en Indonesië, vandaar de namen Thaise, Maleisische en Indonesische Yixings) en de Europese Yixings, die de oudste en grootste groep vormen.

In de tweede plaats is er de chronologische classificatie van de volledige Europese Yixing-productie, die een omvangrijke groep theepotten vertegenwoordigt welke gedurende één eeuw, van 1675 tot 1775 om precies te zijn, werden geproduceerd. Hierbij worden de verschillende types van decoratie aangegeven aan de hand van referentietheepotten.

De stad Yixing, die zich halfweg tussen Nanking en Sjanghai bevindt in de provincie Kiangsu, is vandaag het 'uitstalraam' van alle voorwerpen van steengoed die in de streek worden geproduceerd. Hoewel de productie van keramiek, aanvankelijk vrij fragiele voorwerpen van terracotta, teruggaat tot het Neolithicum, zal het eerste steengoed pas tijdens de Han-dynastie (tussen 206 v.C. en 220 n.C.) zijn intrede doen. Het gaat hier echter om grijsgroen getint steengoed met veldspaatglazuur, het Yueh-steengoed, dat aan de basis ligt van wat de Europeanen 'celadon' zullen noemen.

Er wordt voor het eerst melding gemaakt van Yixing-steengoed tijdens de Soeng-dynastie (960-1279). Het betreft hier onversierd en ongeglazuurd steengoed van *zisha*-klei, waarvan archeologische opgravingen het bestaan onthulden. Van de Han- tot de Soeng-dynastie zal de theebereiding een verandering ondergaan: voordat men de thee in een theepot liet trekken, strooide men het theepoeder rechtstreeks in kommetjes en goot men er gewoon warm water over. Deze schenkkannen voor warm water zijn het oudste steengoed dat door de archeologen werd gevonden. Volgens de legende zou een monnik van de tempel van Jinsha, op vijftien kilometer ten zuiden van Yixing, de eerste theepotten hebben vervaardigd voor zijn persoonlijk gebruik.

Het grote productiecentrum van Yixing-steengoed bevindt zich echter in het nabijgelegen dorp Dingshu. Hier bevinden zich zowel de grote keramische fabrieken die honderden arbeiders tewerkstellen, als de kleine pottenbakkersateliers. Elk van de ongeveer twintig fabrieken is gespecialiseerd in een welomlijnde activiteit: leien en andere bouwmaterialen, bloempotten, industrieel porselein, theepotten en voorwerpen voor de schrijftafel van de geletterde.

Theegerei

De fabrieken en pottenbakkersateliers gebruiken verschillende productiemethoden: van serieproductie in mallen in de fabrieken, tot unieke, met de hand gemaakte stukken in de pottenbakkersateliers. Tussen deze twee uitersten bevinden zich de familiebedrijven. Die leveren een gemengde productie van standaardkwaliteit.

Om het prestigieuze karakter van de artisanale productie in stand te houden, stelde de Chinese regering een hiërarchisch piramidesysteem op voor meester-pottenbakkers, met aan het hoofd een nationale grootmeester die toezicht houdt over vijftien meester-kunstenaars, die op hun beurt zo'n vijftig tot zestig meester-kunstenaars en leerlingen onder zich hebben staan. De productie van de eerste meesters is nagenoeg onvindbaar, aangezien ze voorbehouden is aan de Chinese regering, die ze gebruikt voor haar diplomatieke geschenken. Zo wordt de kwaliteit en de faam van de Yixing-theepotten in stand gehouden.

De klei en het steengoed van Yixing

De provincie Jiangsu aan de westelijke oever van het grote Taihumeer, staat bekend om haar prachtige landschappen, die een inspiratiebron zijn voor talloze schilders en dichters. Zij ademt echter niet alleen een serene schoonheid uit, maar bezit ook een rijke en bijzondere bodem. Deze kaolienrijke streek is zeer vruchtbaar: zij produceert rijst in overvloed, kwaliteitsthee en zijde die geweven en rijkelijk geborduurd wordt. Het aparte en veelzijdige karakter van de bodem heeft geen geheimen meer voor de pottenbakkers en heeft deze zeer bijzondere steengoedproductie mogelijk gemaakt.

De ondergrond van Yixing bestaat uit verschillende aardlagen, waarvan de dikte varieert van zeven tot veertig meter en die afwisselend zachte en hardere klei bevatten. De klei, die samengesteld is uit kaolien, kwarts, mica en ijzeroxide, wordt door de Chinezen *zisha* (paars zand) genoemd, dat een soortnaam is geworden om Yixing-steengoed aan te duiden. De bijzondere paarse kleur wordt veroorzaakt door de hoge concentratie aan ijzeroxide, die soms 10% bedraagt. Het is echter het bijzonder uitgebreide palet natuurlijke kleuren dat van deze streek een productiecentrum maakt dat uniek is in zijn soort. Vandaag worden er hoofdzakelijk drie kleisoorten gebruikt:

- de *zishani*, paarse klei
- de *hongni*, rode klei
- de *banshanlu*, gele klei.

Na het bakken van de klei krijgt men steengoed van uiteenlopende tinten, die gaan van lichtgeel en paarsbruin tot rood en zelfs zwart, met alle mogelijke tussenschakeringen en af en toe ook blauwe en groene tinten.

Naast zijn natuurlijke esthetische schoonheid is de Yixing-klei ook bekend om zijn uitzonderlijke plasticiteit, waardoor hij gemakkelijk kan worden bewerkt. Het harde gesteente wordt eerst vermalen, gezuiverd en gekneed en daarna gedurende enige tijd te rusten gelegd – de Engelsen gebruiken hiervoor de uitdrukking 'to nurse'– om de kneedbaarheid te vergroten. Het onderscheidt zich van het steengoed uit andere streken door de korrelgrootteverdeling van zijn bestanddelen, die dikker zijn dan het gemiddelde. Een aantal pottenbakkers hebben dit bijzonder natuurlijk karakter nog geaccentueerd door er zand en gemalen potscherven aan toe te voegen, dit evenzeer om technische redenen (zo krijgt men een lichte krimp bij het bakken) als om esthetische.

Na het bakken krijgt men dus steengoed waarvan het uitzicht varieert van lichtjes zandachtig tot vrij ruw. Deze korrelgrootteverdeling is ook verantwoordelijk voor het ietwat poreuze karakter van het steengoed. Deze eigenschap wordt al snel door de

Eivormige theepot in rood steengoed met gemouleerd decor dat een jongen tussen de pioenen voorstelt, Yixing-steengoed voor uitvoer naar de Europese markt, 1680-1700. Verzameling P. Valfré

theeliefhebbers gewaardeerd omdat de theepot hierdoor kan 'ademen' en toch waterdicht blijft. Enkele fervente liefhebbers beweren zelfs dat het mogelijk is thee te zetten door alleen maar kokend water te gieten in een theepot die door veelvuldig gebruik een bezinksellaagje heeft gekregen. Dit is de reden waarom een dergelijke theepot nooit mag worden afgewassen maar enkel met water mag worden gespoeld. Alleen zo kan de subtiele osmose tussen inhoud en recipiënt ontstaan wat een sublieme thee geeft.

Doordat het Yixing-steengoed bij zeer hoge temperaturen wordt gebakken, verkrijgt men daarenboven zeer vuurvaste theepotten. Meestal werden ze zo ontworpen dat ze rechtstreeks op het vuur kunnen worden geplaatst en er weer afgenomen kunnen worden zonder de handen te verbranden.

Een originele productietechniek

Het zijn de modellering, de signaturen en de bakwijzen die aan de Yixing-theepotten hun prestigieuze karakter verlenen. De meest eenvoudige modelleringstechniek is de primitieve, rudimentaire vervaardiging, zoals die werd toegepast door de monnik van de tempel van Jinsha, die gewoon een blok klei met zijn handen modelleerde.

De Yixing-methode, waarbij het steengoed laag per laag wordt gevormd, is veruit de meest originele en meest geschikte methode voor de plastische Yixing-klei. Bij deze methode wordt er eerst een kleikoek gerold, die vervolgens wordt uitgeslagen totdat hij nog maar twee tot vier millimeter dik is. Hieruit wordt een rechthoek gesneden, waarvan een cilinder wordt gemaakt die met gietklei wordt bijeengehouden. De bodem, de tuit, het handvat en het deksel, ten slotte, vervolledigen de theepot, die zich onderscheidt door de aparte plaatsing van het handvat. Om afgeleide vormen van deze cilinder te verkrijgen (zoals ei- of peervormen enz.) wordt hij met een houten hamertje beklopt. Een variante van de Yixing-methode maakt het mogelijk gesegmenteerde theepotten te vervaardigen – rechthoekige, driehoekige, zeshoekige en achthoekige –, waarvan de verschillende delen met gietklei worden geassembleerd.

Voor de serieproductie van theepotten gebruikt men drukmallen, waarin de rechthoekige plakken klei bijeen worden gedrukt. Vervolgens worden zij met gietklei aan elkaar gehecht. Al naargelang het tijdperk waren deze mallen van hout of van gips, waarin al dan niet een versiering werd uitgebeiteld. Deze methode maakt het niet alleen mogelijk geometrische standaardvoorwerpen te vervaardigen maar ook naturalistische theepotten, zo genoemd omdat zij de vorm aannemen van fruit, bloemen, bomen, mythische wezens en dieren. De draaimethode – die nochtans wereldwijd verspreid is – wordt weinig gebruikt in Yixing, tenzij voor het vervaardigen van sommige grote vazen.

Behalve een kleine houten passer, waarmee perfect gevormde kleicirkels kunnen worden uitgesneden, gebruiken de pottenbakkers tijdens de vervaardiging en de afwerking van de theepotten ook een kleine draai-installatie, die bestaat uit twee evenwijdige schijven die met elkaar verbonden zijn door een verticale staaf: de eerste schijf dient als voetstuk en wordt op de werkbank geplaatst, de tweede wordt met de hand in beweging gebracht, waardoor de theepot aan alle zijden kan worden bewerkt.

De gewoonte een kalligrafisch merkteken op theepotten aan te brengen ontstond meer dan vijfhonderd jaar geleden onder invloed van de Chinese geletterden. Ook vandaag nog wordt deze praktijk veelvuldig toegepast. Dit maakt van het Yixing-steengoed een unicum in de geschiedenis van de keramiek, niet alleen in China maar ook wereldwijd.

Wijd uitlopende, vierzijdige theepot in geel steengoed, geëngobeerd met de 'drie vrienden van de winter' (de den, het bamboe en de bloeiende Japanse kers); de knop van het deksel stelt een gevingerde citroen voor die ook 'de handen van Boeddha' wordt genoemd, Yixing-steengoed voor uitvoer naar de Europese markt, 1700-1725. Verzameling P. Valfré

De geschiedenis van de verschillende soorten merktekens hangt samen met die van de productie. Volgens de traditie zou Gong Chun, de eerste grote Yixing-pottenbakker, aan het begin van de 16de eeuw zijn theepotten hebben gesigneerd met een afdruk van zijn vingers. Toen men naar een kleinschalige serieproductie overschakelde, werd de afdruk vervangen door een inscriptie, die op haar beurt werd vervangen door een zegel toen de productie nog in volume toenam. Thans is het de aanwezigheid van deze zegel die de Yixing-theepotten kenmerkt.

De eerste inscripties laten een regelmatig handschrift of *kaishu* zien: dit zijn karakters die met behulp van een lemmet in de nog natte klei worden ingesneden. De andere inscripties in een semi-cursief handschrift of *xingshu*, dateren uit de 19de eeuw en zijn fijner en minder strak.

De zegelinscripties zijn een gewoonte die overgenomen werd van de geletterden; zij stempelden hun documenten af met zegels die met een vermiljoenrode pasta waren gekleurd. Deze zegels werden (en worden nog steeds) door vaklieden vervaardigd, die evenzeer thuis moeten zijn in de kennis van de geletterde als in die van de etser. De zegel in een klassiek handschrift, *zhuangshu*, komt evenveel voor als de zegel in een regelmatig handschrift, *kaishu*. Deze inscripties, die al dan niet voorzien zijn van een kader van uiteenlopende vorm (inclusief het taoïstisch symbool van de dubbele kalebas), worden zowel diep, *yin wen*, als in reliëf, *yang wen*, gegraveerd.

Onderaan of op de buik van de theepot vindt men soms inscripties met een poëtisch karakter. Deze kalligrafische bijdragen zijn kenmerkend voor de Chinese Yixing-theepotten uit de 17de eeuw. Zij waren populair tijdens het bewind van keizer Quianlang (1736-1795) en kwamen weer in trek tijdens de 19de eeuw door toedoen van de mandarijn Chen Mansheng.

Andere inscripties zijn dan weer eigenaardig doordat ze noch naar de maker, noch naar de opdrachtgever verwijzen, maar naar een bijzondere functie, of zelfs naar een bijzondere productiesoort. Men treft ze vooral aan op de miniatuurtheepotten en op de Thaise Yixing-theepotten. In het eerste geval gaat het om het merkteken *shuiping*, wat 'waterpeil' betekent en wordt aangetroffen op de theepotten die ontworpen werden volgens de regel van de drie niveaus, d.w.z. op theepotten waarvan de top van de tuit en die van het oor met de kraag zijn gealigneerd. Deze regel, die ook vandaag nog steeds geldt, is een standaardnorm geworden voor de miniatuurtheepotten die voor de theeceremonie worden gebruikt.

Het tweede merkteken van deze soort is het *gongju*-merkteken, dat uit twee karakters bestaat die ofwel met de hand werden geschreven, ofwel werden gestempeld. Hoewel dit merkteken letterlijk vertaald kan worden als 'tribuutbureau', blijft zijn betekenis onduidelijk. De hypothese dat de pottenbakkers van Yixing aan de keizerlijke administratie een belasting in natura verschuldigd waren, blijkt weinig realistisch aangezien de volledige productie van deze *gongju*-theepotten bestemd blijkt te zijn geweest voor de Thaise markt. Betrof het hier misschien theepotten die door de Chinese diaspora van Thailand in Yixing werden besteld om een tribuut aan het hof van Siam te betalen?

Met uitzondering van de gedichten, die op de buik van de theepot werden gegraveerd, bevinden alle andere merktekens – en voornamelijk de naam van de pottenbakker – zich meestal aan de onderkant van de theepot of op de middenas die van het oor naar de tuit loopt. Tijdens de 18de eeuw brachten de pottenbakkers hun handtekening ook aan op de binnenkant van het deksel of op de onderste helft van het oor. De merktekens *shuiping* en *gongju* komen

Theepot in geel steengoed met de voorstelling van een bundel bamboe, versierd met vlekken in een rode engobe, 1700-1725. Verzameling P. Valfré

Eivormige theepot in kastanjebruin steengoed met een opgelegd decor dat relmuizen op wijnstokken voorstelt; de knop van het deksel stelt een kleine relmuis voor, Yixing-steengoed voor uitvoer naar de Europese markt, 1700-1725. Verzameling P. Valfré

vaak driemaal voor op de theepot: aan de onderkant (naam van de pottenbakker), op de kraag en op de binnenkant van het deksel voor de *gongju*, op de buitenkant van het deksel voor de *shuiping*.

Om steengoed te maken, d.w.z. opdat het silicium en de smeltmiddelen die in de klei aanwezig zijn, zouden kunnen verglazen, moeten zij op hoge temperatuur worden gebakken. Het echte steengoed onderscheidt zich door zijn hardheid: het kan zelfs niet met een stalen lemmet worden gesneden en is 100% waterdicht doordat het volledig verglaasd is.

Vóór de opkomst van de huidige met olie gestookte ovens, werd het steengoed gebakken in ovens met meerdere kamers die met hout en stro werden gestookt. Deze ovens, die zo'n veertig meter lang waren en gebouwd werden op heuvels met een hellingsgraad van 25 tot 30%, vertoonden sterke gelijkenissen met de reusachtige draken uit de Chinese mythologie en werden daarom 'draakovens' genoemd. De gloeiende haard onder aan de helling stelde de muil van het dier voor, terwijl de tunnel het lange lichaam vormde waarin om de vier à vijf meter zijwaartse openingen waren aangebracht, waardoor men het steengoed in de bakkamers kon schuiven. De schoorsteen aan de top stelde dan weer de staart van de draak voor.

Door deze indeling, die voor een goede tocht zorgde, haalde men de voor het bakken van steengoed vereiste temperaturen van 1.000° tot 1.300°. De openingen bovenaan de oven dienden om de brandstof in te brengen en zorgden voor een constante temperatuur.

Al naargelang de openingen open of dicht waren, verkreeg men twee verschillende bakwijzen: bakken met open luchtgaten en dus in een oxiderende omgeving, wat lichtgekleurd steengoed gaf, of krimpbakken door de luchtgaten te sluiten, waardoor het steengoed een donkerder kleur kreeg.

We kunnen zeer duidelijk twee verschillende bakperioden onderscheiden. De theepotten, die vóór 1650 werden geproduceerd, lijken te kort en op te lage temperaturen gebakken geweest te zijn om volledig te verglazen. Zij bevinden zich halfweg tussen terracotta en steengoed, hebben een doffe kleur, een zandachtige textuur en zijn poreuzer dan de gemiddelde theepot. Dit 'steengoed van lage temperatuur' kwam veelvuldig voor tijdens de Ming-dynastie (1368-1644) en lijkt het resultaat geweest te zijn van een weloverwogen keuze van de pottenbakkers, die theepotten wensten te maken die beter ademden. Na 1650 wordt het steengoed, waaronder ook het eerste steengoed dat voor de Europese markt is bestemd, bij 'hoge temperatuur' gebakken. Het verschilt niet alleen uiterlijk van de vorige soort. Het volledig verglaasde steengoed glanst, is waterdicht, klankvol en zeer hard. Daarom zijn de theepotten die tijdens de Qing-dynastie (1644-1911) bij lage temperatuur werden gebakken eigenlijk slechts het resultaat van een mislukte bak.

Europa ontdekt het Yixing-steengoed

In de 15de eeuw openen de reizen van Christoffel Columbus en van Vasco da Gama de route van de oceanen voor de Europeanen. Portugal zal tijdens deze eeuw een enorme expansie kennen dankzij de ontwikkeling van zijn maritieme kennis. De zijderoute, die sinds de Oudheid wordt bewandeld, wordt aangevuld met een zeeroute, 'de Indische route', die in 1497 door Vasco da Gama wordt uitgestippeld. Het is in India dat de Portugezen, naast de exotische producten, ook het unieke Chinese porselein ontdekken. Vervolgens trekken zij meer naar het oosten en veroveren ze in 1509 de ten zuidwesten van het huidige Maleisië gelegen stad Malakka. Ze bereiken Kanton en verkrijgen in 1557 de concessie van

Cilindervormige thee- of koffiekan in kastanjekleurig steengoed; heeft de vorm van de rituele thee- of koffiekannen uit Tibet; opgelegd decor in contrasterende kleur met shou-karakters en draken, Yixing-steengoed voor uitvoer naar de Europese markt, 1725-1750. Verzameling P. Valfré

een kleine Chinese haven, Macao, die al snel een belangrijke basis zal worden van de Portugese handel in het Verre Oosten.

Dankzij de Portugezen onderhoudt Europa voor de eerste maal in zijn geschiedenis rechtstreekse, regelmatige handelsbetrekkingen met India. De Portugese kraken, grote koopvaardijschepen, brengen niet alleen specerijen mee maar ook talrijke andere waren van uiteenlopende aard, zoals verschillende soorten zijde – ruwe zijde, brokaat en damast – katoenstoffen, edelstenen, parels, koper en ijzer, en ook goud dat in China voordelig tegen zilver geruild kan worden, porseleingoed, kostbare houtsoorten, kleine meubelen, ivoor en talrijke snuisterijen.

Een ongelukkige beslissing van de Portugese koning zal er de Hollanders echter toe aanzetten om de Stille Oceaan te gaan verkennen. De Spaanse koning, Filips II, zoon van Karel V, annexeert Portugal waarvan de haven Lissabon heel Europa voorziet van exotische producten. Als reactie tegen de protestantse eis van Holland, dat in 1579 zijn onafhankelijkheid verwierf, ontzegt hij de Hollandse schepen in 1594 de toegang tot de Portugese havens. Aldus behoudt hij in het noorden van Europa het commerciële monopolie inzake specerijen. De reactie van de Amsterdamse handelaars laat niet op zich wachten. Reeds in 1595 beslissen zij hun eigen expedities naar het oosten te sturen. Zo ontstaat in 1602 de Vereenigde Oost-Indische Compagnie, gebaseerd op het model van de Engelse Indische Compagnie die in 1600 werd opgericht.

De Portugezen, die tijdens de 16de eeuw als enigen handelsbetrekkingen met Azië onderhielden, zullen in de 17de eeuw af te rekenen krijgen met zware concurrentie. De Hollanders overtreffen iedereen door hun uniek gevoel voor zaken: voor elk type van cliënteel ontwerpen zij een reeks producten die aangepast zijn aan hun specifieke smaak, en dit niet alleen voor de Europese maar ook voor de Aziatische en Afrikaanse markt. Zij slagen er niet alleen in de Portugezen te verdringen, maar ontketenen in Europa ook een ware rage voor alles wat uit het Verre Oosten komt. Zij zorgen in feite voor een eerste 'democratisering' van de exotische producten, die niet langer voorbehouden zijn aan een beperkte, adellijke cliënteel, waardoor ze een nooit geziene omzet realiseren. In 1669 is de suprematie van de V.O.C., met haar 150 handelsschepen, 40 oorlogsschepen en haar permanent leger van 10.000 manschappen, dan ook onbetwistbaar.

Hoewel Portugal de eerste Europese natie was die zich voor thee en theepotten interesseerde, wordt de regelmatige invoer ervan door geen enkel document gestaafd of gepreciseerd. Men weet enkel dat zij als eersten de term *tcha* gebruikten om naar thee te verwijzen, een woord dat afgeleid is van het Mandarijns, terwijl de andere naties de term 'thee' ontlenen aan het Kantonees. Deze nieuwe drank was, net als zijn onmisbaar toebehoren de theepot, tot 1650 aan een zeer beperkte cliënteel van liefhebbers voorbehouden.

Volgens sommige 19de-eeuwse auteurs kregen de Yixing-theepotten van de Portugezen aanvankelijk de naam *boccaro*. In zijn *Histoire de la céramique chinoise* uit 1873, schrijft Albert Jacquemart het volgende over de theepotten: *de meest gewaardeerde soort is die, gemaakt van een fijne, dichte, compacte pasta, meestal roodbruin gekleurd en bekend onder de naam boccaro of bucaro, een term die aan het Portugees werd ontleend.* De Portugezen hadden de theepotten zo genoemd naar analogie van het gelijkaardig gekleurd steengoed dat uit Latijns-Amerika kwam, en meer bepaald uit Mexico. De kleine antropomorfe theepot van steengoed, die gevonden werd in het ruim van de San Diego, die in 1600 in de buurt van de Filippijnen zonk, is vrijwel zeker een voorbeeld van deze *boccaro*, een term die later werd gebruikt om naar het Yixing-steengoed te verwijzen.

De handelswaarde van de Yixing-theepotten lag in die tijd veel hoger dan die van de porseleinen voorwerpen, zoals dokter Simon Pauli reeds vóór 1665 meldt: *er worden voor deze bereiding (thee) peperdure voorwerpen (Yixing-theepotten) van de Chinezen gekocht, die in zijde verpakt worden en enkel via intieme vrienden verkregen kunnen worden en die even hoog gewaardeerd worden als diamanten, edelstenen en de meest kostbare halssnoeren bij ons.*[1]

Hoewel volgens officiële bronnen de eerste invoer van Yixing-theepotten door de V.O.C. zou dateren van 1679, wordt de aanwezigheid van een 'kleine theepot' reeds in 1626 vermeld in een manuscript van het *cahier van Francisco da Gama.* Aan de hand van een tweede document kan de aanwezigheid van Yixing-steengoed vóór de officiële datum worden bevestigd. Het betreft hier een brief die Peter Charisius richtte aan koning Frederik III van Denemarken en waarin hij het volgende schrijft: *een vreemde pot uit Oost-Indië van een bijzondere terra sigillata, met een deksel dat aan een gouden ketting is bevestigd, hier en daar versierd met gouden bergen....* Uiteraard gaat het hier nog niet om voor de export vervaardigde voorwerpen maar om Chinese Yixings die men als curiosa is blijven invoeren.

Aangezien deze voorwerpen niet vermeld worden in de officiële inventaris van de V.O.C., moeten zij vervoerd zijn geweest door derden die voor eigen rekening handelden. Om het charteren van een schip maximaal te rentabiliseren, bood de V.O.C. immers aan tussenpersonen – vaak de kapitein, de supercarga of anderen – de mogelijkheid goederen te vervoeren. Naast hun eigen aankopen die ze zelf regelden, waren ze ook verantwoordelijk voor de aankoop en verkoop van producten, hiertoe aangemoedigd door de Compagnie, die hierin haar eigen profijt zag. Het talent dat deze tussenpersonen tentoonspreidden bij het voeren van hun eigen zaken, kon immers alleen maar gunstige gevolgen hebben voor de Compagnie.

Hoewel de agenten van deze private handel binnen een legaal kader handelden, gebeurde het dat zij hun verplichtingen die zij onder ede hadden aanvaard, te buiten gingen en dat zij bijzonder kostbare voorwerpen het land binnensmokkelden. Deze clandestiene handel was wel bekend, maar liet uiteraard geen sporen na in de archieven. Vandaag zijn het de voorwerpen zelf, waaronder talrijke goedbewaarde Yixing-theepotten, die het meest tastbare bewijs vormen van de omvang van deze illegale vervoerswijze, die geraamd wordt op zo'n 25% van de totale markt.

De eerste officiële invoer van de thee in Europa gebeurde door toedoen van de V.O.C. in 1610. Vanaf 1637 vormt er zich een cliënteel van trouwe verbruikers. In Parijs nam de passie voor thee toe tijdens de jaren 1630-1640. De thee die werd voorgeschreven als medicijn tegen indigestie, alcoholisme en zelfs jicht, werd evenzeer gewaardeerd als tonicum en als genotsmiddel. In Frankrijk zou de prijs van thee tijdens heel de 17de eeuw blijven stijgen en pas in 1700 weer dalen toen de eerste ladingen van de Franse Oost-Indische Compagnie aankwamen.

De eerste theepotten die Europa aan het begin van de 17de eeuw bereikten, dateren dus van dezelfde tijd als de eerste theeladingen. Tijdens de eerste helft van die eeuw maakten de liefhebbers echter geen onderscheid tussen theepotten van metaal, van steengoed

Klokvormige theepot met kalligrafie en figuratieve stempel (een gestileerde draak) onderaan, Yixing-steengoed, 19de eeuw. Verzameling P. Valfré

of van porselein. De meest representatieve theepotten voor die tijd waren die van Jingdezhen-porselein met kobaltblauw decor, terwijl de theepotten van Dehua-porselein, beter bekend onder de naam *blanc de Chine*, de zeldzaamste waren.

Tijdens het eerste kwart van de 17de eeuw werden er dus slechts weinig Yixing-theepotten uitgevoerd. Het betrof hier meestal grote, onversierde theepotten, die hoofdzakelijk voor de Chinese markt bestemd waren en waarvan de grote inhoud niet aangepast was aan Europa, waar thee een zeldzaam en bijgevolg kostbaar goed was. De Yixing-theepotten uit die tijd waren vrij eenvoudig en hun afwerking was naar Europese normen vrij slordig. In tegenstelling tot de Chinese cultuur, die onder invloed van het taoïsme de 'vitale kracht' van de kunstenaar waardeerde, eisten de westerlingen een meer gepolijste afwerking en een meer versierde buitenkant. De eerste theepotten, die speciaal voor de Europese markt werden ontworpen, zullen Europa pas in het midden van de 17de eeuw bereiken en blijken vanaf het begin de Europeanen te hebben bekoord. Zij waren niet alleen kleiner maar werden ook versierd met decors in basreliëf, zoals de 'bloeiende prunustak', of met in vorm geperste en gegoten decors zoals 'jongetje temidden van pioenen'.

De eerste officieel geregistreerde invoer door de V.O.C. dateert van 1679. De lading werd ingeschreven in de archieven van de Compagnie van Batavia en had betrekking op 7 kisten rode theepotten uit Zangzhou. In 1680 noteert men de aankomst van 320 versierde rode theepotten en tijdens datzelfde jaar werden er in Amsterdam 1635 theepotten ingevoerd. Volgens dokter Volker, die deze archieven bestudeerde, zou het hier om Yixing-theepotten gaan.[2]

De invoer steeg aanzienlijk tijdens de tweede helft van de 17de eeuw en nam nog sterk in omvang toe tussen 1675 en 1700. Deze plotse toename was te wijten aan een samenloop van een aantal gunstige factoren op beide continenten. In Europa was dit het enthousiasme voor thee; in China, de gedeeltelijke teloorgang van Jingdezen – het grootste productie- en uitvoercentrum van porselein –, waardoor de bestellingen gespreid werden over andere plaatsen, waaronder Yixing.

Het is in die periode dat de pottenbakkers in Yixing voor de eerste maal in massa roodstenen theepotten produceerden die volledig gegoten en versierd waren. De eerste theepotten met opengewerkte decors dateren uit deze periode, terwijl de theepotten van gele klei vermoedelijk vanaf 1675 werden geproduceerd.

Deze theepotten, die onder referentie aan de compagnieën die ze commercialiseerden 'Indische theepotten' werden genoemd, werden in de literatuur ook aangeduid met de naam *terra sigillata*, die verwijst naar het glanzende Gallo-Romeins steengoed uit de eerste twee eeuwen na Christus, dat zich onderscheidde door zijn gegoten decor.

De 18de eeuw bracht een grote verscheidenheid aan decoratietechnieken met zich mee en de Yixing-pottenbakkers overtroffen elkaar in creativiteit om een veeleisende en steeds groter wordende cliënteel aan te trekken. Tijdens de eerste twintig jaar bleef men steenrode en lichtgele theepotten fabriceren, maar na 1750 werd de glazuurtechniek veelzijdiger, zodat het kleurenpalet kon worden uitgebreid. De eerste glazuurdecoraties van de 'roze familie' deden hun intrede, en in eenzelfde decoratiegeest begon ook het engobeschilderen met verschillende kleuren zich in de ateliers te verspreiden.

Van 1730 tot 1760 oogstten de kleidecors met contrastrijke kleuren, die op de buik van de theepot werden aangebracht, een ongeëvenaard succes. Het thema van de draken wordt vaak afgebeeld in de vorm van een gegoten bas-reliëf van gele klei dat op een donkere theepot wordt aangebracht. De boeddhistische leeuwen in haut-reliëf, die als dekselknop dienen en bekend zijn onder de naam 'Honden van Fô', zijn eveneens kenmerkend voor deze periode.

Omstreeks de jaren 1740-1750 werd de prijs van thee democratischer in Europa, zodat de exporttheepotten voortaan een inhoud kregen die vergelijkbaar was met die van de Chinese theepotten. Vervolgens zou Europa het oosten de rug toekeren en de voorkeur geven aan de neoklassieke stijl, geïnspireerd op de Grieks-Romeinse cultuur. In 1708 wisten de Europeanen het fabricagegeheim van het Chinees porselein te doorgronden en begonnen zij zelf hun eigen porselein en steengoed te vervaardigen.

In de 19de eeuw zou Europa opnieuw in de ban van het oosten geraken. In Yixing ontwierp de magistraat, dichter en kunstliefhebber Cheng Mansheng rond 1800 nieuwe theepotvormen en introduceerde hij opnieuw de gewoonte om gedichten op de

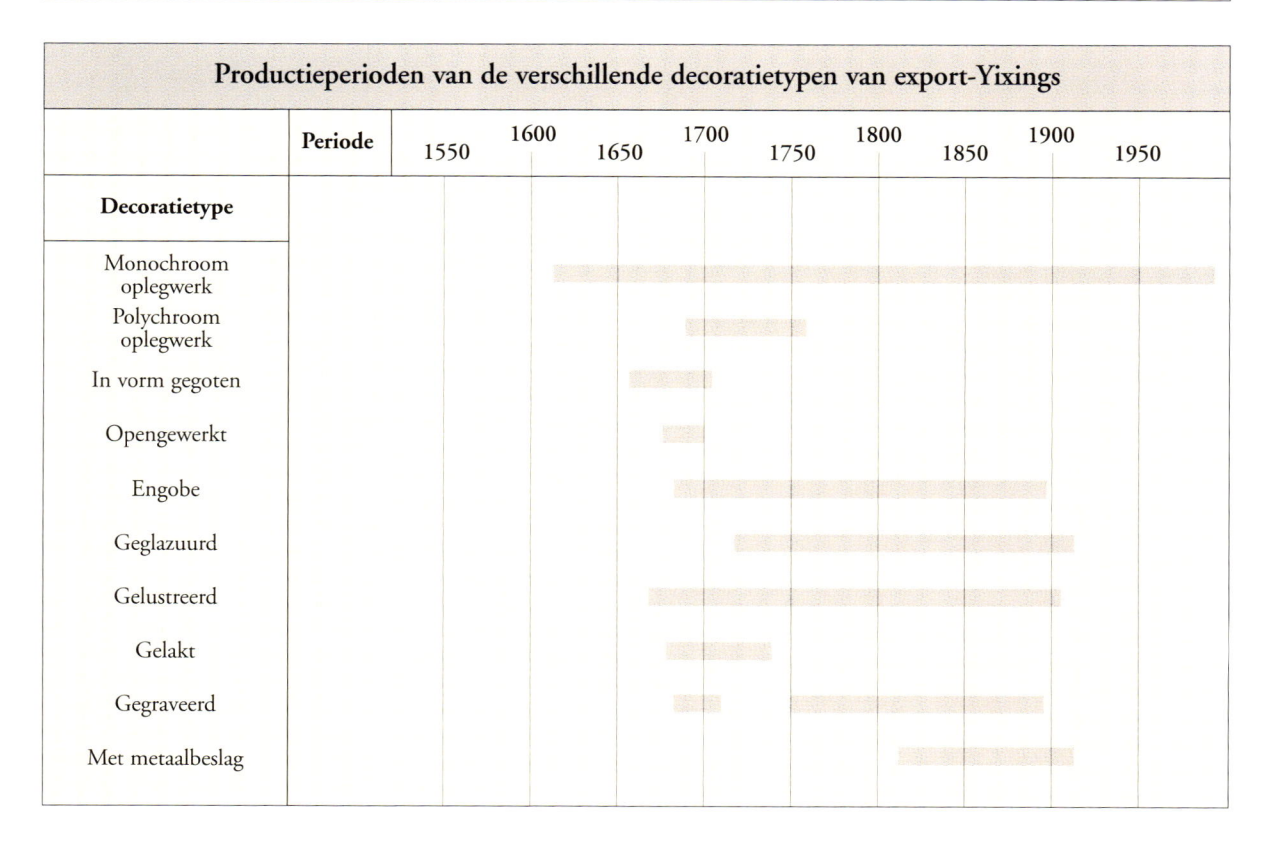

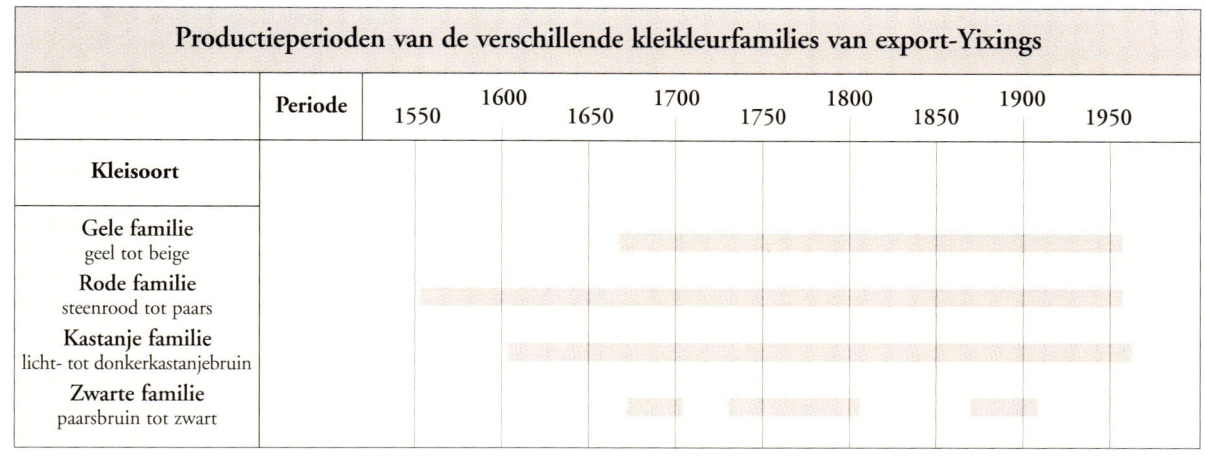

Schema van de belangrijkste classificatiecriteria voor export-Yixings		
Vier grote kleifamilies	Drie categorieën van theepotten	Tien decoratietypen
Gele familie van geel tot beige Rode familie van steenrood tot paarsrood Kastanjebruine familie van licht- tot donkerkastanjebruin Zwarte familie van paarsbruin tot zwart	Categorie 1 Theepotten zonder versiering Categorie 2 Theepotten met versiering Categorie 3 Miniatuurtheepotten met of zonder versiering	Monochroom oplegwerk Polychroom oplegwerk In vorm gegoten Opengewerkt Met engobe Geglazuurd Gelustreerd Gelakt Gegraveerd Met metaalbeslag

Productieperioden van de verschillende decoratietypen van export-Yixings									
Decoratietype	Periode	1550	1600	1650	1700	1750	1800	1850	1900	1950

Productieperioden van de verschillende kleikleurfamilies van export-Yixings									
Kleisoort	Periode	1550	1600	1650	1700	1750	1800	1850	1900	1950

theepotten te graveren, waardoor de productie nieuw leven werd ingeblazen.

Belangrijkste classificatiecriteria

Het Yixing-steengoed dateren is een delicate opdracht, aangezien de productie zich uitstrekt over meer dan vierhonderd jaar en de oude voorwerpen in de loop der eeuwen veelvuldig werden nagebootst. De studie van de stukken die in Europa bewaard zijn gebleven, leverde evenwel belangrijke informatie op over de technieken, de kleuren en de decoratiestijlen die tijdens de verschillende periodes werden gebruikt.

Er bestond reeds een classificatiesysteem dat rekening hield met de algemene vorm van de theepotten. Het deelde de theepotten in vier grote categorieën in, nl. de gesegmenteerde theepotten, de naturalistische, de geometrische en de miniatuurtheepotten. Onder de Europese Yixings bevinden zich echter talrijke versierde theepotten die niet in dit classificatiesysteem voorkwamen.

De eerste stap bestaat er dus in alle groepen (Chinese Yixings en Yixings voor export) te bekijken en de theepotten volgens hun kleur in te delen. Zo verkrijgt men vier groepen: het gele, het rode, het kastanjebruine en het zwarte steengoed (het blauwe en groene steengoed is onvoldoende vertegenwoordigd om er groepen van te maken). Binnen elke kleurengroep wordt er nog een onderscheid gemaakt tussen de theepotten met versiering en die zonder versiering.

Binnen de groep van versierde theepotten onderscheiden we nog 10 grote decoratietypen: monochroom oplegwerk, polychroom oplegwerk, gestempeld, in vorm gegoten, opengewerkt, met engobe, geglazuurd, gelakt, ingesneden (figuratief, gekalligrafeerd), met metaalbeslag. De theepotten zonder versiering kunnen op hun beurt in twee grote categorieën worden opgedeeld: de gesegmenteerde theepotten en de niet-gesegmenteerde theepotten.

Naast de kleur van de klei en de aanwezigheid of het ontbreken van een versiering, moeten de theepotten nog ingedeeld worden volgens de bestemmingsmarkt. De voorwerpen die voor de Chinese markt zijn bestemd, vallen onder de categorie 'Chinese Yixings', terwijl de voorwerpen die voor de exportmarkten vervaardigd werden onder de categorie 'Yixings voor export' vallen. Deze laatste categorie kan op haar beurt in vier groepen onderverdeeld worden, die overeenkomen met de vier belangrijkste bestemmingen: de Europese Yixings, de Thaise Yixings, de Indonesische Yixings en de Maleisische Yixings.

De groep Europese Yixings, die tussen 1675 en 1775 vervaardigd werden om aan de smaak van de Europese cliënteel te beantwoorden, is in de Europese collecties het sterkst vertegenwoordigd. Doordat deze groep uit volledige stellen versierde theepotten bestaat, kunnen zij per decoratietype geklasseerd worden en aangezien deze decoratietypen de Europese mode volgden, kunnen zij gemakkelijk gedateerd worden.

Om elk decoratietype te kunnen dateren moest men een 'referentietheepot' vinden, d.w.z. een theepot die niet alleen representatief was voor dat bepaalde decoratietype, maar die ook nauwkeurig gedateerd moest kunnen worden. Deze decoratietypen strekten zich echter vaak uit over een periode van 10 tot 25 jaar. Door een aantal referentietheepotten naast elkaar te plaatsen kon er dus een chronologie worden uitgewerkt, die eveneens rekening hield met alle informatiebronnen die dateringselementen kunnen aanbrengen, waaronder meer bepaald:
• de aankoop- of inventarisdatums die vermeld worden door bepaalde Europese koninklijke collecties;
• oude iconografische voorstellingen zoals etsen en schilderijen;

Cilindervormige theepot in kastanjekleurig steengoed, versierd met een gele engobe met de voorstelling van een merenlandschap, en twee beweegbare ringen op de knop van het deksel, Yixing-steengoed, 19de eeuw. Verzameling P. Valfré

Dubbele zeshoekige theepot met een volledig geglazuurd decor, Yixing-steengoed, 1850-1900. Verzameling P. Valfré

- bibliografische referenties;
- Yixings die werden teruggevonden in de lading van gezonken schepen;
- nabootsingen van Yixing-theepotten die door Europese pottenbakkers werden gemaakt tijdens de 17de en de 18de eeuw;
- voorwerpen die voorzien waren van een cyclische datum die aan een welbepaalde periode kan worden toegewezen;
- theepotten die in China werden gevonden tijdens archeologische opgravingen;

en als aanvullende informatie:
- de vergelijking van de vormen en de decoratietypen met porseleinen voorwerpen waarover meer bekend is en die nauwkeurig gedateerd kunnen worden;
- de zilveren of metalen monturen.

Vanaf 1650 stijgt de vraag naar Yixing-theepotten en worden zij in talrijke Europese landen een ware rage. Zij ontstond in Holland en illustreert zeer goed de voorliefde van de Hollanders voor het sobere steengoed en ook hun groot commercieel talent: in een tijd waarin de barok de Europese sierkunst domineerde, bestelden zij in Yixing aanvankelijk theepotten van rood steengoed, waarop zij een decor in basreliëf lieten aanbrengen, waardoor het gelijkenissen vertoonde met de oude *terra sigillata*.

Hoewel het merendeel van de Europese export-Yixings gedecoreerd was, stelden zij uitsluitend Chinese thema's voor, die hoofdzakelijk uit het taoïstische of boeddhistische repertoire waren geput. De boodschap – religieus of votief –, zoals een wens voor rijkdom, geluk of een lang leven, kon door een Chinese worden gelezen, maar was des te onbegrijpelijker voor een westerling, daar ze meestal in de vorm van een rebus of van een homofoon woordenspel was geformuleerd. Het mysterieuze karakter van deze versieringen op zich volstond echter om de liefhebbers van het exotische te bekoren.

De drie andere groepen export-Yixings vertonen nog andere eigenaardigheden. Zo bevat de groep van Thaise Yixings, die in het bijzonder door Terese Bartholomew in het licht werd gesteld[3], een aantal theepotten waarvan de buitenkant zo gepolijst is dat het licht erin weerkaatst wordt. Het steengoed is immers zo hard dat het, net als jade of edelstenen, met een kleine slijpmachine kan worden bewerkt;

Theegerei

met behulp van roterende voorwerpen en steeds fijnere schuurmiddelen verkrijgt men met veel geduld dit spiegeleffect. Een aantal van deze theepotten moeten Europa vóór 1710 bereikt hebben vermits Böttger, de uitvinder van het Europees porselein, er tussen 1708 en 1712 ideeën aan ontleende. Tijdens deze periode, waarin hij zich wijdde aan de fabricage en de ontwikkeling van het rode steengoed dat hem zou helpen het witte porselein te perfectioneren, paste hij deze spiegelpolijstingstechniek op sommige van zijn theepotten toe.

Andere theepotten uit dezelfde groep kregen, zowel ter bescherming als om esthetische redenen, een metaalbeslag aan het uiteinde van de tuit, de dekselknop en de kraag. Vaak werd hiervoor blanke of vergulde messing gebruikt, maar er bestaan eveneens theepotten die met zilver of, in heel zeldzame gevallen, met goud werden beslagen. Een aantal theepotten hebben een handvat in de vorm van een stijgbeugel van messing of zilver, met metalen bouten aan de kraag van de theepot vastgehecht. Andere dan weer zijn miniaturen die gebruikt werden bij de onder de naam *Gong Fu Cha* bekende Chinese theeceremonie. Zeer kenmerkend voor deze groep, ten slotte, is het beroemde handgeschreven of gestempelde *gongju*-merk dat men aan de basis of aan de binnenkant van het deksel aantreft.

Een andere groep Yixing-theepotten werd in een vrij recente periode naar Thailand uitgevoerd. Deze theepotten onderscheiden zich van de Chinese Yixings door de aanwezigheid van een zegel in Thais schrift: het stelt een relmuis voor met daaronder een Thaise inscriptie. De koning van Thailand, Rama V (1868-1910), zou aan de basis hebben gelegen van deze bestelling uit 1892.

De Indonesische Yixings vertegenwoordigen een groep die vrij omvangrijk, maar qua vormen vrij beperkt is. De meeste theepotten hebben een samengedrukte, ovale vorm zonder decoratie en dragen aan de onderkant het gestempelde merkteken van Hui Mengchen, een beroemde pottenbakker uit de 19de eeuw. Deze theepotten zijn meestal kastanjebruin en zijn soms met metaal beslagen, ofwel als bescherming, ofwel als gevolg van een herstelling.

De oudste theepotten dateren uit de tweede helft van de 17de eeuw. Aan het eind van de jaren 1980 waren zij nog gemakkelijk te verkrijgen bij de antiquairs van Jakarta, Jogjakarta, Solo en Surabaja.

De groep Maleisische Yixings is niet alleen beperkt in omvang maar ook vrij recent. De theepotten zijn meestal klein en soms zelfs miniaturen en doken voor het eerst op in de tweede helft van de 19de eeuw, tijdens het bewind van Guangxu (1875-1908). Zij zijn gemaakt van rood of kastanjebruin steengoed en hebben een samengedrukte ovale vorm of de vorm van een peer. De buitenkant van het steengoed is meestal volledig bedekt met een ondoorschijnend en monochroom glazuur in koningsblauw, roze en in enkele gevallen zelfs zwart. De decoraties werden uitgevoerd in glazuur van de roze familie en stellen bloemmotieven voor, soms met vlinders of feniksen opgeluisterd. Het grootste deel van deze productie werd vervaardigd in de ateliers van Hui Mengchen, waarvan het merkteken zich aan de onderkant bevindt en gestempeld of ingesneden werd.

Meer dan waarschijnlijk bestaan er elders nog andere groepen Yixings voor export, maar ze werden nog onvoldoende bestudeerd. De Yixing-theepotten werden immers ook zeer gewaardeerd in Vietnam, Korea, Japan en in de Filippijnen.

Onder de talrijke boeken, die de geschiedenis van de meester-pottenbakkers van Yixing beschrijven, is er een boek dat in 1937 in Hongkong werd gepubliceerd[4] en de gedetailleerde biografieën bevat van 145 pottenbakkers, waarvan wij hieronder enkele van de beroemdsten vermelden.

Eivormige theepot in roodbruin steengoed met in tin gevat decor dat een vledermuis voorstelt en een shou-karakter voor lang leven, omgeven door een fu-karakter voor geluk; het deksel is versierd met een gevatte sapeke van keizer Guangsu (1875-1908), Yixing-steengoed, 19de eeuw. Verzameling P. Valfré

Na Gong Chun, die zich tijdens de 16de eeuw de grondbeginselen van de keramiek eigen maakte door een monnik te observeren, die zijn eigen theepotten maakte, wordt Shi Dabin (17de eeuw) beschouwd als één van de grootste meester-pottenbakkers. Terwijl de theepotten van de eerste reeds zeldzaam waren in de 16de eeuw, dateren die van Shi Dabin, waarvan er drie in graven werden teruggevonden, uit de periode van 1600 tot 1629.

Hui Mengchen is de stichter van een zeer productieve pottenbakkersfamilie. Hui Mengchen senior zou actief geweest zijn van 1620 tot 1680 en zou niet alleen de miniatuurtheepotten hebben gecreëerd, maar ook de theepotten die versierd waren met een applicatie die een bloeiende prunustak voorstelde. Deze theepotten werden in Europa heel populair.

Van ongeveer 1675 tot 1730 was Chen Mingyan één van de grootste meester-pottenbakkers, zoniet de grootste. Zijn bekendste creaties zijn die in naturalistische stijl in de vorm van een boomstronk, een vrucht of een bloem. Naast theepotten ontwierp hij ook voorwerpen die bestemd waren voor de schrijftafel van de geletterde. Hij was een van de eersten die met succes verschillende kleikleuren wist te gebruiken en te combineren. Zijn theepotten werden zo vaak nagebootst dat men vandaag enigszins behoedzaam is bij het identificeren van theepotten die zijn merkteken dragen. Tijdens de jaren '30 was er in

Theepotten in Yixing-steengoed, 1990-1995. Privé-verzameling

Shanghai immers een antiquair die zijn ontwerpen liet kopiëren door de beste pottenbakkers van die tijd.

Ten slotte is er ook nog Chen Mansheng (1768-1822) die, hoewel hij zelf geen pottenbakker was, onlosmakelijk met de geschiedenis van de Yixing-theepotten is verbonden. Chen Hongsou – want zo luidde zijn echte naam – wordt beschouwd als een van de grootste schilders van zijn tijd. Deze hooggeplaatste mandarijn, geletterde, dichter, kunstliefhebber, kalligraaf en zegelsnijder zette zich actief in om de ateliers nieuw leven in te blazen op het ogenblik dat de kwaliteit van de productie achteruitging. Hij ontwierp nieuwe theepotvormen en wist ook de aandacht van de geletterden op deze aantrekkelijke productie te vestigen. Soms grifte hij zelf zijn gedichten in de buik van de theepotten, wat talrijke bevriende kalligrafen ertoe aanzette hem bij te staan en ertoe bijdroeg dat met gedichten versierde theepotten opnieuw in de mode kwamen. Hij werkte samen met een van de beste pottenbakkers uit zijn tijd, Yang Pengnian genaamd, en met een andere pottenbakker, Shao Erquan.

Na de Culturele Revolutie ging de reactivering van de Yixing-ovens in de jaren vijftig gepaard met een hiërarchische organisatie van de meester-pottenbakkers door de Chinese regering. Sinds het overlijden van de nationale grootmeester, Gu Jingzou, op 3 juni 1996, werd er steeds geen opvolger benoemd aan het hoofd van de piramide. In september 1997 namen 108 pottenbakkers deel aan een nationale wedstrijd voor Chinese kunstvoorwerpen. Hiervan werden 6 Yixing-pottenbakkers tot 'Meester in de Chinese kunst' benoemd. Twee onder hen zijn vrouwen: Jiang Rong, geboren in 1919, en Wang Yinxian, geboren in 1943. De vier anderen zijn mannen die geboren werden tussen 1933 en 1943, namelijk: Xu Hantang, Tan Quanhai, Xu Xintang en Lü Yaochen.

Sinds het begin van de jaren 1980 tonen de Chinezen uit China en uit de rest van de wereld een groeiende belangstelling voor de Yixing-theepotten. De verzameling van dokter Loo, die door de stad Hongkong in een speciaal museum werd ondergebracht, heeft zonder twijfel bijgedragen tot de opleving van deze mode, die zich vandaag uitstrekt tot Europa en de Verenigde Staten.

Gezien de alombekende creativiteit en het huidige dynamisme van de pottenbakkers van Yixing, kunnen de Yixing-theepotten in samenwerking met de theehandelaars opnieuw een vaste plaats veroveren op de Europese tafels.

1. Simonis Paulli (1603-1680), *Commentarius de Abusu Tabaci…* Argentorati, 1665, heruitgegeven in 1681, p. 52
2. T. Volker, *Porcelaine and the Dutch East India Company*, Leiden, 1954.
3. T. Bartholomew, *I-Shing Ware*, tentoonstellingscatalogus voor de China House Gallery, China Institute in America, New York, 1977.
4. Li Jingkang en Zhang Hong, *Yangxian shahu tukao*, Hongkong, 1937.

224

"De stem naast hem, die net begonnen was aan een verhandeling over de theeceremonie, stokte, want het oneigenlijke duo, de kunsthandelaar en zijn klant, reus en dwerg, bewogen zich in de richting van de etalage waar de kom zich bevond. Beiden hadden op hun gezicht die uitdrukking die Inni zo goed kende en die maar één ding kon betekenen: dat beide partijen het eens geworden waren over hetzelfde object, terwijl ze daar toch zulke tegengestelde bedoelingen mee hadden. Beiden zouden nu iets krijgen, de Japanner de kom, de handelaar het geld. Beschaving temperde de gretigheid die ze moesten voelen. Wat nu volgde, leek meer op een gewijde handeling dan iets anders. Met een klein sleuteltje opende Riezenkamp de etalage als een tabernakel. Nu gaat er iets vreselijks gebeuren, dacht Inni. Zo'n kom laat zich niet straffeloos weghalen".

Cees Nooteboom, *Rituelen*, roman

Een Tibetaanse monnik drinkt thee met boter. Klooster in Lachung, 1994.

Koreaans theeservies met kopjes en waterrecipiënt op voet, aardewerk, Silla-periode, 5de - 7de eeuw. Museum Ganchon, Inchon

Koreaans waterrecipiënt met gestileerde vogelkop, brons, Silla-periode, 5de - 7de eeuw

Theepot in gres in de vorm van een kool met slang, Staffordshire, 18de eeuw. Curtiusmuseum, Luik

Christopher Garibaldi

Geschiedenis van de theepot en het theegebruik in Groot-Brittannië

De geschiedenis van de Britse theepot is het verhaal van de unieke relatie van de Britten met thee sinds deze drank in de 17de eeuw voor het eerst uit China werd geïmporteerd[1]. Ze illustreert hoe thee evolueerde van een kostbare exotische drank naar de centrale plaats die hij nu inneemt in het leven en de ziel van een volk. Het verhaal van de keramische theepot weerspiegelt dus niet alleen de algemene evolutie van het Britse aardewerk en porselein; het illustreert tegelijkertijd een grote brok sociale en culturele geschiedenis.

Voor zover bekend verscheen de eerste Britse advertentie voor thee in een editie van de krant *The Gazette*[2] uit 1658, die ook de dood van Oliver Cromwell bekendmaakte. En in 1660 schreef de beroemde dagboekschrijver Samuel Pepys: "*Ik vroeg een kopje thee (een drankje uit China), iets wat ik nog nooit tevoren had gedronken*".

Thee werd als een exotische en erg chique drank beschouwd en vele geneeskrachtige kwaliteiten werden eraan toegeschreven. In 1667 schreef Pepys in zijn dagboek dat hij zijn vrouw aantrof bij *het zetten van thee… een drank waarvan apotheker Pelling haar heeft verteld dat hij goed is voor haar verkoudheid*.

Thee was ook buitengewoon duur; daarvan getuigt het kleine formaat van het grootste deel van de allereerste theepotten. Naast het exotische karakter van dit product uit de 'Indische landen', maakte het vreemde theegerei de aantrekkingskracht nog groter. De eerste theepotten die vanuit China naar Groot-Brittannië werden gebracht, waren vervaardigd uit porselein (voornamelijk blauw en wit) of rood steengoed (een prachtig en stevig rood aardewerk) en werden evenals de theekommen en theeschoteltjes met de theezendingen geïmporteerd. Dit leidde tot de algemene Engelse term 'China' voor alle porselein.

Theepotten worden in China al sinds de 16de eeuw gemaakt, hoewel de traditie van het theedrinken al tenminste driehonderd jaar ouder is. Oorspronkelijk zetten de Chinezen thee zonder een theepot te gebruiken. De fijngemalen theeblaadjes werden in een open kookpot gekookt en de vloeistof werd in een kom gegoten. Tegen het einde van de 14de eeuw was de gewoonte om poederthee te roeren veranderd in het laten trekken van losse theeblaadjes, maar in de 16de eeuw kwam er een totale verandering. Men vond dat men betere resultaten kreeg als men losse opgerolde blaadjes in kokend water liet trekken. Hiervoor was er een nieuwe recipiënt nodig, een pot met een deksel, zodat de vloeistof warm bleef. De theepot zoals we die nu kennen, was geboren. De allereerste theepot (een rode stenen pot met een hoog oor en een korte, gebogen tuit) werd in 1966 opgegraven uit het graf van een eunuch, Wu Jing, in Majiashan, vlakbij Zhonghuanmen, in Nanking[3]. Op basis van een grafschrift dat in hetzelfde graf werd gevonden, wordt aangenomen dat de theepot uit 1533 dateert.

De allereerste porseleinen theepotten vinden we vanaf de late 16de en vroege 17de eeuw en soms werd er een verband gelegd met de vroegere Chinese porseleinen wijnkannen. De vorm kon echter sterk verschillen en in zekere zin ligt de enige overeenkomst tussen beide in het feit dat ze allebei een deksel, een tuit en een oor hebben en allebei bedoeld zijn om vloeistof te bevatten. Wat ook de juiste oorsprong was, de Chinese theepotten, die in het begin van de achttiende eeuw in Groot-Brittannië aankwamen, waren nergens mee te vergelijken. De hardheid van de rode aarden potten en de doorschijnende broosheid van de witte porseleinen potten onderscheidde ze van het vrij ruwe aardewerk, dat op dat ogenblik in Groot-Brittannië werd vervaardigd. Dit alles versterkte het exotische karakter van de thee. Chinese keramische potten werden een heel aantrekkelijk statussymbool, dat de Britse pottenbakkers wilden imiteren. Zilver was het enige andere materiaal dat verwees naar de rijkdom en de smaak van de gastheer, of meer algemeen de gastvrouw, want het zetten van thee werd heel vlug het voorrecht en het domein van de vrouw des huizes. Het oudste nog bestaande exemplaar van een zilveren *tea-Pott* is gegraveerd met een inscriptie, die erop wijst dat de theepot aan het Comité van de Oost-Indische Compagnie werd aangeboden door George Lord Berkeley, die in 1670 van dat Comité lid was. Naar de vorm is de theepot evenwel identiek aan de koffiepotten uit die tijd en geenszins vernieuwend. Het is een gewone, geleidelijk smaller wordende cilinder, met een kegelvormig deksel en een korte, rechte tuit, die zonder de inscriptie onmogelijk als een theepot zou kunnen worden herkend[4]. Geleidelijk aan werden nieuwe vormen ontworpen. De eerste zilveren theepotten waren peervormig. Veel van die potten waren voorzien van een komfoor, dat de inhoud warm moest houden (zoals op het beroemde schilderij *Family taking tea* van de Worshipful Company of Goldsmith in Londen te zien is). Dit was mogelijk voor *Bohea* of zwarte thee, die warm kan worden gehouden, maar groene thee zou door deze behandeling erg bitter zijn geworden. Om het effect van onmiddellijke verhitting van de thee tegen te gaan, werden theeketels vervaardigd. Daarmee kon niet alleen de theepot naar behoeven worden gevuld, maar ze konden ook samen met een van de populaire Chinese porseleinen of rode aarden theepotten worden gebruikt. De vroegste ons bekende Engelse zilveren theeketel, bewaard in de collectie van het Norwich Castle Museum, dateert uit 1694.

Samen met het zilveren en keramische servies werden verschillende speciale meubelen ontworpen. Waarschijnlijk werd de theeketel tegen de jaren 1720 op een speciaal tafeltje met drie poten geplaatst, met een rond of eventueel een driehoekig blad. Bij de erg rijken werden deze tafeltjes soms ook met een zilveren dienblad gecombineerd of waren ze geheel in zilver, met een komfoor waarop de theeketel werd geplaatst. Het is interessant dat op een ogenblik dat er in Engeland slechts weinig meubels uit zilver werden vervaardigd, dit kostbare metaal werd gekozen voor een meubel dat met het theeritueel had te maken. De gastvrouw zette thee in aanwezigheid van haar gasten, nadat ze eerst een kistje had opengemaakt waarin de thee achter slot en grendel werd bewaard omdat hij zo duur was. Het theekistje uit het begin van de 18de eeuw bevatte twee bij elkaar passende zilveren theepotjes, die voor de twee verschillende soorten thee werden gebruikt. Normaal was er ook een derde potje, dat diende om witte suiker in te bewaren. De sleutels voor het theekistje wer-

Theepot in gres in de vorm van een huis, Staffordshire. Norwich Castle Museum, Norfolk (GB)

Theepot in gres in de vorm van een kameel, 1750. Norwich Castle Museum, Norfolk (GB)

Theepot, Wedgwood, 1768. Norwich Castle Museum, Norfolk (GB)

Theepot met vlinders, niet geïdentificeerd, 18de eeuw. Curtiusmuseum, Luik

den vaak door de vrouw des huizes gedragen aan een ketting die een 'chatelaine' werd genoemd, waaraan vaak ook een horloge en andere belangrijke sleutels (van juwelenkistjes, naaidozen enz.) werden gehangen. Op de zijkant van een crèmekleurige aarden pot uit circa 1720 is een tafereel van een theekransje te zien, waarbij een jonge zwarte dienstbode met een theeketel de theepot bijvult. Soms waren de meubelen oosters geïnspireerd om te herinneren aan de exotische oorsprong van de drank. Een inventaris van Ham House in Surrey uit 1683 vermeldt voor de privé-kamer van Elisabeth, hertogin van Lauderdale, een gebeeldhouwde en vergulde theetafel met bijpassende Japanse stoelen. De tafel was eigenlijk van Javaanse lak, terwijl de stoelen van Engelse makelij waren, maar gedecoreerd met een zwarte lak, die de oosterse lak moest imiteren. Het exotische in het meubilair weerspiegelde de voorkeur voor oosters porselein, dat de Engelse pottenbakkers probeerden te evenaren. De eerste pogingen om met de zuiverheid en de fijnheid van het Chinese porselein te concurreren, waren in wit aardewerk met zoutglazuur. Het aardewerk werd op een heel hoge temperatuur gebakken (1200-1400°C). Dan werd het geglazuurd door tijdens het verhittingsproces zout in de hete oven te gooien. Deze techniek werd oorspronkelijk in het Rijnland toegepast en werd in het begin van de 17de eeuw in Engeland geïntroduceerd. Het eerste Engelse steengoed was bruin, maar tegen het begin van de 18de eeuw werd een witte kleur verkregen door toevoeging van gecalcineerde vuursteen. Dit witte steengoed, dat oorspronkelijk met Staffordshire werd geassocieerd, werd ook in Liverpool, Derby, Yorkshire en Swansea geproduceerd. Het werd vaak gedecoreerd met een Chinese leeuw (een *kylin*), soms met ongebakken email beschilderd (waarvan slechts kleine sporen werden teruggevonden) en met veel verguldsel versierd. Deze potten waren duidelijk een imitatie van het Chinese porselein, zowel naar vorm als naar decoratie. Een andere reactie van de Engelse pottenbakkers bestond in het creëren van gekke en bizarre potten in wit zoutglazuur in allerlei vormen, van kool en kamelen tot schelpen of huizen. Dezelfde verbeelding vinden we in hun antwoord op de Chinese theepotten in rood steengoed. Omdat men de ingrediënten van het porselein niet kende, werd algemeen aangenomen dat het rode steengoed slechts een anders gekleurde versie van dezelfde substantie was en soms werd het 'rood porselein' genoemd. Beide exotische substanties werden beschouwd als halfedelstenen en de Britse pottenbakkers probeerden deze te evenaren door artificiële versies van agaat en marmer te creëren, evenals 'schildpad', 'parel' en 'chalcedon'. Het agaat- of marmereffect werd verkregen door gekleurde of gevlekte kleisoorten te vermengen, in de pot zelf ofwel als decoratie. Een

Geschiedenis van de theepot en het theegebruik in Groot-Brittannië

welbekende bloemkooltheepotten van Wedgwood. Dezelfde creativiteit vinden we terug op de crèmekleurige Staffordshirepot uit 1780 in de vorm van een hoofd, vermoedelijk dat van admiraal Rodney, die in 1782 ter hoogte van San Domingo de Fransen versloeg. Chinees porselein werd vervaardigd uit Chinese klei (kaolien) en een soort veldspaat (*petuntse*-de Franse verbastering van het Chinese *pai-tun-tzû*). Het werd op een erg hoge temperatuur gebakken en staat bekend als hard porselein. Rond 1709 had Johann Friedrich Böttger in Meissen het geheim ontdekt om dit 'echte porselein' te maken, maar voor de Britten bleef het een mysterie. Vanaf 1745 werd in Chelsea evenwel een zacht porselein geproduceerd, dat op een veel lagere temperatuur werd gebakken, maar toch een aanzienlijk commercieel succes was. Sommige recepten voor dit zachte porselein waren beter dan andere en de Engelse theepotten hielden voortdurend het risico in te breken als het hete water erin werd gegoten. Tot in de jaren 1780 kreeg de fabriek van Derby van haar manager uit Londen regelmatig klachten omdat hij vond dat er iets moest worden gedaan om te voorkomen dat de theepotten braken. Het advies van de fabriek luidde dat de klanten de pot geleidelijk aan dienden op te warmen, wat waarschijnlijk verklaart waarom de pot ook nu nog eerst met warm water wordt omgespoeld. Sommige fabrieken probeerden hun potten sterker te maken door bepaalde ingrediënten aan het mengsel toe te voegen. De Bow-fabriek in Londen voegde beenderas toe, terwijl er in Worcester zeepsteen werd toegevoegd om de pot hittebestendiger te maken. Lowestoft was in die tijd een van de belangrijkste fabrieken buiten de hoofdstad. Zij produceerde meer gegraveerde en gedateerde stukken dan om het even welke andere fabriek. De eerste periode uit de Lowestoftproductie, van 1757 tot einde 1760, werd vooral gekenmerkt door beschilderde potten met een onderlaag van blauw glazuur, een imitatie van de Chinese potten, en sommige stukken gingen zelfs door voor steengoed van Chinese makelij. De Bow-fabriek noemde zichzelf *New Canton* en Worcester ging van start als *the Worcester Tonquin Manufacture*. Al die fabrieken probeerden te concurreren met de enorme hoeveelheden Chinees porselein met blauwe en witte ondergrond, die toen werden geïmporteerd. Dat porselein was niet enkel bestand tegen het vul-

Grote theepot, gemaakt voor een publicitair doel en kleine theepot voor een kind, wit porselein met blauwe decoratie, circa 1820. Norwich Castle Museum, Norfolk (GB)

J. Royle, *self power patented*, met een druk op het deksel geeft de theepot de exacte inhoud voor één kopje, 1886. Norwich Castle Museum, Norfolk (GB)

eenvoudiger methode om een fel gekleurde pot te bekomen, bestond erin de oppervlakte te kleuren met metaalhoudende oxiden in de vorm van een vloeibare engobe, die zich tijdens het bakken met het loodglazuur vermengde. Een andere mogelijkheid was het toevoegen van kleurmiddelen aan een vloeibaar loodglazuur; Josiah Wedgwood behaalde omstreeks 1750 zijn eerste commerciële succes met een groen glazuur. Deze techniek werd gebruikt op potten die duidelijk oosters waren gedecoreerd, of werd op een fantasierijke manier toegepast op een populaire reeks theepotten in de vorm van fruit en groente, zoals de

Poseleinen theepotten, die de stijlevolutie van het einde van de 18de eeuw en het begin van de 19de eeuw illustreren, circa 1790-1805. Norwich Castle Museum, Norfolk (GB)

len met heet water, maar ook tegen een lange, ruwe tocht op zee. Het werd niet aangetast door zout water en mocht dus nat worden. Bijgevolg werd het in het schip onder de thee opgeslagen, zodat de thee hoog en droog kon worden geplaatst. Een recent bewijs van de sterkte van zulk porselein, werd ons gegeven bij de berging van de 'Nanking-lading' van het Hollandse schip *Gelderalsen*, dat in 1752 op de terugweg naar Europa in de Zuid-Chinese Zee zonk. Het is mogelijk dat men de hele 19de eeuw theekommen zonder oor bleef invoeren, omdat ze in de schepen dicht op elkaar konden worden gestapeld, terwijl bij het stapelen van kommen met oor waardevolle ruimte verloren zou zijn gegaan.

De Engelse pottenbakkers gebruikten voornamelijk een blauwe glazuren onderlaag, omdat kobalt de enige kleur was die de verhitting van het glazuur kon weerstaan. Om veelkleurig porselein te maken, dienden er kleuren toegevoegd te worden nadat de pot was geglazuurd. Die 'emailkleuren' moesten dan weer op lagere temperaturen worden verhit om ze met het geglazuurde oppervlak te versmelten, wat verklaart dat polychrome theepotten tenminste dubbel zo duur waren als de blauwwitte. Een andere factor die de prijs van porselein beïnvloedde, was de hoeveelheid brandstof, die nodig was om de hoge oventemperaturen te bereiken. Aardewerk was veel goedkoper te vervaardigen, doordat het op een lagere temperatuur werd gebakken. In de jaren 1760 behaalde Wedgwood een commercieel succes met aardewerk, dat goedkoop kon worden vervaardigd en dat voldoende wit was om met het populaire porselein te concurreren. Dit crème aardewerk had tegen de jaren 1780 een groot gedeelte van de markt veroverd en zelfs enkele porseleinfabrieken op het vasteland zonder werk gezet. Net zoals porselein kon het worden beschilderd of bedrukt.

Een van de mijlpalen in de geschiedenis van de Britse keramiek was de ontdekking door William Cookworthy, een chemicus uit Plymouth in Cornwall, dat bij het vervaardigen van hard porselein kaolien en veldspaat nodig zijn. De fabriek van Cookworthy in Bristol bleef echter een beperkt succes en werd vlug opgedoekt. Ze sloot haar deuren in 1781 en verkocht het patentrecht voor de ontdekking aan een groep pottenbakkers uit Staffordshire, die de New Hall-fabriek oprichtten. New Hall overwon de technische problemen waar Cookworthy mee te kampen had en het nieuwe porselein verkocht goed. Nadat hun patent in 1796 was verstreken, kwam er een explosie van fabrieken die hard porselein produceerden dat sterk en hittebestendig was. De Chamberlain-fabriek in Worcester, bijvoorbeeld, vervaardigde rond 1795-1800 een theeservies waarop naast de naam van de fabriek de vermelding *warranted* stond. Het porselein zou dus gegarandeerd niet breken als de theepot met kokend water werd gevuld.

Deze groei in de productie van keramische theepotten liep parallel met de toename van de hoeveelheid thee die werd gedronken. In 1784 had de *Commutation Act* de bijna onbetaalbaar hoge belasting op thee afgeschaft. De wet erkende dat thee noodzakelijk was voor alle sociale klassen en maakte van thee de Britse nationale drank. De toenemende consumptie van thee op het einde van de achttiende eeuw en in het begin van de negentiende eeuw (gestimuleerd door de afschaffing van het monopolie van de Oost-Indische Compagnie in 1833 en door de daaropvolgende prijsverlagingen voor thee) kan worden afgeleid uit de officiële cijfers die door Sir Robert Peel op 15 maart 1835 aan het Parlement werden voorgelegd[5]. In 1722 bedroeg de hoeveelheid geconsumeerde thee 370.000 pond of ongeveer één ons per persoon, terwijl ze in 1833 was opgelopen tot 31.829.000 pond of 2¼ pond per persoon. Het toegenomen verbruik en de daling van de prijs van thee resulteerden in steeds grotere theepotten. We mogen evenwel niet vergeten dat enkele van de erg grote theepotten door de handelaars in thee en porselein waarschijnlijk speciaal werden gebruikt voor reclamedoeleinden of voor de punch en helemaal niet om thee te zetten. Dit gold wellicht ook voor een enorm groot exemplaar uit de Longton Hall-fabriek uit circa 1755, dat helemaal met fruitranken en bladeren was gedecoreerd.

Op het einde van de 18de eeuw werd de vorm van de keramische theepotten beïnvloed door de tendens om het veel duurdere zilverwerk te imiteren. De vervaardiging van zilveren theepotten kende in 1770 een ware omwenteling door de uitvinding van de Sheffieldplaat, waarbij een laag zilver over koper werd gegoten en daarna in dunne platen werd uitgerold. Dat bleek veel goedkoper te zijn dan puur zilver en om te kunnen concurreren, begonnen de zilverfabrikanten ook dunne, met de machine gerolde platen te gebruiken. Die theepotten met rechte zijkanten werden vervolgens geïmiteerd door de fabrikanten van keramiek, die de laatste mode wilden volgen. Deze ontwikkeling viel ook samen met de interesse voor de neoklassieke figuren en er ontstond een gerede markt voor theepotten, waarvan de vormen een weerspiegeling waren van die klassieke, rechtlijnige invloed. In die periode introduceerden de porseleinfabrikanten om de paar jaar een nieuwe vorm om concurrerend te blijven. Deze drang naar vernieuwing vinden we in Jane Austens roman *Northanger Abbey*, wanneer het vrouwelijke hoofdpersonage aan de ontbijttafel komt: "*Toen ze aan tafel gingen, viel het Catherine op hoe elegant het ontbijtservies wel was. Gelukkig had de generaal het gekozen. Hij was in de wolken omdat ze zijn keuze goedkeurde, gaf toe dat het eenvoudig en sober was en legde haar uit dat hij de fabriek in zijn graafschap wou steunen. Voor hem, wiens smaakpapillen niet zo goed ontwikkeld waren, smaakte thee uit Staffordshire-keramiek net zo goed als die uit theepotten uit Dresden of Sèvre. Maar het ging hier om een oud servies, dat hij twee jaar voordien had gekocht. Het productieproces was intussen verbeterd; toen hij laatst in de stad was, had hij enkele erg mooie exemplaren gezien en, was het niet dat dit soort ijdelheid hem vreemd was, dan had hij zich misschien laten verleiden om er een te kopen.*"

Aan die verschillende nieuwe vormen werden namen gegeven die we kennen uit het *Shape Book* (Vormenboek) van 1820, gebruikt door de Spodefabriek. *Old Oval* (oud ovaal) heeft rechte zijkanten,

Lord Dundonald, *simple yet perfect* (SYP), door de positie van de theepot worden de bladeren van het water gescheiden, 1905. Norwich Castle Museum, Norfolk (GB)

terwijl de zijden van de *New Oval* (nieuw ovaal), die rond 1805 werd geïntroduceerd, gebogen zijn. In 1812 werd de vorm *London* geïntroduceerd, langwerpig, met een uitstekende schouder en ronde zijden. Deze theepotten werden gekenmerkt door rijke, donkere kleuren, een vaak donkerblauwe ondergrond en een steeds gedetailleerder uitgewerkt verguldsel. Vanaf de jaren 1820 kwam er vanuit de romantiek een reactie tegen de beheerste en strakke vormen van het neoclassicisme, en zo ontstonden de flamboyante bogen en krullen van de theepotten in neorococo uit de jaren 1830 en 1840. Op dat ogenblik raakte de namiddagthee definitief ingeburgerd. In het begin van de 18de eeuw werd het warme middagmaal in chique kringen om twee uur geserveerd en werd er rond vijf uur thee gedronken – een plechtig ritueel; de vrouwen trokken zich na het eten terug en de mannen bleven in de eetkamer uitgebreid thee drinken. Tegen het begin van de 19de eeuw was het diner geleidelijk aan verschoven naar halfzeven of zeven uur 's avonds en tegen de jaren 1840 naar halfacht of zelfs acht uur. Dit betekende dat er een leemte gevuld moest worden. Het zou de hertogin van Bedford zijn die het serveren van de namiddagthee met brood en boter of cakes zou hebben geïntroduceerd. De theeserviezen uit die periode hebben vaak bijpassende borden, wat bewijst dat de thee nagenoeg een volwaardige maaltijd was geworden.

In de jaren 1860 zagen we de terugkeer van de oosterse invloed, toen Japan zich na een lange periode van isolatie voor het westen openstelde. Dat leidde tot een esthetica, die de eenvoud van de Japanse ontwerpen aanhing en het lag voor de hand dat ook de theepot deze invloed zou ondergaan. Aan het eind van de 19de eeuw werd de markt van de keramiek overheerst door fabrieksontwerpen en als reactie daarop ontstond belangstelling voor de nieuwe potten, die wedijverden met de algemeen aanvaarde theepotvormen. Majolica (aardewerk versierd met dik en sterk gekleurd glazuur) werd steeds populairder en er werden opmerkelijk fantasierijke potten in de vorm van bijvoorbeeld een vis of een aap gefabriceerd. Tegelijkertijd kwam er grote belangstelling voor het functionele, die leidde tot enkele prachtige, originele theepotten. In 1886 ontwierp J. Royle zijn gepatenteerde theepot die met luchtdruk werkte. Het metalen deksel had een diepe flens, waarmee, als erop gedrukt werd, via de tuit precies één kopje thee werd uitgeschonken. Op dezelfde manier werd in 1905 door de graaf van Dundonald de *Simple Yet Perfect* (SYP, eenvoudig maar perfect) uitgevonden, in een poging een perfect kopje thee te zetten. Dundonald vond het jammer dat in conventionele theepotten de thee te lang trok en daardoor bitter werd; zijn ontdekking bestond erin dat te voorkomen door de theeblaadjes in een speciaal compartiment te plaatsen. De thee trok in de pot terwijl deze achterover helde en als de thee klaar was, werd de pot weer rechtop gezet, zodat de blaadjes niet meer ondergedompeld waren. Dezelfde spanning tussen vorm en functie dook in de jaren 1930 opnieuw op, met een reeks innovaties, waarvan de bekendste wellicht de theepot in de vorm van een raceauto is. Eens te meer zien we dat de Britse theepotten op de allerlaatste mode reageren, in dit geval de opduikende technologie van de 20ste eeuw. Zij bewezen in staat te zijn hun rol te onderzoeken en te herzien, overeenkomstig de overheersende trends in het Britse culturele leven.

1 Voor deze verhandeling heb ik veel informatie gevonden in het werk van Robin Emmerson. Zijn catalogus over de collectie theepotten in het Norwich Castle Museum, *British Teapots and Tea Drinking 1700-1850*, is een toonaangevende studie over dat onderwerp. Mijn dank gaat ook uit naar Jane Bennet, assistente Theeserviezen in het Norwich Castle Museum, voor haar aanvullend onderzoek.
2 Editie 432, van 2-9 september 1658.
3 Museum van Nanking.
4 Victoria and Albert Museum, Londen.
5 Verslag over de afschaffing van de moutbelasting in *Bell's Life in London*, 15 maart 1835.

C. Van Marcke, servies van Brussels porselein, geïnspireerd op Buffon, eind 18de eeuw. Curtiusmuseum, Luik

Publiciteit voor Lipton, circa 1900. Verzameling Lipton

"Ze was vlot in de omgang en kende enkele normaalschoolstudenten van goeden huize die, uit reactie tegen de losse zeden van deze school, een gemaakte houding aannamen. Ze nodigden mij uit om thee te gaan drinken in belendende kamertjes van bakkerijen; ze bezochten immers geen cafés en zouden er sowieso nooit met jonge meisjes heen zijn gegaan. Het streelde mijn ijdelheid dat ik hun belangstelling kon opwekken, maar ik verweet me dit opwellend gevoel, omdat ik hen als barbaren beschouwde: ze hadden namelijk alleen maar interesse voor politiek, maatschappelijk succes en hun loopbaan. Wij dronken thee zoals in de salons en het saaie gesprek werd heen en weer geslingerd tussen betweterij en mondaniteit".

Simone de Beauvoir, *Mémoires d'une jeune fille rangée*

Theepot in Parijs porselein, Manufacture Dagoty, 1806. Koninklijke Musea voor Kunst en Geschiedenis, Brussel

Theegerei

Bernard de Leye

Edelsmeedwerk en thee

In de 17de eeuw waren likeuren, geparfumeerde en gekoelde dranken erg in trek bij maaltijden. Deze koude dranken kregen echter concurrentie door de opkomst van nieuwe brouwsels zoals chocolade, koffie en thee.

Het gebruik van thee deed zijn intrede op het einde van de 17de eeuw in Holland en Engeland en werd er meer op prijs gesteld dan in onze streken.

De zeevaarders van de koloniale compagnieën dronken vanaf 1600 als eersten Chinese thee in Europa. Ze gooiden een aantal theeblaadjes in een bekertje of in een glazen of porseleinen kopje en goten er dan kokend water over. Niets laat toe te veronderstellen dat thee toentertijd in Europa bereid werd in een bepaalde recipiënt en gedronken werd uit een andere. Er bestaat overigens geen enkele zilveren theekan meer uit die periode. Omdat thee door zeevaarders werd gedronken, beschouwden de adel en de burgerij uit het begin van de 17de eeuw hem als een weinig eerbaar drankje, ondanks zijn geneeskracht. Hij was overigens verboden in de salons van de high society.

Omstreeks 1670 begon thee echter meer ingang te vinden, eerst door toedoen van de Portugezen en de Hollanders, vervolgens in Engeland en Frankrijk. Thee werd steeds meer in hogere kringen gedronken. Hij was duur, waardoor hij een luxueuze en kostbare drank werd, die erg in was.

Een van de eerste Engelse zilveren theekannen die wij kennen uit de 17de eeuw is 1670 gedateerd. Het gegraveerde opschrift in deze kan laat geen twijfel over haar functie bestaan, hoewel de toenmalige edelsmeden zich nog inspireerden op de vorm van de Chinese porseleinen kommen voor rijstbrandewijn.

In het begin van de 18de eeuw nam de invoer van thee aanzienlijk toe, waardoor hij veel goedkoper werd. Met de democratisering van deze markt in volle opgang, kwam het theegerei tot ontwikkeling en

Zilveren samowar, Mechelen, 1782. Koninklijke Musea voor Kunst en Geschiedenis, Brussel

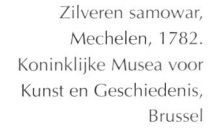

S.Y. Moreau, zilveren theepot, Gent, 1738-39. Koninklijke Musea voor Kunst en Geschiedenis, Brussel

Ghislain Sailly, zilveren theepot, Doornik, 1747. Bernard de Leye, Brussel

Louis Wolfers, zilveren theepot, Brussel, 1852-69. Koninklijke Musea voor Kunst en Geschiedenis, Brussel

Philippe Wolfers, zilveren theevaas, Brussel, 1924. Koninklijke Musea voor Kunst en Geschiedenis, Brussel

Theegerei

begon men in grote hoeveelheden theekannen te vervaardigen. De zilveren serviezen uit die tijd bleven bestemd voor de bevoorrechte klassen, maar werden toch op ruime schaal verspreid.

De zilveren theedozen beleefden dezelfde evolutie. Ze werden aanvankelijk in Holland en Engeland gemaakt en waren vaak geïnspireerd op Chinese porseleinen modellen.

In Frankrijk deden de zilveren theekannen later hun intrede dan in Engeland, hoewel thee er vanaf 1602 werd geïntroduceerd. Lodewijk XIV, die zich nochtans niet bijzonder tot koloniale dranken aangetrokken voelde, bezat verscheidene theekannen, die werden opgenomen in de inventaris van zijn edelsmeedwerk in 1686.

In onze contreien had thee evenmin hetzelfde succes als chocolade of koffie. Dat verklaart waarom er zo weinig Belgische theekannen zijn in verhouding tot de koffie- en chocoladekannen uit het begin van de 18de eeuw. Toch weten wij dat de eerste ons bekende Belgische theekan omstreeks 1702-1704 in Oudenaarde werd vervaardigd.

Koreaanse theeblaadjes

Traditionele Engelse thee, Hotel The Stand, geopend in Rangoon (Birma) in 1901 en recentelijk volledig authentiek gerestaureerd

"Een zeer slanke dame met paarse jurk keek ons van beneden aan.
- Wat denkt u, bootsman?
Zullen we hen in de boeien slaan?
- Het zijn maar kinderen, zei de bootsman, die in feite veel meer weg had van een tuinman. Als je 't mij vraagt, zou ik hen het dek laten schoonmaken.
- Daarna kunnen we er misschien thee drinken.
Het dek schoonmaken bleek neer te komen op bladeren samenvegen. Maar de thee was wel degelijk thee, met madeirataart en sandwiches met komkommer. Daarna zei mevrouw Trédégar (zo heette ze):
- De bootsman zal u aan land brengen.
En waarom morgen niet terugkeren? Ik ben er zeker van dat de kapitein dit zou hebben gewild".

Quentin Blake, *Le Bâteau vert*

Picknickkoffer met theeservies, 1906. Musée du Voyage Louis Vuitton, Parijs

Theegerei

Louis Vuitton en de kwaliteit van het reizen

Louis Vuitton, wier initialen over de hele wereld bekend zijn, werd op 2 februari 1821 geboren in Anchay, een dorpje in Franche-Comté.

Op veertienjarige leeftijd verlaat hij te voet zijn geboortedorp en begeeft zich naar Parijs. Als jonge kerel leert hij er beuk en populier bewerken, een bedrevenheid die hem later goed van pas zal komen in zijn beroep van kistenmaker-inpakker en koffermaker. Reeds als leerling krijgt hij snel erkenning en vanaf 1853 wordt hij hofspecialist van keizerin Eugénie. Het jaar daarop besluit hij zijn eigen firma op te richten, vlak bij de Place Vendôme, en werkt hij aan een nieuw type van koffers.

De nieuwe vervoermiddelen uit die periode zetten aan tot reizen en expedities. De koffers moeten deze snelle ontwikkeling volgen en het huis Vuitton komt voortdurend met nieuwigheden voor de dag: sloten met vijf gleuven, stijve kleerhangers, halfsoepele lederen tassen, picknickmanden, reistassen met ebbenhouten borsteltjes en kristallen flacons enz.

Het succes is overweldigend en reikt tot ver buiten de Franse grenzen. In 1869 bestelt Ismaïl Pacha, kedive van Egypte, verscheidene koffers waarin hij zijn lievelingsfruit koel kan houden. In 1877 bestelt ook groothertog Nikolaas, de toekomstige Russische tsaar, een aantal koffers, evenals koning Alfonso XII van Spanje. In 1883 doet Goto Shozido, een vroede vader van Tokio, een speciale bestelling bij Vuitton. Tijdens datzelfde jaar is globetrotter W.-C. Sandeman een en al lof over de stevigheid van de koffers, die hij bij Vuitton heeft gekocht en die hij zonder problemen, op de rug van een paard, ezel, os of olifant, meeneemt op zijn tochten door de Verenigde Staten, India, Japan, Korea, Tonkin, Cochin-China, Siam en Birmanië.

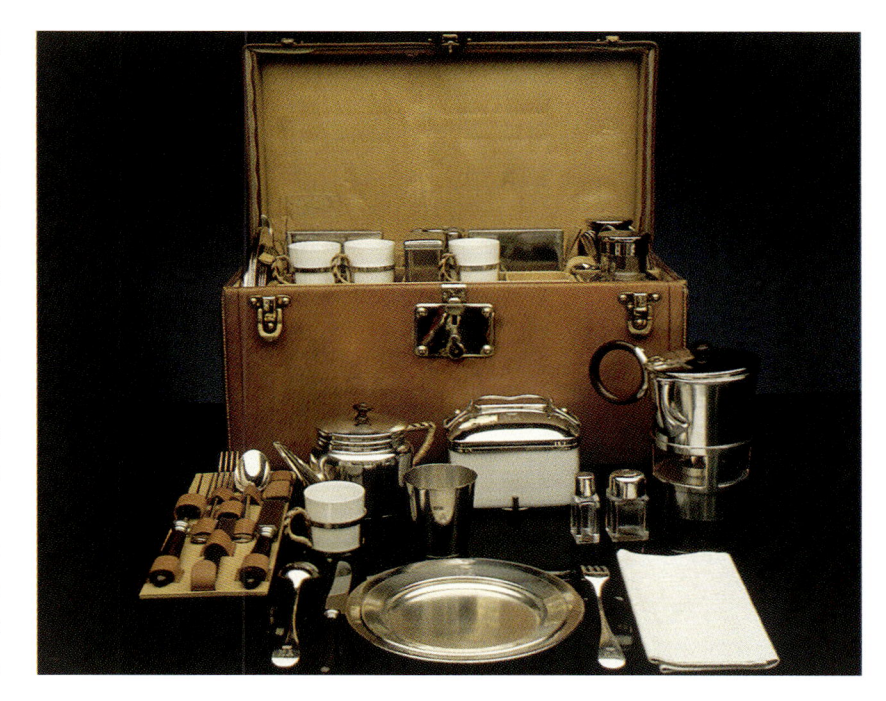

Ongeacht de periode, de mode en de trends, de conflicten en de ineenstorting van rijken, is de geest van het huis Vuitton niet veranderd: exclusief gebruik van edele materialen, verfijnde details, ambachtelijke knowhow, de kunst om aan de meest specifieke eisen van de reizigers te voldoen, zelfs wanneer zij unieke creaties bestellen.

Koffer in natuurlijk rundleder voor een picknick voor zes personen, 1906. Musée du Voyage Louis Vuitton, Parijs

Theeservies in Saksisch porselein, 18de eeuw. Curtiusmuseum, Luik

"Duitsers zijn christenen, zoveel is zeker. Zoals alle anderen leven ze in het noorden, in wat we *Blad Teldj* (land van de sneeuw) noemen. Allah heeft het de christenen niet makkelijk gemaakt: hun klimaat is koud en streng, waardoor ze een slecht humeur hebben. Als ze gedurende maanden de zon niet zien, worden ze boos. Om zich te verwarmen, zijn ze verplicht wijn en andere sterke dranken tot zich te nemen. Het maakt hen agressief en ze zoeken ruzie met anderen. Ze drinken soms thee, zoals iedereen, maar zelfs hun thee is bitter en kokend heet, zeer verschillend van de onze, altijd geparfumeerd met munt, absint of mirt. Neef Zin, die naar Engeland is geweest, zegt dat thee ginds zo bitter is dat ze verplicht zijn om er melk aan toe te voegen. Samir en ik hebben dus op een goeie keer melk bij onze muntthee gedaan, gewoon om te zien wat dat gaf. Het smaakte afschuwelijk! Niet verwonderlijk dat christenen ongelukkig zijn en voortdurend heibel zoeken!".

Fatima Mernissi, *Rêves de femmes*, une enfance au harem

Theekopje en -schoteltje in Chinees porselein, bestemd voor uitvoer naar Europa, 19de eeuw. Koninklijke Musea voor Kunst en Geschiedenis, Brussel

Theegerei

De opkomst van het Oostenrijkse design

"Goede betrekkingen en een correcte bewerking van de materialen, dat zal onze kracht zijn"
Josef Hoffmann, 1905

De Wiener Werkstätte, die streefden naar stilistische vernieuwing, gelijkwaardigheid tussen vorm en functie, gelijkheid tussen de kunstambachten en de traditionele kunsten in alle domeinen van het leven, zagen het daglicht in Wenen in 1903. Vóór de oprichting van dit instituut, dat in ruime mate bijdroeg tot de ontwikkeling van het design, verdedigde de Weense *Sezession*, waarvan Josef Hoffmann, Kolo Moser, Otto Wagner, Joseph Maria Olbrich, Alfred Roller en Gustav Klimt de belangrijkste vertegenwoordigers waren, reeds soortgelijke principes. Het was Josef Hoffmann die tot 1931 de artistieke leiding over de Wiener Werkstätte had.

Het streven om alle momenten van het leven te koppelen aan de schoonheid van hun dagelijkse omgeving, berustte op de aanwending van technische middelen en op een hoogstaand ambachtelijk vakmanschap. De ambachtslieden werkten in ateliers onder leiding van een ontwerper en kregen een deel in de winst. Hier onstonden onder het beschermheerschap van de Weense bankier Fritz Waerndorfer, van Josef Hoffmann en van Kolo Moser de strakke en sobere vormen, die braken met de stijl van de art nouveau, die toen nog zeer in trek was. Ongeacht hun functie, waren alle gecreëerde voorwerpen van een geraffineerde eenvoud, en als ze al versierd werden, dan was deze decoratie meestal geometrisch en abstract. Voor de leden van de Wiener Werkstätte was geen enkel voorwerp onbelangrijk en zo ontwierpen ze niet alleen meubels, waarvan de schoonheid thans in heel de wereld wordt erkend, maar ook juwelen en kleding, behangpapier, boekbanden, affiches en

Philippe Wolfers, zilveren theepot, circa 1882. Museum voor Sierkunst, Gent

Josef Hoffmann, voorbereidende tekening van een theepot met komfoor, 1903. MAK, Wenen

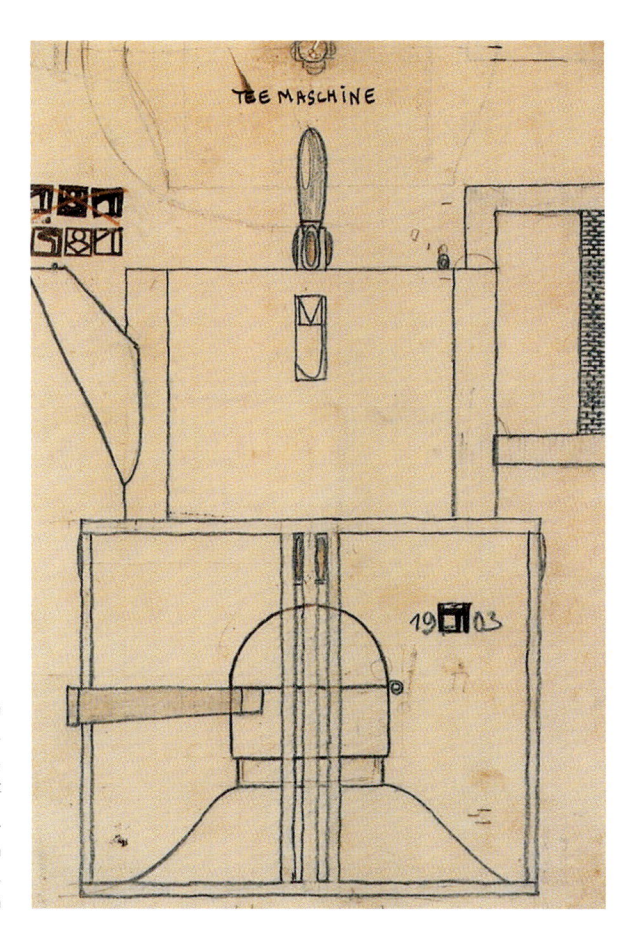

Josef Hoffmann, voorbereidende tekening van een theepot met komfoor, 1909. MAK, Wenen

Jan Eisenloeffel, theeservies, 1903. Museum voor Sierkunst, Gent

Lino Sabattini, theeservies Como, 1957. Museum voor Sierkunst, Gent

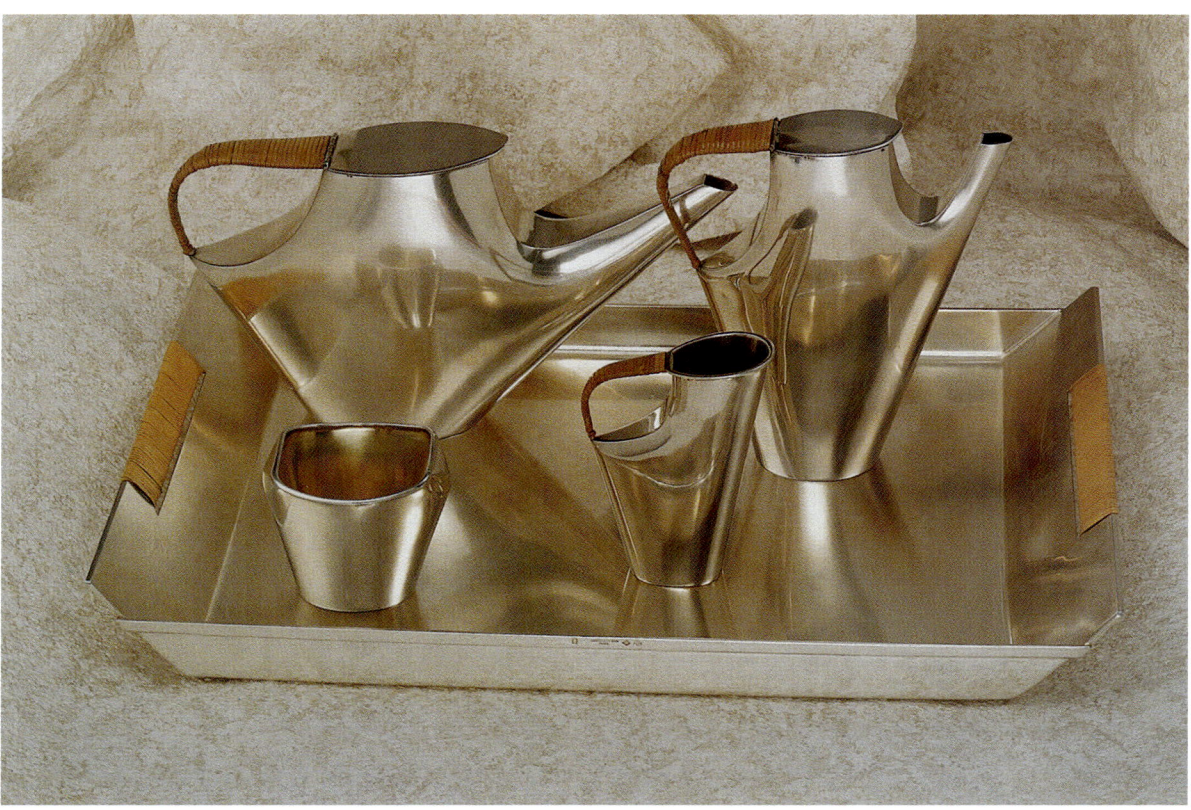

Theegerei

Marianne Brandt, thee- en koffieservies voor het Bauhaus, 1924, heruitgave in zilver (beperkt tot 1.000 exemplaren) in 1985 door Alessi. Verzameling Alessi

Eerro Saarinen, zilveren thee- en koffieservies, uitg. Alessi (beperkt tot 1.000 exemplaren), 1983. Verzameling Alessi

Richard Meier, zilveren thee- en koffieservies, uitg. Alessi (beperkt tot 1.000 exemplaren), 1983. Verzameling Alessi

ansichtkaarten, glaswerk, keramiek, vaatwerk en tafelbestekken. Deze creaties werden voorgesteld tijdens verkooptentoonstellingen, waarvan de enscenering eveneens bijdroeg tot het concept van totale kunst. De sfeer van deze tentoonstellingen gaf aldus aan elk voorwerp een artistieke en esthetische waarde, waardoor het veel meer werd dan alleen maar een gebruiksvoorwerp.

Het zuivere functionalisme dat door Hoffmann en Moser werd verdedigd, zou de productie van de Wiener Werkstätte blijven domineren. Nadien zou de komst van Dagobert Peche leiden tot een rijkere decoratie van de geproduceerde voorwerpen, die de opkomst van de art deco aankondigde.

De tafelkunst bood aan de ontwerpers van de Wiener Werkstätte de gelegenheid om aan het vaatwerk, de tafelbestekken, de serviezen, de bloemendecoraties en het textiel een nieuwe vormgeving te verlenen. Zelf hebben de ateliers van de Wiener Werkstätte echter geen enkel stuk van glas of porselein vervaardigd, hoewel zij bijgedragen hebben tot de glorie van talrijke Oostenrijkse fabrieken en een aantal van de vervaardigde modellen nog steeds als ware kunstwerken worden beschouwd.

De opkomst van het Oostenrijkse design

"Wie te haastig is, gebruikt zijn thee met een vork"

Indiaas gezegde,
Proverbes du Monde entier

4

Bijlagen

Enkele mijlpalen uit de geschiedenis van de thee

De historische mijlpalen die hier worden vermeld, onderstrepen het universele karakter van de thee en de rol die hij door de eeuwen heen in alle domeinen heeft gespeeld: de economie en de handel, de politiek, de kunst en de literatuur, de wetenschap, de zeevaart, …
Thee dankt zijn universeel karakter aan de ontmoeting die eeuwen geleden plaatsvond tussen twee werelden: het Oosten en het Westen. Thee was tijdens deze ontmoeting en nog vele eeuwen later een belangrijke schakel en inzet.

- Volgens een Chinese legende zou thee ontdekt zijn door de zoon van een Chinese prinses en een hemelse draak, de keizer en god Shen Nong (of Chen Nung), die leefde in het begin van de 28ste eeuw voor onze jaartelling (de datum 2737 v.Chr. wordt vaak vermeld). Deze keizer bezat een mannenlichaam en een ossenhoofd en wilde het lot van de mensen verbeteren. Ook het ontstaan van de landbouw en de geneeskunde zou aan hem te danken zijn. Om de gezondheid van de mensen te waarborgen, beval hij zijn onderdanen het water te koken alvorens het te drinken. Op een dag, toen hij water aan het koken was onder een boom, vielen er per ongeluk drie blaadjes in zijn waterketel en de keizer, die nieuwsgierig was, proefde dit aftreksel. Hij was opgetogen over het aldus bekomen resultaat. En zo zou de drank ontstaan zijn die in de hele wereld zo geliefd werd.
- Zo'n vijfhonderd jaar vóór onze jaartelling besloot de Chinese filosoof Laozi zijn vaderland, het koninkrijk Chou, te verlaten. Hij klom op een buffel en begaf zich naar het westen. Aan de grens van het koninkrijk werd hij tegengehouden door de wachter Yinxi, een gerespecteerde wijze. Yinxi boodt Laozi een kop thee aan en overtuigde hem zijn gedachten neer te schrijven. Zo ontstond de *Daodejing*, de bijbel van het Taoïsme.
- Een andere Chinese legende uit de 3de eeuw v.Chr. vertelt het verhaal van een oude vrouw die thee verkocht op de markt. Zij bood haar brouwsel aan in een magische, kop die nooit leeg geraakte en deelde het geld dat zij verdiende royaal uit onder de bedelaars en de wezen. Op een dag werd ze in de gevangenis gegooid, maar ze slaagde erin langs het venster te ontsnappen, de magische kop in haar handen omknellend.
- **222**: thee wordt voor de eerste maal in China vermeld als een goede vervanger van rijstwijn.
- **350**: de *Erh Ya*, Chinees woordenboek en medisch werk, vermeldt thee als een remedie, die in de vorm van een aftreksel, pasta of zalf kan worden gebruikt.
- **543**: volgens een Indiase legende, jaar waarin prins Bhodi-Dharma (of Daruma), zoon van de Indiase koning Kosjuwo en stichter van de boeddhistische zensekte, een reis naar China maakte. De prins, die een asceet geworden was en Midden-India had verlaten om het boeddhisme te gaan prediken in China, in het koninkrijk van de Wei van het Noorden dat toen bestuurd werd door keizer Xuanwudi, had de wens geuit niet te slapen tijdens de zeven jaar die zijn reis en zijn meditatie zouden duren. Na vijf jaar werd hij door vermoeidheid overmand maar door een gelukkig toeval besloot hij enkele theebladeren te plukken en te kauwen, die hem de kracht gaven trouw te blijven aan zijn wens.

De Japanners hebben een ietwat verschillende versie van de legende van Bhodi-Dharma: nadat hij drie jaar niet meer geslapen had, viel de prins op een dag in slaap tijdens het mediteren, dromend van de vrouwen die hij ooit had liefgehad. Toen hij wakker werd, werd hij zo door wroeging overmand, dat hij zijn

Koreaanse kopjes in steen met celadon glazuur en gegraveerde motieven, Koryo-periode, 12de eeuw. Museum Ganchon, Inchon

wenkbrauwen afsneed en ze in de grond begroef. Toen hij later terug voorbij deze plek kwam, zag hij dat zijn wenkbrauwen een struik hadden doen ontstaan en hij besloot er een paar bladeren van op te knabbelen. Deze bladeren hielpen hem zijn ogen open te houden. Zijn vrienden verzamelden de granen van deze struik en zo zou volgens deze legende de theeteelt ontstaan zijn. Na zijn reis in China ging de prins het boeddhisme in Japan prediken en introduceerde er de thee. De Chinese reis van prins Bhodi-Dharma wordt vermeld in Chinese kronieken uit de Vu Yu-periode (543 n.Chr.).

- **608**: aanleg van een kanaal van 1500 km, waarlangs een keizerlijke weg loopt, waardoor Peking kan bevoorraad worden.
- **Rond 700**: de consumptie van thee, bijgenaamd 'jaderivier', verspreidt zich in China. Thee geeft smaak aan het gekookte water en wordt door velen geroemd om zijn heilzame krachten. Vanaf dan geraakt het drinken van thee ook ingeburgerd bij de Mongolen, de Tartaren en de Tibetaanse nomaden. Deze volkeren verkopen paarden en pelzen aan de Chinezen in ruil voor thee, die gedroogd, vermalen en geperst wordt in de vorm van blokken.
- **Rond 780**: de Chinese dichter Lu Yu, die aan het hof leeft van keizer Taizong, schrijft een boek over thee met als titel *Cha Ching* (de Klassieker van de Thee), die ook vandaag nog beschouwd wordt als de 'Bijbel van de thee'.
- **805**: thee wordt in Japan geïntroduceerd als geneesmiddel. De boeddhistische Saichô, die drie jaar in Chinese tempels verbleef, krijgt het bevel van een keizer van de Heian-dynastie thee mee te brengen naar Japan om er deze teelt uit te breiden.
- **828**: de ambassadeur van de koning van Korea, Kim Dae Ryeum, brengt uit China een theeplant voor de koning mee, die hij bemachtigde aan het hof van de Tang.
- **851**: een Arabische handelaar, Süleyman genaamd, schrijft 'Betrekkingen van China en India', waarin hij de wijze van theedrinken beschrijft waarmee hij tijdens zijn reizen in contact kwam.
- **1024**: papiergeld doet zijn intrede in China. Naar alle waarschijnlijkheid zal de theehandel deze betalingswijze beïnvloeden, die aanvankelijk gebruikt wordt bij het innen van belastingen.
- **1044**: de Chinese Song-dynastie wordt verplicht een verdrag te sluiten met de 'barbaarse' Xia-indringers en kent hen een jaarlijks tribuut toe van 30.000 pond thee.
- **1115**: oprichting van het Jin-rijk in het noordoosten van China. Nadat ze hun gezag hebben uitgebreid tot heel het noorden van China, verplichten de Jin de erfgenaam van de Song-dynastie te vluchten naar Hangzhou, in het zuiden.
- **1191**: het zenboeddhisme wordt in Japan geïntroduceerd door de monnik Aeisai (of Eisai), die uit China terugkeert met theegranen, waarvan hij de aanplant systematiseert.
- **1236**: oprichting van *Tripitaka Koreana*, Koreaanse bibliotheek van de boeddhistische tempel Hae-In, die meerdere tienduizenden gegraveerde houttabletten bevat waarop de viering van de thee een van de wederkerende thema's is.
- **12678**: Kubilaë Khan ontwikkelt de hoofdstad Peking.
- **1285**: volgens Marco Polo, datum waarop een Chinese minister van financiën werd afgezet omdat hij het gewaagd had de belasting op thee te verhogen.
- **1368**: na de vlucht van de Mongolen sticht Zhu Yuanzhang, een charismatische boer, de hoofdstad Nanjing (Nankin) van de Ming-dynastie, waarvan hij de eerste keizer zal zijn onder de naam Hongwu.
- **1401**: door zijn wil de macht van de adellijke prinsen te verminderen, lokt de tweede Ming-keizer, Jianwen (1399-1402), de rebellie uit van zijn oom Zhu Di, militaire gouverneur van de regio Peking. Zhu Di trekt naar Nanjing op, de hoofdstad van het rijk, en

zal in 1403 de troon bestijgen onder de naam Yongle. Om te ontsnappen aan de Mongoolse bedreiging die nog steeds op het rijk drukt, beslist Yongle het politieke centrum naar de noordelijke grens te verplaatsen en kiest Peking als hoofdstad.

• **1407-1420**: ongeveer 200.000 arbeiders bouwen het keizerlijk paleis van Peking op een oppervlakte van 720.000m².

• **1421**: Yongle wijdt in Peking het nieuwe keizerlijke verblijf in.

• **1484**: Yoshimasa werkt een Japanse theeceremonie uit die voortaan deel zal uitmaken van de cultuur van dat land.

• **1497**: Vasco de Gama ontdekt de Indische route door de Kaap de Goede Hoop te passeren.

• **1517**: de Portugezen komen in Kanton aan en proberen zonder succes een ambassade bij de keizer van China op te richten.

• **1529**: de Venetiaan, Giambattista Ramusio, secretaris van de Raad van Tien, geeft het tweede deel uit van zijn *Navigatione e Viaggi*, waarin hij vertelt over een Pers, Hadji Mohammed, die hem vol lof spreekt over de heilzame werking van thee, die jicht en maagklachten geneest.

• **1542**: de eerste Portugezen komen aan op het eiland Tanegashima (Japan).

• **1577**: portugese handelaars richten Macau op, verste handelspost van hun rijk die recht tegenover Kanton ligt.

• **1585**: de Japanse monnik en estheet Sen No Rikyu ontvangt van de keizer de felbegeerde titel van *Köji*, uit dank voor zijn bijdrage tot de ontwikkeling van een echte theefilosofie.

• **1587**: de grote kanselier Toyotomi Hideyoshi die Japan bestuurt, kondigt het eerste evangelisatieverbod in zijn land af.

• **1596**: Toyotomi Hideyoshi laat 26 christenen terechtstellen die verdacht worden christelijke propaganda te hebben gebruikt om Japan te veroveren.

• **1597**: eerste Engelstalige vermelding van thee in een vertaling van de werken van de Nederlandse zeevaarder, Jan Huygen van Linschoten, die hem *Chaa* noemt.

• **1598**: vijf schepen vertrekken vanuit Rotterdam naar Azië. Een ervan, 'De Liefde', wordt het eerste Hollandse schip dat in Japan aanlegt.

• **1600**: koningin Elizabeth van Engeland kent het Engelse monopolie van de handel met het Oosten toe aan de *East India Company*, die gedurende meerdere eeuwen een fundamentele rol zal spelen in de economie van het Britse Rijk.

• **1602**: de Vereenigde Oostindische Compagnie (VOC) wordt opgericht die, voor zover is bekend, de eerste lading thee naar Europa vervoerde, met bestemming Amsterdam.

• **1606-1610**: eerste invoer van Javaanse thee in Nederland door de Vereenigde Oostindische Compagnie.

• **1618**: thee wordt in Rusland geïntroduceerd.

• **1621**: de stad Batavia op het eiland Java wordt het Aziatisch commercieel centrum van de Nederlandse VOC (Vereenigde Oostindische Compagnie).

• **1634**: aanleg van het kunstmatige eiland Deshima, in de haven van Nagasaki, ten behoeve van de Portugezen en Nederlanders, vermits vreemdelingen Japan niet mogen betreden.

Na een verblijf van 35 jaar in China onthult de jezuïet Alexander de Rhodes, dat thee hem verloste van zijn migraines.

Thermostatische mand voor Chinese theepot, 19de eeuw. Musée du Voyage, Louis Vuitton, Parijs

Panneel en Chappel, theeservies, Brussels porselein, circa 1835. Koninklijke Musea voor Kunst en Geschiedenis, Brussel

Enkele mijlpalen uit de geschiedenis van de thee

- **1636**: de *East India Company* introduceert thee in Frankrijk.
- **1641**: de Nederlandse geneesheer Nicolas Direks geeft een werk uit onder de titel *Observationes Medicae*, waarin hij de geneeskundige krachten van thee prijst.
- **1644**: inname van Peking door de Mantsjoes en installatie van een zoon van de Grote Khan Abahai als de nieuwe keizer, onder de naam Shunzhi. Deze machtsgreep kondigt het begin aan van de Qing-dynastie.
- **1648**: ene Morisset legt een thesis voor aan de medische faculteit van Parijs, waarin hij verzekert dat thee "het verstand stimuleert"… tot groot ongenoegen van de verdedigers van de geneeskracht van de salie, die zijn studie laten verbranden.
- **1657**: thee doet zijn intrede in Londen. Hij wordt ingevoerd door de *East India Company* en voorgesteld als mirakelremedie voor een groot aantal ziekten. Datzelfde jaar wordt thee met succes in openbare verkoop voorgesteld aan de klanten van Thomas Garraway, de stichter van het eerste en grootste theehuis in Londen, dat tot 1866 zal blijven bestaan.
- **1658**: het Londense tijdschrift *Mercurious Politicus* maakt als eerste reclame voor thee onder de bewoording: "*That excellent and by all Physitians approved China drink called by Chineans Tcha, by other nations Tay, alias Tea, is sold at the Sultaness Head, a cophee-house in Sweeti Rents*".
- **1662**: op 13 mei komt de Portugese infante Catharina van Bragança aan in Portsmouth en een van de eerste dingen die ze vraagt, is een kopje thee. Zij huwt Karel II, brengt Bombay als bruidschat in en introduceert thee aan het Engelse hof.

Theepot in Chinees porselein, bestemd voor uitvoer naar Europa, 19de eeuw. Koninklijke Musea voor Kunst en Geschiedenis, Brussel

- **1664**: oprichting van de *Compagnie française des Indes orientales*.
- **1665**: de geneesheren van koning Lodewijk XIV schrijven hem thee voor om zijn spijsvertering te stimuleren.
- **1670**: thee wordt geïntroduceerd aan het hof van de Russische tsaar, waar hij tot het einde van de 18de eeuw in grote hoeveelheden zal worden gedronken.
- **1678**: de Nederlandse geneesheer Cornelis Bontekoe schrijft zijn *Tractaat van het excellenste kruyd thee*, waarin de geneeskrachtige eigenschappen van deze drank in zesentwintig punten worden opgesomd.
- **1684**: de Chinese keizer K'ang Hi verleent een aantal vrijheden aan de buitenlandse handel, waardoor de vreemdelingen zaken kunnen doen met vertegenwoordigers van de Kantonese maatschappij Co Hong, doch met niemand anders.

Thee wordt in Java geïntroduceerd, maar het zal tot het begin van de 19de eeuw duren voordat hier theeplantages met behulp van Chinese zaden worden aangelegd.

Verschijning van het eerste algemene woordenboek van de Franse taal, de *Furetière*, dat een volledige bladzijde wijdt aan thee.

- **1685**: Philippe Sylvestre Dufour geeft een traktaat uit over thee, waarin hij eraan herinnert dat deze uitstekende drank hoofdpijn geneest.
- **1686**: koning Lodewijk XIV krijgt een prachtige gouden theebeker van Kosa Pan, ambassadeur van Somdet Phra, de koning van Siam.
- **1692**: Catharina van Bragança, weduwe van de Engelse koning Charles II, begint een lange reis die haar naar Portugal zal terugbrengen.
- **1706**: Thomas Twining opent een handelszaak voor eigen rekening in Londen, na eerst bij Thomas d'Aeth, een belangrijke theehandelaar, te hebben gewerkt.
- **1708**: de *East India Company* wordt beschouwd als de grootste Europese mogendheid van de Indische kusten; zij vervoert onder andere Chinese thee.
- **1709**: het fabricagegeheim van het Chinees porselein wordt in Messen (Duitsland) doorgrond.
- **1717**: Thomas Twining opent een tweede gelegenheid in Londen, de *Golden Lyon*, waar uitsluitend thee en koffie worden verkocht.
- **1721**: de markies van Prié, landvoogd van de Oostenrijkse Nederlanden, stuurt de Engelsmannen

Josette Miguel, theepot voor open vuur, in houtvuur gebakken gres, 1996. Galerie Bernard Thiran, Hastière-Par-Delà (B)

Alexandre Hume en Jean Harrisson naar Bengalen om er de toelating te verkrijgen voor het oprichten van Belgische factorijen.
• **1722**: op 19 december bevestigt keizer Karel VI van Oostenrijk via een octrooibrief zijn beslissing om een grote compagnie op te richten die vanuit Oostende actief zou zijn in de koloniale handel.
• **1723**: oprichting van de keizerlijke en koninklijke Indische Compagnie in de Oostenrijkse Nederlanden, gewoonlijk de Oostende Compagnie genoemd.
• **1731**: op 16 maart ondertekent keizer Karel VI van Oostenrijk, onder druk van de andere Europese mogendheden, een verdrag dat aan de Oostendse Compagnie formeel alle koloniale handel verbiedt.
• **1752**: in Duitsland wordt de Koninklijke Theecompagnie opgericht.
• **1767**: de *East India Company* verlaagt de belastingen op ingevoerde thee in Amerika om de Hollandse smokkel tegen te gaan, maar zonder succes. Enkele maanden later legt Engeland, met de *Townsend Act*, een nieuwe belasting op thee op aan de Amerikaanse kolonisten. De inzet is groot vermits thee, na textiel en afgewerkte producten, het derde grootste invoerproduct is in Amerika.
• **1770**: tijdens een oproer in Boston vallen er meerdere doden onder de rangen van de kolonisten en van de Engelse legertroepen.
• **1773**: uit protest tegen de Engelse theebelasting sturen de steden New York en Philadelphia de met thee geladen boten terug naar Engeland: op 27 november legt de *Dartsmouth*, afkomstig uit Londen, in Boston aan; op 2 december bereikt de *Eleanor* Boston op zijn beurt, in zijn zog gevolgd door de *Beever*. Hun lading blijft in het ruim; de avond van 16 december vallen kolonisten, waarvan sommigen als indiaan zijn verkleed, de drie schepen van *de East India Company* aan en gooien 342 kisten thee overboord. Deze *Boston Tea Party* kondigt de Amerikaanse onafhankelijkheid aan.
• **1774**: de kolonisten van New York, Maine en Maryland organiseren opstanden naar het voorbeeld van Boston. Als vergelding sluit Engeland de haven van Boston tot de volledige schade is terugbetaald. De vergadering van het eerste onafhankelijke Congres van het Amerikaanse continent aanvaardt deze maatregel.
• **1782**: een theestruik groeit in de plantentuin van Parijs en gaat door voor zeldzaam en exotisch.
• **1793**: Lord MacCartney stuurt enkele theeplanten naar Bengalen, waar ze uitstekend gedijen.
• **1802**: Ceylon wordt een kolonie van de Engelse Kroon.
• **1821**: Louis Vuitton verlaat zijn geboortedorp Anchay (Franche-Comté) en beslist te voet naar Parijs te trekken, waar hij later het beroemde huis Vuitton opricht.
• **1824**: voortaan maakt thee deel uit van het dagelijkse rantsoen van de matrozen van de *Royal Navy*. De eerste theeplantages in Indonesië worden geleid door Nederlanders.
• **1825**: eerste theeplantages in Ceylon geleid door Britse kolonisten; eerste theeplantages in Vietnam geleid door Fransen.
• **1834**: de *East India Company* verliest het monopolie van de theehandel.
In India richt Lord William Bentinck een theecomité op, dat als taak heeft de mogelijkheden en manieren te onderzoeken waarop de theeteelt in de geschikte Indiase regio's kan worden geïntroduceerd, net als in andere Britse gebiedsdelen.
De aanwezigheid van theestruiken in Opper-Assam wordt gemeld aan het theecomité, dat de Britse regering hiervan op de hoogte stelt.
• **1837**: de eerste Chinese theespecialisten en fabrikanten komen in Opper-Assam aan.
• **1838**: begin van het bewind van koningin Victoria in Engeland.
• **1839**: assamthee wordt voor de eerste maal in Londen verkocht, dankzij verscheidene kisten die door het schip *Calcutta* werden vervoerd. De Londense makelaars bezorgen hem een triomfantelijk onthaal: het Engelse Rijk heeft eindelijk zijn eigen thee! In tegenstelling tot de Chinese groene thee, betreft het

Philippe Starck, theepot *Ti-Tang* en suikerpot of melkkan *Su-Mi-Tang*, 1991-92. Verzameling Alessi

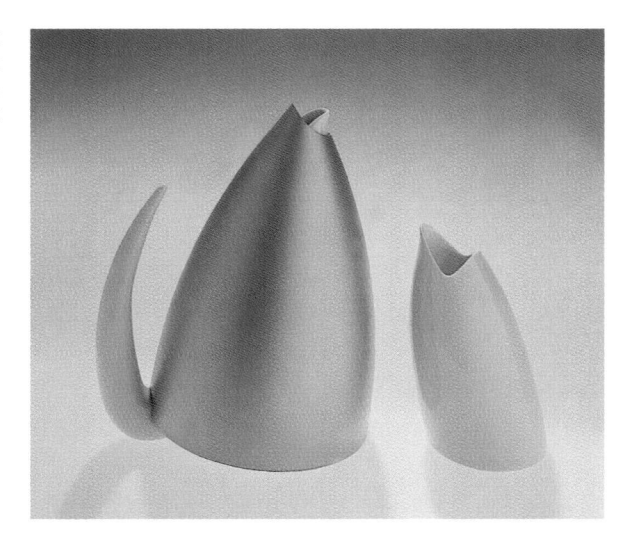

hier een gefermenteerde thee. Deze nieuwe zwarte thee, die met melk en suiker kan worden gedronken, wordt al snel bijzonder populair.

In China laat de gouverneur van Guangzhou (Kanton) 20.000 kisten opium, die door de Engelsen werden ingevoerd, in brand steken en geeft hiermee de aanzet tot de eerste opiumoorlog (1840-1842).

• **1840**: hertogin Anne van Bedford introduceert de gewoonte 's namiddags thee te drinken, vergezeld van gebakjes: dit gebruik zal in Engeland ingeburgerd geraken onder de naam *afternoon tea*.

De Engelsen organiseren de blokkade van Kanton, wat de eerste opiumoorlog uitlokt.

• **1842**: het verdrag van Nanking verleent aan Engeland uitstekende handelsvoorwaarden in China, waaronder een grote vergoeding, het openstellen van vijf Chinese havens voor internationale handel, de mogelijkheid buitenlandse 'legaties' op te richten met een extraterritoriaal statuut ten zuidoosten van de Verboden Stad Peking, de vrije opiumhandel, de mogelijkheid met andere handelsmaatschappijen te onderhandelen naast de Co Hong-maatschappij en de afstand van het eiland Hongkong om er een commerciële basis op te richten.

• **1845**: Aimé en Auguste Mariage richten de onderneming *Auguste Mariage et Compagnie* op in Parijs en zetten de bestaande familietraditie in de theehandel voort.

• **1848-49**: Robert Fortune, een Engelse plantkundige, onderneemt een reis naar China, verkleed als Chinese handelaar en later als Mongoolse mandarijn, op verzoek van de *East India Company*, om er theegranen en planten te halen, bestemd voor de hellingen van de Himalaya en Ceylon. Dankzij hem worden er 20.000 voet theestruiken in India geplant.

• **1850**: op drie december legt de Amerikaanse klipper, de *Oriental*, 95 dagen nadat hij Hongkong heeft verlaten, in Londen aan met een lading thee.

• **1851**: Koningin Victoria en Prins Albert openen de eerste grote Wereldtentoonstelling in Londen.

Op 2 december grijpt Lodewijk Napoleon de macht in Frankrijk.

• **1853**: in Uraga (Japan) overhandigt de commodore M.C. Perry aan de Japanse autoriteiten een brief van de president van de Verenigde Staten waarin aan de Japanse keizer gevraagd wordt het land open te stellen.

Louis Vuitton wordt de favoriete kistenmaker-verpakker van keizerin Eugénie.

• **1854**: in september maakt de slag van de Alma het binnendringen van de Krim mogelijk, wat zal leiden tot de val van Sebastopol.

De zonen van Aimé Mariage, Henri en Edouard Mariage, richten op 1 juni het theehuis Mariage Frères op, dat handelsbetrekkingen zal onderhouden met handelsposten in China en Ceylon en erkend zal worden als de eerste Franse invoerder van thee.

Louis Vuitton richt zijn eigen huis op in Parijs, in de omgeving van de place Vendôme en ontwerpt een nieuw type bagage.

• **1856**: de eerste theetuin, *Tukvar* genoemd, wordt aangelegd in de regio van Darjeeling (Indiase uitlopers van de Himalaya) op de gronden van Major Masson.

De westerlingen eisen nieuwe voordelen in China en lokken de tweede opiumoorlog uit.

• **1858**: het Verdrag van Tianjin, dat een einde maakt aan de tweede opiumoorlog, verleent de westerlingen de toegang tot andere Chinese havens.

• **1859**: op 5 april wordt het startsein gegeven voor de aanleg van het Suezkanaal.

• **1860**: een Frans-Brits expeditieleger rukt naar Peking op om de moord op Europese gezanten te wreken. De zomerpaleizen van Yiheyuan en Yuanmingyuan, in de omgeving van Peking, worden door het leger geplunderd en in brand gestoken. Nieuwe verdragen die de Chinezen benadelen, stellen China definitief open voor vreemdelingen.

• **1863**: Felix Beato, een Engelsman van Italiaanse afkomst, komt in Japan aan. Hij zal de meest representatieve Europese fotograaf worden van dit land in de 19de eeuw.

- **1866**: op 28 mei beginnen 11 theeklippers aan een historische race: na hun vertrek uit de Chinese haven Fuzhou (Fou-tcheou), komt de *Taiping* als eerste in Londen aan.
- **1867**: eerste deelname van Japan aan de Wereldtentoonstelling in Parijs, met een grote verzending van traditionele voorwerpen en de bouw van het theepaviljoen. De geestdrift die deze ontdekking opwekt, leidt in Europa tot het ontstaan van een nieuwe artistieke beweging die geïnspireerd is op de Japanse cultuur en Japanisme zal genoemd worden.
- **1869**: opening van het Suezkanaal dat, met de opkomst van de stoomschepen, geleidelijk aan een eind zal stellen aan het avontuur van de klippers.

Een schimmel, de *Hemileia vastatrix*, vernietigt alle koffieplantages in Ceylon en thee blijkt een uitstekend alternatief.

Eerste intercontinentale spoorverbinding in de Verenigde Staten.

- **Rond 1870**: de theeteelt wordt geïntroduceerd op het eiland Formosa en gebruikt hiervoor Chinese stekken.
- **1872**: in Ceylon stelt James Taylor een theerolmachine op punt.
- **1873**: eerste internationaal congres der Oriëntalisten in Parijs.

Jean Lemmens, zilveren theeservies, 1992. Museum voor Beeldende Kunsten, Gent

- **1876**: Thomas Lipton opent zijn eerste winkel in Glasgow op 26-jarige leeftijd.

Op 20 mei verlaat Emile Guimet le Havre aan boord van de *France*. Hij zal eerst de Wereldtentoonstelling van Philadelphia bezoeken vóór hij samen met de kunstenaar Felix Régamey verder reist naar Japan, China en India.

Oprichting van de *Compagnie internationale des Wagons-lits*.

- **1878**: twee Chinezen komen uit Macao naar São Miguel, een eiland van de Azoren, om er de theecultuur te ontwikkelen.
- **Rond 1880**: de Amerikaanse artieste Mary Cassatt schildert verscheidene impressionistisch getinte schilderijen van vrouwen die thee drinken.
- **1884**: de theecultuur wordt in Australië geïntroduceerd in Bingil Bay door de vier gebroeders Cutten, die aan het hoofd staan van een zeer omvangrijk landbouwimperium.
- **1885**: het huis Vuitton opent een winkel in Londen, de eerste buiten Frankrijk.
- **1887**: verschijning van het boek *Madame Chrysanthème* van Pierre Loti, dat het leven in Japan op een vrij karikaturale manier beschrijft.
- **1889**: tijdens de Wereldtentoonstelling van Parijs wordt er een Japanse theeceremonie bij burggraaf Tanaka georganiseerd in aanwezigheid van Clemenceau en Emile Guimet.
- **1890**: Thomas Lipton doet zijn intrede in de theehandel en verkoopt hem tegen zeer redelijke prijzen.
- **1892**: Georges Vuitton schrijft een werk met de titel *Le Voyage. Depuis les temps les plus reculés jusqu'à nos jours*, die hem de titel van officier van de Académie oplevert.
- **1893**: Wereldtentoonstelling in Chicago. Hier werden er meer dan één miljoen pakjes Ceylonthee verkocht.
- **1894**: Thomas Lipton vestigt zich in Londen en koopt gronden op in Ceylon met de bedoeling er thee te verbouwen.
- **1895**: de theeteelt en handel stelt 600.000 personen tewerk in India, de jaarlijkse productie bereikt 73.170.000 ton.
- **1898**: de eerste Transsiberische trein doorkruist de steppen van Azië.
- **1900**: Wereldtentoonstelling van Parijs, waar het paviljoen van Ceylon bijzonder veel bijval oogst.

Enkele mijlpalen uit de geschiedenis van de thee

- **1902**: Thomas Lipton wordt in de adelstand verheven.
- **1903**: de Transsiberische trein bereikt voor de eerste maal zijn eindpunt, Wladiwostok.

Jozef Hoffmann neemt de artistieke leiding van de Wiener Werkstätte, een functie die hij tot 1931 zal bekleden. Via deze Weense stilistische beweging verwezenlijkt hij met name heel wat ontwerpen voor theepotten en theeserviezen.

- **1904**: de Engelsman Richard Blechynden vindt de gekoelde thee uit op basis van Indiase zwarte thee op de Wereldtentoonstelling van Saint-Louis (V.S.).
- **1905**: Wenceslau de Moraes, die in 1898 de ambassadeur van Portugal in Kobe werd, publiceert *De Theecultus*, een klein traktaat over de Japanse thee, bestemd voor de westerlingen.
- **1906**: de Japanner Kakuzo Okakura schrijft *Het Theeboek*.
- **1909**: troonsbestijging van een driejarig kind in China, onder de naam van keizer Xuantong, eveneens gekend onder de naam Puyi.
- **1912**: in februari verplicht maarschalk Yuan Shikai de jonge keizer Puyi afstand van de troon te doen en roept zichzelf uit tot president van de nieuwe Chinese Republiek. Deze revolutie betekent het einde van de Qing-dynastie, waarvan de laatste afgezette keizer tot 1924 in de Verboden stad zal verblijven.

De New Yorker Thomas Sullivan beslist zijn thees te promoten door ze in kleine zijden zakjes te verkopen. De zijde wordt al snel vervangen door gaas: de zakjesthee is geboren.

- **1914**: opening van het Panamakanaal dat het tijdperk van de passagiersschepen inluidt.

De Engelsen introduceren de theeteelt in Maleisië.

- **1924**: Vincent Youmans schrijft het bekende liedje *Tea for Two*.

Thomas Lipton boekt zijn grootste publicitair succes zonder dat hij er zelf iets mee te maken heeft: een Canadese stad wordt naar hem genoemd.

- **1925**: Internationale Tentoonstelling van de moderne decoratieve en industriële kunsten in Parijs, die 15 miljoen bezoekers verwelkomt.
- **1928**: de theeteelt doet zijn intrede in Kameroen.
- **1930**: honderdjarig bestaan van de Franse kolonie Algerije.

De Orient-Express bereikt Caïro voor de eerste maal.

- **1931**: dood van Thomas Lipton.

De lange afstandtocht *La Croisière jaune*, die door André Citroën wordt georganiseerd, volgt het spoor van Marco Polo en bereikt, vertrekkende van de Middellandse Zee, de Chinese Zee na een reis van meer dan 12.000 kilometers.

Koloniale tentoonstelling in Parijs.

De Orient-Express bereikt Bagdad voor de eerste keer.

- **1938**: in Turkije wordt de theeteelt gehergroepeerd in de regio van Rize, aan de rand van de Zwarte Zee en ten oosten van Anatolië.
- **1945**: op São Miguel, een van de eilanden van Azoren, telt men een zestigtal theefabrieken.
- **1946**: in Engeland geven de beloften van de regering uitzicht op een verbetering van de levensstandaard: concreet betekent dit dat de gebruikers van de spoorwegen in de stations theewagentjes zien verschijnen, die toen als uiterst modern werden beschouwd.
- **1947**: uiteenvallen van het Britse Indische Rijk.
- **1949**: onafhankelijkheid van Indonesië.
- **1960**: oprichting van het Franse Theecomité.
- **1963**: onafhankelijkheid van Kenia waar men thee begint te telen.
- **1968**: de theeteelt wordt in Ecuador geïntroduceerd en is hoofdzakelijk bestemd voor de Noord-Amerikaanse markt.
- **1972**: op 22 mei wordt Ceylon de Republiek Sri Lanka, maar de Ceylonthee behoudt zijn oorspronkelijke naam.
- **1974**: oprichting van de *Kenya Tea Developement Authority*.
- **1986**: de *An Xi Tie Guan Yin*, een thee die als een van de beste wordt beschouwd, haalt in China 1.776.000 BEF.
- **1988**: Mariage Frères schenkt een theestruik uit de provincie Shizuoka (Japan) aan de plantentuin van Parijs.
- **1990**: Mariage Frères opent een winkel en een theesalon op de linkeroever van de Seine in Parijs.

Bibliografie

Algemene werken

ALMEIDA, G., *Breve notícia sobre a cultura do chá*, Typographia Imparcial, 1883, Ponta Delgada.

ANDRADE E SOUSA, M., *Dona Catarina, Infanta de Portugal, Rainha de Inglaterra*, Inapa, Lisboa, 1994.

"Archivo dos Açores volume X", Publicação periódica destinada à vulgarização dos elementos indispensáveis para todos os ramos da história açoreana. 1888, Ponta Delgada, Ilha de São Miguel, Typographia do Archivo dos Açores, 655 p. Universidade dos Açores, Edição fac-similada, Ponta Delgada, 1888.

AUBERT DE GASPE, Ph., *Les Anciens Canadiens*, Montreal, Fides, 1963 (integrale uitgave conform die van 1864), nota uit hoofdstuk 18, pp. 350-351.

BARTHOLOMEW, T.Tse, *I-hsing Ware*, China Institute in America, New York, 1977.

BEGUIN, G. en MOREL, D., *La Cité interdite des Fils du Ciel*, Editions Découverte Gallimard, Paris, 1996.

BENTLEY, R. en TRIMEN, H., *Medicinal plants*, Volume I – table 40, J. & A. Churchill Editors, London, New Burlington Street, 1880.

BEURDELEY, M. EN RAINDRE G., *La Porcelaine Qing*, Fribourg, 1986.

BLOFELD, J., *Thé et Tao, l'Art chinois du thé*, Ed. Albin Michel, coll. Espaces Libres, 1997.

BOLOGNE, J.-C., *Histoire morale et culturelle de nos Boissons*, Ed. Robert Laffont, Paris, 1991.

Boletim n° 15, 1° semestre de 1952, Comissão Reguladora dos Cereais do Arquipélago dos Açores, Ponta Delgada, 168 p., tab.

BOUDASSOU B., *Le thé*, Ed. du May, 1996.

BRAMAH, E., *Novelty Teapots – five hundred years of art and design*, Quiller Press, London, 1992.

BRAY, W., Esq., Fellow and Treasurer of the society of antiquaries of London, *Memoirs, illutrative of the Life and Writings of John Evelyn, Esq. F.R.S. author of the "Sylva", &c. &c. Comprising his diary, from the year 1641 to 1705-6*, printed for Henry Colburn, Conduit Street; and sold By John and Arthur Arch, Cornhill 1819, London, in two volumes.

CLARENDON, Lord H., *Journal de Lord Henri Clarendon, fils du comte Clarendon, Grand-Chancellier d'Angleterre, sur le années 1687, 1688, 1689 et 1690*, Pichon-Bechet, Libraire-Editeur, Paris, 1827.

CLARENDON, Lord H., *Mémoires du comte de Clarendon, grand chancellier d'Angleterre sous le règne de Charles II*, Pichon-Béchet Libraire éditeur, Paris, 1827, 4 vol.

CHRISTIE'S, Amsterdam, *The Nanking Cargo*, Veilingcatalogus, Amsterdam, april 1986.

DA SILVA BETTENCOURT, M.-F., *Cultura e fabricação de Chá em São Miguel*, Delegação de Turismo de São Miguel, Ponta Delgada, 1996.

DE BURBURE DE WESEMBEEK, A., *Grandeur et décadence de la Compagnie impériale et royale des Indes, dite Compagnie d'Ostende*, Ed. Erel, Oostende, 1956.

DELAY, N., *Le Japon éternel*, Découvertes Gallimard Histoire, 1998.

DE MAULDE F., *Sir Thomas Lipton*, Ed. Gallimard, 1990.

DE VILMORIN, J.-B., *Le Jardin des Hommes*, Le Pré aux Clercs - Belfond, Paris, 1991.

Dicionário de História de Portugal, Dirigido por Joel Serrão, Iniciativas Editoriais, Lisboa, 1971, 3 vol. mapas, ill.

DU BOULAY, A., *La porcelaine chinoise*, Ed. Hachette, coll. Plaisir des Images, 1963.

DUFOUR, PH.-S., *Traitez Nouveaux & curieux du Café du Thé et du Chocolate – Ouvrage également necessaire aux Medecins, & à tous ceux qui aiment leur santé*, seconde edition, Lyon, Chez Jean Baptiste Deville, M. DC. LXXXVIII.

DUFOUR, PH.-S., *Traitez Nouveaux & curieux du Café du Thé et du Chocolate, Ouvrage également necessaire aux Medecins, & à tous ceux qui aiment leur santé*. "A quoi on a adjouté dans cette Edition, la meilleure de toutes les methodes, qui manquoit à ce Livre, pour composer l'excellent Chocolate, suivant la copie de Lyon. A La Haye, Chez Adrian Moetjens, Marchand Libraire prez la Cour. M. DC. LXXXV".

DUFOUR, PH.-S., *Traité du thé*, Connaissances et Mémoires, 1996 (heruitgave).

ELISSEEFF, D. en V., *La civilisation japonaise*, Ed. Arthaud, Paris, 1974.

ELISSEEFF, D. en V., *L'Art de l'ancien Japon*, Ed. d'Art Lucien Mazenod, Paris, 1980.

EMMERSON, R., *British Teapots & Tea Drinking 1700-1850*, Norfolk Museums Service, London, 1992.

ENLIN, Y., *La porcelaine chinoise*, Paris, 1987.

Japanse Prentenkunst, Verzameling Koninklijke Musea voor Kunst en Geschiedenis, Brussel, Europalia Japan, 1989.

EVELYN, J., *The Diary*, J. M. Dent & Sons, London; E. P. Dutton & co. Inc, New York, 1950, 2 vol.

FERRAO, J.-E. MENDES, *L'aventure des plantes et les découvertes portugaises*, Tentoonstellingscatalogus, vertaling van Carine Van Bellinghen, Instituto de Investigação Científica Tropical, Lisboa; Koninklijke Academie voor Overzeese Wetenschappen; Nationale Plantentuin, Meise; Koninklijke Bibliotheek Albert I, 1998.

FORTUNE, R., *La route du thé et des fleurs*, Ed. Hoëbeke, coll. Le Grand Dehors, 1992 (heruitgave).

FOULKES, M., *Les saveurs du thé,* Ed. Picquier poche, Arles, 1998.

FRASER, A., *King Charles II*, Weidenfeld & Nicolson, London, 1979, 524.

FREMY, D. en M., *Quid 99*, Ed. Robert Laffont, 1998.

GOSSE, L.-A., *Monographie de l'Erythroxylon coca*, Ed. Hayez, Brussel, 1861.

GROENSTEEN, TH. (concept en leiding), *Little Nemo au pays de Winsor McCay*, Ed. Milan, Toulouse, 1990.

GU, J., *Yixing Zisha Zhenshang*, Hong Kong, 1992.

HAMILTON, A., *Mémoires du Comte de Gramont*, Nieuwe herziene uitgave, gebaseerd op de beste teksten en voorafgegaan door een korte toelichting over de auteur door M. Sainte-Beuve van de *Académie Française*, Parijs Garnier Frères, Boekhandel-uitgevers 1849-50.

HILL, CH., *A Revolução inglesa de 1640*, Tradução de Wanda Ramos, Editorial Presença, Lisboa, 1985.

HOGHTON, Lady DE, *Exhibition of Chinese tea ware*, London, 1986.

HONG KONG MUSEUM OF ART, *Yixing Pottery*, Hong Kong Urban Council, 1981, K.S. Lo Collection in the Flagstaff House Museum of Tea Ware, Hong Kong Urban Council, 1984.

HOUFFAYER, J.-P., *Monographie du thé*, Editions Res Comédit, Paris, 1994.

ISRAËL, A., en MITCHELL, P., *Prendre le thé*, Ed. Minerva, 1987-90.

JACOBS, E.-M., *Varen om Peper en Thee, korte geschiedenis van de Verenigde Oostindische Compagnie*, Rijksmuseum Nederlands Scheepvaart Museum, Walburg Pers, 1991.

Japon, saveurs et sérénité, La cérémonie du thé dans les collections du Musée des Arts Idemitsu, Musée Cernuschi, Paris, 1995.

Josef Hoffmann 1870-1956, Österreichisches Museum für angewandte Kunst und Hochschule für angewandte Kunst, Wien, 1987.

Josef Hoffmann Designs, Austrian Museum of Applied Arts, Wien, 1992.

KAKUZO, O., *Le livre du thé*, Editions Dervy, Paris, 1998.

KING, D., *Tea Time, l'heure du thé*, Mini Libri, Running Press, 1992.

Le livret du théophile, Edition Palais des thés, Paris, niet gedateerd.

L'heure du thé, (Franse vertaling van Anne-Marie Thuot), Ed. Gründ, Paris, 1998.

LIANG, B., *Yixing Purple Clay Ware*, Hong Kong, 1991.

LION-GOLDSCHMIDT, D., *Les Poteries et Porcelaines Chinoises*, Paris, 1957.

LION-GOLDSCHMIDT, D., *La Porcelaine Ming*, Fribourg, 1978.

LO, K. S., *The Stone Ware of Yixing*, Hong Kong, London, 1986.

LONDRES, A., *La Chine en folie*, Ed. Arléa, Paris, 1999.

MANCHESTER, C., *Tea in the East,* New York, 1996.

MANCHESTER, C., *The French tea: the pleasures of the table*, New York, 1993.

MARTINS, O., *História de Portugal*, Guimarães e Cª, Editores, Lisboa, 16ª edição, 1972.

MONIZ, C., *A cultura do chá na ilha de S. Miguel*, Administração do Portugal Agrícola, Lisboa, 1895.

MOON R. en SUTHERING, J., *A fine tradition of tea*, Fortnum & Mason, London, 1998.

NILS, B., en MC NIFF, V., *The New York Book of Tea*, New York, 1997.

"Nouveau dictionnaire historique, ou histoire abregée de tous les hommes qui se sont fait un nom par le Génie, les Talens, les Vertus, les Erreurs, &c. depuis le commencement du Monde jusqu'à nous jours", door een vereniging van letterkundigen, 4de uitg., Caen, M DCC LXXIX, 6 delen.

NUNES, J., *Inauguração do Museu do Chá*, Açoreano Oriental, 5 de Julho de 1983.

Officina Alessi, *Tea & Coffee Piazza*, Ed. Shakespeare & Company, Milano, 1983.

OLIVEIRA MARQUES, A. H., *História de Portugal*, 7ª edição, Palas Editora, Lisboa, 1977, 2 vol.

OMOTO, K. en MACOUIN, F., *Quand le Japon s'ouvrit au monde*, Découverte Gallimard, Evreux, 1990.

Oranda, de Nederlanden, 1600-1868, Europalia Japan, Ed. C. Coessens, 1989.

PASQUALINI, D. T. en SUET B., *Le temps du thé*, éditions Marval, 1999.

PEPYS, S., *The Diary of Samuel Pepys 1660-1669*, a new and complete transcription by Latham, Robert; Matthews, William and Armstrong, William A. Harpers Colins Publishers, London, 1995, 11 vol.

PEPYS, S., *Everybody's Pepys*, The Diary of Samuel Pepys 1660-1669, abridged and edited by O. F. Morshead with illustrations by Ernest H. Shepard, G. Bell and Sons, London, 19th edition, 1972.

RAU, V., *D. Catarina de Bragança Rainha de Inglaterra*, Separata de "O Instituto", vol. 98°, Coimbra, 1941.

RAU, V., *Inventário dos bens da Rainha da Grã-Bretanha D. Catarina de Bragança*, Biblioteca da Universidade, Coimbra, 1947.

RAU, V., *No tricentenário do casamento real anglo-português de 1662*, Separata do Arquivo de Bibliografia Portuguesa, Ano VII - 27-28, Coimbra, 1962.

"Relaçam diaria, da Jornada, que a Serenissima Rainha da Gram Bretanha D Catherina fez de Lisboa a Londres, indo já desposada com Carlos II, o Rey daquelle reyno. E das festas, que nelle se fizeraõ até entrar em seu Palacio", Lisboa. Com todas as licenças necessarias. Na officina de Henrique Valente de Oliveira, Impressor del Rey N. S. Anno 1662.

ROBERT-STERKENDRIES, M., (met medewerking van Pierre Julien), *La santé s'affiche*, Ed.Therabel, Brussel, 1996.

ROSA-LIMPO, B., *O Livro de Pantagruel*, 33ª edição, Editorial "O Século", Lisboa, 1976, 2 vol. 1281.

SANGMANEE, K.Cha; DONZEL, C.; MELCHIOR-RURAND, S.; STELLA, A., *L'ABCdaire du Thé*, Mariage Frères, Flammarion, Paris, 1996.

SANTAPAU, H., "L'histoire du thé de l'Inde", in *Bulletin of the Botanical Survey of India*, Vol. 8, n° 2, pp. 103-107, 1966, Uitg. Sint-Augustinus, Brugge, 1967.

SCHEFFER, A., *Proverbe indien, Proverbes du Monde entier*, Ed. Seuil, 1997.

SCIAFFINO, M., *L'Heure du Thé*, Gentleman Editeur, Paris, 1987, (vertaling Gisèle Donnard).

SEN, S., *Chado, the Japanese way of Tea*, Weatherhill, Inc., Hong Kong, 1998.

SEN, S., *Vie du thé, esprit du thé*, Fondation Urasenke, Jean-Cyrille Godefroy, Paris, 1994.

SERVAIS M., "De Oostendse Compagnie" in *Driemaandelijks Tijdschrift van het Gemeentekrediet* nr. 61, juli 1962.

SHEAF, C., en KILBURN R., *The Hatcher Porcelain Cargoes*, London, 1988.

SHI, D., *Mémoires d'un eunuque dans la Cité interdite*, Ed. Philippe Picquier (vertaling Nadine Perront), Arles, 1991 (heruitgave).

SHIMIZU, CH. (onder leiding van), *Les Arts de la Cérémonie du thé*, éditions Faton, Dijon, 1996.

SIMPSON, H., *The London Ritz book of Afternoon Tea*, Arbor House, New York, 1986.

SONNEMANN, R., KILBURN, E., *Meissen, la découverte de la porcelaine européenne en Saxe, J.- F. Böttger 1709-1736*, Paris 1984.

SOTHEBY'S PARKE BERNET LTD., *Catalogue of I-hsing Ware*, Hong Kong, mei 1978.

STEVENS, H., *Dutch enterprise and the VOC 1602-1799*, Walburg pers, 1990.

STRICKLAND, A., *Lives of the Queens of England, from the normand conquest*, Vol. V, Longman, Brown, Green, Longman & Roberts, 1857.

SUPICO, F., M., *Escavações*, Vol III, Instituto Cultural, Ponta Delgada, 1995, 3 vol.

TABARLY, E. (woord vooraf), *Les clippers et la course du thé*, Editions de la Pagode, Cholet, 1997.

TAVARES DA SILVA, J.; STANWAY, N. en MARECHAL, J., *Bussaco, Palace Hotel*, Drietalige uitgave (Portugees, Frans, Engels), Ed. Antonio Nardone, Brussel,1997.

The Art of the Yixing Potter, the K.S. Lo Collection, Flagstaff House Museum of Tea Ware, Urban Council, Hong Kong, 1990.

THORNTON, L., *La femme dans la peinture orientaliste*, ACR Editions, Tours, 1993.

Tsaiju, Venäläisen teen tarina (the story of Russian tea), Tampereen Museot, Kirjapaino Hermes, 1996.

Maître TSENG, PASQUALINI, D. T., *Le thé chinois*, éditions Picquier (nog te verschijnen).

TWINING, S. H., *Two hundred and fifty years of tea and coffee, The House of Twining 1706-1956*, published by R. Twining & Co, 1956.

UKERS, W. H., *All About Tea*, The Tea and Coffee Trade Journal Company, New York, 1935, 2 vol.

VALFRÉ, P., *Yixing, des théières chinoises pour l'Europe*, Exotic Line éditions, Paris, (nog te verschijnen).

VAN GUCHT, B., *Nature et religion dans la céramique coréenne contemporaine*, Collections du Musée Royal de Mariemont, 1996.

VILLANUEVA, A., *El Mate. Arte de Cebar*, los libros del mirasol, Compania General Fabril Editora, S.A. Buenos Aires, 1962.

VILLANUEVA, A., *El Lenguaje del Mate*, letras argentinas, Editorial Paidos, Buenos Aires, 1967.

VUITTON, H. L., *La Malle aux souvenirs*, Ed. Mengès, Paris, 1984.

WALLER, E., Esq., *Poems, &c. Written upon several occasions, and to several persons*, The Seventh Edition with several Additions, never before printed, London, Printed by T.W. for the Assignes of H.H. and Sold by F. Tonson at Grays-Inn-Gate, and T. Bennet at the Half-Moon in St. Paul's Churchyard, 1705.

WALTER, M., en BAVOILLOT, G., *Le livre du thé*, Ed. Flammarion, 1991.

WHIPPLE, A., *Les Clippers*, Ed. Time-Life, 1980.

WILD, A., *The East India Company*, Harper Collins Publishers, Edinburgh, 1999.

YI, S., en JUMEAU-LAFOND, J., en WALSH, M., *Le livre de l'amateur de thé*, Ed. Robert Laffont, 1983.

YU, L., *Le livre classique du thé*, traduction française de J.M. Vuanney, 1977.

Romans

Baricco, A., *Soie*, Ed. Albin Michel, 1997.

Blake, Q., *Le Bateau vert*, Ed. Gallimard Jeunesse, 1998 vertaald uit het Engels door Anne de Bouchony.

Chami-Kettani, Y., *Cérémonie*, Ed. Actes Sud, Arles, 1999.

Coelho, P., *L'Alchimiste*, Ed, Anne Carrière, 1988 - 1994, (vertaald uit het Portugees door Jean Orecchioni).

De Balzac, H., *La Cousine Bette*, Ed. Librairie Générale Française, 1984 (heruitgave).

De Beauvoir, S., *Mémoires d'une jeune fille rangée*, Ed. Gallimard, 1958.

Delsol, Ch., *Quatre*, Ed. Mercure de France, 1998.

De Moraes, W., *Dai Nippon, O Grande Japao*, 1897, inleiding door Celina Silva, Civilizaçao Editora, Lissabon, heruitgave in 1983.

De Ségur, comtesse, *Les Malheurs de Sophie*, Edition Gallimard jeunesse, 1997 (heruitgave).

Garcia Marquez, G., *Liefde in tijden van cholera*, Meulenhoff Amsterdam, 1986

Glauser, F., *Le thé des trois vieilles dames*, Ed. Le Promeneur, 1998.

Haasse, H., *Les seigneurs du thé*, Ed. Seuil, 1996.

Inoue, Y., *Le Maître de thé*, Ed. Stock, coll. La Bibliothèque cosmopolite, 1995.

Kaempfen, A., *La tasse à thé*, roman geïllustreerd door Worms, Ed. Connaissance et Mémoires Européennes (heruitgave), 1996.

Lambersy, W., *Maîtres et maisons de thé*, Ed. Labor, Brussel, 1988.

Lindau, R., *Un voyage autour du Japon*, Ed. Hachette, Paris, 1864.

Marny, D., *Darjeeling*, Ed. J.C. Lattès, Paris, 1996.

Manea, N., *Le thé de Proust et autres nouvelles*, Ed. Albin Michel, 1990.

Masefield, J., *La course du thé*, Ed. Phébus, Mayenne, 1991.

Maugham, S., *Servitude humaine*, Ed. 10-18, Berlin, 1997.

Mernissi, F., *Rêves de femmes, une enfance au harem*, Ed. Albin Michel, 1996.

Mishima, Y., *Le Pavillon d'Or*, Ed. Gallimard, Coll. Folio, Saint-Amand, 1998.

Nooteboom, C., *Rituelen*, De Arbeiderspers, Amsterdam, 1980.

Thackeray W., *La Foire aux Vanités*, Ed. de Sylvère Monod, Coll. Folio, Saint-Amand, 1994 (heruitgave).

Woolf, V., *Une chambre à soi*, Ed. Denoël, 1977, 1999, vertaling uit het Engels door Clara Malraux.

Artikels

Allen, Ph., "The Yixing export of the XVIIth, XVIIIth centuries", in: *Transaction of the Oriental Ceramic Society*, vol. 53, London, 1988-1989.

Bartholomew, T. Tse, "A concise History of Yixing Ware", in: *The Art of the Yixing Potter*, pp. 42-57, K.S. Lo Collection, Flagstaff House Museum of Tea Ware, Hong Kong, 1990.

Borges de Macedo, J., "Le Portugal dans l'Europe des Habsbourg. Le roi D. Sebastião et le changement de la dynastie", in: *Portugal en Vlaanderen* 1550-1680), tentoonstellingscatalogus Europalia, Brussel, 1991, 257 p., ill.

Costa, Correia da, "Esboço Histórico dos Açores", gefotokopieerd artikel, handgeschreven aantekeningen, geen andere gegevens beschikbaar.

De Burbure, A., "La Compagnie impériale d'Ostende et les Indes Anglaises", in: *La Belgique maritime, coloniale et économique*, revue hebdomadaire, n°51, 18 december 1927.

De Burbure, A., "Nos expansionnistes – un Belge colonisateur des Indes anglaises", in: *La Belgique maritime, coloniale et économique*, revue hebdomadaire, n°14, 7 april 1929.

Fidler, S., "Sharp drop in coca cultivation" in: *the Financial Times*, 27-28 februari 1999.

Hedley, G., "Yi-hing Ware", in: *Transaction of the Oriental Ceramic Society*, vol. 14, London, 1936-1937.

Huetz de Lemps, A., "Boissons Coloniales et essor du sucre", in: *Histoire de l'Alimentation*, sous la direction de Jean-Louis Flandrin et Massimo Montanari, Fayard, Paris, 1996, 915 p. tab., ill.

Jameson, Mrs, "Queen Catherin of Braganza" in: *Memoirs of the beauties of the court of Charles the Second with their portraits*, after sir Peter Lely and other eminent painters, illustrating the Diarys of Pepys, Evelyn, Clarendon, and other contemporary Writers. (pp 37 à 68, Vol. I) Second Edition enlarged. London, Henry Colburn Publisher, MDCCCXXXVIII, in two volumes.

"Le thé chinois" in: *Tao Yin*, Ed. Arys, Paris, 4de kwartaal 1997.

Noury, C., "La renaissance de Batavia", in: *Chasse-Marée*, n° 58, Douarnenez, 1991.

Pedrosa, M., "O chá das cinco é português", in: *Revista Atlantis* n° 2/88, Lisboa.

Quiterio, J., "O Chá de Catarina", in: *Histórias e Curiosidades Gastronómicas*, pp. 185 a 188, Assírio e Alvim, Lisboa, 1992.

Rabiner, D., "Yixing and the West", in: *The Art of the Yixing Potter*, Hong Kong Urban Council, 1990.

Rocha, R., "A aventura portuguesa do chá" in: Revista Macau, Livros do Oriente, n° 44, december 1995.

Biografieën van de auteurs

Carlo R. Chapelle werd geboren in Brussel, waar hij ook woont. Als schilder-graveur met een passie voor typografie, verdeelt hij zijn tijd tussen de beoefening van de kunst en de studie ervan. Als schrijver werkt hij aan een *Iconographie du thé* en, in dezelfde geest, aan een *Histoire des lièvres et des lapins dans l'art et dans la société des hommes*.

Jorge Tavares da Silva woont sedert 1967 in Brussel, waar hij thans vertaler is bij het Secretariaat-Generaal van de Raad van de Europese Unie. Hij schreef verscheidene artikels over sociaal-culturele onderwerpen, zowel in het Frans als in zijn moedertaal, het Portugees. In 1991 publiceerde hij *La cuisine portugaise de tradition populaire* en in 1997 *Bussaco Palace Hôtel*, in samenwerking met Norma Stanway en Jacques Maréchal. De zee – de vierde dimensie van Portugal – en de geschiedenis van de gastronomie zijn de onderwerpen, die zijn voorkeur genieten.

Virginie de Borchgrave behaalde haar aggregaat Romaanse filologie aan de UCL. Dankzij haar talrijke reizen werd zij in de loop der jaren een journaliste die gespecialiseerd is in de zuiderse landen en steden. Als liefhebster van de Latijnse cultuur – Spaans is een taal die ze dagelijks hanteert – en ook van thee, bestudeerde zij de gebruiken inzake yerba maté en maté de coca op het Zuid-Amerikaanse vasteland, waar koffie heer en meester is.

Bernard de Leye werd geboren in Brussel op 31 oktober 1959 en is er sedert 1977 antiquair. Hij is gespecialiseerd in en een kenner van de Europese edelsmeedkunst van de 16de tot de 18de eeuw.

Christopher Garibaldi is conservator van de afdeling Sierkunst van het Norwich Castle Museum. Hij was commissaris van verscheidene tentoonstellingen en stelde met name de inventaris samen van het zilverwerk uit de Koninklijke Collectie van Buckingham Palace en Windsor Castle.

Diane Hennebert behaalde haar licentie en aggregaat filosofie aan de ULB. Zij is afgevaardigd-beheerder van de *Fondation pour l'Architecture* in Brussel, waarvan ze gedurende verscheidene jaren de leiding heeft waargenomen, en afgevaardigd-beheerder van *La Médiane*. Thans heeft zij de leiding van een Europees programma inzake stedelijke pedagogie en organiseert en coördineert zij talrijke tentoonstellingen en publicaties.

Gretchen K. Mittwer is sedert 19 jaar uitgever van het *Chanoyu Quarterly: Tea and the Arts of Japan*, een Engelstalig internationaal blad dat gepubliceerd wordt door de Urasenke-stichting uit Kioto in Japan. De Urasenke-stichting wordt geleid door de grootmeester in de thee, Sen Soshitsu, en is het centrum van de bekendste chanoyu-traditie. De oprichter was de achterkleinzoon van Sen Rikyu, een historische figuur die bijna 400 jaar geleden de chanoyu perfectioneerde. Vóór zij haar huidige functie opnam, was Gretchen Mittwer assistente bij de uitgave van het *Chanoyu Quartly* van bij de oprichting ervan in 1970. Haar eerste kennismaking met de chanoyu maakte ze als kind mee, toen haar vader, een fervent japanofiel die thans zenpriester is in Kioto, haar liet onderrichten in de zuivere Japanse traditie door een van de pioniers van de chanoyu-kunst in de Verenigde Staten.

Het indrukwekkende œuvre van **Cees Nooteboom** (Den Haag, 1933) bestaat uit romans, poëzie, korte verhalen en reisverhalen. Zijn roman *Rituelen* (1980) werd bekroond met zowel de Bordewijk-prijs als de Pegasus-prijs voor Literatuur. Voor *Berlijnse notities* (1990) mocht hij de Duitse Derde Oktober-Literatuurprijs in ontvangst nemen. In 1993 won hij de Aristeion-prijs voor Literatuur voor zijn roman *Het volgende verhaal* en de Constantijn Huygens-prijs voor zijn hele œuvre. Nog in 1993 publiceerde hij zijn belangrijk reisverhaal over Spanje, *De omweg naar Santiago*, waarvoor hij in 1996 de *Preis für Reiseliteratur des Landes Tirol* behaalde. Cees Nooteboom werd in 1998 doctor honoris causa aan de Katholieke Universiteit Brussel. In datzelfde jaar verscheen zijn nieuwe roman *Allerzielen*.

Dominique T. Pasqualini is directeur van de *Ecole d'Art* van Chalon-sur-Saône (Frankrijk) en stichtend lid van de *Académie du Thé chinois*, die in 1995 werd opgericht. Als plastisch kunstenaar verwezenlijkte hij talrijke indrukwekkende werken, multimedia-gebeurtenissen en tentoonstellingen in Europa, de Verenigde Staten en Azië. Zijn werken maken deel uit van verscheidene beroemde collecties. Dominique T. Pasqualini is tevens cineast en bereidt thans een film voor met als titel *Le bruit du thé*. Ten slotte schreef hij ook heel wat boeken waarvan er drie, die met thee verband houden, binnenkort verschijnen: *Le Temps du Thé* (in samenwerking met de fotograaf Bruno Suet), *Le Thé du Milieu* (in samenwerking met Meester Tseng) en *La couleur du Thé*.

Kitti Cha Sangmanee is algemeen directeur van Mariage Frères, de oudste theehandelaar in Frankrijk. Als erfgenaam van de know-how van verschillende generaties, vervolmaakte hij zijn kennis in de meest vooraanstaande theetuinen van de wereld. Als bekend theeproever en uitvinder van beroemd geworden melanges, richtte hij *Mariage Frères Japon* op en houdt hij in Japan de Franse theetraditie in ere. Hij is tevens auteur of medeauteur van verscheidene werken, waaronder *l'Art français du thé*, *l'ABCdaire du thé* en *Livre du thé*.

Abdelahad Sebti is hoogleraar geschiedenis aan de faculteit Letteren en Humane Wetenschappen van Rabat. Hij wijdde heel wat studies aan de geschiedenis van de Marokkaanse stedelijke maatschappij en publiceerde zopas in het Arabisch het *Boek van de muntthee: gebruiken en geschiedenis*, in samenwerking met Abderrahmane Lakhsassi.

Samuel H.G. Twining (LVO, *Order of the British Empire*) trad in 1956 bij het familiebedrijf in dienst als theeproever. Hij was 15 jaar directeur export en daarna 15 jaar directeur public relations, verantwoordelijk voor meer dan 96 landen. Hij droeg tevens bij tot de samenstelling van een opmerkelijke verzameling theepotten die bewaard wordt in het Norwich Castle Museum. Deze verzameling bestaat uit 3.000 theepotten die van 1700 tot vandaag in Groot-Brittannië werden vervaardigd. Zijn zoon Steven Twining van de tiende generatie en hijzelf zetten de traditie voort waarmee Thomas Twining in 1706 begon: alleen thee van de beste kwaliteit verkopen.

Patrice Valfré is landmeter en interesseerde zich reeds als kind voor de Gallo-Romeinse archeologie en later voor het aardewerk uit het Verre Oosten, meer in het bijzonder voor het Yixing-steengoed, dat hij sedert meer dan tien jaar verzamelt. In 1989 richtte hij een bedrijf op voor de invoer van ambachtelijke producten uit Madagascar, Indonesië en China.

Antony Wild is een autoriteit op het vlak van thee en de geschiedenis ervan. Hij is ook directeur van de *East India Company*, waarvan hij onlangs een geïllustreerde geschiedenis schreef.

Dankbetuigingen

Het Gemeentekrediet dankt al degenen die hebben meegewerkt aan het boek en de tentoonstelling **Tea for Two**.

meer in het bijzonder
Diane Hennebert, voor haar research, coördinatie en organisatie bij de voorbereiding van het boek en de tentoonstelling,
Brigitte Favart, voor haar hulp bij alle onderzoekswerk,
Winston Spriet, voor de ruimtelijke vormgeving van de tentoonstelling,
de auteurs van het boek en allen die aan het iconografisch onderzoek hebben bijgedragen.

Het Gemeentekrediet dankt eveneens allen die het door hun enthousiasme, hun advies, hun talent, de bruikleen van werken of de terbeschikkingstelling van documenten mogelijk hebben gemaakt het behandelde thema verder uit te diepen, meer bepaald:

Juan Archibaldo Lanus, Ambassadeur van de Republiek Argentinië in Frankrijk,
Eduardo Carballido, Adviseur bij de Ambassade van de Republiek Argentinië in Frankrijk,
Patricia de Chestret, Secretaris bij de Ambassade van de Republiek Argentinië in België,
P. D. Fernando, Adviseur bij de Ambassade van Sri Lanka bij de Europese Gemeenschappen,
Claudio O. Rojo, Adviseur bij de Ambassade van de Republiek Argentinië in België,
Miguel Samanez, Secretaris bij de Ambassade van Peru in Brussel,
Dae-Bok Sung, Cultureel Adviseur bij de Ambassade van Korea bij de Europese Gemeenschapppen,

Alberto Alessi, Omegna (Italië),
Manuel Andrade e Sousa, Voorzitter van de Vereniging Friends of Queen Catherine, New York,
Pierre Baudson, Conservator van de Koninklijke Musea voor Schone Kunsten, Brussel,
Marie-Claude Beaud, Hoofdconservator van L'union des Arts décoratifs, Parijs,
Ann Chevalier, Conservator van het Curtiusmuseum, het Museum van het Glas en het Museum van Ansembourg, Luik,
Dominique Clemenceau, Musée du Voyage Louis Vuitton, Parijs,
Philippe Cohen-Tanugi, Mariage Frères, Parijs,
Jacqueline d'Amécourt, Conservator van de kunstwerkenverzameling van de Groupe Lhoist, Parijs,
Philippe Decelle, Verzamelaar, Brussel,
Bie De Fraeye-Van Gucht, Specialiste Koreaanse keramiek, Rumst (België),
Bernard de Leye, Antiquair, Brussel,
Patrick Derom, Directeur van de Galerie Patrick Derom, Brussel en New York,
Encarnación Sanchez Collantes, Brussel,
Hanna Egger, Hoofdconservator MAK, Wenen,
Stichting Hergé, Brussel,
Liv Gussing, The Stand in Yangon (Birma),
Iberia Lebel, Kunstenaar, Amiens,
Manfred Loeb, Verzamelaar, Brussel,
Patricia Marques, Dienst voor Handel en Toerisme van Portugal, Brussel,
Marc Michot, Antiquair en Expert in Chinese kunst, Brugge,
Michel Mineur, Kunstenaar, Namen,
Fabien Molinaux, Maison des Trois Thés de Taiwan, Parijs,
Stéphanie Mondor, Centre d'Histoire, Montreal,
Béatrice Quette, Union des Arts décoratifs, Parijs,
Thierry Renard, Artiest, Brussel,
Marine Robert, Therabel Pharmaceutica, Brussel,
Kitti Cha Sangmanee, Voorzitter van Mariage Frères, Parijs,
Annick Swinnen, Directrice van de Galerie Swinnen, Maastricht,
Bernard Thiran, Directeur van de Galerie Traces, Hastière-Par-Delà (België),
Mihoko Tsutsumi, Fondation Urasenke, Parijs,
Sam. H.G. Twining, Directeur van R. Twining & Company Limited, Londen,
Patrice Valfré, Association Yixing Passion, Poligny (Frankrijk),
Jan Van Alphen, Conservator van het Etnografisch Museum, Antwerpen,
Cécile Vanderavero, Lipton, België,
Corinne Van der Kindere, Directrice van Artcade Gallery, Brussel,
Philippe Vermylen, Thema Design, Brussel,

De musea en openbare instellingen
in Oostenrijk
Österreichisches Museum für Angewandte Kunst (MAK),
   Wenen
in Engeland
National Maritime Museum, Londen
Norwich Castle Museum, Norwich - Norfolk
in België
Prentenkabinet van de Koninklijke Bibliotheek Albert I,
   Brussel,
Etnografisch Museum, Antwerpen,
Koninklijk Museum voor Schone Kunsten, Antwerpen,
Gemeentelijk Museum van Elsene, Brussel,
Curtiusmuseum, Museum van het Glas en Museum van
   Ansembourg in Luik,
Koninklijke Musea voor Kunst en Geschiedenis in het
   Jubelpark, Brussel,
Koninklijke Musea voor Schone Kunsten, Brussel,
Museum voor Sierkunst & Vormgeving, Gent,
Nationaal Scheepvaartmuseum, Antwerpen
Kostbare werken van de Koninklijke Bibliotheek Albert I,
   Brussel,
in Canada
Musée du Québec, Quebec
in de Verenigde Staten
Public Library, New York
in Frankrijk
Bibliothèque Forney, Parijs
Union centrale des Arts décoratifs, Parijs
in Finland
Tampere Museums, Tampere
in Nederland
Maritiem Museum Prins Hendrik, Rotterdam
Rijksmuseum voor Volkenkunde, Leiden

Fotografische verantwoording

Jumonji Bishin, Japan: p. 133
Eric Claerhout, Gent: pp. 238, 246, 248, 249, 259
Mark De Fraeye, Rumst: p. 222
Jacques Evrard, Brussel: pp. 107, 110, 140, 145, 148
Roberto Frankenberg, Parijs: pp. 208, 210, 211, 212, 213, 214,
   215, 216, 219, 220, 221
Yves Fonck, Brussel: pp. 152, 188, 191, 192, 193, 194, 195,
   196, 197, 198, 199, 201, 203
Museum Ganchon, Inchon, Korea: pp. 112, 113, 225, 240
Didier Leroy, Luik: pp. 226, 229, 234, 244
Frank Michta, Dendermonde: pp. 58, 59, 60, 61, 62, 186
Museum Raku, Kyoto: p. 135
Suzuki Naoto, Japan: p. 132
Xavier Pierre, Parijs: pp. 45, 66, 69, 70, 75, 83, 86
Luc Schrobiltgen, Brussel: p. 257
Bruno Suet, Parijs: pp. 63, 98, 100, 103, 224
Inoue Takao, Japan: p. 128
Kobayashi Tsunehiro, Japan: pp. 117, 119, 120, 121, 123, 124,
   127
Pascal Young A.S.B.L., Brussel: p. 28

© Sabam Belgium 1999: Marianne Brandt (p. 249), James Ensor
   (p. 174), Floc'h (pp. 54, 55) en Philippe Wolfers (pp. 238, 246)

Inhoud

5
Woord vooraf door François Narmon

9
Inleiding door Cees Nooteboom

Thee en zijn geschiedenis

15
Catharina van Bragança, de 'tea drinking queen'? door Jorge Tavares da Silva

31
De Engelse Oost-Indische Compagnie en thee door Antony Wild

49
De korte geschiedenis van de Oostendse Compagnie door Diane Hennebert

57
Het erfgoed van een famimie door Sam. H.G. Twining

67
De Franse theekunst door Kitti Cha Sangmanee

91
Thee op de Azoren door Jorge Tavares da Silva

Thee proeven

99
De drie werelden van Meester Tseng door Dominique T. Pasqualini

115
Chanoyu, de Japanse manier van theedrinken door Gretchen Mittwer

141
Reisroutes van de muntthee door Abdelahad Sebti

157
Het thee-uurtje door Carlo R. Chapelle

189
Een miskende levensstijl: thee in Latijns-Amerika door Virginie de Borchgrave

Theegerei

209
De herontdekking van de Yixing-theepotten door Patrice Valfré

227
Geschiedenis van de theepot en het theegebruik in Groot-Brittannië door Christopher Garibaldi

237
Edelsmeedwerk en thee door Bernard de Leye

243
Louis Vuitton en de kwaliteit van het reizen

247
De opkomst van het Oostenrijkse design

Bijlagen

253
Enkele mijlpalen uit de geschiedenis van de thee

261
Bibliografie

265
Biografieën van de auteurs

267
Bedankingen

268
Fotografische verantwoording